喬曉陽論基本法

喬曉陽 —— 著

編者的話

　　"一國兩制"、"港人治港"、"澳人治澳"、高度自治，是黨和國家為實現祖國和平統一、確保港澳繁榮穩定而制定的基本方針政策，是中國特色社會主義的一項偉大創舉。香港基本法、澳門基本法是最高國家權力機關根據憲法制定，全面準確貫徹落實"一國兩制"方針、具體規定香港特別行政區制度和澳門特別行政區制度的兩部基本法律，集中體現了"一國兩制"在我國國家制度和國家治理體系方面的顯著特點和優勢，為維護國家主權、安全、發展利益，確保香港、澳門長期繁榮穩定，提供了堅實的法律保障。

　　本書作者喬曉陽先生在全國人大及其常委會從事國家立法和"一國兩制"相關工作多年，擔任若干重要職務，親身經歷了香港和澳門平穩過渡、順利回歸祖國，全國人大常委會解釋基本法、就特別行政區選舉制度修改問題作出決定等重大歷史事件，對於中央在法治的軌道上推進"一國兩制"實踐、嚴格依憲依法管治港澳、全面準確實施基本法，有着豐富的經驗和深刻的認識。多年來，喬曉陽先生結合"一國兩制"實踐和基本法的實施情況，積極推動基本法的研究和宣傳工作，利用各種機會向包括港澳同胞在內的社會各界深入解讀基本法的精神實質和原則規定，是內地和港澳公認的基本法權威，為基本法理論的豐富發展作出了重要貢獻。

　　《喬曉陽論基本法》一書以時間為綫，收集整理了自 1997 年香港回歸祖國至 2021 年中國共產黨成立 100 週年 "一國兩制" 付諸實踐約 24 年來，喬曉陽先生在各種場合就基本法理論和實踐問題所發表的講話、文章、採訪等 56 篇，時間跨度長、主題範圍廣，思想內涵豐富、現實針對性強，語言生動活潑、論述深入淺出，體現出作者深厚的法學功底和獨特的個人風格。本書內容較為全面地反映了喬曉陽先生對於黨和國家有關涉港澳方針政策與法律規定的深刻理解，對於憲法和基本法共同構成特別行政區的憲制基礎、中央與特別行政區之間是授權與被授權的關係、維護中央對特別行政區全面管治權和保障特別行政區高度自治權的有機結合、堅持以行政長官為核心的特別行政區行政主導政治體制、依法推進港澳民主循序漸進向前發展、提高特別行政區治理體系和治理能力現代化、整合社會力量提高基本法研究水平等重大理論和實踐問題的深入思考，這些理論闡述對於支持和參與"一國兩制"實踐、從事基本法研究與法律實施工作的人士，具有重要的參考價值。

堅持"一國兩制"和推進祖國統一，不僅是新時代中國特色社會主義的基本方略之一，也是實現中華民族偉大復興的中國夢的必然要求。當前，"一國兩制"在港澳的實踐正邁入"五十年不變"的中期，在新形勢下面臨着新情況、新問題，也必將迎來新機遇、新挑戰，引發有識之士的新思考、新探索。希望本書能夠為"一國兩制"與基本法的順利實施提供可資借鑒的經驗總結和規律性認識，為"一國兩制"行穩致遠、為港澳長治久安帶來有益啟發和更多助力。

編者

2021 年 12 月

喬曉陽：從紅軍後代到立法大家，與新中國法制建設並肩共行

朱寧寧

喬曉陽，第九屆、十屆、十一屆、十二屆全國人大代表，第十屆、十一屆、十二屆全國人大常委會委員，黨的十五大、十六大代表。歷任全國人大常委會法工委辦公室主任、全國人大常委會法工委副主任、全國人大法律委員會副主任委員、全國人大常委會香港基本法委員會主任和澳門基本法委員會主任、全國人大常委會副秘書長、第十二屆全國人大法律委員會主任委員。參與或主持起草、修改了憲法修正案、地方各級人民代表大會和地方各級人民政府組織法、選舉法、立法法等幾十部法律。

新中國成立 70 週年之際，8 月 9 日，江西上饒玉山縣，一場重量級的法律宣講在此舉行。

之所以說是重量級，一是因為宣講人喬曉陽身份特殊。他身居高位，曾任全國人大常委會副秘書長、十二屆全國人大法律委員會主任委員；二是，多年來首次專門到一個縣作宣講他看得很重，因為 84 年前的 1935 年 1 月，就是在這裏，他的父親、時任北上抗日先遣隊紅十軍團 20 師參謀長的著名開國將軍喬信明與方志敏一起被俘入獄。

在監獄中，方志敏和喬信明建立了秘密通信。方志敏在信中寫道：

在敵人面前一定要頑強，怕死是沒有用的。我們幾個負責人，已準備為革命流盡最後一滴血，你們不一定死，但要準備坐牢。在監獄中要學習列寧的榜樣，為黨工作，堅持鬥爭，就是死了也是光榮的。

方志敏犧牲後，喬信明被判了無期徒刑。他成立獄中黨支部，開展獄中鬥爭，後經黨組織營救得以出獄。出獄後，被派到新四軍參加抗日戰爭，繼續為爭取新中國的成立而浴血奮戰。

新中國是老一輩革命先烈拋頭顱、灑熱血換來的。作為革命前輩的後代，喬曉陽對此備感珍惜。新中國成立那年，喬曉陽4歲。此後的歲月裏，他親歷了新中國日新月異的滄桑巨變。

如果把新中國成立70年來發生的一切比喻為一幅宏偉的畫卷，中國特色社會主義法制建設便是其中濃墨重彩的一部分，從事了半輩子國家立法工作的喬曉陽則是這幅畫卷的繪製者之一。

革命精神的傳承者

喬曉陽，1945年11月出生於江蘇寶應，湖北人。不僅體型外貌上酷似其父，在品德作風上也有着父輩深深的烙印。因為出生在革命軍人家庭，相比一般家庭的孩子，喬曉陽更早地意識到紅色江山來之不易。在他看來，"一生戰鬥、百折不撓"，是父親一生最真切的寫照，也是那一代革命者精神風貌的整體寫照，更是整個民族歷盡苦難又輝煌迭出的奮鬥歷程。

喬曉陽在年輕的時候就有了較為豐富的人生閱歷。1964年，高中畢業的喬曉陽被選派到古巴哈瓦那大學學習西班牙語，成為新中國第一批公派高中畢業留學生。在異國他鄉，他學習成績出類拔萃。1967年回國後，他先是在東北部隊農場當兵種地兩年多，又到工廠當了兩年工人，後來到江蘇省外事辦從事翻譯工作，1979年7月被調到時任湖北省委第一書記的陳丕顯辦公室擔任秘書。1982年，陳丕顯調到北京擔任中共中央書記處書記、中央政法委書記，喬曉陽隨之調到中央政法委工作，後調入全國人大常委會。這些經歷為喬曉陽日後報效黨和國家、實現人生理想，奠定了扎實的主客觀基礎。

從 1979 年 7 月到 1988 年 9 月，改革開放後的前十年，喬曉陽一直在陳丕顯身邊工作。其間，陳丕顯擔任過湖北省委第一書記、中共中央書記處書記、中央政法委書記、全國人大常委會副委員長。耳提面命、耳濡目染之下，喬曉陽學到許多人沒有機會學到的老一輩革命家高尚的家國情懷，受到非常深刻的教育。經歷過"文革"的陳丕顯對民主法制慘遭破壞導致的災難有切膚之痛，他曾經說過這樣一段話："民主與法制是國家的政治制度，又是精神文明在政治和社會生活中的體現。政治體制改革的核心，就是建立健全社會主義民主與法制。"對於這句話，喬曉陽在日後長達幾十年的立法工作中深有體會。

在全國人大工作期間，喬曉陽參與或主持起草、修改了憲法修正案、地方各級人民代表大會和地方各級人民政府組織法、選舉法、立法法、監督法、行政處罰法、行政許可法、行政覆議法、反分裂國家法、國防法、教育法、高等教育法、民辦教育促進法、工會法、勞動法、證券法等幾十部法律。喬曉陽始終認為，立法實務工作者要多鑽研理論，立法理論研究者要多參與和了解立法實踐，多了解實際情況，多從實際出發。在他看來，全國人大常委會法工委作為立法實務部門，一個重要功能就是：在專家學者面前要多講一點實際情況，防止他們理想化；在領導面前要多講法律是怎麼規定的，防止他們拍腦門。

改革開放的親歷者

1978 年，黨的十一屆三中全會決定實行改革開放，同時決定全面恢復並加強立法工作。此後 40 年間，我國的立法工作與改革開放相伴而行。如今，在黨中央集中統一領導下，中國特色社會主義法律體系已經形成並且不斷完善，我國經濟、政治、文化、社會以及生態文明建設各個方面都實現了有法可依，國家生活和社會生活各方面向良法善治不斷發展。

"改革開放 40 年，我參與立法工作只有 35 年。"從 1983 年開始接觸、參與立法工作，喬曉陽介紹自己時用了一個"只"字。回顧歷史，談到立法與改革的關係，喬曉陽用"既好看又好吃"這一形象比喻，賦予這個他認為是"老生常談"的話題以時代感的新意。

"'好看'就是在肯定現成經驗的同時，這個法律要體現改革的方向，還要有時代性；'好吃'就是能下得去嘴，能把法律規定落到實處，不能不顧實際去遷就形式和理論上的完美。要把法律的穩定性、可行性、前瞻性結合起來。"喬曉陽說。

在喬曉陽看來，立法和改革的關係是一對矛盾。立法是把穩定的、成熟的社會關係上升為法，把社會關係用法的形式固定下來，追求的是穩定性，特點是"定"。而改革恰恰是對原來定下的但不適應經濟社會發展的制度、做法進行改變，是制度自我完善的一個手段，特點是"變"。

"改革開放 40 年來，立法工作的一條主綫就是用'定'的立法適應'變'的改革。其中，經歷了先改革後立法、邊改革邊立法到凡屬重大改革必須於法有據幾個階段，每個階段在處理立法與改革關係的時候又有不同的特點。"喬曉陽總結說，比如，從立法有比沒有好、快搞比慢搞好、宜粗不宜細，到能明確的儘量明確、能具體的儘量具體等。

回顧改革開放初期，可以看到，那個時期的立法往往帶有先把制度建立起來再逐步向前推進的階段性特點。喬曉陽印象中最為典型的就是證券法的立法工作。

1998 年 12 月 29 日，九屆全國人大常委會第六次會議通過證券法，自 1999 年 7 月 1 日起施行。這是新中國成立以來第一部按國際慣例、由國家最高立法機構組織而非由政府某個部門組織起草的民商法。

然而，1990年我國才開始有證券交易活動，當時的實踐經驗不可能制定一部完備的法律。為什麼要匆忙制定這部法呢？

"其中一個重要原因是當時發生了亞洲金融危機，一個索羅斯就把亞洲的證券市場衝得七零八落，我們需要趕快立法建立防火牆。因此，1998年制定的證券法對許多成熟的證券市場上允許做的事情都不允許，如不准搞證券期貨、期權交易，不允許搞融資融券活動等。因為我們的證券市場還沒有發展到那個階段，在沒有監管能力的前提下弄不好就會出現金融風險。"回憶起當時的立法背景，喬曉陽仍歷歷在目。

證券法通過後，喬曉陽在《人民日報》發表題為《我國證券法體現的若干重要原則》的文章，文中講了9條原則，其中一條就是階段性原則。直至2004年、2005年對證券法進行兩次修改，才把原來不允許做的事情放開了。

"回顧過去，我的體會是，細化和詳盡是現階段提高立法質量的一個基本要求。"喬曉陽說，現在的法律彙編與上世紀八九十年代的法律彙編相比更厚了、更重了，法律數量增加了，條文更全面、更詳盡了。特別是在總結實踐經驗的基礎上，我國的立法不斷精細化。一組數據直觀展現了立法的愈加具體化和全面化：1979年刑法192條，1997年修訂後的刑法變成452條，之後隨着實踐的發展先後通過10個刑法修正案；1979年刑事訴訟法164條，1996年修改增加到225條，2012年修改增加到290條，2018年修改增加到308條；2013年，十二屆全國人大常委會修改特種設備安全法，草案一審稿65條，二審稿72條，修改通過時變成101條。

伴隨改革開放進入新的歷史時期，立法工作也有了更高要求，處理好立法與改革關係具有更為重要的指導意義。在談到應該如何理解立法決策與改革決策相一致時，喬曉陽認為，從國家層面來講，重大改革決策都是黨中央作出的，所以立法決策對改革決策實際上是處於適應、服務的地位。那麼，黨中央作出的改革決策與現行法律規定不一致的，應當修改法律適應改革需要，有些改革需要法律授權的，法律應當予以授權，這才是先立後破、有序進行的立法原意。

但是，喬曉陽同時強調，立法決策與改革決策相一致，絕不意味着立法僅僅是簡單、單純地抄寫改革決策文字，而是要通過整個立法程序使改革決策更加完善、更加周到、更加符合法治要求。

"實際上，立法決策與改革決策相一致恰恰體現了黨的領導、人民當家作主和依法治國的有機統一。"喬曉陽說，立法的過程要廣泛徵求各方意見，特別是人民群眾的意見，要經過人大常委會一審、二審甚至三審才能通過。法律通過後，各方面依法辦事。在這個過程中，實現了堅持在法治框架內推進改革，也就實現了立法的引領和推動作用。

"一國兩制" 的踐行者

70 年來，中國特色社會主義現代化建設取得的各項巨大成就中，不能不提及祖國統一大業的重大進展。2019 年是新中國成立 70 週年，也是香港回歸 22 週年、澳門回歸 20 週年。實踐證明，"一國兩制" 方針政策一登上歷史舞台就顯示出強大生命力。"一國兩制" 政策成為實現中華民族偉大復興中國夢的重要組成部分。

社會主義與資本主義是如此的不同，香港和澳門保持原有的資本主義制度，卻成為建設中國特色社會主義宏偉畫卷的一個精彩佈局。是什麼造就了如此神奇的局面呢？喬曉陽認為，靠的就是憲法的調整。

喬曉陽歷經了現行 1982 年憲法的全部 5 次修正。他深深地感到，在 "一國兩制" 的實踐中，憲法始終發揮着國家最高法律規範的作用。"憲法是 '一國兩制' 的根本保障。從法律上來講，香港和澳門實行不同於內地的制度和政策，是基於憲法的規定；香港基本法和澳門基本法的法律地位和法律效力，來源於憲法的規定；'一國兩制' 和基本法的實施受制於憲法的規定。通過這三個方面，憲法不僅在內地，而且在香港和澳門，都發揮着國家最高法律規範的重大作用。"

在喬曉陽的心中，除了憲法，兩部基本法也是他格外看重的。鄧小平曾經把基本法譽為"一個具有創造性的傑作"。多年來，喬曉陽不斷地思考和探索。在他看來，兩部基本法的特殊性不僅體現在內容上，即規定了史無前例的"一國兩制"，更重要地體現在實施環境上。

"兩部基本法不僅要在內地的法律制度下實施，還要分別在香港的普通法制度、澳門的大陸法制度下實施，還不包括三地不同的政治社會制度、不同的意識形態等。這是基本法實施的一個最顯著特點，也是對基本法條文經常出現不同理解，而且很難取得一致看法的癥結之一。"喬曉陽說。

正因為兩個基本法既要在內地法律制度下實施，又要分別在香港和澳門法律制度下實施，在實施初期，出現對同一條文含義上的不同解讀，屬於正常現象，也不可能完全避免，但長此以往，基本法的權威、基本法的穩定就成了問題。因此，喬曉陽認為，應推動形成一套三地都認同的基本法法律理論指導基本法實踐，大家在理解和貫徹執行基本法過程中就有了共同的語言、共同的方法，就可以把爭議降到最低限度。實際上，無論在內地、香港還是澳門，對於本地的法律條文為什麼大家比較容易取得一致理解？關鍵的一點在於對法律條文進行解讀時，都遵循同樣的理論、同樣的規則。

喬曉陽認為，要推動形成一套三地都認同的基本法法律理論，全部採用內地的法律觀念不行，全部採用香港、澳門的法律觀念也不行，需要在三地法律制度的基礎上多傾聽各方意見和建議，展開深入的研究討論，在一些關鍵問題上逐步達成共識。

"這種取得最大公約數的指導思想對於研究基本法，推動形成一套基本法的法律理論具有重要的參考意義。"喬曉陽說，目前，他正在按照這一指導思想主持編寫一套基本法教材。

祖國統一的維護者

從上世紀 90 年代初算起，喬曉陽從事香港、澳門工作有 20 多年了，先後擔任過香港特區、澳門特區籌委會委員以及全國人大常委會香港澳門基本法委員會主任等重要職務。因此，他對香港、澳門懷有深厚的感情。不論是香港回歸後還是澳門回歸後，喬曉陽都發揮了重要的作用。不管是在任時還是卸任後，他都奔走在港澳工作的第一綫，為 "一國兩制" 的實施、基本法的解釋以及憲法與基本法的關係，向港澳地區的政府官員以及港澳居民做充分的溝通。香港特別行政區基本法頒佈 10 週年、澳門特別行政區基本法頒佈 10 週年時，他都應邀前去演講，充分顯示了他的影響力。

2004 年 4 月，喬曉陽成為香港媒體曝光率最高的新聞人物。當年 4 月 7 日，喬曉陽赴香港向各界人士解讀 4 月 6 日全國人大常委會的釋法。這是一項重要程度和敏感程度都非同一般的任務。不具備精深的法律知識、不具備非同一般的心理素質、不具備良好的風度素養，時時刻刻都可能因言行失當而釀出麻煩。但喬曉陽顯然得到了認可。香港媒體對他的評價是：喬曉陽態度和手法都很好，在港掀起旋風，以自己雄辯的口才、淵博的知識和睿智的頭腦，贏得港人由衷讚譽。香港媒體更稱其 "技驚四座"。

由於喬曉陽可以將複雜的問題簡單闡述出來，風趣地表達嚴肅的話題，加上解答問題詳細耐心，因此被港澳媒體親切地稱為 "喬老爺"。2013 年之前，每次全國人大常委會對基本法作出釋法或者就有關問題作出決定後，喬曉陽都會專程到香港、澳門向各界人士詳細闡述，取得了很好的溝通和交流效果。

喬曉陽的專題演講總會讓人感到非常難忘。當然，這種難忘不同人有不同的解讀和感受。對於近幾年香港出現的 "港獨" 和各種激進勢力，喬曉陽感到十分痛心。去年 4 月，在一次香港演講中，喬曉陽擲地有聲地說：“中國人民在近代內憂外患下都沒有喪失過維護國家統一的決心和意志，在已經日益強大起來的今天，還能讓‘港獨’得逞嗎？絕不可能！”

“‘港獨’問題不在於是否會成為現實，也不是言論自由的問題，它是民族感情問題，也是憲法問題。”對於宣揚“港獨”是言論自由的說法，喬曉陽反問道，“圖謀、煽動分裂國家是言論自由？世界上沒有這種理論。在‘港獨’問題上做開明紳士是不行的！”

2013年3月24日，喬曉陽在香港立法會建制派議員座談會上，專門談到香港政制發展中的兩個焦點問題，即“一國兩制”下行政長官最基本的條件是什麼？行政長官普選辦法最基本的依據是什麼？喬曉陽在開誠布公地發表了自己的意見後說：“現在外面肯定來了不少香港記者，肯定會問喬老爺剛才都講了些什麼。我建議大家着重傳達我今天講話的三個信息，也是今天講話的三個重點：第一，中央政府落實2017年普選的立場是堅定不移的，是一貫的，絕無拖延之意；第二，行政長官的人選必須是愛港愛國人士的立場是堅定不移的，與中央對抗的人不能當特首是一條底綫，這樣講不是為了從法律規定上排除誰、篩選誰，而是為了讓將來的提名委員會委員和香港市民心中有桿秤，有個衡量的標準，自覺不提名這樣的人，不選這樣的人；第三，普選必須符合基本法和全國人大常委會決定的立場是堅定不移的。我再說一遍，是三個堅定不移。”

2014年，國務院發佈《“一國兩制”在香港特別行政區的實踐》白皮書，提出中央對香港特別行政區具有全面管治權的論述。這被學術界認為是首次提出，在香港引起廣泛關注。其實，全面管治權這個概念是喬曉陽第一個提出來的。早在2010年，國家行政學院邀請喬曉陽做“一國兩制”下中央憲制權力講座的時候，他就開始用這個概念。2012年，在一個澳門基本法講座上，喬曉陽談到中央的憲制權力時，第一項就是中央對澳門具有全面的管治權。當時之所以談到這個問題，其中一個原因就是香港、澳門回歸中國後，喬曉陽在與各方面人士交流過程中發現，當講到"一國兩制"下中央權力的時候，普遍只講到基本法具體規定的中央權力，從國防、外交權講到基本法解釋、修改權，這當然沒有錯，但喬曉陽總覺得缺少點什麼。

問題出在哪裏呢？

"就出在只見樹木不見森林，只看到基本法條文而忽略了制定基本法本身。"喬曉陽說，跳出基本法來看基本法，我們就會看到，港澳回歸中國後，中央對港澳具有的最大權力，正在於制定對香港、澳門的基本方針政策和基本法，規定在香港、澳門特別行政區實行的制度和政策。這種權力是先於基本法存在的。從法律上講，它來源於憲法，來源於國家主權，如果用一個概念來歸納，就是中央對港澳具有全面管治權。如果中央沒有這種全面管治權，怎麼能夠制定對港澳的基本方針政策和基本法呢？

在喬曉陽看來，中央全面管治權這個概念是經得起嚴格推敲的。全面管治權與高度自治權不僅不矛盾而且相輔相成，本身就是一個整體。"這本來就是單一制國家中央與地方關係的應有之義。"他說。

專家學者的知心者

在立法機關工作多年，實務界的喬曉陽與學界的關係一直都很好。不是法律科班出身的他，大量閱讀法學界著名學者的專著、文章，遇到不懂的問題就向學者請教，與多位法學家保持着亦師亦友的關係。

2004 年 9 月 29 日，喬曉陽到北京大學參加祝賀蕭蔚雲教授 80 華誕暨蕭蔚雲教授學術思想研討會。會上，喬曉陽說："我剛才在會場外遇到很多人，有蕭老師的開門弟子，據說還有關門弟子。我既不是開門弟子也不是關門弟子，但我自認為是蕭老師的旁門弟子。為什麼這麼說呢？因為我在人大從事立法工作 20 年，在這個過程中，受到蕭老師的教益。只要遇到比較大的難題，總要向蕭老師求教，以至於本人雖然才疏學淺，但是心裏面很有底氣。因為有蕭老師這個靠山，大樹底下好乘涼，借用現代京劇《紅燈記》裏李玉和的一句台詞：蕭老師，有您這碗酒墊底，什麼樣的酒我都能對付。"一番幽默風趣的發言引得現場掌聲一片。

說起京劇，熟悉喬曉陽的人都知道，他不但是個京劇票友，而且"發燒"程度很高，一有空便和一些京劇名家聚會唱戲，連他的另一半也在他的熏陶和影響下愛上了京劇。業內人士評價說，喬曉陽一開腔便知有沒有，其唱功、板眼、音域、感情都接近專業水平。我國著名刑法學家高銘暄教授也是個戲迷。就在今年中秋節前夕，為慶賀高老獲得"人民教育家"國家榮譽稱號，喬曉陽專門約 91 歲高齡的高老一起唱了一場京劇。

睿智聰敏、風趣幽默、平易近人、待人誠懇、與人為善，這些都是接觸喬曉陽的人給出的評價。他不僅和內地的學者經常聯繫，和港澳的專家學者也有很好的關係。澳門中華教育會會長李沛霖曾在《澳門日報》發表兩篇文章，題目為《喬老爺的風采》和《喬老爺的魅力》，文中稱喬曉陽"是一個讓人敬佩和願意親近的、願意與他交朋友的人"。據悉，為慶祝澳門回歸 20 週年，澳門大學將授予喬曉陽榮譽法學博士稱號。

依法治國的傳播者

從 1983 年到 2018 年，喬曉陽在最高國家立法機關工作整整 35 年，卸任時的職務是十二屆全國人大法律委員會主任委員。2018 年 3 月 11 日，第十三屆全國人民代表大會第一次會議通過《中華人民共和國憲法修正案》，將全國人大法律委員會更名為全國人大憲法和法律委員會。喬曉陽笑稱，自己成了全國人大法律委員會的"末代"主任委員。

卸任後的喬曉陽腳步並未停歇，似乎更忙了。這位立法人繼續以一己之力向越來越多的人講述中國立法故事，傳遞依法治國理念。2014年，喬曉陽重臨濠江，在澳門大學橫琴新校區作《中國憲法與澳門基本法的關係》專題演講。這是一個非常專業、單看題目就讓人覺得枯燥的講座，然而卻吸引了 700 多人報名。澳門媒體報道，儘管當天天氣十分惡劣，中小學甚至都停了課，交通又十分不便，但無法阻擋報名者出席。大家都準時出現在會場，珍惜 “喬老爺” 這難得一次專程來澳門演講的機會。整個講座歷時兩個小時，喬曉陽主講 75 分鐘答疑 20 分鐘，其間沒人打瞌睡，甚至去洗手間的都不多見。

採訪即將結束之際，喬曉陽告訴記者，國慶節過後他又將迎來一個 “第一次”。不久前，他收到河南宋寨村村委會的法律宣講邀請，這個村建成全國首家村級法治展覽館，他欣然應允。從廟堂之上到江湖之中，從人民大會堂到真正的田間地頭，這位古稀之年的立法大家將走近最基層的廣大人民群眾，繼續發出中國法治強音。

記者手記

初秋的北京，陽光燦爛。溫暖的午後，在位於北京前門西大街 1 號的辦公室裏，喬曉陽向記者講述了他記憶深處的那些中國法治故事。娓娓道來的背後，是他長達幾十年的立法工作經驗和閱歷積累。

不過，這其實是一場來之不易險些未能成行的採訪。得知記者的採訪意圖後，一向謙和的喬曉陽竟然在第一時間婉言謝絕了。以記者的角度看，喬曉陽將人生最寶貴的年華都獻給了我國的立法事業，參與了幾十部法律的起草工作。有這樣的資歷，回顧新中國成立以來的中國法治成就，他無疑是一個非常合適的人選。但喬曉陽卻認為，自己遠不夠格對幾十年來立法工作大江大河之下的那些過往作出評價。然而，在最高國家立法機關工作了半輩子，對立法工作深深的熱愛，讓喬曉陽又覺得應該說些什麼。作為新中國法治建設的親歷者和參與者，他確實有太多的故事值得回憶。於是，最終便有了這次難忘的採訪。

　　結束採訪時，喬曉陽一直把記者送到走廊上，並給了記者一摞厚厚的素材以供參考。沉甸甸的素材背後，是喬曉陽這樣的中國立法人一直以來的堅持。也正是因為有這樣一代又一代立法人的奮鬥，新中國的法治建設才邁開一步又一步的堅實步伐。

　　向中國立法人，致敬！

刊登於《法制日報》2019 年 10 月 1 日慶祝新中國成立 70 週年特刊

喬老爺的風采

雨林

人稱"喬老爺"的全國人大常委會副秘書長喬曉陽，月初來澳門出席政制發展座談會，他在會上的講話令人至今難忘。

當然，不同人對"難忘"有不同的感受和解讀。認同他講話內容的人會覺得他講得甚有道理，尤其是那些平常較少關心基本法和對"政制發展"知之不多的人更感收穫豐富，弄清了很多模糊的概念和事情。而持相反意見的人同樣"難忘"，因為他們發覺在"喬老爺"面前底氣不足，他們的所謂理據是何等蒼白無力。

認識"喬老爺"的人都會有相同的印象，就是感覺到他知識淵博，精通法律，睿智聰敏，頭腦靈活，反應過人，能言善辯，風趣幽默，平易近人。總之，就是一個讓人敬佩和願意親近、願意交朋友的人。

他是一個有心人，而且記憶力特強。如你在什麼場合講過什麼話，產生了一個什麼樣的效果，只要那是有建設性和有意義的，即使連發表意見的人自己都忘記了，其他當時在場人士一點印象也沒有了，他也可以在數年後詳盡地將之加以描述，令當事人及見證者驚嘆不已。

他還是一個京劇的"票友"，"發燒"程度很高。一有空便欣賞各大流派名家的演出錄像和錄音，連他的另一半也在他的熏陶和影響下愛上了京劇，有機會他也喜歡登台露一手，有時甚至"夫唱婦隨"，真的是其樂融融。他一開腔，便知"有沒有"，其唱功、板眼、音域、感情都具有專業水平，最難得的是所有的曲詞他都能記住，真不知他的腦袋是用什麼特殊材料製造的。

　　只要你多些接觸"喬老爺"，你便會對他的風采留下深刻和難忘的印象。

刊登於 2012 年 3 月 10 日《澳門日報》新園地版專欄

喬老爺的魅力

雨林

　　兩年前在這塊園地裏，我發表了一篇題為《喬老爺的風采》的文章，將我對全國人大法律委員會主任委員、時任副秘書長喬曉陽的認識、印象和感想作了介紹。事後不少朋友十分認同我的形容：他就是一位"知識淵博，精通法律，睿智聰敏，頭腦靈活，反應過人，能言善辯，風趣幽默，平易近人"的人。

　　日前他重臨濠江，在他"有一份特殊的感情"的澳門大學橫琴新校區大禮堂作專題演講，真的是別具意義。"飲水不忘掘井人"，喬老爺就是澳門大學橫琴新校區的重要"掘井人"之一。就是他在二〇〇九年初帶領全國人大常委會六個小組的召集人到橫琴進行考察，隨後草擬了一份分量十足、理據充足、誠意豐足的，供常委會審議和作出決定的調研報告，打動了全體常委會委員的心，才會那麼順利，在沒有什麼爭議和反對意見的情況下，超高票通過有關決定，才有澳門大學的今天。

　　正是喬老爺的號召力非凡，一個非常專業的、單看題目《中國憲法與澳門基本法的關係》便知異常枯燥的講座，也吸引了七百多人報名。當天天氣十分惡劣，中小幼還要停課，交通又十分不便，但暴雨與路途無阻已報名者出席的決心，大家準時到達會場，珍惜喬老爺難得一次專程來澳的演講機會。

　　整個講座歷時兩小時，喬老爺主講了七十五分鐘，隨後回答問題二十分鐘。其間與會者在沒有講稿在手的情況下，耐心聆聽，認真思考，踴躍提問，沒有人打瞌睡，甚至連到洗手間的也不多見。

　　喬老爺的"內功"深厚，他可以將複雜問題簡單闡述，嚴肅話題風趣表述，中心主題全面陳述，大家都覺得收穫豐富，獲益良多，即使山長水遠、橫風橫雨，出席這個講座也是值得的。

刊登於 2014 年 5 月 17 日《澳門日報》新園地版專欄

目錄

牢牢把握香港基本法的核心內容

1997 年 5 月 26 日就基本法有關問題答記者問，
載《中國律師》1997 年第 7 期。

在中國歷史博物館門前高掛的"中國政府對香港恢復行使主權倒計時牌"亮出了 35 天的時候，本刊記者就香港基本法有關問題走訪了全國人大常委會法制工作委員會副主任喬曉陽先生。喬先生是香港特別行政區籌委會委員，參加主持了國內 20 部法律的起草、修改工作，著作頗豐。

記者：香港基本法歷時四年八個月出台，洋洋灑灑共 160 條，請問最核心的內容是什麼？

喬答：香港基本法最核心的內容可以簡單概括為以下幾點：

1. 堅持一個國家，保障國家主權。一個國家是指中華人民共和國，對內只有一個中央人民政府，對外只有一個由中華人民共和國政府代表的統一的國家主權。基本法序言第一句話開宗明義就是"香港自古以來就是中國的領土"，第一條就明確規定，"香港特別行政區是中華人民共和國不可分離的部分"，是中國的一個地方行政區域，直轄於中央人民政府。基本法規定：中央人民政府負責管理與香港特區有關的外交事務以及向香港特區派出駐軍，負責香港特區的防務等，都是國家主權的體現。

2. 堅持兩種制度，保障高度自治。基本法規定：不在香港特別行政區實行社會主義制度和政策；香港特區實行高度自治，享有行政管理權、立法權、獨立的司法權和終審權；行政機關和立法機關由香港永久性居民組成，即"港人治港"；特區政府自行制定經濟、財政、金融、文化、教育等各項政策；駐軍不干預香港特區的地方事務；中央政府所屬各部門、各省、自治區、直轄市均不干預香港特區自治範圍的事務。香港特區享有高度自治權，在某些方面，如貨幣發行權、財政獨立和稅收獨立、司法終審權，甚至超過聯邦制國家的成員邦（州）。

3. 堅持基本不變，保障穩定繁榮。基本法規定：香港特別行政區保持原有的資本主義制度和生活方式，五十年不變；原有法律基本不變；原在香港實行的司法體制，除因設立終審法院產生的變化外，予以保留；特區成立前在香港任職的公務人員、法官和其他司法人員均可留用。基本法還規定，保持香港原有的經濟制度，國際金融、貿易、航運、通訊中心地位和自由港地位不變；保持港幣繼續流通和穩定；保障資金流動和進出自由；保護私有財產權；保護外來投資；等等。基本法的這些規定為香港特區的長期穩定和繁榮發展提供堅實的保障。

記者：中國政府對香港行使主權，為什麼一定要派駐軍隊？

喬答：對這個問題最明確、最具有權威性的答覆，是小平同志1984年會見港澳同胞國慶觀禮團時的一段講話，他說，"我講過，中國有權在香港駐軍。我說，除了在香港駐軍外，中國還有什麼能夠體現對香港行使主權呢？在香港駐軍還有一個作用，可以防止動亂。那些想搞動亂的人，知道香港有中國軍隊，他就要考慮。即使有了動亂，也能及時解決。" 1997年7月1日我國恢復對香港行使主權後，在香港駐軍是我國對香港行使主權最重要的體現。屆時，中央人民政府派駐香港特別行政區負責防務的軍隊，由中國人民解放軍陸軍、海軍、空軍部隊組成，體現了國家從領陸、領水、領空全方位地對香港恢復行使主權。基本法規定中央政府負責香港特別行政區的防務，需要派出軍隊，執行防務任務，維護國家主權統一、領土完整和香港的安全，保護香港的長期穩定和繁榮。

記者：中國人民解放軍進駐香港特別行政區，是否負有維護社會治安的職責？

喬答：香港基本法規定香港特別行政區實行高度自治，享有行政管理權。駐軍的任務是負責香港的防務，駐軍法對駐軍職責有明確規定，對於香港特別行政區自治範圍內的事務，駐軍不得干預。維護當地治安屬於特區自治範圍內的事務，由特區政府負責。關於維持治安和救助災害，基本法和駐軍法規定只有在香港特別行政區認為必要時，由它向中央人民政府請求香港駐軍協助維持社會治安和救助災害。請求經中央人民政府批准後，香港駐軍根據中央軍事委員會的命令派出部隊執行協助維持社會治安和救助災害的任務，任務完成後即返回駐地。所以這樣規定，正是考慮到維護社會治安和救助災害是特別行政區的職責，駐軍只起協助作用，這樣規定完全是為了維護香港特區的高度自治，真正落實"一國兩制"。

記者：香港在英國殖民統治下近百年，從來沒有終審權，為了保證回歸後的香港高度自治，基本法規定香港有終審權。請您就此談談看法。

喬答：香港在英國殖民統治下，沿用英國的法律及法律制度，香港不同類別、不同等級的法律訴訟案件分別在裁判署、地方法院及最高法院審理。但是，香港從來沒有終審權，終審權在英國樞密院。根據香港特別行政區基本法的規定，香港特別行政區享有獨立的司法權和終審權。這裏所謂的獨立司法權，除了一般意義所指法院獨立審判，不受任何干涉外，更重要的是指特區有自己的一套完整的司法制度，特區法院自成體系，同內地的法院沒有組織上的從屬關係；這裏所謂的終審權，是指香港特別行政區設立終審法院，香港特別行政區的終審權屬於香港特別行政區終審法院。也就是說，1997 年 7 月 1 日後，香港法院對依照法律有管轄權的案件就有終審權，香港法院對在香港地區以內發生的刑事犯罪案件以及在民事、經濟糾紛中依照國家的法律和香港的法律規定應當由香港法院管轄的案件享有終審權；而對涉及國防、外交等國家行為無管轄權，由於沒有管轄權，也就談不上終審權。

香港基本法目前不需要修改

2000 年 3 月 11 日，答香港記者問，根據新聞稿整理。

關於基本法的解釋權和修改權問題，香港基本法已經作了比較明確和具體的規定。香港基本法第一百五十八條規定了基本法的解釋權歸全國人大常委會，同時規定了香港法院、終審法院在什麼樣的情況下應當提請全國人大常委會解釋；全國人大常委會解釋基本法還要徵詢基本法委員會的意見；等等。基本法的修改權在基本法第一百五十九條中規定得也較為明確，修改權屬於全國人大，修改的提案權屬於全國人大常委會、國務院和香港特別行政區。基本法還規定了特別行政區提出修改提案要獲三個方面同意的程序：立法會全體議員三分之二多數同意，港區全國人大代表三分之二多數同意和特別行政區長官同意。至於具體的三方如何操作的程序，還要進一步研究。

從香港回歸兩年多的實踐看，香港基本法是符合香港基本情況的，是香港繁榮、穩定的強大保障，至少目前看不出有哪些地方需要修改。

至於香港基本法第二十三條規定自行立法的問題，是一條很重要的規定：香港特別行政區應自行立法禁止分裂國家、煽動叛亂、顛覆中央人民政府等等行為。這些行為在世界上任何國家都是立法禁止的，就是在香港回歸前，也有類似的規定。有關這一問題的立法，首先，特區必須進行立法，因為這是執行基本法；第二，立法有個過程，何時立法應由特區政府決定。特區有這個義務和責任。

如何正確理解和處理好 "一國兩制" 下
中央與香港特別行政區的關係

2000 年 4 月 1 日，香港基本法推介聯席會議在香港舉辦了 "'一國兩制' 的歷
史意義及國際意義——基本法頒佈十週年研討會"。這是喬曉陽在該研討會上
發表的演講。

如何正確理解和處理好 "一國兩制" 下的中央與香港特別行政區的
關係，是香港基本法實施中的一個重要的問題。今天，我結合學習香港
基本法以及香港基本法成功實施兩年多來的實踐，就這個問題談幾點體
會，和大家研討，同時作為對香港基本法頒佈 10 週年的紀念。我的體
會概括起來講，正確理解和處理中央與香港特別行政區的關係，必須高
舉兩個文件，把握兩個特點，抓住一個核心。

兩個文件

兩個文件，就是憲法、香港基本法。這是正確理解和處理中央與香
港特別行政區關係的兩個根本法律依據。依法治國，是我國的治國方
略，已經鄭重加載憲法。依法治港是依法治國的組成部分，是依法治國
的必然要求，也是貫徹 "一國兩制" 方針、維護香港長期繁榮穩定的基
本保證。依什麼法？就是依據憲法和香港基本法。

1. 憲法是國家的根本大法，具有最高的法律效力，在全國範圍
施行。

憲法施行於全國，是國家主權、統一和領土完整的象徵和體現。香

港特別行政區是中華人民共和國不可分離的部分，是直轄於中央人民政府的一個具有高度自治權的地方行政區域，因此，憲法從總體上是適用於香港特別行政區的。從貫徹落實"一國兩制"方針政策的實踐上看，憲法在香港特別行政區的適用集中體現在兩個方面：第一，憲法中有關確認和體現國家主權、統一和領土完整的規定，即體現"一國"的規定，包括憲法關於中央國家機關的一系列規定，如全國人民代表大會是最高國家權力機關，全國人大常委會是它的常設機關，它們行使國家立法權和決定國家生活中的重大問題；國家主席的對內對外的職權；國務院即中央人民政府，是最高國家權力機關的執行機關，是最高國家行政機關；中央軍事委員會領導全國武裝力量等；憲法關於國防、外交的規定以及憲法關於國家標誌的規定，如國旗、國徽、國都；有關公民資格，即國籍的規定，等等，憲法的這些規定在香港施行和在內地各省、自治區、直轄市施行是一樣的。第二，由於國家對香港實行"一國兩制"，憲法在香港施行同在內地施行又有所不同。憲法有關社會主義制度（政治制度、經濟制度、文化教育制度等）方面的規定，不在香港特別行政區施行。而這些規定不在香港施行，也正是憲法所允許的。憲法第 31 條規定，全國人民代表大會以法律規定特別行政區的制度。根據這一規定，全國人民代表大會制定了香港基本法。基本法第 11 條規定，根據憲法第 31 條，香港特別行政區的制度和政策，包括社會、經濟制度，有關保障居民的基本權利和自由的制度，行政管理、立法和司法方面的制度，以及有關政策，均以基本法的規定為依據。基本法的這一規定，體現了"一國兩制"的基本方針，表明在"兩種制度"方面，有關香港特別行政區的制度和政策，須以香港特別行政區基本法為依據。因此，從這個角度來講，憲法也是適用於香港的。

憲法的效力及於香港，正是"一國兩制"方針和香港基本法得以有效實施的最根本的法律保障。如果認為只有香港基本法在香港實施，而作為香港基本法立法依據的憲法的效力卻不及於香港，是難以理解的，在邏輯上是矛盾的，在實踐上是很不利於"一國兩制"方針和香港基本法實施的。憲法的效力如果不及於香港，基本法也便成了無源之水、無本之木。很難解釋，脫離了憲法，"一國兩制"方針和香港基本法能夠單獨獲得法律效力。

2. 香港基本法，是全國人民代表大會制定的基本法律，是一部全國性法律，對香港而言，則是一部憲制性法律，效力僅次於憲法。

對香港基本法的這種憲制性地位，可以從兩個方面來認識：一是，香港基本法規定的香港特別行政區的政治架構等內容，本來應當是由憲法規定的。憲法對內地各省、自治區、直轄市的政治架構作了明確規定，但對特別行政區的政治架構沒有作出規定。因為 1982 年修訂憲法時，"一國兩制"方針雖已提出，但憲法還不可能對未來的特別行政區的政治架構作出具體規定，只能留待基本法作出規定。二是，香港基本法是香港特別行政區所有立法的依據和基礎，其效力高於香港特別行政區法律。全國人大關於香港基本法的決定指出："香港特別行政區設立後實行的制度、政策和法律，以香港特別行政區基本法為依據。"香港基本法明確規定，香港特別行政區立法機關制定的任何法律，均不得同本法相抵觸。香港特別行政區成立時，香港原有法律除由全國人大常委會宣佈為同本法抵觸者外，採用為香港特別行政區法律，如以後發現有的法律與本法抵觸，可依照本法規定的程序修改或停止生效。所有這些規定均表明，香港基本法在香港具有凌駕地位，是香港特別行政區立法機關制定的法律的效力來源。香港回歸後，有了香港基本法這樣一部成文的憲制性法律，是香港法律制度的一個重大變化。這個變化，是國家恢復對香港行使主權這個大變化的必然結果。憲制不作轉變，就與香港回歸後的地位不相適應。香港基本法作為憲制性法律，根據憲法和"一國兩制"方針，對中央與特區的關係和香港特別行政區享有高度自治權，作了明確的規定。這就奠定了香港的憲制基礎。

在貫徹落實"一國兩制"方針政策的實踐中，凡是涉及中央與特區關係的問題，無不涉及憲法和香港基本法，因此，這兩個法律文件，可以稱之為正確理解和處理中央與特區關係的綱領性文件。綱舉才能目張，只要我們高舉這兩個文件來統一思想認識，遇到的一切有關中央與特區關係的問題一定能夠迎刃而解。

兩個特點

中央與香港特別行政區的關係有兩個特點：一是單一制下的中央與地方關係，二是"一國兩制"下特殊的中央與地方關係。

1. **單一制下的中央與地方關係。**在當今世界上，關於國家的結構形式，即中央與地方的關係，主要分為兩類：一類是單一制，一類是聯邦制。單一制的特點，是全國只有一個國家主權、一個憲法和一個中央政府。單一制國家的中央政府，統一行使對全國的管理權，地方政府是中央政府根據國家管理的需要依法設立的下級政府。地方政府享有的權力，不是本身固有的，是國家授予的。聯邦制是由兩個或兩個以上主權國家聯合而成的。聯邦制的成員邦本是主權國，它們在組成聯邦時，通過制定憲法各自將部分權力交給聯邦，其餘權力仍保留在各邦自己手中。因此，在聯邦制度下，聯邦與各成員邦都享有主權，都有自己的憲法和中央政府。聯邦與成員邦之間的權力劃分，由憲法規定，除非修改憲法，聯邦無權單獨加以改變。可見，單一制下的中央與地方之間的關係和聯邦制下的聯邦與成員邦之間的關係，是兩類不同性質的關係。

我國憲法規定，中央和地方的國家機構職權的劃分，遵循在中央的統一領導下，充分發揮地方的主動性、積極性的原則。這說明我國是單一制國家，由中央國家機關代表國家行使主權。香港特別行政區是最高國家權力機關根據憲法設立的；香港特別行政區享有的權力，是中央根據憲法以基本法的形式授予的，不是香港本身固有的，香港特別行政區處於國家的完全主權之下，受中央人民政府管轄。在這一點上，中央與香港特別行政區的關係，和中央與內地各省、自治區、直轄市的關係一樣，都是單一制下的中央與地方的關係。

2.“一國兩制”下特殊的中央與地方關係。由於國家對香港實行“一國兩制”，中央與香港特別行政區的關係，又不完全等同於單一制下一般的中央與地方的關係，即不同於中央與內地各省、自治區、直轄市的關係，而是“一國兩制”下的一種特殊的中央與地方關係。作為單一制國家，中央對地方享有完全的主權，對地方行政區實行全面領導，但考慮到香港的歷史和現實情況，為了有利於香港的社會穩定和經濟發展，中央通過香港基本法賦予香港特別行政區高度的自治權，包括行政管理權、立法權、獨立的司法權和終審權，凡屬於高度自治範圍的事務都由香港特別行政區自己管理，中央各部門、各地方均不得干預。除了基本法規定由中央負責管理的國防、外交等事務外，中央對香港特別行政區實施管理主要體現在兩方面：一是行政長官和主要官員由中央政府任命，行政長官對中央政府負責；二是全國人大擁有基本法的修改權和全國人大常委會擁有基本法的解釋權。在這種情況下，中央對有些權力進行自我約束。比如，基本法規定，香港特別行政區不實行社會主義制度和政策，保持原有的資本主義制度和生活方式，五十年不變；基本法的任何修改，均不得同國家對香港既定的“一國兩制”、“港人治港”、高度自治的基本方針政策相抵觸；全國性法律除列於本法附件三者外，不在香港特別行政區實施，任何列於附件三的法律，限於有關國防、外交和其他按照基本法規定不屬於香港特別行政區自治範圍的法律，等等。這些規定，充分體現了“一國兩制”下特殊的中央與地方的關係。

以上兩個特點，可以說是正確理解和處理中央與特區關係的基本出發點和立足點，凡遇到中央與特區關係的問題，只要我們始終注意把握這兩個特點來理解和處理，就比較容易達成共識，把問題處理好。

一個核心

　　正確理解和處理中央與香港特別行政區的關係，核心是正確理解和處理 "一國" 與 "兩制" 的關係，這是保證基本法順利實施的關鍵。1997 年香港回歸前夕，我曾在《牢牢把握香港基本法的核心內容》一文中提出，基本法最核心的內容可以概括為三句話：一是堅持一個國家，保障國家主權；二是堅持兩種制度，保障高度自治；三是堅持基本不變，保障穩定繁榮。這三句話實際上就是講 "一國" 與 "兩制" 的關係，可以說它是貫穿基本法始終的靈魂。

　　"一國"，就是中華人民共和國，就是香港從英國的殖民統治回到了祖國的大家庭，國家對香港恢復行使主權，香港成為國家的一個地方行政區，受中央人民政府管轄。"兩制"，就是內地實行社會主義制度，香港特別行政區保持原有的資本主義制度五十年不變。"一國" 是 "兩制" 的前提。沒有香港的回歸，沒有 "一國"，就沒有 "兩制"。而 "兩制" 是香港順利回歸、平穩過渡和保持長期繁榮穩定的重要保證。"一國兩制" 是一個整體，不能割裂，"一國" 與 "兩制" 都必須得到保障，不能只強調一面而忽視另一面。

　　基本法實施中遇到的涉及中央與特別行政區關係的問題，有時可能會產生不同的意見，這是完全正常的。這時，就特別需要抓住 "一國" 與 "兩制" 的關係這個核心，嚴格按照既有利於維護 "一國"，又有利於實行 "兩制" 的要求辦事，問題才能處理得比較好。舉一個大家比較關心的問題作例子，關於基本法的解釋權。憲法規定，法律（指全國人大及其常委會制定的全國性法律）的解釋權屬於全國人大常委會，這是憲法賦予全國人大常委會的一項職權。基本法作為一部全國人大制定的全國性法律，根據憲法明確規定："本法的解釋權屬於全國人民代表大會常務委員會。" 基本法的這一規定，就是 "一國" 的體現，表明在涉及國家體制、中央國家機關的權力方面，對香港特別行政區同對內地各省、自治區、直轄市是一樣的。同時，考慮到香港的特殊情況，為方便香港特別行政區法院對案件的審理，基本法又規定：“全國人民代表大會常務委員會授權香港特別行政區法院在審理案件時對本法關於香港特別行政區自治範圍內的條款自行解釋。”基本法又進一步規定：“香港特別行政區法院在審理案件時對本法的其他條款也可解釋。”但有限制條件，基本法規定的唯一限制是：如香港特別行政區法院在審理案件時需要對本法關於中央人民政府管理的事務或中央和香港特別行政區關係的條款進行解釋，而該條款的解釋又影響到案件的判決，那麼在對該案件作出不可上訴的終局判決以前，應由香港特別行政區終審法院請全國人大常委會對有關條款作出解釋。基本法這種既授權又限制的規定，就是為了使“一國”和“兩制”都能得到維護，既保證中央對香港有效行使國家主權，保證基本法在全國範圍獲得統一的理解和執行，又保證香港特別行政區有效行使獨立的司法權和終審權，保證香港特別行政區實行高度自治。因此，在基本法解釋問題上，應當明確：第一，解釋權屬於全國人大常委會，這是我國的憲法制度，如果全國人大常委會作出解釋，香港特別行政區法院在引用該條款時，應以全國人大常委會的解釋為準，這是“一國”的體現和要求。第二，授權香港法院解釋，不是分權，全國人大常委會並不因授權而喪失解釋權，授權香港法院解釋，是為了更好地實行“兩制”。第三，除了依法應提請全國人大常委會解釋的情況外，香港特別行政區法院在審理案件時對案件涉及的基本法條文都可以進行解釋。第四，全國人大常委會解釋基本法，只限於明確法律條文的界限和內容，不涉及具體案件的審理。第五，全國人大常委會在對基本法解釋前，須徵詢其所屬的由內地和香港各6位委員組成的香港特別行政區基本法委員會的意見。以上五條基本上體現了在基本法解釋問題上如何正確理解和處理“一國”與“兩制”的關係，我想只要大家都嚴格按照這幾條辦，就用不着對基本法解釋問題心存疑慮。一方面，全國人大常委會既已授權，就相信香港法院會嚴格按照基本法的立法原意進行解釋，保證基本法的正確實施，全國人大常委會不會也沒有必要頻繁地對基本法進行解釋；另一方面，即使今後全國人大常委會依照基本法的規定再對基本法作解釋，大家都能以一種平常心來對待，因為這本來就是實行"一國兩制"的題中應有之義。

總之，中央與香港特別行政區的關係問題，是"一國兩制"實踐中的重要問題。香港回歸兩年多來，中央和香港特別行政區在處理中央與特區的關係方面已經積累了一定的經驗，建立起了順暢、和諧的關係，使我們對"一國兩制"和保持香港的長期繁榮穩定更加充滿信心。當然，基本法實施中涉及中央與特區關係的問題還會產生，"一國兩制"本來就是一個新事物，無先例可循，加上法律制度、法律傳統不同，在實施過程中有些不同的意見是十分正常的。但是，我認為，只要我們高高舉起兩個文件、緊緊把握兩個特點、牢牢抓住一個核心，不斷探索，就沒有解決不了的問題。

"一國兩制" 的 "守護神"
——紀念香港基本法實施五週年

載 2002 年 9 月 27 日《香港文匯報》。

　　基本法是根據 "一國兩制" 方針制定的。1997 年香港回歸前夕，我曾在《牢牢把握香港基本法的核心內容》一文中提出，基本法最核心的內容可以概括為三句話：一是堅持一個國家，保障國家主權；二是堅持兩種制度，保障高度自治；三是堅持基本不變，保障穩定繁榮。這三句話是 "一國" 與 "兩制" 關係的精髓，是貫穿基本法始終的靈魂。"一國"，就是中華人民共和國，就是香港從英國的殖民統治回到了祖國的大家庭，國家對香港恢復行使主權，香港成為國家的一個地方行政區，受中央人民政府管轄。"兩制" 就是內地實行社會主義制度，香港特別行政區保持原有的資本主義制度五十年不變。"一國" 是 "兩制" 的前提。沒有香港的回歸，沒有 "一國" 就沒有 "兩制"。而 "兩制" 是香港順利回歸、平穩過渡和保持長期繁榮穩定的重要保證。"一國兩制" 是一個整體，要作為一個完整的概念來把握，不能割裂，"一國" 與 "兩制" 都必須得到保障，不能只強調一面而忽視另一面。基本法全面體現了 "一國兩制" 的方針。基本法的貫徹實施，對 "一國兩制" 起到了 "守護神" 的作用。

　　香港特別行政區成立以來這五年，是 "一國兩制"、"港人治港"、高度自治的方針得到切實貫徹執行的五年，是香港基本法得到認真實施的五年。五年間，雖然經歷了不少風浪，但香港繼續保持着自由港的特色和國際貿易、金融、航運中心的地位，被公認為亞洲乃至全球最具發展活力的地區之一。香港廣大居民繼續以自己習慣的方式生活，享受着廣泛的權利和自由。香港的繁榮和穩定有目共睹。這是"一國兩制"方針的生動體現，是基本法具有強大生命力的生動體現。

"一國兩制"是一項全新的事業，需要不斷實踐和探索。在基本法實施的過程中，對一些問題出現不同的認識，甚至出現一些爭論，是正常的。通過有益探索和爭論，有助於人們對基本法的深入了解。這裏，特別要抓住"一國"與"兩制"的關係這個核心，全面、完整地理解"一國兩制"方針和基本法的規定。我在紀念香港基本法頒佈十週年研討會的發言中，曾以1999年6月全國人大常委會就居港權問題對基本法有關條款的解釋為例，闡明要理解基本法的解釋權，就需要抓住"一國"與"兩制"的關係這個核心，只有抓住這個核心，才能全面領會基本法的有關規定。基本法規定："本法的解釋權屬於全國人民代表大會常務委員會。"基本法的這一規定，是"一國"的體現，是依照《中華人民共和國憲法》的規定作出的。憲法規定，法律的解釋權屬於全國人大常委會。基本法作為一部全國人大制定的全國性法律，其解釋權同樣屬於全國人大常委會。解釋法律，是憲法賦予全國人大常委會的一項職權。為了保證基本法在全國範圍內（包括香港和內地）得到統一的、正確的理解和執行，需要由全國人大常委會行使解釋權。同時，考慮到香港的特殊情況，為方便香港特別行政區法院對案件的審理，基本法又規定："全國人民代表大會常務委員會授權香港特別行政區法院在審理案件時對本法關於香港特別行政區自治範圍內的條款自行解釋。"並規定："香港特別行政區法院在審理案件時對本法的其他條款也可解釋。"但有限制條件，基本法規定的唯一限制是：如香港特別行政區法院在審理案件時需要對本法關於中央人民政府管理的事務或中央和香港特別行政區關係的條款進行解釋，而該條款的解釋又影響到案件的判決，在對該案件作出不可上訴的終局判決前，應由香港特別行政區終審法院請全國人大常委會對有關條款作出解釋。基本法這種既授權又限制的規定，就是為了使"一國"和"兩制"都能得到維護，既保證中央對香港有效行使國家主權，保證基本法在全國範圍獲得統一的理解和執行，又保證香港特別行政區有效行使獨立的司法權和終審權，保證香港特別行政區實行高度自治。因此，在基本法解釋問題上，應當明確：第一，解釋權屬於全國人大常委會，這是我國的憲法制度。如果全國人大常委會作出解釋，香港特別行政區法院在引用該條款時，應以全國人大常委會的解釋為準，這是"一國"的體現和要求。第二，授權香港法院解釋，不是分權，全國人大常委會並不因授權而喪失解釋權，授權香港法院解釋，是為了更好地實行"兩制"。第三，除了依法應提請全國人大常委會解釋的情況外，香港特別行政區法院在審理案件時對案件涉及的基本法條文都可以進行解釋。第四，全國人大常委會解釋基本法，只限於明確法律條文的界限和內容，不涉及具體案件的審理。第五，全國人大常委會在對基本法解釋前，須徵詢其所屬的由內地和香港各 6 位委員組成的香港特別行政區基本法委員會的意見。以上五條基本上體現了基本法解釋問題上如何正確理解和處理"一國"與"兩制"的關係。一方面，全國人大常委會既已授權，相信香港法院會按照基本法的立法原意進行解釋，保證基本法的正確實施，全國人大常委會不會也沒有必要頻繁地對基本法進行解釋；另一方面，必要時，如果全國人大常委會對基本法作出解釋，大家都能以一種平常心來對待，因為這本來就是實行"一國兩制"的題中應有之義。還有一個與"一國兩制"密切相關、也是大家十分關注的問題，就是基本法第二十三條的立法問題。為了維護國家的主權和統一，基本法第二十三條要求香港特別行政區自行立法禁止任何叛國、分裂國家、煽動叛亂、顛覆中央人民政府及竊取國家機密的行為，禁止外國的政治性組織或團體在香港特別行政區進行政治活動，禁止香港特別行政區的政治性組織或團體與外國的政治性組織或團體建立聯繫。禁止危害國家安全的行為，確保公民在一個安全、穩定、有序的社會中生活，是每一個主權國家都特別加以重視的問題。古今中外，概莫能外。《中華人民共和國刑法》對叛國、分裂國家、煽動叛亂、顛覆中央人民政府、竊取國家機密等行為，都明文予以禁止和處罰。由於實行"一國兩制"，香港特別行政區實行高度自治，國家的刑法不在香港特別行政區實施，因此，需要由香港特別行政區自行立法，禁止危害國家安全的行為。香港特別行政區作為中華人民共和國不可分離的部分，作為直轄於中央人民政府的一個地方行政區，有義務禁止危害國家安全的行為，這是"一國"的要求。同時，不在香港適用國家的刑法，而由香港特別行政區自行立法，這又是"兩制"的需要。完成基本法第二十三條規定的立法，是香港特別行政區的法定義務，這項義務是"一國兩制"方針所要求的。香港回歸已經五年，進行基本法第二十三條立法的工作，理所當然地列入了香港特別行政區的議事日程。按照基本法的要求，是由香港特別行政區自行立法禁止各種危害國家安全的行為。進行這項立法，既要確保維護國家的安全與統一，符合"一國"的原則，又要充分考慮香港的實際情況，具有"兩制"的特點。我注意到特區政府有關諮詢文件中關於落實第二十三條立法的指導原則中，寫明"必須全面落實《基本法》的規定，包括第二十三條訂明必須禁止的行為；以及其他在第三章的有關條文，特別是保障香港居民某些基本權利和自由的第二十七條，以及第三十九條"。圍繞基本法第二十三條的立法問題，香港作為一個多元社會，已經反映出各種不同的意見，這是完全正常的。在充分諮詢、理性討論中，我想還是要抓住："一國"與"兩制"的關係這個核心，以此作為基本出發點，就能認識到進行這項立法的必要性和迫切性，並能明確這項立法的原則和目的。

基本法實施五年來的實踐充分證明，維護基本法的穩定性是至關重要的。基本法是"一國兩制"的"守護神"。廣泛宣傳、認真執行基本法，是貫徹"一國兩制"方針，維護香港繁榮穩定的重要保證。《文匯報》開闢宣傳基本法專欄是一件十分有意義的事。這對於進一步廣泛宣傳和推介基本法，使基本法越來越深入人心，大有裨益。預祝專欄辦出特色，越辦越好。

關於香港基本法的幾個主要問題

2004 年 3 月 26 日全國人大常委會會議參閱文件。

《中華人民共和國香港特別行政區基本法》包括一個序言、九章 160 條和三個附件，是 1990 年 4 月 4 日七屆全國人大三次會議通過的一部全國性法律，內容十分豐富，其核心內容可以概括為三句話：一是堅持一個國家，保障國家主權；二是堅持兩種制度，保障高度自治；三是堅持基本不變，保障穩定繁榮。

一、憲法在香港特別行政區的適用

這是學習香港基本法必須首先明確的問題。有人認為憲法是社會主義憲法，怎麼適用於資本主義的香港？如適用豈不是一國一制；有人認為憲法只有第 31 條（即 "國家在必要時得設立特別行政區。特別行政區內實行的制度按照具體情況由全國人民代表大會以法律規定。"）適用香港，其他都不適用，香港只適用基本法。認為只有香港基本法適用香港，憲法不適用，是不正確的。憲法是國家主權在法律制度上最高的表現形式。憲法不能在全國範圍內統一適用，就限制了一個國家主權的行使範圍，否定了主權的最高性。憲法作為國家的根本大法，具有最高的法律效力，在全國範圍內實施，必須總體上適用於香港。基本法序言指出，基本法是根據憲法制定的，而不是僅根據憲法第 31 條。憲法在香港特別行政區的適用，集中體現在兩個方面：

（一）憲法中有關確認和體現國家主權、統一和領土完整的規定，即體現"一國"的規定，適用於香港，同適用內地各省、自治區、直轄市是一樣的。我國是單一制國家，只有一個最高國家權力機關（全國人大），只有一個最高國家行政機關（國務院），只有一個最高軍事機關（中央軍委），憲法關於全國人大及其常委會、國家主席、國務院和中央軍委的規定，關於國防、外交的規定，關於國家標誌（國旗、國徽、首都）的規定，關於國籍的規定等，這些體現"一國"的規定，都是適用香港的。

（二）由於國家對香港實行"一國兩制"，香港特別行政區實行資本主義制度不變，憲法在香港施行同在內地施行又有所不同。憲法有關社會主義制度的規定（包括政治、經濟、文化制度等）不在香港施行，而這些規定不在香港施行正是憲法所允許的，這就是憲法第 31 條。如果憲法不適用於香港，那"兩制"就不存在了，憲法是"兩制"的法源。

憲法是基本法的依據，基本法脫離了憲法，基本法就失去了法律效力。憲法的效力及於香港，正是"一國兩制"方針和香港基本法得以有效實施的最根本的法律保障。如果認為只有基本法適用而作為基本法立法依據的憲法卻不適用，基本法就成了無源之水、無本之木，基本法就不可能獲得法律效力。

二、香港基本法在香港特別行政區的憲制性地位

香港基本法是全國人大制定的基本法律，是一部全國性法律，對香港而言，則是一部憲制性法律，效力僅次於憲法。基本法在香港的這種憲制性地位，主要體現在兩個方面：

（一）香港基本法規定的香港特別行政區的政制架構等內容，本來應當是由憲法規定的。但因為 1982 年修訂憲法時"一國兩制"方針雖已提出，但憲法還來不及對未來的特別行政區的政制架構作出具體規定，只能通過憲法第 31 條的規定留待基本法作出具體規定。

（二）香港基本法在香港特別行政區具有凌駕地位，其效力高於香港特區法律，是香港特區所有立法的依據和基礎。基本法第 8 條規定，香港原有法律抵觸基本法的不予保留。第 160 條規定，香港特區成立時，香港原有法律凡抵觸基本法的，由全國人大常委會宣佈不採用為特區法律。據此，1997 年 2 月八屆全國人大常委會作出決定，對原有法律中不採用為特區的法律作了明確宣佈。基本法第 11 條規定，香港特區制定的任何法律都不得同基本法相抵觸，這一規定與憲法第 5 條關於一切法律、行政法規和地方性法規都不得同憲法相抵觸的規定一樣，充分說明了基本法在香港特區的憲制性地位。

三、香港特別行政區的高度自治權來源於中央授權

香港特別行政區是國家的一個地方行政區域。基本法序言開宗明義規定："香港自古以來就是中國的領土"。總則第 1 條規定："香港特別行政區是中華人民共和國不可分離的部分。"基本法第 2 條規定："全國人民代表大會授權香港特別行政區依照本法的規定實行高度自治，享有行政管理權、立法權、獨立的司法權和終審權。"基本法的上述規定表明：香港特別行政區享有的高度自治權不是香港特別行政區固有的，而是來自於中央的授權。授權與分權是兩個不同的法律概念，表達兩種不同的權力關係。授權是指權力主體將原來屬於它的權力，授予被授權者行使。分權則是將權力在兩個或兩個以上的權力主體之間進行分割。在授權概念下，權力主體並不因授權而喪失權力，仍對被授權者是否按照授權的規定行使其權力有監督權。在分權概念下，兩個或兩個以上權力主體，按照分權的規定各自獨立行使權力。我國是單一制國家，由中央國家機關代表國家統一行使國家主權，地方政權機關的權力是由中央自上而下授予的。針對有些港人提出的所謂"剩餘權力"（基本法沒有授予特區的權力都屬於特區）問題，基本法第 20 條規定，特區可享有

全國人大和全國人大常委會及中央政府授予的其他權力。意即,除了基本法已授予特區的權力外,如果特區需要,還得由中央授權,沒有什麼"剩餘權力"。香港特別行政區是最高國家權力機關根據憲法設立的,處於國家的完全主權之下。

四、中央如何依據基本法管治香港特別行政區

(一)香港特別行政區行政長官和主要官員由中央人民政府任命。我國作為單一制國家,中央對地方政權主要領導人員行使任命權,是維護國家統一的重要手段。基本法規定,中央人民政府任命香港特別行政區行政長官和行政機關的主要官員,並相應確立了"行政主導"體制,以保證行政長官對特別行政區的有效管治,保證中央能夠通過行政長官對香港特別行政區發揮作用。中央人民政府的任命權不是程序性,而是實質性的。

(二)香港基本法的解釋權和修改權屬於最高國家權力機關。香港基本法在香港特別行政區具有憲制性法律地位,是體現和維護國家主權的重要法律依據和法律手段。因此,根據憲法,基本法第158條明確規定:"本法的解釋權屬於全國人民代表大會常務委員會。"第159條明確規定:"本法的修改權屬於全國人民代表大會。"香港特別行政區的政治體制是基本法的重要內容,這些內容同基本法其他條文一樣,解釋權屬於全國人大常委會,修改權屬於全國人大。

(三)香港特別行政區行政長官和立法會產生辦法的任何改變必須獲得中央的同意。基本法第45條和第68條確定了行政長官和立法會產生辦法的原則,是政治體制的重要內容,兩個產生辦法的修改權本來是屬於全國人大的,但為了根據香港的實際情況和循序漸進的原則逐步推進香港的政制發展,基本法正文在確定大原則後,由附件一對行政長官產生辦法作了具體規定,由附件二對立法會產生辦法作了具體規定,同

時對產生辦法的修改，規定了一個比較簡便的程序，即 2007 年以後行政長官和立法會的產生辦法如需修改，須經立法會全體議員三分之二多數通過，行政長官同意，並報全國人民代表大會常務委員會"批准"或者"備案"。這樣規定，目的是不修改基本法正文，但並不意味着全國人大對行政長官和立法會產生辦法沒有決定權。基本法第 12 條規定："香港特別行政區是中華人民共和國的一個享有高度自治權的地方行政區域，直轄於中央人民政府。"香港特別行政區是中央統一領導下的地方行政區域，不是任何獨立的政治實體，這就決定了香港特別行政區實行什麼樣的政治體制及其民主如何發展由中央決定，而不能由香港特別行政區自行決定。它只有在獲得中央同意的情況下，才可以考慮是否需要作相應改變和如何改變。

（四）國家對香港特別行政區制定的法律行使監督權。基本法第 17 條規定，香港特別行政區立法機關制定的法律須報全國人大常委會備案。備案不影響該法律的生效。全國人大常委會在徵詢其所屬的香港特別行政區基本法委員會，如認為香港特別行政區立法機關制定的任何法律不符合本法關於中央管理的事務及中央和香港特別行政區關係的條款，可將有關法律發回，但不作修改。發回的法律立即失效。

（五）中央人民政府負責管理香港特區的防務，負責管理香港特區有關的外交事務。有關國防、外交等全國性法律可以依法列入基本法附件三在香港特別行政區實施。基本法第 18 條第 2 款規定："全國性法律除列於本法附件三者外，不在香港特別行政區實施。凡列於本法附件三之法律，由香港特別行政區在當地公佈或立法實施。"第 3 款規定，全國人大常委會在徵詢其所屬的香港特別行政區基本法委員會和香港特別行政區政府的意見後，可對列於基本法附件三的法律作出增減，任何列入附件三的法律，限於有關國防、外交和其他按本法規定不屬於香港特別行政區自治範圍的法律。

（六）國家有權依照基本法的規定決定香港特別行政區進入緊急狀

態。香港特別行政區的高度自治必須以維護國家統一和安全為前提，如果香港特別行政區內發生香港特別行政區政府不能控制的危及國家統一或安全的動亂，根據基本法第 18 條第 4 款規定，全國人大常委會有權決定香港特別行政區進入緊急狀態，中央人民政府可發佈命令將有關全國性法律在香港特別行政區實施。

中央掌握了任命權、解釋權、修改權、監督權、批准權和決定權，就把握住了根本，就能夠保證 "一國兩制" 方針和基本法的正確實施。

五、堅持兩種制度，保障高度自治

香港特別行政區保持原有的資本主義制度，實行高度自治，這是香港基本法的另一個重要內容。香港特別行政區高度自治權的內容包括四個方面：

（一）行政管理權。行政管理權是重要的國家權力，不論是單一制國家，還是聯邦制國家，地方的行政管理權都是有限的。基本法第 16 條規定："香港特別行政區享有行政管理權，依照本法的有關規定自行處理香港特別行政區的行政事務。" 按照基本法的規定，除國防、外交以及其他基本法規定由中央人民政府處理的事務外，其他行政事務都由香港特別行政區依照基本法規定自行處理，這些不同於一般地方的高度自治的行政管理權，概括起來主要有：（1）保持財政獨立。香港特別行政區的財政收入全部用於自身需要，不上繳中央人民政府。中央人民政府不在香港特別行政區徵稅。（2）實行獨立的稅收制度。自行立法規定稅種、稅率、稅收寬免和其他稅務事項。（3）實行獨立的貨幣金融制度。（4）實行自由貿易政策。（5）單獨的關稅地區。香港特別行政區可以 "中國香港" 的名義參加《關稅和貿易總協定》等。（6）自行制定教育、科學、文化、衛生、體育等方面的政策。

（二）立法權。在單一制國家下，地方一般不享有立法權或者只享有有限的立法權。在聯邦制國家下，邦或州雖然享有較大的立法權，可以有自己的獨立的法律體系，但其立法權限也受到限制。而香港特別行政區的立法權不僅大於單一制國家下的地方，而且也大於聯邦制國家下的邦或州。基本法第 17 條規定："香港特別行政區享有立法權。"香港特別行政區立法機關制定的法律雖然要報全國人大常委會備案（第 17 條），但備案不影響法律的生效。全國人大常委會對報送備案的香港特別行政區的法律有發回權，但是：第一，在程序上，全國人大常委會發回前，必須先徵詢其所屬的由香港和內地各 6 名委員組成的香港基本法委員會的意見；第二，在內容上，發回的法律限於不符合基本法關於中央管理的事務及中央和香港特別行政區的關係的條款；第三，發回不作修改；第四，發回的法律立即失效，但"該法律的失效，除香港特別行政區的法律另有規定外，無溯及力"。這就是說，法律的失效一般不影響失效前根據該法律所作出的法律行為。

　　基本法第 18 條雖然規定列於基本法附件三的全國性法律在香港特別行政區實施，但是：第一，在程序上必須在徵詢全國人大常委會所屬的由香港和內地各 6 名委員組成的香港基本法委員會的意見後才能列入附件三；第二，在內容上限於有關國防、外交和其他按基本法規定不屬於香港特別行政區自治範圍的法律；第三，列入附件三的法律需要由香港特別行政區在當地公佈或立法實施。

　　（三）獨立的司法權和終審權。在單一制國家下，一般地方都沒有司法權。在聯邦制國家下，邦或州雖然享有司法權，但一般沒有終審權。香港特別行政區不僅享有獨立的司法權，而且還享有終審權，這是當今世界獨一無二的特例。獨立的司法權，一是指香港特別行政區享有獨立於內地的司法權，二是指法院獨立進行審判，不受任何干涉，司法人員履行審判職責的行為不受法律追究。終審權，是指香港特別行政區的訴訟案件以香港特別行政區終審法院為最高審級，終審法院的判決是最終判決。

（四）自行處理有關對外事務的權力。香港基本法在堅持外交事務屬於中央人民政府管理的原則下，不僅允許香港特別行政區政府的代表可以作為中華人民共和國政府代表團的成員參加由中央人民政府進行的同香港特別行政區直接有關的外交談判，而且還授予香港特別行政區可以自行處理有關對外事務的權力。主要是：（1）香港特別行政區可以在經貿文化等領域以"中國香港"的名義單獨對外保持和發展關係。（2）香港特別行政區享有出入境管理權。（3）香港特別行政區可以在外國設立官方或半官方的經貿機構。

國家通過基本法授予香港特別行政區高度自治權，凡是依照基本法的規定屬於高度自治範圍內的事務，都由香港特別行政區自己管理。為了從法律上保障香港特別行政區行使自治權，基本法又特別作了以下幾項規定：（1）"中央人民政府派駐香港特別行政區負責防務的軍隊不干預香港特別行政區的地方事務。"（2）"駐軍人員除須遵守全國性的法律外，還須遵守香港特別行政區的法律。"（3）"中央人民政府所屬各部門、各省、自治區、直轄市均不得干預香港特別行政區根據本法自行管理的事務。""中央各部門、各省、自治區、直轄市如需在香港特別行政區設立機構，須徵得香港特別行政區政府同意並經中央人民政府批准。""中央各部門、各省、自治區、直轄市在香港特別行政區設立的一切機構及其人員均須遵守香港特別行政區的法律。"

從基本法的以上規定可以看出，香港特別行政區享有的高度自治權，無論是與我國的一般地方政權的權力，包括民族自治地方自治機關的自治權比較，還是與其他單一制國家的地方權力比較，都更為廣泛。即使與聯邦制國家的邦或州的權力比較，除個別方面，如制定憲法外，在其他方面，香港特別行政區也享有更為廣泛、更為高度的自治權。

香港特別行政區高度自治的另一個重點，是指由香港當地人自己管理，中央不派人去管理，也不是由外國人來管理，而是實行"港人治港"。基本法規定："香港特別行政區的行政機關和立法機關由香港永久性居民依照本法有關規定組成。""香港特別行政區終審法院和高等法院的首席法官，應由在外國無居留權的香港特別行政區永久性居民中的中國公民擔任。" 基本法在有關章節中對香港特別行政區行政機關和立法機關的組成作了具體規定。這些規定，充分體現了維護國家主權和"港人治港"原則。鄧小平同志 1984 年接見香港訪京團時指出："我們相信香港人能治理好香港。""港人治港有個界綫和標準，就是必須由以愛國者為主體的港人來治理香港。"

六、香港特區行政主導型體制下的行政、立法、司法三者之間的關係

香港特別行政區的自治權分別由行政機關、立法機關、司法機關行使，但香港特別行政區的政治體制不是三權分立，而是"行政主導"。所謂"行政主導"，是指行政長官在整個政權運作中處於支配性地位的一種政治體制，同時，行政機關與立法機關既互相制衡，又互相配合，而司法則獨立進行審判，不受任何干涉。香港原有的總督制就是一種"行政主導"的政治體制。總督凌駕於行政和立法兩局之上，在港英政府中處於支配地位。香港特區繼續採用了這種"行政主導"體制的模式。基本法第 43 條明確規定："香港特別行政區行政長官是香港特別行政區的首長，代表香港特別行政區。" 這一規定確立了行政長官的主導地位，並從以下四個方面加以體現：

（一）在特別行政區與中央人民政府的關係中，行政長官居於十分重要的地位，中央人民政府通過行政長官對特別行政區發生關係。主要表現在："香港特別行政區行政長官依照本法的規定對中央人民政府和香港特別行政區負責"；行政長官"負責執行本法和依照本法適用於香港特別行政區的其他法律"；行政長官"將財務預算、決算報中央人民政府備案"；行政長官提名並報中央人民政府任命主要官員，並建議中

央人民政府免除主要官員的職務；行政長官“代表香港特別行政區政府處理中央授權的對外事務和其他事務”。

（二）行政長官在特別行政區政府中處於首長地位。主要表現在：行政長官“領導香港特別行政區政府”；行政長官“決定政府政策和發佈行政命令”；行政長官“依照法定程序任免公職人員”；行政長官“批准向立法會提出有關財政收入或支出的動議”。

（三）行政長官在立法程序中處於重要地位。主要表現在：行政長官“簽署立法會通過的法案，公佈法律”；行政長官“如認為立法會通過的法案不符合香港特別行政區的整體利益，可在三個月內將法案發回立法會重議”；行政長官“如拒絕簽署立法會再次通過的法案或立法會拒絕通過政府提出的財政預算案或其他重要法案，經協商仍不能取得一致意見，行政長官可解散立法會”。

此外，涉及公共開支或政治體制或政府運作的法案只能由政府向立法會提出，議員個人不能提出包括上述內容的法律草案。立法會議員個別或聯名提出涉及政府政策的法律草案，在提出前必須得到行政長官的書面同意。在立法會上，政府法案的表決，與議員個人法案的表決機制也不同，“政府提出的法案，如獲得出席會議的全體議員的過半數票，即為通過。”“立法會議員個人提出的議案、法案和對政府法案的修正案均須分別經功能團體選舉產生的議員和分區直接選舉、選舉委員會選舉產生的議員兩部分出席會議議員各過半數通過。”這些也是體現行政主導的內容之一。

（四）行政長官在司法方面也有重要作用。主要表現在：行政長官“依照法定程序任免各級法院法官”；“香港特別行政區終審法院的法官和高等法院首席法官的任命或免職，由行政長官報全國人民代表大會常務委員會備案”；“香港特別行政區法院在審理案件中遇有涉及國防、外交等國家行為的事實問題，應取得行政長官就該等問題發出的證明文件，上述文件對法院有約束力。”

以上規定表明，香港特別行政區是以行政長官為主導的體制，不僅行政機關置於行政長官領導之下，行政長官在立法中處於重要地位，享有重要權力，在司法方面也有重要作用。這種"行政主導"體制，充分表明了行政長官是整個特區的首長，代表整個特區。所謂行政長官向中央政府負責，是以整個特區首長的身份向中央政府負責。這種獨特的政治體制一方面有利於貫徹"一國兩制"，有利於維護國家主權和國家安全，有利於保證香港基本法正確實施；另一方面有利於高度自治，有利於保持香港的穩定、高效，是最適合香港實際的一種政治體制。

同時，立法會對行政長官也有一定的制約。立法會可以"聽取行政長官的施政報告並進行辯論"；如立法會全體議員的四分之一聯合動議，指控行政長官嚴重違法或瀆職行為而不辭職，經立法會通過進行調查，如調查委員會認為有足夠證據構成上述指控，"立法會以全體議員三分之二多數通過，可提出彈劾案，報請中央人民政府決定"；行政長官"因兩次拒絕簽署立法會通過的法案而解散立法會，重選的立法會仍以全體議員三分之二多數通過所爭議的原案，而行政長官仍拒絕簽署"；或"因立法會拒絕通過財政預算案或其他重要法案而解散立法會，重選的立法會繼續拒絕通過所爭議的原案"，必須辭職。

七、堅持基本不變，保障穩定繁榮

在實現香港回歸這一"大變"的前提下，保持香港原有資本主義制度和生活方式五十年不變，是保證香港順利回歸和保持香港長期穩定繁榮的一項重要政策，是基本法的一項十分重要的原則和內容。基本法規定："香港特別行政區不實行社會主義制度和政策，保持原有的資本主義制度和生活方式，五十年不變。"這裏講的五十年不變，是指"一國兩制"的方針不變，中國政府在中英聯合聲明中所闡明的基本方針政策不變，保持原有的資本主義制度和生活方式不變。"五十年不變"，不只是一個具體的時間概念，更主要的是一個長期不變的表述方式。1987年 4 月，鄧小平同志會見香港特別行政區基本法起草委員會委員時說："對香港、澳門、台灣的政策五十年不變，五十年之後還會不變。""社會主義國家裏允許一些特殊地區搞資本主義，不是搞一段時間，而是搞幾十年、成百年。"為了保證基本法不變，基本法第 159 條對基本法的修改專門作了限制性規定："本法的任何修改，均不得同中華人民共和國對香港既定的基本方針政策相抵觸。"這裏的"既定的基本方針政策"，是指序言所規定的"國家對香港的基本方針政策，已由中國政府在中英聯合聲明中予以闡明"，即"一國兩制"、"港人治港"、高度自治。

基本法關於基本不變的內容十分廣泛，除以上"原有的資本主義制度和生活方式不變"的規定外，還體現在以下幾個主要方面：

1. 香港的"行政主導"政治體制不變。2. 香港原有法律基本不變。3. 香港原有政府機構設置基本不變。4. 香港原有司法體制基本不變。（基本法第 81 條規定："原在香港實行的司法體制，除因設立香港特別行政區終審法院而產生變化外，予以保留。"）5. 香港居民原來享有的各項權利不變。6. 香港原有法官、其他司法人員和公務員均可留用，其年資予以保留，薪金、津貼、福利待遇和服務條件不低於原來的標準。7. 香港原有經濟地位和政策不變。8. 香港原有教育、宗教等政策基本不變。等等。

堅持基本不變，是基本法的重要內容。但基本不變，並不是一點不變，比如，設立終審法院，就是一種變。在港英統治時期，香港是沒有終審權的，當時終審權掌握在英國樞密院司法委員會手裏。至於一些具體制度，根據基本法的規定，是可以在原有的基礎上予以發展和改進的。例如，香港原有法律如同基本法相抵觸，則必須變。根據基本法的規定，1997 年 2 月全國人大常委會對香港原有法律中抵觸基本法的規定作出了處理，這是我國恢復對香港行使主權所必須的變。即便如此，宣佈抵觸的只有很少的一部分，整部法律抵觸基本法不採用為特區法律的只有 14 件，部分條款抵觸基本法不採用為特區法律的只有 10 件，絕大部分都採用為特區法律，只是有些法律中的名稱或詞句在解釋或適用時需進行替換。

在香港保留資本主義制度，社會、經濟制度不變，法律基本不變，生活方式不變，香港自由港的地位和國際金融中心的地位也不變，有利於保持它同世界各國繼續發展密切的經濟貿易關係，有利於保持它的繁榮和穩定。正如鄧小平同志指出的：＂不保證香港和台灣繼續實行資本主義制度，就不能保持它們的繁榮和穩定，也不能和平地解決問題。＂

"一國兩制" 與單一制國家體制不矛盾

2004 年 4 月 6 日，在國務院新聞辦公室舉辦的記者招待會上的答問。

關於聯邦制和單一制的問題，美國是聯邦制，中國是單一制，單一制下面設立一個特別行政區，這正是 "一國兩制" 的偉大之處，與單一制不矛盾。中央和香港特區的關係有兩個層面，第一個層面就是一般的中央與地方的關係。地方沒有自己固有的權力，權力都是中央授予的。有關 "一國" 的體現都是在單一制下的中央與地方的關係。還有一層就是 "一國兩制" 下的中央與地方的關係，就是全國人大常委會授權香港有高度自治權，這個權力遠遠大於內地各個省、自治區、直轄市的權力。它的統一就是在一個國家下面的兩種制度。

基本法還明確規定，香港不實行社會主義制度，保持資本主義制度 50 年不變，法律制度基本不變，司法制度除了有了終審法院帶來的變化以外，其他基本都不變。通過基本法來保證香港實實在在地搞資本主義。這跟聯邦制是不一樣的，聯邦制的權力實際上是各個州授予聯邦，把其他權力保留下來，沒有給聯邦的權力，都是在各自的州裏面。

單一制是反過來的，地方沒有權力，地方的權力是中央給的，這是一個根本的區別。如果說一定有 "剩餘權力"，這個權力也是在中央。基本法第 20 條是這樣規定的，香港特別行政區享有全國人大和中央政府授予的其他權力。也就是說在基本法已經授予權力的情況下，如果特區有需要，但是你本身沒有權，還要再由全國人大或中央政府授予。這和聯邦制是不一樣的。

至於香港基本法附件一和附件二是否需要修改，行政長官應向全國人大常委會提出報告，由全國人大常委會確定，這是這次解釋的第三條。至於說到是不是就是行政長官需要、人大需要，人民有這個需要怎麼辦？香港社會是多元的社會，香港民主需求是多樣的，各個界別、各個方面都有不同的民主需求。

在香港發展民主，必須要有利益兼顧、均衡參與的問題。即便是將來普選，香港基本法第 45 條已經明確規定，提名委員會也是有廣泛代表性的提名委員會，這就是要體現均衡參與。人民有需要，行政長官有很多諮詢機構，可以廣泛地吸納人民的需求，最後由他作為特別行政區的代表以及基本法規定向中央負責，他要向全國人大常委會提出報告，這個報告裏應當反映出人民的要求。

從"一國兩制"的高度看待釋法的
必要性與合法性

2004 年 4 月 8 日在香港各界人士座談會上的演講。

女士們、先生們、朋友們，大家好！

我今天演講的題目是《從"一國兩制"的高度看待釋法的必要性與合法性》。為這個演講昨晚準備到今天凌晨 4 點，中午未午休還在改稿，雖然事前有所準備，但也要與時俱進，要把這兩天的真切感受寫進去，這樣演講才更有針對性。

剛剛結束的十屆全國人大常委會第八次會議審議通過了關於香港基本法附件一第七條和附件二第三條的解釋。這是中央貫徹落實"一國兩制"方針和基本法所採取的一項重要舉措。到香港來的這兩天，通過與香港知識界、法律界等各個方面人士的接觸，親身感受到香港各界對全國人大常委會的釋法表現出了高度的關注，就我所聽到的、看到的，感覺總體評價正面，但也確實聽到、看到了一些不同意見，甚至比較激烈的不同意見。比如，有的認為基本法附件一和附件二的規定已經很清晰，無需釋法；有的認為釋法加進了新東西，過"三關"變成"過五關"，是修法、變法，任意釋法；有的認為釋法干預了特區的高度自治；有的認為釋法破壞了普通法制度，削弱了香港法治；還有的認為釋法架空了特區政府；等等。可以說，這些還都在我預料之中，3 月 30 日在深圳與特區政府專責小組會面時，曾蔭權司長已經向我反映了部分港人對釋法的憂慮和懷疑。香港是一個自由的、國際化的大都市，利益多元、文化多元、觀念也多元，不管什麼事情，很難得沒有不同聲音，這是正常的，也是能夠理解的。如果對釋法沒有不同意見，我反倒會覺得是不是真的沒有必要釋法。對釋法有不同意見，特別是有比較強烈的不同意見，正說明香港社會在釋法要解決的幾個問題上確實存在着比較嚴重的不同理解和認識，正說明全國人大常委會的解釋確實是非常必要、非常及時的。同時，我也一直在思考，為什麼會有這些不同意見呢？我們這次是抱着"理性對話，良性互動，坦誠交流，尋求共識"的宗旨來的，從這 16 個字出發，我想坦誠談談之所以有這些不同意見的根由是不是在於對待以下幾個問題的認識上。

第一，如何正確認識"一國兩制"

"一國兩制"是鄧小平同志為解決台灣、香港、澳門等歷史遺留問題而提出的一項偉大構想，是一項前無古人的事業。之所以說前無古人，我理解，第一，在一個國家裏同時允許社會主義和資本主義存在，在國家主體部分實行社會主義，在香港、澳門等地方實行資本主義，這是世界上從來沒有的。第二，在一個單一制國家裏賦予特別行政區享有超過聯邦制國家的州所享有的權力，比如特別行政區享有終審權，這也是世界上的聯邦制國家從來沒有的。作為一項前無古人的事業，"一國兩制"在實踐中難免會遇到這樣那樣的問題和困難。我們在思考解決這些問題和困難時，必須始終遵循"一國兩制"方針而不能背離這個方針，必須始終有利於"一國兩制"的貫徹實施而不能影響它的貫徹實施，必須始終有利於"一國兩制"偉大事業的順利推進而不能損害這項事業的順利推進。這就要求我們，首先必須對"一國兩制"要有一個正確的認識，否則，認識偏差，必然導致行動的偏差。

那麼，如何正確認識"一國兩制"呢？我個人體會，重點要把握以下幾點：

一是，必須正確認識"一國兩制"的基礎和前提是"一國"。香港回歸祖國懷抱，成為"一國"的一員，是實行"兩制"的前提和基礎。沒有"一國"就沒有"兩制"。"一國"與"兩制"從來不是平行的關係。"兩制"中的國家主體的社會主義這"一制"，與香港特別行政區的資本主義這"一制"，也不是平行的關係。為什麼？因為國家主體的社會主義這"一制"的存在和鞏固，是香港資本主義這"一制"的存在和鞏固的前提條件和可靠保障。

　　二是，必須正確認識特別行政區的高度自治是中央授權下的高度自治。我國是單一制國家，不是聯邦制，特別行政區作為一個地方行政區域，其高度自治權不是自身固有，而是中央通過制定基本法授予的。就特別行政區的權力來源而言，特別行政區與內地一般地方是一樣的，而與聯邦制國家的州則是截然不同的。在聯邦制國家，聯邦的權力來自於各州的授權，凡沒有授予聯邦的權力都屬於州的權力。而單一制國家，情況恰恰相反，地方的權力是由中央授權的，沒有授予地方的權力，都屬於中央的權力。總之，高度自治既不是完全自治，也不是最大限度的自治，而是基本法授權範圍內的自治，不能離開基本法授權去講高度自治。

　　三是，必須正確認識實行"一國兩制"的根本目的是為了保證香港的長期繁榮穩定。基本法在序言中明確規定："為了維護國家的統一和領土完整，保持香港的繁榮和穩定，並考慮到香港的歷史和現實情況，國家決定，在對香港恢復行使主權時，根據中華人民共和國憲法第三十一條的規定，設立香港特別行政區，並按照'一個國家，兩種制度'的方針，不在香港實行社會主義的制度和政策。"授權香港特別行政區實行高度自治，根本目的是為了有利於保持香港的資本主義制度、保持香港的長期繁榮穩定，不是為了高度自治而高度自治，任何人不能以實行高度自治為藉口來搞亂香港。中央對保證"一國兩制"方針的貫徹落實，保證香港的長期繁榮穩定，既有憲制性的權力，也有憲制性的責任。中央不可能任憑"一國兩制"的貫徹落實受阻礙和香港的繁榮穩定受損害而坐視不管。

這裏必須特別注意如何正確認識中央不干預特別行政區自治範圍的事務。中央不干預特別行政區自治範圍的事務，屬於自治範圍的事務由港人自己管理，是"一國兩制"的重要內容，是中央始終堅定不移地堅持的一項基本方針。但是，不干預是有特定含義的，不是絕對的。第一，凡屬於涉及國家主權範圍的事項，比如國防、外交事務，是中央的專有權力，不屬於特別行政區自治範圍的事務，中央管理這些事務，自然不存在干預的問題；第二，凡屬於涉及中央與特別行政區關係的事務，比如，香港政治體制發展問題，就涉及到中央與特別行政區的關係，為什麼？因為香港的政治體制本身就是中央通過基本法規定的，它的任何改變中央當然要管，這也不存在干預的問題；第三，就是發生了基本法第 18 條第四款規定的情形，中央將按照這一規定行使權力。這一規定的目的還是為了維護香港的繁榮穩定，也可以說，既是為"一國"，也是為"兩制"。

總之，"一國"是"兩制"的前提。沒有香港的回歸，沒有"一國"，就沒有"兩制"。而"兩制"是香港順利回歸、平穩過渡和保持長期繁榮穩定的保證。"一國兩制"是一個整體，不能割裂，"一國"和"兩制"都必須得到保障。由於近一個時期以來發生的一系列事情，使我感覺到，確有一些人對"一國"的認識比較薄弱，國家觀念比較弱，因此，上面我在講要正確認識"一國兩制"時，着重強調了要加強對"一國"的認識。

第二，如何正確認識香港基本法的解釋權

我國憲法規定，全國人大常委會"解釋法律"，香港基本法第 158 條規定，本法的解釋權屬於全國人大常委會，這與普通法制度下的法律

解釋有很大的不同。在普通法制度下，只有法院才能解釋法律，以至於有人認為“立法者是最糟糕的釋法者”。但我國憲法確立的國家的根本政治制度是人民代表大會制度，人大及其常委會不僅制定法律而且負有監督法律實施的職責，如果無權解釋法律，怎麼能掌握法律是否得到正確實施？因此，香港回歸後，有了香港基本法這樣一部成文的憲制性法律，是香港法律制度的一個重大變化，這個變化，是國家恢復對香港行使主權這個大變化的必然結果。憲制不作轉變，就與香港回歸後的法律地位不相適應。憲制的基礎和回歸前已經不同，香港特區必須適應這個憲制體制的變化，不能把全國人大制定的、在全國範圍內實施的這樣一部全國性法律按照普通法的原則去解釋，而必須把它同其他全國性法律一樣，按照內地法律制度的解釋原則來理解和解釋，特別是涉及中央管理的事務和中央與特別行政區關係的條款，更是如此，因為全國性法律是要在全國範圍內包括香港和內地一體施行的，必須由最高國家權力機關解釋，才能達到上述目的。正因為如此，基本法也賦予香港特別行政區法院在審理案件時對基本法關於自治範圍的條款可以自行解釋，對其他條款也可以解釋，但如果香港特別行政區法院在審理案件時需要對基本法關於中央管理的事務或中央與特區關係的條款進行解釋，而該條款的解釋又影響到案件的判決，應由終審法院提請全國人大常委會解釋。這個 158 條是典型體現“一國兩制”的條文，第一款規定本法的解釋權屬於全國人大常委會，體現“一國”，第二款授權法院對自治範圍的條款自行解釋體現“兩制”、高度自治，第三款進一步授權法院對其他條款也可以解釋，又體現“兩制”、高度自治，但涉及中央管理事務和中央與特區關係的條款，要提請全國人大常委會解釋，又體現“一國”。全國人大常委會的解釋是最權威、最終的解釋。基本法的解釋權屬於全國人大常委會，這既是全國人大常委會依法享有的權力，是全國人大常委會監督香港基本法實施的必要手段，也是全國人大常委會對香港特區所負的責任，是基本法規定的“一國兩制”的應有之義，已經成為與香港特區政治體制不可分割的部分。

第三，如何正確認識全國人大常委會釋法的出發點和目的

全國人大常委會行使基本法解釋權歷來是十分慎重、非常嚴肅認真的，不到萬不得已，不輕易行使。全國人大常委會行使解釋權的出發點和目的，就是為了保證"一國兩制"方針和基本法的貫徹實施，為了保持香港的長期繁榮穩定。比如，1999年的解釋，就是考慮到會有167萬內地居民可能湧到香港，給香港社會、經濟造成嚴重衝擊，而在終審法院作出終審判決後，香港又無法自身來化解這一難題，全國人大常委會才對基本法有關條文的含義作出解釋。這次的情況也是一樣。

自從去年"七一"以來，香港社會對基本法附件一和附件二關於行政長官和立法會兩個產生辦法在2007年以後是否需要修改問題產生了較大的不同理解和認識，實質是對香港特區未來政治體制的發展有較大的不同理解和認識，而這個問題關係到"一國兩制"方針和香港基本法的貫徹實施，關係到中央與香港特別行政區的關係，關係到香港社會各階層、各界別、各方面的利益，關係到香港的長期繁榮穩定，因此，中央一直高度關注。由於對這個問題爭論不休，已經在相當程度上影響到香港集中精力發展經濟、改善民生；已經出現了把這場討論引導到偏離基本法規定的傾向，從而也就從根本上影響到香港政制發展理性的、健康的討論和順利進行。正是在這種情況下，全國人大常委會在經過反覆研究，廣泛聽取各方面的意見，包括依照法定程序徵詢全國人大常委會香港基本法委員會的意見，聽取香港基本法起草委員會成員和香港特區政府政制專責小組反映的香港各界人士的意見以及港區人大代表、政協常委的意見後，依照憲法和基本法的規定行使解釋權，對香港基本法附件一和附件二有關規定的含義作出解釋，全國人大常委會組成人員在審議中一致認為是十分必要、非常及時的。

第四，如何正確認識全國人大常委會釋法的性質、功能和原則

通過這兩天座談，使我對兩地法律制度差異有了更深刻的了解。如上午與法律界座談，既聽到支持釋法的聲音，也聽到不少反對釋法的聲音，而且同時聽到各自的理據，其中因兩地法律制度不同帶來的問題是顯而易見的，比如對這次釋法是解釋還是修改，堅持用普通法解釋基本法的，堅持這次釋法不是解釋而是修改；堅持用內地法律制度解釋基本法的，堅持這次釋法是解釋沒有修改。所以我在座談會上說，兩地法制差異，用法言法語叫法律衝突，是一門大學問，還須進行長時間的磨合，我說了八個字"來日方長，探討不止"。

根據內地法律制度，法律解釋與法律修改不同。從性質上講，法律解釋是對法律含義的闡述，不是創設新的法律規範，也不刪減法律規範。修改是改變法律規範。從功能上講，根據我國立法法規定，法律解釋適用於兩種情況：一是法律的規定需要進一步明確具體含義的；二是法律制定後出現新的情況，需要明確適用法律依據的。法律解釋不創制新的規則，只是對原有含義的明確。比如，這次釋法關於行政長官和立法會兩個產生辦法"如需修改"由誰確定問題，基本法附件一和附件二的規定確有不夠清楚之處，需要進一步明確，就屬於第一種情況。又比如，1996 年全國人大常委會關於國籍法在香港特別行政區實施的解釋，就屬於第二種情況。從原則上講，由於法律解釋是對法律規定的含義的闡述，因此，法律解釋必須忠實於原意，既不能簡單地看條文的字面含義，也不能根據個人理解隨意解釋，更不能根據哪些人的好惡來解釋。如這次關於"2007 年以後"是否包括 2007 年問題，就有不同理解，最後嚴格根據立法原意作出解釋。要忠實於立法原意，就必須將一部法律的有關各條規定聯繫起來看，有時甚至要與其他法律的有關規定聯繫起來看，從整體上把握法律規定的真實原意。比如，關於行政長官

和立法會兩個產生辦法 "如需修改"，有的認為是指 "立法會認為如需修改，則三分之二通過"，"行政長官認為如需修改，則同意"，"全國人大常委會認為如需修改，則批准或備案"，而不是將 "如需修改" 作為中央享有的事先決定權。有的認為立法會產生辦法向全國人大常委會備案，與基本法第 17 條中的備案有何不同？與內地其他法律中的備案有何不同？如果將其理解為 "可以備案"，"也可以不備案"，就與 "批准" 沒什麼差別了。有的認為解釋中行政長官向全國人大常委會提出報告違不違反基本法中 "行政長官向中央人民政府負責" 的規定？這些問題，如果僅從這些規定的字面上看，可能很難準確把握立法原意，只有把它同香港特別行政區的法律地位、基本法其他各條規定聯繫起來考慮，才能準確把握它的真實含義。

比如 "如需修改" 由誰啟動，如果是立法會啟動，應寫成 "如立法會認為需修改⋯⋯"，現在寫法是 "如需修改"，須經立法會三分之二通過，顯然有個需要明確誰啟動的問題，聯繫到單一制的國家結構形式，地方的政制由中央決定（基本法第四章專門用一章規定了政治體制），那麼政制的改變也需由決定的機關來決定，這是符合法理，順理成章的。又如附件二修改立法會產生辦法的備案與第 17 條備案有何不同。第 17 條是本地立法的備案，立法會通過、行政長官簽署即生效，然後再報全國人大常委會備案，人大常委會如認為不符合本法關於中央管理的事務和中央與特區關係的條款，可以將法律發回。這與內地省、自治區、直轄市人大及其常委會制定的地方性法規報全國人大常委會備案、全國人大常委會認為違反憲法和法律可予以撤銷的做法相似。附件二的備案不是本地立法，這裏的報備案類似內地一種備案不立即生效，要經過一個法定審查期，無異議才生效的模式。這裏的備案與批准的不同是，行政長官由中央任命，因此，行政長官產生辦法的修改要報中央批准，兩者相一致；立法會議員是由特區通過功能團體和分區直選產生，不須中央批准，因此備案認可，兩者也是匹配的。在操作上，批准要全國人大常委會作決定，備案由全國人大常委會發佈公告表示接受就可生效。再如行政長官向全國人大常委會提出報告違不違反基本法關於行政長官向中央人民政府負責的規定，是不違反的。一是因為香港特區政制是全國人大制定基本法規定的，修改權在全國人大，修改的批准權在全國人大常委會，行政長官向全國人大常委會報告順理成章。二是基本法中有關於行政長官報全國人大常委會的規定。如第 17 條是，特區立法會制定的法律 "三讀" 通過後，行政長官簽署後報全國人大常委會備案；特區終審法院法官和高等法院首席法官的任命或免職，行政長官要報全國人大常委會備案。關於釋法我曾用 "1+1=1" 說明釋法沒有修改原意，有人不贊成，說 1+1 明明等於 2，怎麼是 1？我願改改比喻。比如按手印，第一次按得太輕，看不清楚，然後在原來的手掌紋上再用力按一次，手還是這隻手，但更清楚了。不知這個比喻是不是對大家理解解釋的含義有幫助。

總之，全國人大常委會這次釋法，如同過去對國籍法的釋法和對居港權的釋法一樣，中央毫無任何的私利，都是為着香港好，都是為着港人的福祉，都是為着基本法的正確實施，都是為着 "一國兩制" 偉大事業的成功。

謝謝各位！

在香港各界人士座談會上的答問

2004 年 4 月 8 日發表演講後的答問現場記錄稿，
載 2004 年 4 月 9 日香港《商報》。

陳甘霖（全港各區工商聯）問：長官候選人若由港人組成的資格委員會先通過，再由全國人大審核委員會通過後，再普選，有無違反基本法？

答：基本法內無規定這樣的審查機制，只是規定了有廣泛代表性的提名委員會來提名。

劉宇新（工商界人士）問：市民形容這次釋法是為香港部分人士包括部分專業人士補課，為廣大香港市民上基本法課，是否同意？

答：釋法主要是政制發展討論中遇到的程序問題，如同時也能收到基本法廣為宣傳的效果，當然求之不得。

楊森（民主黨主席）問：1993 年魯平主任曾說，第三屆立法會選舉是特區自行決定，但釋法設置關卡，是否推翻魯生講法？民主黨對釋法表示遺憾，人大能否以後不再任意釋法，維護高度自治。

答：不管是誰說的話，最後都要以人大常委會的釋法為準，這是最高權威的，也是最體現出基本法立法原意的。

人大不可能承諾今後不再釋法，因為釋法是憲法和基本法賦予人大常委會的權力。給了這個權力，相應就有責任。所以如果承諾說不釋法，就把人大常委會置於違憲的境地。

說釋法就打擊了"一國兩制"、高度自治，我剛才演說時已說過，因為人大釋法是"一國兩制"的應有之義，也是對高度自治的可靠保障，是對基本法正確貫徹實施的最高監督。按基本法辦事，不應該有那樣一個後果，破壞了"一國兩制"或損害高度自治。

司徒華（立法會議員）問：行政長官向中央提交報告之前，是否有一段諮詢期，時間多長？何時提交報告？提交前會否公佈？

答：這個問題由曾蔭權司長回答更合適些。

李柱銘（立法會議員）問：基本法 159 條第四款說明，本法的任何修改，均不得同國家對香港既定的基本方針政策相抵觸，但 158 條沒有同樣的條文。是否人大常委會使用解釋權時，可以同國家對香港的既定的基本方針政策相抵觸。若不是，為何 158 條無這一款？

答：159 條是基本法的收尾之作，是管整部基本法的，所有條文都需遵循此原則。從立法技術上講，也不需要每條都作此規定。

祈俊文（美國駐港總領事）問：你會確認人大常委會會保持釋法的罕有性嗎？

答：回歸剛七年，有很多需要磨合的地方。人大都是在萬不得已時，為了香港好，作出該舉動。我注意到報章上有人引用我 2000 年 4 月 1 日在香港的演講，其中一句話：人大既已授權，今後不會也不必頻繁釋法。其實這只是一個方面，當時我還講了另一句話：必要時，人大常委會進行釋法，希望大家以平常心對待，因為這本來就是"一國兩制"的應有之義。非現在就能承諾不再釋法，不能預期。

帕盛文（英國駐港總領事）問：釋法是否能解決所有問題，不需要進一步釋法？

答：這次釋法當然解決不了所有的問題，只是政制發展的程序問題。今後是什麼情況，應該有多種方式。通過這次解釋，把政制發展基礎打下來了。原來我講的"搭橋"，橋搭起來以後，大家齊心協力過河。其中也需要廣泛地集思廣益，尋找一個各方都能接受的方案。但是不是今後一定不釋法或釋法，我也不能給你一個明確的答案。

涂謹申（立法會議員）問：立法法內的新情況是否與立法原意不一

致？立法原意是否有發展性？如何分別解釋法律與修改法律？

答：立法法規定的新情況是指法律制定後，又有了新的情況，要明確其法律含義，如果能在原法律條文中以新的含義來明確，那就明確，即解釋，如不行，那就要修改。

在內地掌握釋法時也是這樣，如刑法對國家工作人員貪污的處刑重，非國家工作人員的處刑輕。村委會主任不是國家工作人員，以前以輕罪處理，但一些財力雄厚的村委會，且需要承擔一些行政事務，作為執行鄉政府行為中若有貪污行為，那就以國家工作人員來論罪，這便是一種新情況發生，可以在原條文中找新的含義，如實在找不到，那就要修改。1999 年居港權問題，因為條文確實是原來的含義，但寫得不清楚，港人所生子女，指的是成為永久性居民後所生的子女，這也不是誰的責任，但條文中有不夠清楚的地方，現在把它解釋出來。我曾講過，如果條文沒有這個原意，不要說 167 萬人，就是 267 萬人，你也不能硬解釋，那就必須修改該法律。

馮志堅（金融服務界）問：如特首不提出修改報告，人大常委會如何判斷香港實際情況和有修改需要，如何通過董或港府向立法會提出，又特首對獲通過的議案不同意，不向人大備案，結果又如何？

答：特首提不提報告，按解釋來說，大家一直在說啟動權在何處？從提報告的角度，修改的啟動權在行政長官。提出報告後，人大常委會確定，也是啟動，此啟動權在人大常委會，這是一致的。首先提出應在行政長官，若未提出報告，應是行政長官的考慮，若人大判斷，超越行政長官，一定要啟動，這與釋法第三條是不符合的。首先是行政長官，然後是人大常委會，不可能人大常委會先判斷需不需要改。

何俊仁（民主黨副主席）問：此次人大釋法實際是修法，因為附件內根本無事前批准的機制。如釋法是無中生有，是否意味着，將來可透過釋法，可指定參選行政長官前，候選人也要批准。

答：是釋法還是修法，我已說得很充分，再說大家也很煩。能否指定行政長官候選人，基本法內無此規定。

馮檢基（民協主席）問：人大常委會對政改有決定權，但港府的啟動機制由人大常委會同意後再給特區，此機制為何不授權予特區政府行政機關，以加強"一國兩制"？

答：這個問題不是釋法，是修法，這是一個修改，因為現在沒有這樣的規定，解釋不出來。

曾德成（全國人大代表）問：釋法第三點，議案表決程序的法案及修正案等，是否都不能由立法會提出？

答：按這條，修改法案及其修正案，這是一體的，立法會議員都不能提。這又牽涉到兩地法律差異。講到法律草案時，這個草案既可以是原來的草案，又可以是修正案，修正案在內地也叫作法律草案。但考慮到特區的習慣，再把它表述出來，修正案也在其內。有一法理，如立法會議員提出政治體制，政府運作，公共開支的修正案的話，又被立法會通過，那等於是變成了立法主導，而非行政主導。修正案和法律草案要統一起來。

結束語：替鄒哲開和曹二寶說明一下，涂謹申先生、何秀蘭小姐、馮檢基先生三人當時給我的信他們都已轉我收到，我跟馮檢基先生很熟，籌委會曾在一起工作。看到他在電視上說要以當年向太太五次求婚的精神來見我，我很感動，但可能你太太當時就你一個人追，追了五次，被你追到了，但我如果開了這個口，追的人太多（要來當面談的會很多），很難擺平，也沒有這個時間。楊森先生、李柱銘先生的信我也都收到了。

以求真務實的精神探求香港政制發展
正確之路

2004 年 4 月 26 日在香港各界人士座談會上的演講，
摘自 2004 年 4 月 27 日《香港文匯報》。

女士們、先生們、朋友們：

今天上午，十屆全國人大常委會第九次會議審議通過了《關於香港特別行政區 2007 年行政長官和 2008 年立法會產生辦法有關問題的決定》。全國人大常委會的"決定"，是根據香港基本法的規定，對香港政制發展問題作出的一個重大決策。這裏我想先就全國人大常委會"決定"的性質，作一點說明。全國人大常委會的"決定"一般分為兩種：一種是修改、完善法律的決定，比如全國人大常委會《關於修改〈中華人民共和國商業銀行法〉的決定》；一種是法律性問題的決定，比如全國人大常委會《關於根據〈中華人民共和國香港特別行政區基本法〉第160 條處理香港原有法律的決定》。修改法律的決定屬於立法行為，可以創設、補充、修改法律規範；法律性問題的決定是依據法律規定，在全國人大常委會職權範圍內對某一特定事項作出決策或者處理的行為，不能創設新的法律規範，也不能補充、修改原有的法律規範。這次全國人大常委會作出的"決定"，屬於依據基本法規定對香港政制發展問題所作出的一種處理，不是一種制定法律的行為，所以，大可不必擔心這個"決定"會給香港政制發展附加什麼新的條件，而只是落實基本法的規定。這個"決定"更不是"釋法"，沒有對法律規定的含義作進一步明確的功能，只是依據基本法有關規定對某一特定事項作出的處理。這

裏講的 "依據基本法的有關規定"，一是依據基本法附件一和附件二及其解釋規定的職責，這個職責就是全國人大常委會對香港政制發展問題既有權力、也有責任作出決定；二是依據基本法第 45 條和第 68 條及其他有關各條規定的香港政制發展所必須遵循的原則，這就是從香港的實際情況出發和循序漸進的原則，以及保障各階層、各界別、各方面均衡參與的原則。全國人大常委會的決定是具有法律效力的。

今天這個座談會是專門為全國人大常委會的 "決定" 而舉行的，我想藉此機會先發個言，談談個人對 "決定" 的理解。我發言的題目是《以求真務實的精神探求香港政制發展正確之路》。我發言的時間可能稍長一點，因為我這次是來講道理的，時間短了怕道理講不透，我知道絕大多數港人是講道理的，包括要求 07/08 年雙普選的大多數港人在內。

一、推進香港民主逐步向前發展是中央一以貫之的方針政策

"民主" 既是一個崇高的詞彙，也是一個偉大的理想，是當今世界的歷史潮流，是許多仁人志士為之矢志不渝努力奮鬥的目標，是政治文明的重要內涵。我們國家不僅始終致力於發展國家層面的民主和內地各級地方層面的民主，而且始終高度重視香港特區民主的發展。這是因為：

第一，推進香港民主逐步向前發展，是由我國的國體即國家的性質所決定的。我們國家的國號是 "中華人民共和國"。憲法明確規定，國家的一切權力屬於人民。國家的這一性質決定，我們國家的各級政權機關，包括從中央到地方的各級政權機關，都必須由人民通過民主選舉產生，獲得人民的授權，才能代表人民來行使對國家、社會的管治權。沒有人民的授權，任何組織和個人都無權代表人民行使管治權。在這一點上，香港特區與內地是完全一樣的。正是基於此，我國在 1984 年《中英聯合聲明》中就鄭重宣佈："香港特別行政區行政長官在當地通過選

舉或協商產生，由中央人民政府任命。""香港特別行政區立法機關由選舉產生。"英國統治香港一百多年，從來沒有在香港實行過民主，直到我國作出以上宣佈之後的 1985 年才開始在香港間接選舉部分立法局議員，到 1991 年才開始直接選舉部分立法局議員，而他們推行所謂民主選舉的目的完全是為其撤退所作的準備，並不是真正為港人利益着想。而中央則是從人民共和國這一國家的性質出發，從保證港人回歸後行使當家作主權利出發，率先宣佈要在香港實行民主選舉制度。

第二，推進香港民主逐步向前發展，是"港人治港"、高度自治的應有之義，是基本法的重要精神。香港特別行政區的高度自治權來自於中央通過基本法的授權，港人按照基本法規定實行高度自治，行使當家作主權利，這是最重要的民主體現。香港在英國統治下，長期實行英人治港，總督是英國派來的，主要官員由英國人擔任，廣大港人從來沒有當過香港的家，作過香港的主。而香港回歸祖國後，中央不僅不派一個人到香港擔任公職，放手讓港人管理自己的事務，而且賦予香港高度自治權，港人從此才真正成為香港的主人，享有從未有過的民主權利。為了保障港人當家作主權利落到實處，香港基本法不僅對香港民主發展的近期步驟作出明確規定，而且還規劃了香港民主發展的遠景目標，即要最終達至雙普選，充分體現了中央不斷推進香港民主向前發展的決心和信心。

第三，香港回歸 6 年多來，香港的民主一直在中央的支持下按照基本法規定的步驟向前發展。大家都清楚看到，第一任行政長官的選舉由具有廣泛代表性的 400 人推選委員會選舉產生，到第二任已經擴大為由更具廣泛代表性的 800 人選舉委員會選舉產生，而且選舉委員會委員的產生也更加民主、開放；立法會分區直選產生的議員從第一屆 20 人、第二屆 24 人到今年 9 月的第三屆立法會選舉將擴大到 30 人，與功能組別產生的議員各一半；立法會功能組別的選舉辦法也在不斷改善，更加民主、開放。毫無疑問，香港目前的民主水平是香港歷史上從未有過的，而這些進步無不是在中央支持下取得的，今後中央也必將會一如既往地支持按照基本法的規定不斷推進香港民主向前發展。

事實表明，中央始終如一地高度關注、大力支持並努力推進香港民主向前發展，這是中央貫徹落實"一國兩制"、"港人治港"、高度自治方針和保持香港長期穩定繁榮所應負的責任。香港回歸以來，中央為香港所做的每一件事，其出發點和落腳點都是為香港好，為港人好，包括對香港民主的發展中央同樣沒有任何私心，完全是為了香港好，是為了廣大港人的福祉。

二、推進香港政制發展必須求真務實地在基本法規定的軌道內進行

當前，香港社會對政制發展問題，也就是 2007 年行政長官和 2008 年立法會產生辦法修改問題，既有比較廣泛的一致意見，也有比較大的分歧意見。就我了解，在要不斷推進香港民主向前發展這一點上，各方面的意見是非常一致的，都認為 07/08 年兩個產生辦法應予以修改，分歧並不是要不要民主的分歧，而是要什麼樣的民主和如何發展民主，集中到一點，就是 07/08 年是否就開始實行雙普選的問題。20 天前我在這個展貿中心就"釋法"問題發表演講時曾經說過，香港是一個多元化的社會，有不同意見是正常的，沒有不同意見反而不正常。有不同意見怎麼辦？關鍵是要尋找出解決意見分歧的正確方法。我個人認為，解決香港政制發展問題意見分歧的正確方法，一是要有求真務實的精神，二是要遵循基本法規定的軌道。"求真"就是求香港實際情況之真，"務實"就是務循序漸進地發展民主這一基本法規定的軌道之實。只要把什麼是香港真正的實際情況和什麼是循序漸進的發展軌道搞清了，分歧就會比較容易減少，共識就會比較容易增加。

什麼是香港真正的實際情況？近期香港各界已經通過多種形式進行了熱烈的討論，行政長官和專責小組報告中也有相當的論述，21 日、

22 日我們在深圳聽取香港各方面人士意見時，許多人也對此發表了很有見地的看法。全國人大常委會在審議討論時，充分參考了香港各方面的意見，認為香港政制發展必須認真考慮以下一些實際情況：

第一，在"一國兩制"下，香港特別行政區作為一個地方行政區域，政制發展的方向和步驟，必須有利於國家對香港行使主權，符合國家的整體利益，而不能損害國家對香港行使主權和國家的整體利益。目前，由於香港回歸才 6 年多，許多港人對"一國兩制"和基本法的認識還不足夠，"一國"觀念、國家意識、香港法律地位的認知以及市民對普選意義的認識等還不夠清晰。許多人提出，在這種情況下，如果對選舉制度作出激進的改變，怎樣確保不會對國家主權和國家整體利益造成不利影響。

第二，基本法作為香港的憲制性法律的地位尚未真正樹立，或者說尚未牢固。基本法雖說得到廣大港人的擁護，但在 6 年多實施過程中，幾乎沒有一天不受到質疑、歪曲甚至詆毀，這是一個不爭的事實。香港是一個法治社會，港人引以為傲的是崇尚法治精神，但對一部憲制性法律卻又能容忍這種種怪像滋生成長，難道不是一個悖論嗎？我看到一位港人的一篇文章寫道，"英國統治時期，未見香港有人質疑、詆毀以及要求修改《英皇制誥》和《皇室訓令》，這並不意味廣大港人樂意接受殖民統治，而是明白到《英皇制誥》和《皇室訓令》擁有至高無上的憲制地位。"那麼，這一傳統的法治精神到哪裏去了呢？在基本法的憲制地位尚未牢固，在基本法的規定尚未全面落實的情況下，或者說在一個連憲制性法律尚未得到應有的尊重的社會裏，在政治體制上作出激烈的變革，其負面的後果是可以預計的。

第三，香港是一個高度市場化、國際化的資本主義社會，是一個已經比較成熟的資本主義社會。基本法規定："香港特別行政區不實行社會主義制度和政策，保持原有的資本主義制度和生活方式，五十年不變。"什麼是資本主義社會？按照馬克思主義理論，資本主義社會的一個重要特徵是生產資料的私人佔有制。什麼是香港原有的資本主義制度？在座的都比我更有發言權，就我有限的了解，香港原有的資本主義制度的重要特徵至少包括低稅、高效、法治、多元。要保持原有的資本主義制度，必然要求香港的政治體制必須能夠兼顧各階層、各界別、各方面的利益，既包括勞工階層的利益，也包括工商界的利益，做到均衡參與。這裏我要特別講一下工商界的利益。可以說，沒有工商界就沒有香港的資本主義；不能保持工商界的均衡參與，就不能保持香港原有的資本主義制度。縱觀當今世界的各個資本主義社會可以發現，其實均衡參與是所有成熟的資本主義社會的制度設計中都必須努力保障的一項基本原則，只是不同的社會，均衡參與的方式和途徑有所不同罷了。比如，有的是通過兩院制中的上院或參院，有的是通過能代表各種不同階層、不同界別、不同方面的政黨等方式和途徑來實現均衡參與。我訪問英國國會時，英國人向我介紹說，下院好比發動機，上院好比剎車板，這樣汽車才能跑得又快又穩，只有發動機，沒有剎車板，非翻車不可。目前香港保證各個階層、各個界別、各個方面均衡參與的主要途徑，一是由四大界別產生的 800 人組成的具有廣泛代表性的選舉行政長官的選舉委員會，一是功能團體選舉制度，拿後者來說，如果在既沒有兩院制又沒有能夠代表他們界別的政黨來保證均衡參與的情況下，就貿然取消功能團體選舉制度，勢必使均衡參與原則得不到體現，使賴以支撐資本主義的這部分人的利益、意見和要求得不到應有反映，那原有的資本主義制度又如何來保持呢？工商界的利益如果失去憲制上的保護，最終也不利於香港經濟的發展，如此，也就脫離了基本法保障香港原有的資本主義制度不變的立法原意。

第四，香港是一個經濟城市，是國際貿易中心、金融中心、物流中心、航運中心、信息中心等，政制發展必須與香港的這一經濟地位相適應。特別是在當前，香港經濟正處在復甦階段，經不起震蕩，香港的投資環境容不得半點受損。許多人提出，任何社會都不會在經濟狀況不好、不穩定時進行激烈的政治改革，那是很不明智的選擇。香港現行的自由主義經濟制度對經濟發展仍然具有較強的刺激作用，如果作出激烈的政制變革，不僅可能使剛剛見好的經濟狀況受損害，而且可能損害香港長遠的經濟繁榮，讓香港社會失去競爭性和有效性，這是十分令人擔憂的前景。

第五，行政主導是基本法規定的香港特區政治體制的一項重要原則，香港回歸6年多來，這一政治體制的運轉還沒有完全達到基本法規定的要求，行政與立法之間的配合還在磨合之中，今年9月第三屆立法會直選議員與功能團體議員各一半的格局形成後對行政主導體制會產生什麼樣的影響，還需要一段時間的實踐來驗證。這也是"決定"中特別強調的一點。

第六，目前香港社會對07/08年是否實行普選，存在着很大分歧意見，要說實際情況，這是誰也不能否認的實際情況。這也是決定07/08年不實行普選的一個重要理據。許多人認為，如果在整個社會對一項政制改革分歧意見很大，缺乏基本共識的情況下，就強行推進，勢必會激化社會矛盾，激烈變革的後果必然是激烈的對抗，那就難有寧日，全社會將無法承擔政治試驗付出的代價。每一個以香港為家的人，誰不願意在一個寧靜祥和的環境裏工作、生活。其實無論是贊成07/08年實行普選的還是不贊成的，大家心裏都明白，香港目前出現的一些問題，不是一實行普選就能夠解決的。

關於什麼是基本法規定的循序漸進的發展軌道，全國人大常委會在審議討論時，也充分參考了香港各方面的意見，認為按照基本法規定的循序漸進要求，香港政制發展應當注意以下幾點：

第一，按照循序漸進的要求，逐步前進是符合基本法規定的。只要香港社會各界能夠形成共識，兩個產生辦法在07/08年應當有所改進，當然，如果對如何改進無法形成任何共識方案，那另當別論。

第二，普選是基本法規定的通過循序漸進達至的最終目標，而不是

07/08 年就要實現的目標,如果是 07/08 年要實現的目標,基本法就不會寫 "最終達至"。如果 07/08 年就實行 "雙普選",明顯偏離了基本法規定的循序漸進軌道,是不符合基本法的。

第三,循序漸進是和實際情況緊緊聯繫在一起的,什麼時候可以進到普選,應當根據實際情況是否具備條件而定。不少人要求,如果 07/08 年不普選,希望定出普選時間表。這種願望是可以理解的,但實際上不可能事先定出時間表,實事求是地講,誰也做不到預言若干年後的實際情況就具備了普選的條件,但大家努力創造條件朝着這個目標前進是可以做得到的。"決定" 的最後一段話的含義正在於此。

總之,求真務實,不帶偏見,嚴格遵循基本法規定的軌道,是解決香港政制發展問題上的分歧和爭拗的關鍵。任何脫離香港的實際和基本法的軌道,注定是無法形成任何共識方案的,注定是無法順利推進政制向前發展的,其結果注定是不僅貽誤政制發展的時機,而且貽誤抓住當前不可多得的良機加快經濟發展的時機。胡錦濤主席前兩天會見董建華先生時殷切希望香港能抓住機遇,發揮本身優勢,團結奮鬥,集中精力,儘快將經濟搞上去,並深刻指出,這是香港當前的要務,也是全國人民的共同願望。無休無止的爭拗,甚至採取一些過激行動,固然表現了香港是個自由社會的一面,但畢竟解決不了普羅大眾最為關心的飯碗問題。這是中央在考慮這一問題時最憂慮、最擔心的問題。正是基於此憂慮和擔心,全國人大常委會才下決心採取果斷措施進行 "釋法" 並及時對行政長官的報告作出決定。

三、全國人大常委會的 "決定" 是一個審慎而負責任的政治決定

自去年 7 月 1 日以來,中央一直高度關注香港有關政制發展的討論,及時、全面地收集各方面的意見。全國人大常委會對香港特區行政

長官的報告和專責小組的報告及專責小組在諮詢中收集到的各方面的意見，進行了細緻的研究，並送國務院交港澳事務主管部門研究提出意見。委員長會議還特別委派我們到深圳召開了三場座談會，聽取香港各方面的意見，並聽取專責小組對 15 日行政長官向全國人大常委會提交報告以後，香港各界對行政長官報告的意見。全國人大常委會對各方面的意見，都非常重視，都一一進行了認真的研究，既考慮了提意見的人數，又考慮了意見的科學性、合理性，判斷的根本標準是看其是否符合香港的實際情況，是否符合循序漸進、均衡參與的原則，是否有利於保持香港長期繁榮穩定。全國人大常委會的決定是在充分研究考慮各方面意見，特別是要求 07/08 年雙普選的意見，再三權衡利弊而作出的，是十分審慎、非常負責任的。

要求 07/08 年雙普選的意見中，一條理由是，民意調查顯示，多數香港市民贊成 07/08 年實行雙普選。首先，我們對科學的民意調查數據是非常重視的，我們也確實從一些民調數據中感受到了許多港人的訴求，這就是"決定"中所說的全國人大常委會在審議中充分注意到香港社會對 07/08 年兩個產生辦法的關注，"其中包括一些團體和人士希望 2007 年行政長官和 2008 年立法會全部議員由普選產生的意見"。在這次常委會第一次全體會議上，李飛副主任專門彙報了包括大律師公會在內的要求 07/08 年雙普選的意見。同時全國人大常委會也充分注意到不贊成 07/08 年雙普選的民意，也絕不在少數。但是坦率地說，任何一個負責任的政府，在作出重大決策時都不會也不應當完全聽從民調所反映的民意，都必須考慮什麼是真正的民意訴求，什麼是這個社會真正的長遠利益。民意是決策參考的重要因素，但不是判斷的唯一標準，一個完全被民調牽着鼻子走的政府，是不負責任的政府，必定是無所作為的，也是難以為繼的。特別是在諸如是否要求普選的問題上，可以設想，你問任何一位市民，讓你有權投票選特首，你要不要，我想幾乎沒有不要的。但普選並不是免費的午餐，遲早是要由每一個人付出代價的。高舉普選這一象徵民主最高境界的大旗是不需要多大勇氣的，而敢於從香港實際情況和長遠利益考慮說出 07/08 年不能普選的人，才是真正有勇氣、有承擔的，才是真正為香港好，對港人負責。作為中央，必須負起憲制上的責任，負起對國家的責任，負起對"一國兩制"偉大事業的責任，負起對廣大港人的責任。

要求 07/08 年普選的意見中，還有一條理由是，只有通過普選產生的行政長官才有認受性。普選產生行政長官是基本法規定的最終達至的目標，如果只有普選產生的行政長官才有認受性，那麼在普選之前按照基本法規定產生的行政長官就沒有認受性，如此這般，基本法的設計就出大問題了，何況基本法規定的代表四大界別的 800 人選委會選舉特首是個常態的產生辦法，不僅是第二任行政長官的產生辦法，而是只要不改就是這一個產生辦法，不像立法會產生辦法，明確規定第一屆如何、第二屆如何、第三屆如何，到第四屆才沒有規定。如果凡是在達至普選前按基本法規定產生的行政長官都沒有認受性，不僅否定了行政長官，等於把經過近 5 年內地與港人反覆諮詢研究協商達成一致的基本法都否定了。這個邏輯恐怕不通。行政長官有無認受性，關鍵要看其產生是否符合法律規定，基本法規定經 800 人選委會選舉產生，中央任命，這是認受性的唯一來源。法律是全社會的契約，是大家共同遵守的規則，承認它就要承認其認受性。否則怎麼解釋回歸前無人質疑不經任何選舉產生的港督的認受性呢？當然，認受性除了依法產生外，還要看其是否代表港人的整體利益，是否對特區負責，是否對中央負責，這些也是有無認受性的因素，但首要的、根本的還在於它的產生是否合法。小布什與戈爾競選結果，後者實際票數是領先的，但美國最高法院裁決小布什勝出，符合美國法律制度，儘管有超過一半的美國選民沒有投他的票，但沒有美國人質疑他當總統的認受性，這是法治社會起碼的常識，尊重法治，就要尊重選舉的遊戲規則。在特區政治體制中，行政長官不是一個個人，而是一個機構，是特區政治體制中的一個最重要的組成部分，負有基本法規定的重要職能。必須正確認識行政長官的地位和作用，必須正確認識維護行政長官的權威對落實 "一國兩制"、"港人治港"、高度自治的重要性。

　　要求 07/08 年雙普選的意見中，有一種說法是，全國人大常委會應當只確定是否同意行政長官報告中提出的 "應予修改"，不應當決定 07/08 年不能普選，說全國人大常委會沒有憲制上的權力決定 07/08 年不普選。到底全國人大常委會有沒有權確定 07/08 年不實行 "雙普選"？為了便於取得共識，我想把 "釋法" 第三條中的這一段內容再給大家唸一遍。這段的原文是："是否需要進行修改，香港特別行政區行政長官應向全國人民代表大會常務委員會提出報告，由全國人民代表大會常務委員會依照《中華人民共和國香港特別行政區基本法》第四十五條和第六十八條的規定，根據香港特別行政區的實際情況和循序漸進的原則確定。" 請大家注意，這一段解釋作出了兩個明確，一是明確全國人大常委會對兩個產生辦法是否進行修改有確定權，一是同時明確全國人大常委會在確定是否進行修改時，要 "根據香港特別行政區的實際情況和循序漸進的原則"。前面我已經講過，全國人大常委會經過審慎研究認為，香港的實際情況不具備在 07/08 年實行普選的條件，07/08 年雙普選也不符合循序漸進原則。全國人大常委會關於 07/08 年不實行普選的決定，正是依據 "釋法" 明確提出的在行使確定權時必須遵循的原則作出的，這是落實 "釋法" 的要求，怎麼能說全國人大常委會沒有憲制上的權力確定 07/08 年不實行 "雙普選" 呢？基本法的解釋和基本法具有同等效力，這就是全國人大常委會決定 07/08 年不實行普選的憲制上的權力來源。當然，如果連 "釋法" 都不接受，那就是另一回事了。這個問題是香港法律界人士提出來的。我歡迎提出法律問題，通過交流可以加深對法律的理解，對我們在人大常委會從事法律工作的人，是有好處的。至於為反對而反對，連反對什麼都不清楚就難以溝通了。全國人大常委會行使職權的一項重要原則是，既不能失職，也不能越權，沒有法律依據，全國人大常委會是不能越權作出任何決定的。

要求雙普選的意見中，還有一種說法是，全國人大常委會決定07/08年不能普選，拖慢了香港民主的發展。我國有句成語叫"欲速則不達"。我相信，任何一個不帶偏見的人，包括強烈希望加快香港民主進程的人，只要認真想一想，都會得出結論，無論是全國人大常委會的"釋法"還是"決定"，正是為了促進香港政制順利地朝着基本法規定的軌道發展。上次我曾說，"釋法"是為香港政制發展架橋過河，那麼這次的"決定"可以說是為香港政制發展立牌指路。"釋法"後，隨着行政長官報告的提出，香港政制發展可以說已經過了河，現在全國人大常委會的"決定"則是進一步為香港政制發展指明前進的步驟和方向，這是快，多走彎路才是慢。我想，廣大港人只要回想一下這幾個月來的爭拗，是能夠明白這個道理的。全國人大常委會的"決定"為香港政制發展留下了廣闊討論的空間，當務之急是齊心協力朝着"決定"指明的方向前進。

女士們、先生們、朋友們：

全國人大常委會是最高國家權力機關的常設機關，全國人大常委會的"決定"是在全體組成人員認真審議香港特區行政長官提出的報告、充分聽取各方面意見的基礎上，嚴格依照法定程序作出的，具有不容置疑的法律效力。最後，讓我用吳邦國委員長在今天全國人大常委會通過"決定"後的講話作為我發言的結束，他說："全國人大常委會對香港基本法附件一和附件二作出的解釋和決定，都是本着對香港公眾的整體利益和香港的未來高度負責的精神，嚴格依法進行的。我們相信，香港特區政府和各界人士一定會按照全國人大常委會有關解釋和決定的規定，在廣泛凝聚社會共識的基礎上，提出有關具體方案，報全國人大常委會批准或備案，從而使香港政制發展的有關問題得到妥善處理。"

我知道我今天的發言不可能得到在座的每一個人的贊同，但我希望"求真務實"這四個字能夠得到在座的每一個人的贊同。謝謝大家。

在祝賀蕭蔚雲教授八十華誕
暨蕭蔚雲教授學術思想研討會上的致辭

2004 年 9 月 29 日在北京大學。

尊敬的蕭蔚雲教授，

尊敬的各位老師、各位同學、各位來賓：

今天我們在這裏歡聚一堂，滿懷喜悅的心情祝賀蕭教授八十華誕，祝賀蕭教授從事高等教育五十六週年。我代表全國人大常委會辦公廳、全國人大常委會法工委、全國人大常委會香港基本法委員會、全國人大常委會澳門基本法委員會對蕭教授表示衷心的祝賀！

在蕭老師五十六年教學生涯當中，培養了一批又一批優秀的法學人才。剛才在會場外遇到了很多，他們當中既有蕭老師的開門弟子，據說還有關門弟子。本人既不是蕭老師的開門弟子，也不是關門弟子，但是我自認為是蕭老師的旁門弟子。為什麼這樣說呢？因為我在人大從事立法工作二十年，在這個過程中，受到蕭老師的教益，我想，可能也不亞於你們這些開門或者關門弟子。說起來很幸運，我在人大法工委工作的時候，分工負責憲法和憲法相關法的研究、起草和修改工作，這正是蕭老師的權威領域。我到人大辦公廳工作以後，又分工主管香港、澳門兩部基本法的研究工作，這又正是蕭老師的權威領域。在這兩個領域當中，我在立法工作中，只要遇到比較大的難題，總要向蕭老師求教，蕭老師總是不吝賜教，以至於雖然本人才疏學淺，但是在這兩個領域從事立法工作，心裏面很有底氣。為什麼？因為有蕭老師這個靠山，大樹底下好乘涼，借用《紅燈記》裏李玉和的一句台詞：蕭老師，有您這碗酒墊底，什麼樣的酒我都能對付。

蕭老師多年來對我工作的支持和幫助，對國家立法工作做出的重要的貢獻，我是一直銘記在心的。一個星期以前，在一個小型的為蕭老師過生日的晚宴上，我曾經當着蕭老師和蕭師母的面，表達過這個心意，但是，總覺得意猶未盡。今天，總算有這樣一個機會，能夠讓我再一次當着蕭老師和蕭師母的面——我看到她坐在下面，當着大家的面，把我想要說的話說出來，請蕭老師接受一個自認為是您的弟子的晚輩對您深深的敬意和謝意。（向蕭老師鞠躬）

我今天還想要講的是，蕭老師不僅是一個優秀的教育家、傑出的法學理論家，不僅和其他學者一起編著了我國高等學校第一本憲法學教材《憲法學概論》，並且發表了大量論文，為我國憲法學研究做出了重要的貢獻，從而成為我國憲法學的奠基人之一；我想說的是，他不僅是教育家、理論家，而且是一個勇敢的積極的實踐家。1980 年到 1982 年這個期間，蕭老師參加了我國現行憲法的修改、制定工作，具體負責憲法總綱的草擬。他和其他學者一起收集古今中外各種憲法資料，分析研究，結合我國的國情，提出了許多重要的建設性意見，最終都被憲法所採納。蕭老師為現行憲法的制定作出了重要貢獻。1982 年憲法通過以後，1988 年、1993 年、1999 年和今年四部憲法修正案裏面，也都包含着蕭老師的重要貢獻。

蕭老師還是香港、澳門兩部基本法主要起草人之一。香港基本法是被鄧小平同志譽為 “一個具有創造性的傑作”，起草基本法是前無古人、極富於挑戰的工作。1985 年以後，蕭老師擔任了香港和澳門兩部基本法起草委員會的委員，具體負責政治體制這個專題小組。在起草兩部基本法的過程中，蕭老師充分地展示了他扎實的法學功底和過人的膽識與才智，為兩部基本法的制定付出了大量心血，做出了歷史性的貢獻。基本法通過以後，蕭老師又陸續參加了香港特別行政區籌委會預備工作委員會的工作、香港特別行政區籌委會的工作、澳門特別行政區籌委會的工作，為兩個特區的平穩過渡、順利回歸做出了不懈的努力。直到現在，他還擔任着全國人大常委會澳門基本法委員會的委員，直到不久以前，他還擔任着澳門科技大學法學院的院長，不辭辛勞地奔波於北京和澳門兩地。特別令人感動的是，今年年初，為了香港的政制發展問題，蕭老師兩度親赴香港，以八十高齡發表演講，回答提問，為香港社會討論政制發展問題起到了積極的、正面的引導作用。

所以，蕭老師是對國家有大功勞的人。但他為人十分謙和，行事十分低調，既有學者的嚴謹，又有長者的寬厚，真正是具有大家風範。蕭老師的人品，是我學習的榜樣，我想，也應當成為我們大家的一個典範。

今天是祝賀蕭教授八十華誕的大喜日子，我在這裏祝願他身體健康、闔家幸福、福如東海、壽比南山！祝願蕭老師今後繼續為國家的民主和法制建設，為兩部基本法的順利實施作出更大的貢獻！

謝謝大家！

強調香港基本法的憲制性地位至關重要

2004 年 12 月 19 日，在香港禮賓府主持香港特別行政區基本法圖書館
揭幕儀式上的致辭。

尊敬的政務司司長曾蔭權先生，

尊敬的各位來賓，

女士們、先生們：

承蒙特區政府與基本法研究中心邀請，出席基本法圖書館揭幕儀式，並擔任主禮嘉賓，本人深感榮幸，也十分感謝。

今天我們共聚一堂，慶祝基本法圖書館揭幕，既有現實意義，也有長遠意義。

基本法是全國人大通過的一部憲制性法律，它把鄧小平先生"一國兩制"的偉大構想，以法律形式完整地體現出來和固定下來，並在香港得以成功實踐。基本法全面規定了中央與香港特區的關係，香港特區的政治、社會、經濟制度，香港居民的基本權利和自由等。基本法具有凌駕於特區法律之上的地位，是香港特區行政、立法、司法的依據和基礎。基本法最核心的內容可概括為三句話，即：堅持一個國家，保障國家主權；堅持兩種制度，保障高度自治；堅持基本不變，保障繁榮穩定。這三句話貫穿於基本法始終。在香港這樣一個法治社會裏，強調基本法的憲制性地位是至關重要的。

各位朋友，自香港回歸以來，她的一舉一動都吸引着世人的關注，而能夠保證香港這顆"東方明珠"永放光芒的保護神，就是基本法。因此，我們有責任、有義務讓世人，首先是香港各界民眾知曉基本法，維

護基本法。基本法圖書館的建立，就是實現這個目標的一個具體措施。我了解到，回歸以來，特區政府一直致力於基本法的宣傳和推廣。1998年，特區政府專門成立了基本法推廣督導委員會，通過各種方式推廣基本法。同時，還有眾多的社會團體在從事基本法的宣傳和推廣工作。香港法律界的一些有識之士，如在座的基本法研究中心胡漢清主席等，幾年前，他們就一直為籌辦基本法圖書館，奔波於香港和內地，走訪了多位當年參加基本法起草的香港委員和內地委員以及有關部門，包括全國人大常委會法工委。我本人也為此事見過他們多次。對此，他們傾注了滿腔的熱情，付出了辛勤的勞動。圖書館大部分的資料是基本法研究中心提供的，其餘的則是香港的中央圖書館基本法參考特藏轉來。香港賽馬會為圖書館購買圖書和期刊提供了資助，特區政府有關部門負責了圖書館的設備和有關工程的建設和管理。可以說，這個圖書館傾注了香港各界同胞的心血，它值得我們精心地維護和扶植。我作為全國人大常委會香港基本法委員會主任，在此對特區政府、法律界同仁及所有為基本法圖書館的建立作出貢獻的人表示由衷的敬意！

我們已經看到了，設在中環大會堂的基本法圖書館，坐落在舉世聞名的維多利亞港灣，風景秀麗，景色宜人。館內既有豐富的藏書，還有期刊、多媒體資料，包括的內容十分廣泛。在這裏，我們可以看到基本法四年零八個月的起草過程中所走過的腳步和軌跡；還可以看到，香港回歸後實施基本法過程中所經歷的風雨和發展。我想每一位帶着問題來這裏的人，都可以在這座基本法知識寶庫中找到答案。特別令人高興的是，國家的憲法及有關資料也被擺在了這裏，供香港市民閱覽。可以說，到目前為止，有關基本法資料的收藏，香港基本法圖書館的館藏內容之豐富，形式之多樣，設備之先進是首屈一指的。

基本法圖書館的建立，為香港市民更多地了解基本法，熟悉基本法搭建了一個平台。哲人培根說過，"你把快樂告訴一個朋友，你將得到兩個快樂"。中國也有句古話，"獨樂樂不如眾樂樂"。書是人類最好的朋友，一本好書一人讀了受益，不如把它介紹給你所有的朋友。在座的各位可以把基本法圖書館介紹給你的每位朋友，共同分享這些寶貴財富。我祈望不久的將來，能看到這樣的情景，在圖書館的門前出現一條長龍，就像我們香港的飛龍標誌一樣。那就證明了香港市民充分運用了這個平台，證明基本法更加深入人心。這也就實現了建立基本法圖書館的初衷。

聖誕節就要到了，這是香港各界的市民都十分重視的節日，在此，我祝大家聖誕快樂！謝謝各位！

就法論法、以法會友

2005 年 4 月 2 日，與香港法律界人士座談會上的發言，
摘自 2005 年 4 月 13 日《香港文匯報》。

　　我這次是抱着"就法論法、以法會友"的目的，來與香港法律界同
仁座談、討論、溝通的。下面，我作一個發言，以和大家討論。

一、如何以正常心態看待和處理兩地間的法律意見分歧

　　香港回歸近 8 年來，由於內地與香港法律制度、法律傳統不同，
兩地法律界對基本法一些條文的理解不時發生意見分歧，我認為這是正
常的。香港實行普通法，而且是英國式的普通法；內地實行成文法，而
且是中國特色社會主義的成文法，兩地法律差異如此之大，在共同面對
基本法這部既是全國性法律又是香港憲制性法律時，不可避免地會對其
中某些條文的含義產生意見分歧，如果沒有任何分歧反而是不正常的。
其實，即使在同一法律制度、同一法律傳統下，也經常會對一些法律條
文的含義產生意見分歧。可以說，任何法律在實施中都會有不同意見的
爭論，而正是因為這種不同意見的爭論，才不斷地推動着法律的發展完
善。基本法也一樣。我們不可能指望基本法在實施過程中不產生一點意
見分歧，既然有分歧是正常的，我們就應當以一種正常的心態來看待和
處理這種分歧，使這種分歧成為促進基本法進一步發展完善的契機和積
極力量。

　　那麼，什麼才是"正常心態"呢？我認為主要有三點：

第一，法律的問題，應當從法律的觀點和角度來看待，按照法律的途徑來處理，不應政治化。我和大家一樣，都是法律工作者，在法言法，每當遇到法律問題時，總是願意首先從法律的觀點和角度來分析，按照法律的途徑來處理，而不希望把法律問題政治化，特別不希望過分政治化。當然，法律也受包括政治在內的諸多因素的制約，要考慮社會效果，但從根本上要符合法律本意和法治要求。香港有的人認為，每次人大釋法都是從政治考慮，這次主張剩餘任期，也是從政治考慮，而不是從法治考慮。這是一種很大的誤解。當前，國家正致力於依法治國，強調嚴格依法辦事，如果說人大釋法有政治考慮的話，那麼，這個政治就是必須嚴格依照基本法辦事。

第二，"一國兩制"和基本法實施中產生的問題，應當以一種新的法治觀和新的思維方式來看待，在"一國兩制"和基本法的軌道內來處理，不能簡單化。"一國兩制"對國家、對香港都是一項全新的制度，基本法是一部全新的法律，國內外都沒有現成的經驗可供借鑒，只有靠我們大家共同努力來探索。這就要求我們必須要用新的思維來審視因"一國兩制"和基本法的實施所帶來的各個方面的變化，其中包括法治的變化。香港回歸，保持原有資本主義制度和生活方式五十年不變，但法律制度是基本不變，並不是一點不變。這個變，首先是香港特區有了基本法這樣一部由全國人大制定的憲制性法律；其次是香港特區有了自己的終審法院和終審權；再次是還有一些列入基本法附件三的全國性法律要在香港特區實施；等等。面對這樣一些新變化，如果我們沒有一種新的法治觀和新的思維方式，就很難正確看待和處理好兩地間的一些法律意見分歧。這不是只對你們香港法律界講的，也是對我們內地法律界講的。兩地法律界都需要學會換位思考，學會如何去理解對方的想法，而不只是僅從自己一方的傳統和習慣去考慮問題，這樣，才能使各自想法不斷接近，才能逐步達成共識。如果大家都只從自己方面考慮問題，固守自己熟悉的法律觀點和思維方式，不因應"一國兩制"和基本法實施所帶來的新變化，就難免漸行漸遠。

第三，應當理性溝通，擺事實講道理，有理說理，以理服人，不能情緒化。遇到意見分歧時，只有平心靜氣地把各自的看法、理據都擺出來，才能發現相互間有哪些是共同的，分歧在哪兒，進而尋找共識。我覺得今天的座談會就是一種不帶情緒化的理性溝通，通過剛才的座談、討論，我們發現：第一，大家都一致認同基本法的權威，對基本法有關條文含義不同理解的爭論，其前提正是出於對基本法的尊重和服從。這是大家今天能夠坐在一起座談、討論的前提，也是今後能夠通過進一步溝通達致共識的前提。第二，大家都一致認同行政長官缺位後應當按照基本法規定在六個月內產生新的行政長官，這是大家能夠共同尋找合法合理的辦法、避免出現憲制危機的基礎。就"二五之爭"，主要有兩個分歧點：第一，有的認為第 46 條適用於所有情況下產生的行政長官，有的認為第 46 條只適用於正常情況下產生的行政長官，因行政長官缺位後補選的行政長官的任期應適用第 53 條，不應直接適用第 46 條。第二，有的認為毋須釋法，有的認為只有釋法才能確保在 7 月 10 日順利選出新的行政長官。找到了共同點，明確了分歧點，下一步只要我們本着理性、善意的態度進行溝通、討論，不政治化、不簡單化、不情緒化，就一定能夠找到大家所能接受和認同的解決意見分歧的辦法。

二、為什麼補選產生的新的行政長官的任期適用第 53 條而不直接適用第 46 條

"二五之爭"的關鍵，是適用第 46 條還是第 53 條。香港法律界多數認為，基本法第 46 條規定的行政長官任期 5 年非常明確，沒有可以作其他解釋的空間。對這一點，大家沒有意見分歧。但問題是，第 46 條中的行政長官是否是指各種情況下產生的行政長官？香港法律界許多人認為是指各種情況下產生的行政長官，如果是，怎麼解釋第 46 條

的規定與附件一規定的任期 5 年的選舉委員會補選新的行政長官這一制度性安排的不一致性？法律條文之間應當是協調一致的。正因為此，內地法律界絕大多數認為第 46 條只是指正常情況下產生的行政長官，不包括因行政長官缺位後補選的行政長官，認為補選的行政長官的任期應適用第 53 條。剛才，李飛副主任已經比較詳細地介紹了我們的研究意見。下面，我想再強調三點：

第一，第 53 條是包含有任期的。雖然，第 53 條沒有明確規定新的行政長官的任期，但這一條文在草擬時的變化過程表明，有關新的行政長官的任期是在第 53 條中考慮的，而不是在第 46 條中考慮。兩地基本法草委對第 53 條立法過程的回憶也從一個方面佐證了這一點。他們有的記得是新一屆 5 年任期，有的記得是剩餘任期，他們的記憶和條文的變化過程是吻合的。當年在刪去 "一屆" 的同時，增加了 "依本法第四十五條的規定產生" 的內容，表明是將補選的行政長官的任期與行政長官的具體產生辦法相掛鈎，要求根據不同的行政長官產生辦法來確定補選的行政長官的任期是剩餘任期，還是重新起算的五年任期。我認為這樣規定是合理的，是符合各國通例和民主原則的。

第二，在由任期 5 年的選舉委員會產生行政長官這一制度安排下，行政長官缺位時由同一選舉委員會產生的新的行政長官，其任期只能是剩餘任期。選舉委員會任期 5 年的目的之一，就是為了在行政長官缺位時隨時能補選產生新的行政長官，因此，它不能產生超過一屆 5 年任期的行政長官。在行政長官 5 年任期屆滿前缺位的情況下，由該選舉委員會產生的新的行政長官，只能完成原行政長官未任滿的剩餘任期，否則，就違背了現代民主原則，就會出現法律解釋學上所說的按字面解釋會導致荒謬結果的情況。大家都知道，各國法律實踐公認在兩種情況下應當作法律解釋：一是條文字面含義可作多種理解而沒有共識的，二是按條文字面含義理解會導致荒謬結果的。如果按 46 條字面含義理解，允許任期 5 年的選舉委員會可以選舉產生任期 7 年的行政長官，顯然是不合常理的，不符合現代民主社會普遍遵循的原則。

第三，在 2007 年以前行政長官缺位後補選的行政長官，其任期只能是剩餘任期。按照基本法附件一第七條規定，只有到 2007 年以後各任行政長官的產生辦法才可以修改，這表明在香港特區成立後的頭十年內，是按兩個 5 年任期的行政長官來安排的，即只能產生任期各 5 年的第一任、第二任行政長官，其任期不應超過 2007 年。2007 年以後如有需要可以對行政長官的產生辦法進行修改，如果作出修改，2007 年以後如再出現行政長官缺位的情況，補選的行政長官的任期是剩餘任期，還是重新起算的 5 年任期，則要根據屆時的行政長官產生辦法而定。如果屆時的產生辦法仍然是 5 年任期的選舉委員會，則行政長官缺位後由同一選舉委員會補選的行政長官的任期，仍應為剩餘任期。如果屆時選舉委員會沒有任期或者將來最終達至普選，則行政長官缺位後由重新組成的選舉委員會選舉產生或重新普選產生的行政長官，其任期應為重新起算的 5 年任期。

三、怎樣正確看待人大釋法

我很高興地看到，經過兩次人大釋法，現在香港多數人已經不再質疑全國人大常委會享有基本法的解釋權，從憲制上，已經認同要以全國人大常委會的解釋為依歸，這是一個可喜的進步。但仍有不少人對人大釋法存在誤解和擔憂，所以，我想藉此機會再就怎樣正確看待人大釋法講幾點意見。

第一，香港基本法是全國人大制定的一部全國性法律，不僅在香港實施，在全國範圍內都要一體遵行。全國人大常委會享有基本法的最終解釋權，是國家法律解釋制度的必然結果，也是保證基本法在全國範圍內統一實施的客觀要求，這是"一國兩制"的應有之義和香港作為地方特別行政區這一法律地位的重要體現，是香港回歸後新的政治體制和法律制度的重要組成部分，而不應把人大釋法看成是外加於香港的，進而把人大釋法看成是對香港法治的破壞。香港回歸後，法治首先是依基本法之治。尊重法治，首先要尊重基本法，包括尊重基本法規定的全國人大常委會的解釋權。當基本法在實施過程中對有關條文的含義產生不同理解而又沒有其他解決途徑時，尊重和服從全國人大常委會的最終解釋，是尊重和維護法治的應有之義，而決不存在破壞法治的問題。

第二，全國人大常委會享有基本法解釋權，與香港享有獨立的司法權和終審權是並行不悖的，人大釋法決不存在損害香港司法獨立和終審權的問題。香港基本法規定，香港特區享有獨立的司法權和終審權，這是指香港特區享有對案件的審理權和最終審判權，人大釋法並不代替香港法院對案件的審理，也不改變香港法院對案件的判決。香港基本法第158條明確規定，法院在人大釋法以前作出的判決不受影響。1999年人大釋法時專門明確："本解釋不影響香港特別行政區終審法院1999年1月29日對有關案件判決的有關訴訟當事人所獲得的香港特別行政區居留權。"所以人大釋法，不存在損害香港特區獨立的司法權和終審權問題。雖然基本法授權香港法院也享有對基本法的解釋權，但同時明確規定："如全國人民代表大會常務委員會作出解釋，香港特別行政區法院在引用該條款時，應以全國人民代表大會常務委員會的解釋為準。"這表明，香港特區的終審權並不包括對基本法的最終解釋權。

第三，全國人大常委會解釋法律是有規範的，所謂有規範就是有自我約束，決不是任意釋法。首先，從解釋對象看，根據國家立法法規定，在以下兩種情況下可以作法律解釋：一是法律的規定需要進一步明確具體含義的；二是法律制定後出現新的情況，需要明確適用法律依據的。雖然法律規定以上兩種情況可以作法律解釋，但實踐中，憲制性法律文件即使規定不是十分明確、具體或者出現了新的情況，但通過討論、溝通，大家意見取得了一致，也不需要進行法律解釋。但如果有不同意見而又沒有其他辦法達成一致時，就必須進行解釋。而對基本法這部憲制性法律文件的解釋，考慮到香港有一部分人對人大釋法還存有誤解，因此，人大又採取更加慎重的態度。這次在國務院 3 月 12 日批准董建華辭職的第一時間，即由法工委發言人發表談話闡明剩餘任期的理據，其目的就是希望通過這種及時溝通能夠達成共識，如果取得共識自然可以免卻人大釋法。但遺憾的是，這個目的沒有達到。其次，從解釋程序看，人大釋法有嚴格的程序，提出議案要徵求各方面意見，委員長會議列入常委會議程後要徵詢香港基本法委員會的意見，常委會全體會議要聽取提議案人對法律解釋草案的說明，然後分組審議，法律委員會要根據分組審議意見進行統一審議，提出修改後的表決稿，由委員長會議審議決定交付表決、公佈。其三，從解釋方法看，人大釋法要忠實於立法原意。要做到尊重立法原意，首先要尊重法律條文的字面含義。在這一點上，我們和你們的普通法解釋方法並沒有什麼區別，只是在如何確定立法原意上，在這次"二五之爭"中表現出來，你們可能更注重某一條文的字面含義，而我們在注重條文字面含義的同時也強調要對其他相關條文和整個制度設計進行綜合考察，以得出最符合立法者所希望表達的含義。

第四，人大釋法是管長遠的，對內地和香港都具有約束力。人大釋法一經作出，具有與法律同等的效力，不僅在香港實施，內地包括中央也要遵循，也要受到約束，而且是長期有效的。因此，把人大釋法看成是針對香港的或針對一時一事的，是不正確、不全面的。

最後，我還想談談如何正確看待基本法。"一國兩制"是前無古人的事業，香港基本法是一部全新的法律，是一部開創性的、充滿遠見卓識的歷史傑作。同時，我們也要歷史地看待基本法，不能對基本法過於苛求。畢竟基本法是在香港尚未回歸、毫無前人實踐經驗的基礎上制定的，加上它又是一部憲制性法律，因此，不可能也不應當對所有問題都作出十分詳盡的規定。正如有的資深草委所說，如果要求當時把什麼問題都規定得十分清楚，那基本法可能到現在也出不來。這句話我認為是非常中肯的。所以，我們不應苛求前人。前人所做的已經足夠超前，已經向我們展示了他們不同尋常的聰明才智，現在我們所應做的也是所能做的，就是全面、準確地把基本法貫徹好、實施好，通過我們大家的共同努力，使基本法在實踐中不斷得到充實、完善。

講出來、說清楚

2005 年 12 月 2 日，中央政府駐香港聯絡辦公室在深圳舉辦
"香港政制發展座談會"，這是喬曉陽在該座談會上的演講。

女士們、先生們、朋友們，大家好！

剛才有 25 位發了言。我感覺到大家在發言中都非常關心中央對香港特區政治體制發展問題的看法。對這個問題，11 月 18 日胡錦濤主席在韓國釜山會見曾特首時的講話已經表達得十分清楚，我想首先談一下自己的體會。我理解，胡主席的講話，明確地表達了這樣四層意思：一是，再次重申了中央支持香港特區依法循序漸進地發展適合香港實際的民主制度的一貫立場。眾所周知，循序漸進地推進香港民主向前發展，最終達至行政長官和立法會全體議員由普選產生的目標，是香港基本法明文規定的，是中央在認真聽取廣大港人意見的基礎上作出的一個鄭重的承諾，它既是香港社會主流民意的體現，也是全國人民共同意願的體現。在這個問題上，中央的一貫立場，與廣大香港同胞是完全一致的。

二是，再次重申了應當根據香港實際情況，按照香港基本法規定的軌道，穩步、扎實、有序地推進香港政治體制向前發展的一貫立場。因為任何民主制度都必須從自己的實際情況出發，按照法定軌道，穩步、扎實、有序地向前推進。穩步、扎實就是循序漸進，有序就是按照法定程序。不顧實際情況，不按法定軌道，不穩步扎實有序推進民主改革，其結果只能給社會帶來紛爭不止，對公眾的福祉有害無益。

三是，充分表達了對香港社會各界人士能夠從香港長期繁榮穩定的大局出發，理性探討，凝聚共識的殷切期望。理性是民主之要義和條

件。香港是一個成熟的資本主義社會，是一個利益多元、意見多元的社會，從今天座談會二十五位的發言也可以看到，在這樣一個社會裏如何既能保持長期繁榮穩定又能不斷推進民主向前發展，更需要理性和包容，通過理性探討，相互包容，凝聚共識，才有可能找出一個大家都能接受的建設性方案。

四是，充分表達了對香港社會各界人士共同為最終達到基本法規定的行政長官和立法會全體議員由普選產生的目標積極創造條件的殷切期望。實現行政長官和立法會全體議員由普選產生，是基本法規定的最終要達至的目標，中央對實現這個目標，從來是抱着開放的、積極的態度，對香港社會關於普選的訴求一直是高度關注，充分了解的。比如去年 4 月 26 日全國人大常委會在決定中專門寫進了這樣一段話："全國人大常委會在審議中充分注意到近期香港社會對 2007 年以後行政長官和立法會產生辦法的關注，其中包括一些團體和人士希望 2007 年行政長官和 2008 年立法會全部議員由普選產生的意見。" 對香港各界要求普選的意見寫入了決定，可以說是記錄在案的，表示中央對港人的訴求是充分了解的。中央期待着香港社會各界共同作出努力，循序漸進地發展政制民主，不斷創造實行普選的條件，以最終實現普選。

總之，我認為胡主席的講話已經十分清楚地表達了中央對香港特區政治體制發展問題的立場，充分體現了民主法治、包容共濟、務實理性的精神，充分體現了中央處理香港事務的一切出發點和落腳點都是為了維護香港長期繁榮穩定和公眾的福祉。只要我們真正按照胡主席的這一講話去實踐，就一定能夠對特區政府提出的 2007/2008 年兩個產生辦法的修改方案作出客觀公正的評價並作出理性的選擇和決定，從而朝着行政長官和立法會全體議員最終達至由普選產生的目標邁出實質性的重要一步，也能夠在下一步就大家關心的普選路綫圖和時間表問題達成廣泛的共識。

前兩天，行政長官曾蔭權先生就香港的政改問題，向香港市民發表了電視廣播講話。他說，政改方案是一個民主的方案，可以令香港朝向普選的目標，邁出重大的一步；方案已經儘量照顧到社會各界的訴求，得來不易；2007/08 年選舉安排與制定普選時間表是兩件應該分開處理的事情；承諾下一步對如何發展民主的路綫圖和時間表，會儘快在策發會及其他途徑充分討論。我認為曾特首的講話非常務實、開放、誠懇，抓住了當前香港社會關於政制發展問題分歧的癥結，提出了"分開處理"解開這一癥結的辦法，值得大家很好體會、思考。下面，我也想藉此機會坦誠地談談個人看法。我的發言可以歸結為六個字"講出來、說清楚"，意思是對當前政改方案涉及的主要問題要講出來，對這些問題的看法要用十分明白的語言說清楚。

第一，2007/08 年政改方案依法要修改的範圍究竟是什麼。特區政府提出的 2007/08 政改方案的依據是去年 4 月全國人大常委會的決定，因此，要回答這個問題，首先需要搞清楚去年全國人大常委會決定 2007/08 年兩個產生辦法可以修改的範圍是什麼。這個問題有人清楚，有人可能並不很清楚。決定共有兩條內容：第一條是明確 2007/08 年不實行普選產生的辦法，第二條是明確在不實行普選的前提下 2007/08 年兩個產生辦法可以作出符合循序漸進原則的適當修改。

全國人大常委會決定的指向是非常明確的，就是指 2007/08 年兩個產生辦法的修改，沒有包括今後如何修改。2007/08 年政改方案要做的工作，具體講就是對基本法附件一、附件二作出修改，這個修改分為兩個層面，一是憲制層面的，需要報經全國人大常委會批准或備案；一是本地立法層面的，需要特區修改行政長官選舉條例和立法會選舉條例，將來作為本地立法按基本法第十七條的規定報全國人大常委會備案。全國人大常委會必須依法行使自己的職權，全國人大常委會這次批准或者備案的，只能是關於 2007/08 年兩個產生辦法的修改，不能超出全國人大常委會去年決定的範圍。剛才我講特區政府提出政改方案的依據是決定，全國人大常委會將來予以批准或接受備案也要依據決定。這是法治社會應當遵循的準則。

第二，為什麼普選時間表可以展開討論，但難以寫進 2007/08 年政改方案。從前面介紹的全國人大常委會決定 2007/08 年兩個產生辦法可以修改的範圍，可以清楚地看出，普選時間表是 2007/08 年兩個產生辦法修改方案之外的問題。全國人大常委會在決定中已經明確 2007/08 年兩個產生辦法不實行普選，至於將來什麼時候實行普選，不是 2007/08 年政改方案所要解決和所能解決的問題，而是需要香港社會各界繼續討論達成共識的問題。這個共識不僅是對普選時間表的共識，我想更重要的是對既符合基本法又適合香港特點的普選方式的共識。這個共識可能比普選時間表還要重要。

曾特首對於社會上儘早制定普選的路綫圖和時間表的要求，已經作出了積極的響應，決定由策略發展委員會儘快討論這個議題，並提出分兩個階段進行，致力在 2007 年初總結這個議題，並提出分兩個階段的工作。我認為曾特首的這個安排是積極的、開放的、合理的。當務之急是按照全國人大常委會的決定完成對 2007/08 年兩個產生辦法的修改，與此同時進行普選路綫圖和時間表的討論，但這需要更多時間進行理性的討論，既不能把兩者混為一談，也不能把兩者捆綁在一起。我們在商業活動中禁止將兩種商品捆綁在一起銷售，把這種行為稱之為不正當競爭。我想在香港 07/08 年政改方案問題上，也不能搞捆綁銷售。將 2007/08 年兩個產生辦法的修改方案與普選時間表捆綁在一起還要獲得通過，是一個無法完成的任務，這裏的“無法”有兩層含義，一是沒有辦法，一是沒有法律依據。我誠懇地希望要求捆綁的人認真想想，如果因為捆綁致使兩個產生辦法的修改最終不能獲得通過，香港社會經過近兩年的廣泛諮詢所形成的成果將付諸東流，這是非常可惜的。

現在香港社會有許多市民要求儘快通過政改方案。同時，有許多市民支持要有普選時間表，表明市民對實現普選有強烈的期望。兩個民意說明市民是理性的、務實的，既看到特區政府提出的兩個修改方案的進步意義，明白這是朝向最終達至普選目標邁出積極的具有實質意義的一步，同時又希望有一個普選的時間表來落實更加民主的遠景。我認為這兩個民意都應當得到尊重和重視，不應該以一個民意去否定另一個民意，既不能認為有民意支持特區政府方案而看不到希望有普選時間表的訴求，也不能認為有民意要求有普選時間表而否定特區政府方案的廣泛民意基礎，使之通不過。那麼如何使這兩個民意都得到尊重呢？合理、可行的辦法，就是分開處理，並行不悖，一方面優先完成當務之急的 2007/08 年兩個產生辦法的修改，另一方面就普選的路綫圖和時間表進行廣泛、充分的討論，在此基礎上達成共識。我想，只要大家理性、認真、負責地對待香港政治體制發展問題，兩個民意都是可以得到實現的。

第三，真心誠意地希望特區政府的政改方案能夠獲得立法會 2/3 多數通過。香港回歸 8 年多來，無論行政長官的選舉，還是立法會的選舉，在循序漸進的過程中愈加民主、開放。這次特區政府根據廣泛公眾諮詢意見提出的 2007/08 年行政長官和立法會兩個產生辦法的修改方案，更大大地擴大了民主的元素。在行政長官選舉方面，選舉委員會從原來的 800 人增加到了 1600 人，並將 400 位由直接選舉產生的區議員全部加入選舉委員會，從而使選舉委員會的選民基礎由原來的 10 多萬人大幅度地增加到全體登記選民的 300 多萬人。在立法會選舉方面，也增加了 10 個議席，其中 5 席由地區直接選舉產生，另外 5 席由區議員互選產生，加上原有的 30 個功能議席和 30 個直選議席，同樣擁有 300 多萬登記選民的基礎。

說到這裏，我要講句老實話，在看到特區政府政改方案之後，我沒想到在對 2007/08 年政改方案各種訴求如此之多，又如此不同的情況下，特區政府拿出了一個能夠平衡各種訴求的政改方案。近兩年來，特區各界十分積極、踴躍地參與了各種層面有關 2007/08 年香港政改方案的討論，許多團體和個人提出了自己覺得是最好的方案。各種方案和訴求是如此之多，相互之間的差距又是如此之大，常常令人擔心特區政府怎麼在各種方案中取得一個平衡，拿出一個既符合基本法、釋法和決定，又能為各方都接受的方案。難度確實太大了。沒有想到的是，特區政府在廣泛諮詢基礎上，拿出了一個體現各種不同意見的可以說是最大公約數的修改方案。我們常說，"立法是在矛盾的焦點上砍一刀"，我從事立法工作20年，深感要在意見紛紜甚至相互對立當中拿出一個各方基本能夠接受的方案，是非常不容易的，常常會為各種意見嚴重分歧而找不到妥協的辦法感到苦惱，所以我對曾特首在電視廣播講話中說的"方案得來不易"這句話，是感同身受，非常理解。儘管這個方案不是十全十美，各方都不盡滿意，但在一個民主的社會裏，正是這種各方都不盡滿意卻又基本能夠接受的方案，可能才是最好的方案。如果一個方案讓一部分人非常滿意，必定會有另一部分人非常不滿意，這樣的方案即使勉強獲得通過，最後實施的效果也不一定會好。

記得曾有一位熟悉普通法的法律界人士告訴過我，普通法有一個說法：最好的判決就是雙方當事人都滿意、又都不滿意的判決。表達的也是這個意思。特區政府提出的政改方案，符合基本法規定，符合多數香港市民意願，是朝着最終達至行政長官和立法會全部議員由普選產生的目標邁出的重要的、具有實質意義的一大步。走出了這一步，實際上離最終達至普選的目標也就更近了，真正支持普選的人應該支持這個方案才合邏輯。這句話是許仕仁先生說的，我很贊同，因為實在看不出支持普選的人有什麼理由不支持這個方案。

本來處在我這個角色，在這兩個修改方案還在特區進行公眾諮詢的時候似乎不宜這樣公開表態，但我是個有話直說的人，既然是坦誠交流、坦誠溝通，我也已聲明今天的發言要"講出來、說清楚"，就不能不清楚地說出我的個人看法。文責自負。我這樣說是發自內心的，就是想表達出真心誠意希望這個方案能獲得通過的心情。剛才也有提到，如果最終沒有獲得通過，基本法規定需要立法會2/3多數通過而不是半數通過，本意是要求如作修改必須取得最大程度的共識，通不過的結果只能說明香港社會對政改方案還沒有達成最大的共識。這也是強求不來的。去年釋法指基本法規定的"2007年以後如需修改"的立法原意是，2007年以後可以修改，也可以不修改。對不修改，基本法和釋法也都作了制度性的安排。按照基本法附件一和附件二的規定以及去年4月全國人大常委會的釋法，2007年第三任行政長官的產生辦法將繼續適用第二任行政長官的產生辦法，2008年第四屆立法會的產生辦法將繼續適用第三屆立法會的產生辦法。如果是這樣，全國人大常委會決定香港特區2007/2008年行政長官和立法會兩個產生辦法可以作出符合循序漸進的適當修改將不能得到實現，香港民主發展將失去向着普選目標邁出實質性一大步的機會。

我國的國體、政體和國家結構形式

2007 年 5 月 14 日在清華大學法學院 "香港媒體人士培訓班" 授課稿。

一、我國的國體和政體

（一）國體和政體的概念及關係

"國體"，也就是 "國家性質"，是指國家的根本屬性，這是國家的根本問題，是整個國家制度的核心。馬克思主義國家理論從國家的階級本質的角度來研究國家性質（即國體）的問題。馬克思主義國家理論認為：國家性質就是國家的階級本質，即由哪個階級掌握國家的政治權力。

政體是什麼呢？簡單地說，政體就是政權的組織形式，是指國家權力在國家機關間的配置以及在此基礎上形成的國家機關間的相互關係。政權組織形式可以根據不同的標準進行劃分，常用的劃分如共和制、君主制、君主立憲制等等。近現代國家所採用的政體主要是共和制和君主立憲制，共和制是最普遍採用的政體。由於國家權力在中央國家機關之間的配置不同，國家機關的相互關係也不一樣，共和制政體主要有總統制（如美國）、議會內閣制（如意大利）。君主立憲制，又分為兩種：一種是議會君主制，君主作為國家元首，僅在形式上代表國家，不享有實質意義上的國家權力，比如英國、日本；另一種是二元君主制，君主作為國家元首，擁有一定的國家權力，在整個國家機關權力配置中佔有重要地位，議會權力較小，政府對君主負責，現代國家中只有約旦、沙特阿拉伯等少數國家保持這種政體。

國體和政體是密切聯繫的兩個概念。國體是國家的階級性質，即哪個階級掌握政治權力；而政體是指國家政權的組織形式，即掌握政權的階級用什麼方式來行使國家權力。可見，國體決定政體，政體是為國體服務的，它們之間的關係是內容與形式的關係，國體是內容，政體是形式。一個國家採取和選擇什麼樣的政體，主要是由這個國家的統治階級決定的；另一方面，國體要通過一定的政體來表現，如果沒有適當的政體，統治階級就無法組織和鞏固國家機器。

（二）我國的國體和政體

關於我國的國體，憲法第一條規定："中華人民共和國是工人階級領導的、以工農聯盟為基礎的人民民主專政的社會主義國家。"憲法將我國的國體確定為人民民主專政。它是以工人階級為領導的，以工農聯盟為基礎的，包括對人民民主和對敵人專政兩個方面的內容，並有一個廣泛的統一戰綫作為政治基礎。

關於我國的政體，憲法第二條規定："中華人民共和國的一切權力屬於人民。人民行使國家權力的機關是全國人民代表大會和地方各級人民代表大會。"我國是人民當家作主的社會主義國家，但不可能13億人都來直接管理國家，怎樣保證人民能夠真正當家作主，掌管國家權力，需要一種組織形式，這個組織形式，就是全國人民代表大會和地方各級人民代表大會。各級人大都是在選舉的基礎上產生的，所選出的代表具有廣泛的群眾基礎，包括了各階層、各地區、各民族、各方面的人士。廣大人民群眾通過由人大代表組成的人民代表大會參加國家的管理，行使自己當家作主的政治權利。簡言之，我國的政體是人民代表大會制度。

（三）中國共產黨在國家的領導地位

這是一個與我國的國體和政體密切相關的重要內容。堅持中國共產黨對國家的領導是我國憲法確立的基本原則。憲法關於黨的領導地位的規定，體現在：（1）憲法第一條規定了我國的國體，即工人階級領導的、以工農聯盟為基礎的人民民主專政的社會主義國家，而共產黨是工人階級的先鋒隊，因此，憲法第一條是間接規定了中國共產黨的領導地位。（2）憲法在序言中，通過歷史回顧的方式，說明中國共產黨的領導是中國人民的歷史選擇。憲法序言作為憲法的重要組成部分同憲法條文一樣具有法律效力。（3）1993年八屆全國人大一次會議通過的憲法修正案第四條規定了"中國共產黨領導的多黨合作和政治協商制度將長期存在和發展"。這也是憲法對中國共產黨領導地位的確認。

2004年9月，胡錦濤主席在首都各屆紀念全國人大成立50週年大會的講話中指出："依法治國不僅從制度上、法律上保證人民當家作主，而且也從制度上、法律上保證黨的執政地位。"他還說，"中國共產黨執政，就是領導、支持、保證人民當家作主，維護和實現最廣大人民的根本利益"。在新的歷史時期，發展社會主義民主政治，堅持和完善人民代表大會制度，最根本的是要把黨的領導、人民當家作主和依法治國有機統一起來。人民代表大會制度是人民當家作主的根本途徑，是共產黨執政的制度載體，是依法治國的制度保障。中共十五大報告明確指出："我國實行的人民民主專政的國體和人民代表大會制度的政體是人民奮鬥的成果和歷史的選擇，必須堅持和完善這個根本政治制度，不照搬西方政治制度的模式，這對於堅持黨的領導和社會主義制度、實現人民民主具有決定意義。"

二、我國的政權組織形式（政體）

（一）人民代表大會制度

人民代表大會制度是我國的政權組織形式，是我國的根本政治制度。根據憲法規定，人民代表大會制度的內容主要包括以下幾個方面：

1.各級人大都由民主選舉產生，對人民負責，受人民監督。全國人大和地方各級人大是國家權力機關，行使國家權力。人大的權力從哪裏來？來自於人民的授權。人民通過選舉，產生代表自己意願的代表，組成代表機關，代表人民行使國家權力。因此，民主選舉是人民代表大會制度的組織基礎，也是各級人大的權力源泉。選舉權和被選舉權是人民行使國家權力的重要標誌。按照憲法和選舉法，選民或者選舉單位有權依照法定程序選舉代表，並有權依照法定程序罷免自己選出的代表，這對於保證各級人大真正按照人民的意志，代表人民的利益行使權力具有根本性的作用。

2. 各級人大及其常委會集體行使權力，集體決定問題，嚴格按照民主集中制的原則辦事。憲法規定了各級人大及其常委會的職權。人大及其常委會要按照規定的程序討論決定問題、履行自己的職責，實行少數服從多數的原則，而不是由一個人或少數幾個人決定。在表決中，每個代表和每個常委會組成人員都只有一票，沒有特權。

3. 國家的行政機關、審判機關、檢察機關都由人大產生，對它負責，受它監督。國務院、最高人民法院和最高人民檢察院分別作為我國的最高行政機關、審判機關和檢察機關，由全國人大產生，對全國人大負責並報告工作，接受全國人大的監督；地方各級人民政府、地方各級人民法院和人民檢察院分別由本級人大選舉產生，對本級人大負責並報告工作，接受本級人大的監督。人民代表大會統一行使國家權力，在這個前提下，明確劃分國家行政機關、審判機關和檢察機關的職責，實行合理的分工負責。這樣既保障行政機關、審判機關和檢察機關按照人民的意願行使職權，時刻接受人民的監督，不違背人民的利益，同時又能使各個國家機關在法律規定的各自職權範圍內既獨立負責又協調一致地進行工作，形成一個統一的整體。這和西方一些國家實行的"三權分立"體制是根本不同的。

4. 中央和地方國家機構的職權劃分，遵循在中央的統一領導下，充分發揮地方的主動性、積極性的原則。全國人大作為最高國家權力機關，審議決定全國的大政方針；地方各級人大作為地方國家權力機關，在本行政區域內，保證憲法、法律、行政法規的遵守和執行，依照法律規定的權限，通過和發佈決議，審查和決定地方的經濟建設、文化建設和公共事業建設的計劃等。全國人大和地方人大是法律監督關係，不是領導關係。就行政機關而言，國務院統一領導地方各級行政機關的工作，規定中央和省、自治區、直轄市的國家行政機關的職權劃分。地方各級人民政府對本級人大負責並報告工作，同時對上一級國家行政機關負責並報告工作。全國地方各級人民政府都是國務院統一領導下的國家行政機關，都服從國務院。就審判機關而言，上級審判機關與下級審判機關是審判監督關係，最高人民法院監督地方各級人民法院的審判工作，上級人民法院監督下級人民法院的審判工作。就檢察機關而言，上級檢察機關和下級檢察機關是領導關係，最高人民檢察院領導地方各級人民檢察院的工作，上級人民檢察院領導下級人民檢察院的工作。這些都是中央和地方職權劃分原則的具體體現。這樣既有利於統一領導，保證國家的統一，又有利於發揮地方的積極性和主動性，加快國家的現代化建設。

從上述四個方面的內容可以看出，人民代表大會制度與一般的政治制度不同，它是帶有全局性的根本政治制度。第一，這一制度從根本上體現了一切權力屬於人民的原則，是人民行使國家權力的根本途徑和形式。人民代表大會制度是維護人民利益的根本保障，也是我們國家能夠經得起各種風險、克服各種困難的可靠保證。第二，人民代表大會制度是其他各項政治制度建立的基礎。國家的政治制度除了政權組織形式外，還包括行政管理制度、司法制度、軍事制度、地方政權制度等諸多制度。這些具體政治制度的建立和發展，有賴於人民代表大會制度。人民代表大會制度一經建立，通過自身的活動，如立法、發佈決議、決定等，建立和完善其他的各項具體政治制度。如全國人大制定國務院組織法和地方各級人大和政府組織法，確立了我國的行政管理制度，明確了國家行政機關的組成、組織原則和工作程序；通過制定人民法院組織法和人民檢察院組織法以及各項民事、刑事法律制度，確立了我國的司法制度；通過制定村民委員會組織法和城市居民委員會組織法，建立我國的基層群眾自治制度；通過制定民族區域自治法，確立我國的民族區域自治制度；通過制定香港、澳門兩個基本法，確立了特別行政區制度；通過制定兵役法、國防法以及其他有關的軍事法律，建立我國的軍事和國防制度等。全國人大及其常委會按照人民的意願，通過立法或者其他形式，建立和完善有關的具體政治制度，並且將其置於人民的監督之下。這使得這些制度有了法律基礎和權力來源。

對於人民代表大會制度的理解，有些人把它簡單地與人民代表大會等同起來。人民代表大會並不等同於人民代表大會制度，這是兩個既相關又有區別的概念。人民代表大會是依照憲法和法律行使國家和地方權力的各級國家權力機關；人民代表大會制度是以人民代表大會為核心和主要內容的一整套國家政權組織制度，它不僅包括人民代表大會本身的產生、組織、職權和行使職權的方式等一整套制度，還包括人民代表大會與人民的關係以及人民代表大會與其他國家機關的關係等。

（二）我國的國家機構

憲法第三章規定了我國的國家機構，包括：全國人民代表大會、中華人民共和國主席、中華人民共和國國務院、中華人民共和國中央軍事委員會、地方各級人民代表大會和地方各級人民政府、民族自治地方的自治機關、人民法院和人民檢察院。

1. 全國人民代表大會

全國人民代表大會是最高國家權力機關。根據憲法規定，全國人民代表大會的職權是：修改憲法；監督憲法的實施；制定和修改刑事、民事、國家機構的和其他的基本法律。選舉全國人民代表大會常務委員會委員長、副委員長、秘書長和委員；選舉中華人民共和國主席、副主席；根據中華人民共和國主席的提名，決定國務院總理的人選；根據國務院總理的提名，決定國務院副總理、國務委員、各部部長、各委員會主任、審計長、秘書長的人選；選舉中華人民共和國中央軍事委員會主席；根據中華人民共和國中央軍事委員會主席的提名，決定中華人民共和國中央軍事委員會其他組成人員的人選；選舉最高人民法院院長；選舉最高人民檢察院檢察長。有權罷免上述人員。審查和批准國民經濟和社會發展計劃和計劃執行情況的報告；審查中央和地方預算及中央和地方預算執行情況的報告，批准中央預算和中央預算執行情況的報告。改變或者撤銷全國人民代表大會常務委員會不適當的決定。批准省、自治區、直轄市的建置；決定特別行政區的設立及其制度；決定戰爭和和平的問題。這些職權基本上可以概括為立法權、監督權、人事任免權、重大事項決定權等。全國人大每屆任期 5 年，由省、自治區、直轄市、特別行政區和軍隊選出的代表組成，各少數民族都應當有適當名額的代表。十屆全國人大共有代表 2984 人，其中：中共黨員 2178 人，佔72.99%；民主黨派和無黨派人士 480 人，佔 16.09%；工人 322 人，佔10.79%；農民 229 人，佔 7.67%；幹部 968 人，佔 32.44%；解放軍268 人，佔 8.98%；知識分子 631 人，佔 21.14%；歸國華僑 38 人，佔1.27%；少數民族 415 人，佔 13.91%；婦女 604 人，佔 20.24%。全國人大會議每年舉行一次，由全國人大常委會召集，並選舉主席團主持會議。

　　全國人民代表大會常務委員會是全國人民代表大會的常設機關，對全國人民代表大會負責並報告工作。全國人大常委會由委員長、副委員長若干人，秘書長、委員若干人組成。常委會組成人員由全國人民代表大會從全國人民代表大會的代表中選舉產生。十屆全國人大常委會組成人員共 175 人：委員長 1 人，副委員長 15 人，秘書長 1 人（盛華仁副委員長兼），委員 159 人。委員長主持全國人大常委會的工作，召集全國人大常委會會議。副委員長、秘書長協助委員長工作。全國人大常委會會議一般每兩個月舉行一次；有特殊需要的時候，可以臨時召集會議。全國人大常委會委員長、副委員長、秘書長組成委員長會議，處理常委會的重要日常工作。全國人大常委會每屆任期和全國人大任期相同，委員長、副委員長連續任職不得超過兩屆。全國人大常委會的職權有：解釋憲法，監督憲法的實施；制定和修改除應當由全國人大制定的法律以外的其他法律；在全國人大閉會期間，對全國人大制定的法律進行部分補充和修改，但是不得同該法律的基本原則相抵觸；解釋法律；在全國人大閉會期間，審查和批准國民經濟和社會發展計劃、中央預算在執行過程中所必須作的部分調整方案；監督國務院、中央軍事委員會、最高人民法院和最高人民檢察院的工作；撤銷國務院制定的同憲法、法律相抵觸的行政法規、決定和命令；撤銷省、自治區、直轄市國家權力機關制定的同憲法、法律和行政法規相抵觸的地方性法規和決議；在全國人大閉會期間，根據國務院總理的提名，決定部長、委員會主任、審計長、秘書長的人選；在全國人民代表大會閉會期間，根據中央軍事委員會主席的提名，決定中央軍事委員會其他組成人員的人選；根據最高人民法院院長的提請，任免最高人民法院副院長、審判員、審判委員會委員和軍事法院院長；根據最高人民檢察院檢察長的提請，任免最高人民檢察院副檢察長、檢察員、檢察委員會委員和軍事檢察院檢察長，並且批准省、自治區、直轄市的人民檢察院檢察長的任免；決定駐外全權代表的任免；決定同外國締結的條約和重要協定的批准和廢除；規定軍人和外交人員的銜級制度和其他專門銜級制度；規定和決定授予國家的勳章和榮譽稱號；決定特赦；在全國人大閉會期間，如果遇到國家遭受武裝侵犯或者必須履行國際間共同防止侵略的條約的情況，決定戰爭狀態的宣佈；決定全國總動員或者局部動員；決定全國或者個別省、自治區、直轄市進入緊急狀態；全國人民代表大會授予的其他職權。

2. 中華人民共和國主席

中華人民共和國主席也就是通常人們習慣所說的"國家主席"。國家主席、副主席由全國人民代表大會選舉產生，任期與全國人大的任期相同，連續任職不得超過兩屆。有選舉權和被選舉權的年滿 45 週歲的中華人民共和國公民可以被選為中華人民共和國主席、副主席。中華人民共和國主席根據全國人大及其常委會的決定，公佈法律，任免國務院總理、副總理、國務委員、各部部長、各委員會主任、審計長、秘書長，授予國家的勳章和榮譽稱號，發佈特赦令，宣佈進入緊急狀態，宣佈戰爭狀態，發佈動員令。中華人民共和國主席代表中華人民共和國，進行國事活動，接受外國使節；根據全國人大常委會的決定，派遣和召回駐外全權代表，批准和廢除同外國締結的條約和重要協定。

3. 中華人民共和國國務院

中華人民共和國國務院，即中央人民政府，是最高國家權力機關即全國人民代表大會的執行機關，是最高國家行政機關，由總理、副總理、國務委員、各部部長、各委員會主任、中國人民銀行行長、審計長、秘書長組成。國務院實行總理負責制。各部、各委員會實行部長、主任負責制。本屆國務院有總理 1 人，副總理 4 人，國務委員 5 人，共設 26 個部、委，加上中國人民銀行和審計署，共 28 個組成部門。總理、副總理、國務委員連續任職不得超過兩屆。

4. 中華人民共和國中央軍事委員會

中華人民共和國中央軍事委員會領導全國武裝力量。中央軍事委員會由主席、副主席若干人，委員若干人組成。中央軍事委員會實行主席負責制。中央軍事委員會主席對全國人大及其常委會負責。

5. 地方各級人民代表大會和地方各級人民政府

省、自治區、直轄市、縣、市、市轄區、鄉、民族鄉、鎮設立人民代表大會和人民政府。地方各級人民代表大會和地方各級人民政府的組織由法律規定。

6. 民族自治地方的自治機關

民族自治地方的自治機關是自治區、自治州、自治縣的人民代表大會和人民政府。（其他內容在後面的民族區域自治制度中一併介紹）

7. 人民法院

人民法院是國家審判機關，依法獨立行使審判權。人民法院的組織系統由最高人民法院、地方各級人民法院和專門法院構成。地方各級人民法院是指高級人民法院、中級人民法院和基層人民法院；專門法院是指軍事法院、海事法院等。最高人民法院是最高審判機關，監督地方各級人民法院和專門人民法院的審判工作，上級人民法院監督下級人民法院的審判工作。最高人民法院對全國人大及其常委會負責，地方各級人民法院對產生它的國家權力機關負責。最高人民法院院長連續任職不得超過兩屆。

8. 人民檢察院

在我國，人民檢察院的職能不僅僅是在刑事案件中代表國家起訴犯罪嫌疑人，根據憲法規定，人民檢察院是國家的法律監督機關，依照法律規定對國家工作人員履行職務進行監督，對公安機關的刑事偵查工作、人民法院的審判工作、司法行政機關的監獄工作進行監督。人民檢察院依照法律規定，獨立行使檢察權。人民檢察院的組織系統由最高人民檢察院、地方各級人民檢察院和軍事檢察院等專門人民檢察院構成。地方各級人民檢察院包括：省、自治區、直轄市人民檢察院，自治州和省轄市人民檢察院，縣、縣級市、自治縣和市轄區人民檢察院。最高人民檢察院是最高檢察機關。最高人民檢察院對全國人大及其常委會負責，地方各級人民檢察院對產生它的國家權力機關和上級人民檢察院負責；最高人民檢察院領導地方各級人民檢察院和專門人民檢察院的工作，上級人民檢察院領導下級人民檢察院的工作。最高人民檢察院檢察長連續任職不得超過兩屆。

（三）政治協商制度

講到這裏，可能有人會問，國家機關裏面怎麼沒有講到政協？政協在我國政治生活中發揮着重要作用，但它不是國家政權組織，不是國家機關。為了使大家了解政協的性質、功能，有必要在這裏介紹一下我國的政治協商制度。

憲法修正案第四條規定："中國共產黨領導的多黨合作和政治協商制度將長期存在和發展。"多黨合作是指在中國共產黨的領導下，中國共產黨和各民主黨派以共同致力於社會主義事業為目標，以四項基本原則為政治基礎，在長期的革命和建設實踐中逐步建立起來的一種有中國特色的新型政黨關係。我國有 8 個民主黨派：中國國民黨革命委員會、中國民主同盟、中國民主建國會、中國民主促進會、中國農工民主黨、中國致公黨、九三學社、台灣民主自治同盟。這 8 個民主黨派都有自己的中央組織、地方組織和基層組織。據統計，到 2004 年底，民主黨派的成員共有 60 多萬。政治協商制度，是指在中國共產黨領導下，以多黨合作為基礎，由各民主黨派、各人民團體、各方面的愛國人士、無黨派人士和少數民族代表參加的，以中國人民政治協商會議為組織形式，就國家的大政方針，各族人民社會生活中的重大問題進行民主、平等的討論和協商的一種政治制度。

1. 人民政協的性質

中國人民政治協商會議，通常簡稱為"政協"，政協是我國特有的政治組織，就性質來講，它是我國政治協商和統一戰綫的組織形式。

政協在我國政治生活中發揮着重要作用，但它不是國家政權組織，不是國家機關，也不是一般的人民團體。從地位上看，政協全國委員會是我國政治領導體制中的重要組成部分，全國政協主席、副主席是國家領導人，這顯然不是人民團體可以相比的。從性質上看，人民團體代表不同社會階層、行業和團體的利益，其性質具有特殊性，反映的是特定階層、行業和團體的利益；政協則具有廣泛性和黨派性的特點。從職能上看，政協的職能是政治協商和民主監督，人民團體雖然也參與政治協商和民主監督，但這不是它的基礎職能。

2. 政協的組織系統

政協的組織系統包括政協全國委員會和政協地方委員會。政協全國委員會我們平時常簡稱為"全國政協"，每年舉行一次全體會議；政協地方委員會按照我國的行政區劃設立，包括省級、市級、縣級三級地方委員會，政協地方委員會每年至少舉行一次全體會議。

中國人民政治協商會議成立於 1949 年 9 月 21 日。政協第十屆全國委員會共設 34 個界別 ●，共有委員 2238 人，其中中共委員 895 人，佔 40%；非中共委員 1343 人，佔 60%；民主黨派委員 666 人；少數民族委員 262 人，包括了我國 55 個少數民族的代表人士；婦女委員 373人。此外，還有我國各大宗教團體負責人，有台灣同胞和香港、澳門各界知名人士，有外國血統的中國籍專家，有在社會變革中出現的新的社會階層的代表人物，等等。這種構成充分體現了中華民族大團結大聯合的精神。

3. 政協的主要職能

政協的主要職能是政治協商、民主監督、參政議政。這三項主要職能是各民主黨派、各團體、各族各界人士在我國政治體制中參與國事、發揮作用的重要內容和基本形式，體現了人民政協的性質和特點，是人民政協區別於其他政治組織的重要標誌。

政治協商是對國家和地方的大政方針以及政治、經濟、文化和社會生活中的重要問題在決策之前進行協商和就決策執行過程中的重要問題進行協商。民主監督是對國家憲法、法律和法規的實施，重大方針政策的貫徹執行、國家機關及其工作人員的工作，通過建議和批評進行監督。參政議政是對政治、經濟、文化和社會生活中的重要問題以及人民

● 34 個界別是：中國共產黨，中國國民黨革命委員會，中國民主同盟，中國民主建國會，中國民主促進會，中國農工民主黨，中國致公黨，九三學社，台灣民主自治同盟，無黨派民主人士，中國共產主義青年團，中華全國總工會，中華全國婦女聯合會，中華全國青年聯合會，中華全國工商業聯合會，中國科學技術協會，中華全國台灣同胞聯誼會，中華全國歸國華僑聯合會，文化藝術界，科學技術界，社會科學界，經濟界，農業界，教育界，體育界，新聞出版界，醫藥衛生界，對外友好界，社會福利界，少數民族界，宗教界，特邀香港人士，特邀澳門人士，特別邀請人士。

群眾普遍關心的問題，開展調查研究，反映社情民意，進行協商討論。通過調研報告、提案、建議案或其他形式，向中國共產黨和國家機關提出意見和建議。

三、我國的國家結構形式

前面在講國家機構時，講到的是全國人大、國家主席、國務院、中央軍委、最高人民法院和最高人民檢察院這樣一種橫向的關係，而國家結構形式是指中央與地方這種縱向的國家權力配置關係，以及由此形成的中央與地方、地方與地方國家機關之間的關係。一個國家採取什麼原則和方式調整其整體與部分、中央與地方以及地方之間的關係，主要由這個國家的政治傳統、地理環境、民族關係和意識形態等因素決定，其中政治傳統和民族關係是最重要的因素。近代以來世界各國採用的國家結構形式，主要分為兩種，一是"單一制"，一是"聯邦制"。單一制和聯邦制的區別主要是：第一，在單一制國家，地方政府是由中央政府設立的，在聯邦制國家，聯邦政府是由各成員單位協議建立的，各成員單位往往先於聯邦政府而存在；第二，在單一制國家，地方政府的權力是由中央政府授予的，中央政府單方面規定地方政府的權限，地方政府必須服從中央政府所代表的最高的國家權力，在聯邦制下，聯邦與其成員之間的權力劃分有一個明確的界定，雙方都不能任意改變；第三，單一制國家，中央政府可以變更地方行政區域的疆界，在聯邦制國家不能任意改變各成員單位的疆界。

（一）我國實行單一制的國家結構形式

我國實行單一制的國家結構形式，這是由我國的政治傳統、歷史文化和民族關係等各方面因素決定的。第一，從政治傳統和歷史文化的角度看，自公元前 221 年秦滅六國，建立我國歷史上第一個中央集權的統一國家以來，2000 多年歷史中雖然也出現過分裂割據的局面，但統一是主流，特別是元朝以來的 700 多年，我國再沒有出現大的分裂狀態，統一格局和遼闊疆域保持至今。第二，從民族關係來看，自漢朝以來我國就形成了以漢族為主體的多民族國家。根據 2000 年第五次全國人口普查的數據，55 個少數民族人口為 10643 萬人，佔全國總人口的8.41%。從民族分佈來看，少數民族的分佈地區廣泛而且比較複雜，形成大雜居、小聚居的分佈狀況，各民族間交互居住，往往一個民族有許多聚居區。如藏族除在西藏比較集中外，還散居在青海、甘肅、四川、雲南等地；回族除了在寧夏、甘肅比較集中外，還散居全國各地；新疆除維吾爾族外，還有 12 個民族居住，雲南則有 20 多個少數民族。我國歷史上發生過多次大規模的民族融合，民族融合以及對中華民族的認同形成了統一國家的民族凝聚力。我國這樣一種民族關係及其分佈狀況，決定了少數民族不能也不必要建立單獨的民族國家，因而也不能選擇建立在民族國家基礎上的聯邦制國家結構形式。

（二）我國的行政區劃

在單一制國家結構形式的前提下，我國建立了以有利於民族團結、有利於經濟發展、便於人民參加管理國家、照顧歷史狀況為原則的行政區域劃分制度。我國的行政區域劃分是這樣的：

（1）根據憲法第三十條的規定，全國分為省、自治區、直轄市。憲法第三十一條並規定國家在必要時得設立特別行政區。目前我國有 34 個省級行政區，包括 23 個省、5 個自治區、4 個直轄市、2 個特別行政區。❶

（2）省、自治區分為自治州、縣、自治縣、市。

自治州、縣、自治縣這三種設置好理解，"市" 這種行政區域就比

---

❶ 23 個省：河北省、山西省、遼寧省、吉林省、黑龍江省、江蘇省、浙江省、安徽省、福建省、江西省、山東省、河南省、湖北省、湖南省、廣東省、海南省、四川省、貴州省、雲南省、陝西省、甘肅省、青海省、台灣省；5 個自治區：內蒙古自治區、廣西壯族自治區、寧夏回族自治區、新疆維吾爾自治區、西藏自治區；4 個直轄市：北京市、天津市、上海市、重慶市；2 個特別行政區：香港特別行政區、澳門特別行政區。

較複雜，這裏簡單介紹一下。我國的"市"有直轄市、省、自治區管轄的市和縣級市3種，這3種市雖然都叫"市"，但它們的憲法地位各不相同，權力也有較大差異。直轄市是省一級的行政區域，省轄市是介於省級和縣級之間的一級行政區域，管轄着縣和縣級市。

（3）直轄市和較大的市分為區、縣。自治州分為縣、自治縣、市（縣級）。

（4）縣、自治縣分為鄉、民族鄉、鎮。

鄉、鎮是我國最基層的一級地方，有鄉、民族鄉、鎮三種形式。鄉、鎮的國家機關有鄉鎮人民代表大會和鄉鎮人民政府，鄉鎮長由鄉鎮人民代表大會選舉產生，民族鄉的鄉長由建立民族鄉的少數民族公民擔任。

（三）民族區域自治制度

世界上的多民族國家在處理民族問題方面有不同的制度模式，我國採用的是民族區域自治。民族區域自治是在國家統一領導下，各少數民族聚居的地方設立自治機關，行使自治權，實行區域自治。採用民族區域自治的辦法解決民族問題，是根據我國的歷史發展、文化特點、民族關係和民族分佈等具體情況作出的制度安排，符合各民族人民的共同利益和發展要求。民族區域自治制度是我國的基本政治制度。憲法和民族區域自治法，對民族區域自治及其實施作出了明確規定。

我國的民族自治地方分為自治區、自治州、自治縣三級。中華人民共和國成立之前的 1947 年，在中國共產黨領導下，已經解放的我國蒙古族聚居地區就建立了中國第一個省級民族自治地方——內蒙古自治區。新中國成立後，我國政府開始在少數民族聚居的地方全面推行民族區域自治，先後成立了新疆維吾爾自治區、廣西壯族自治區、寧夏回族自治區、西藏自治區。目前，我國共建立了 155 個民族自治地方，其中包括 5 個自治區、30 個自治州、120 個自治縣。

依據憲法和民族區域自治法的規定，民族自治地方的自治機關，是自治區、自治州、自治縣的人民代表大會和人民政府，它們在行使一般地方同級國家機關職權的同時，在中央統一領導下，擁有自治權。自治權概括起來包括以下幾個方面：一是自主管理本民族、本地區的內部事務。自治區主席、自治州州長、自治縣縣長全部由實行區域自治的民族的公民擔任。二是享有制定自治條例和單行條例的權力，自治條例和單行條例可以依照當地民族的特點，對法律和國務院制定的行政法規作出變通規定，但不得違背法律或者行政法規的基本原則。截至 2006 年底，民族自治地方共制定現行有效的自治條例 135 件，單行條例 518 件。三是使用和發展本民族語言文字。目前，我國有 22 個少數民族使用 28 種民族文字。四是尊重和保護少數民族宗教信仰自由。此外，民族自治地方還有權保持或者改革本民族風俗習慣，自主安排、管理和發展本地方經濟建設事業，自主管理地方財政，自主發展教育、科技、文化、衛生、體育等社會事業。

由於成功地實行民族區域自治制度，我國少數民族依法自主地管理本民族事務，民主地參與國家和社會事務的管理，保證了我國各民族不論大小都享有平等的經濟、政治、社會和文化權利，共同維護國家統一和民族團結，反對分裂國家和破壞民族團結的行為，形成了各民族相互支持、相互幫助、共同團結奮鬥、共同繁榮發展的和諧民族關係。

《基本法與香港回歸十週年》序

作於 2007 年 6 月。

在香港回歸祖國十週年紀念日即將到來之際，譚惠珠女士送來了
《基本法與香港回歸十週年》書稿，並囑我作序，我很愉快地接受了這
項任務。

1997 年 7 月 1 日，中國政府對香港恢復行使主權，成立香港特別
行政區，香港特別行政區基本法正式實施，香港進入了"一國兩制"、
"港人治港"、高度自治的新紀元。這是一個巨大的歷史轉變，最難能
可貴的是這種轉變平穩地進行，各方面的利益都得到了充分的照顧和保
障，從而使香港始終保持穩定繁榮，各項事業不斷地向前發展。《基本
法與香港回歸十週年》很好地記錄了這段歷史，從中我們可以清楚地看
到，保持香港的穩定繁榮，有三個因素發揮着決定性的作用，一是"一
國兩制"方針政策和香港基本法的正確指導，二是日益繁榮富強的社會
主義祖國作為強大後盾，三是愛國愛港的香港居民在特區政府領導下的
團結奮鬥。

香港基本法是全國人民代表大會制定的全國性法律，是"一國兩
制"方針政策的法律化、制度化。香港特別行政區是我國的第一個特別
行政區，基本法對特別行政區制度的規定，創立了中央對特別行政區實
施管治的嶄新模式。這種模式的最大特點就是，在堅持國家主權和統
一、堅持國家的單一制性質、堅持人民代表大會制度是國家根本政治制
度、堅持國家主體實行社會主義制度的前提下，授權香港特別行政區依
照基本法的規定實行高度自治，享有行政管理權、立法權、獨立的司法

權和終審權。香港特別行政區實行"港人治港",行政機關、立法機關由香港永久性居民組成,中央不向香港特別行政區派出一官一吏。香港特別行政區採用以行政為主導的政治體制,實行不同於全國其他地方的行政、立法和司法制度。香港特別行政區不實行社會主義制度和政策,保留原有的資本主義制度和生活方式不變。基本法對香港特別行政區實行的制度作出了全面規定,從而確保了"一國兩制"方針政策的貫徹實施。

香港基本法是香港特別行政區憲制性法律文件,是香港長期穩定繁榮的法律基石。儘管基本法到 1997 年 7 月 1 日才開始實施,但基本法保障香港穩定繁榮的重要作用,在長達 12 年的香港過渡時期內,就已經充分顯現出來。1985 年 7 月開始的基本法起草工作,既是香港特別行政區制度設計的過程,也是不斷深化香港社會和國際投資者對"一國兩制"方針的理解和認同的過程,極大地增強了香港以至國際社會對香港前景的信心。1990 年 4 月基本法通過頒佈後,立即成為處理香港過渡時期事務的指針,正是有了基本法的規定,成立香港特別行政區的各項籌備工作得以順利進行,實現了平穩過渡和政權的順利交接。1997 年 7 月 1 日基本法全面實施後,儘管受到亞洲金融危機、非典疫情和禽流感的衝擊,香港特別行政區始終保持政治穩定,經濟充滿活力。《基本法與香港回歸十週年》全面地反映了香港回歸以來不平凡的歷程,全面反映了在政治、經濟、社會、文化等方面實施基本法所取得的成就,以事實說明香港繼續保持着國際金融、貿易和航運中心的地位,繼續保持自由港和國際大都會的特色,說明一個穩定繁榮的香港不僅造福了 700 萬香港同胞,而且有利於國家的建設與發展,充分證明了"一國兩制"方針和基本法完全適合香港的實際情況,為香港的穩定繁榮提供了有力的保障。

基本法是在廣大香港居民參與下制定出來的,其全面貫徹實施,也同樣要依靠廣大港人。在基本法起草過程中,全國人民代表大會常務委員會任命的 59 名基本法起草委員中有 23 名是香港委員,基本法起草委員會還在香港成立了由香港各方面人士 180 人組成的基本法諮詢委員會。基本法(草案)曾經兩次在內地和香港公佈徵求意見,香港社會各種團體、各階層和各界別人士以各種方式參與了基本法的起草和討論。僅香港基本法諮詢委員會就收到和整理了香港社會各界人士提出的近 8 萬份意見和建議,向基本法起草委員會先後提交了 7 冊諮詢報告,包括 26 個專題報告和香港社會各界對基本法每一個條文的意見和建議。可以說,基本法的每一個條文都凝聚了香港社會的廣泛共識,是人民集體智慧的結晶,體現了包括香港同胞在內的全體中國人民的共同意志和根本利益。香港回歸後的實踐表明,基本法的實施,既要靠中央政府堅定不移地堅持"一國兩制"方針,嚴格按照基本法辦事,也要靠廣大香港居民牢固樹立基本法的意識和觀念,嚴格按照基本法的規定來處理香港特別行政區高度自治權範圍內的事務。香港居民廣泛地參與基本法制定,對基本法的順利實施發揮了重要的作用,這一經驗告訴我們,要繼續把基本法貫徹實施好,必須加強學習基本法、宣傳基本法和推廣基本法。使年青的一代人了解基本法的歷史和內涵,努力培養尊重基本法、遵守基本法的社會意識,為基本法的正確實施創造良好的條件、提供保證。我想,這也正是譚惠珠女士主編《基本法與香港回歸十週年》這本書的意義所在。

學習、宣傳、推廣基本法任重道遠,讓我們共同努力,使人人都成為基本法的堅定實踐者和維護者,為香港特別行政區的長期穩定繁榮貢獻自己的力量。

齊心協力邁向香港民主發展新歷程

2007 年 12 月 29 日下午在香港各界人士座談會上的講話。

女士們、先生們、朋友們，大家好！

今天上午，十屆全國人大常委會第三十一次會議通過了《香港特別行政區 2012 年行政長官和立法會產生辦法及有關普選問題的決定》，這是本屆全國人大常委會依法對香港政制發展問題作出的又一個重要決定。這個決定是在常委會組成人員認真審議行政長官報告和各方面意見的基礎上，嚴格按照基本法規定和法定程序作出的，具有不容置疑的法律效力。

決定通過後，我和李飛、張曉明即受委員長會議的委託，趕來香港參加各界人士的座談會。我們這次來，一是通報全國人大常委會決定的內容，二是介紹全國人大常委會審議的情況，三是談談對人大決定內容的理解和體會，四是回答有關這次決定的問題。一句話就是溝通交流，加深理解。只有正確理解了人大的決定，才能正確貫徹人大的決定。

在開講之前，我想有必要先明確一個問題，就是由全國人大常委會對香港特區的政制發展問題作決定，是中央的憲制權力。香港特別行政區是直轄於中央人民政府的地方行政區域，地方行政區域政治體制的決定權在中央，這是單一制國家的應有之義，已經體現在國家憲法和香港基本法的有關規定中。為什麼要先明確這個問題？因為這是溝通交流的平台。只有大家站在同一個平台上，才有溝通的條件，如果大家站在不同的平台上，就像著名相聲"關公戰秦瓊"一樣，既無法溝通，也無法交流。我很高興地看到，在綠皮書諮詢期間，有兩組民意調查數據顯示，有接近70%的受訪市民認為，要尊重中央政府的憲制權力，香港政制發展方案的最終決定權在中央。

現在向大家通報全國人大常委會決定的內容。這個決定剛公佈不久，也許在座的有些人還沒有看到。

全國人大常委會的決定，可以概括為五個"明確"：一是明確了行政長官和立法會的普選時間表，這就是：2017年行政長官可以由普選產生；在行政長官由普選產生以後，立法會的全部議員可以由普選產生，也就是說，立法會可以普選的最早時間是2020年。二是在明確2017年這個普選時間表的前提下，明確了2012年行政長官和立法會的具體產生辦法，可以作出循序漸進的適當修改，但是立法會功能團體和分區直選產生的議員各佔半數的比例維持不變，立法會對法案、議案的表決程序維持不變。三是明確了行政長官和立法會在實行普選前的適當時候，行政長官須按照基本法的有關規定和全國人大常委會的解釋，就行政長官和立法會產生辦法的修改問題向全國人大常委會提出報告，由全國人大常委會確定，然後由特區政府向立法會提出兩個產生辦法修改的法案及其修正案，經立法會全體議員三分之二多數通過，行政長官同意，報全國人大常委會批准或者備案。四是明確了行政長官普選時提名委員會可參照基本法附件一有關選舉委員會的現行規定組成。五是明確了行政長官和立法會的產生辦法和法案、議案表決程序如果未能按照法定程序作出修改，都繼續適用原有辦法。

上述五個"明確"，最核心、最重要的，也是廣大香港市民最關注的，是明確了普選時間表。全國人大常委會組成人員在審議時，普遍認同行政長官報告中下面這段話："市民對按照基本法達至普選的目標，是殷切期待的。市民、政黨、立法會議員、區議會、不同界別均認同應早日訂出落實普選的方案，特別是普選時間表，這有助於減少社會內耗，亦有利於香港的長期穩定和長遠發展。"全國人大常委會對普選時間表作出明確，既是履行憲制責任，表明中央不僅把最終達至普選目標鄭重寫進基本法，而且以實際行動堅決落實基本法，也是對香港社會這一期盼的積極回應，充分體現了中央聽取港人意願和訴求的誠意，也充分表明了中央對廣大港人的信任，相信我們香港人不僅能夠創造出令世界矚目的經濟奇跡，在經濟發展上譜寫了一個令人稱讚的香港故事，也一定有智慧、有能力落實好、實行好普選，在民主發展上再譜寫一個令人稱讚的香港故事。

下面，我着重就如何正確理解全國人大常委會的決定，談幾點認識和大家交流。

一、為什麼把可以開始普選的時間表確定在 2017 年？

第一，這是按照基本法立法原意所能做到的最積極的安排。根據基本法規定，行政長官和立法會全部議員實行普選產生，是最終所要達至的目標，而不是回歸後必須很快達至的目標。政治制度的相對穩定，是一個社會穩定的重要保證。1988 年 6 月鄧小平先生在一次公開談話中深刻指出：“香港要穩定。在過渡時期要穩定，中國恢復行使主權以後，香港人執政，香港也應該穩定。這是個關鍵。香港的穩定，除了經濟的發展以外，還要有個穩定的政治制度。”基本法關於行政長官和立法會產生辦法要循序漸進最終達至普選的規定、兩個產生辦法的修改法案都要獲得立法會三分之二多數通過的規定等，可以說就是鄧小平這位“一國兩制”總設計師這一思想的重要體現。再從基本法的字面上看，附件一第七條規定，2007 年以後“各任”行政長官的產生辦法如需修改，可以按照法定程序進行修改。這裏的“各任行政長官”表明，2007年以後行政長官產生辦法可以進行多次修改，至少不是在 2007 年那一任就要達至普選這一最終目標。如果普選是在 2007 年以後很快就要達至的最終目標，基本法就不會寫“各任”可以修改，也不會原則寫“最終達至”。至於“最終”是什麼時間？雖然基本法沒有明確規定，但有一點是可以肯定的，這就是在香港回歸後的頭十幾年不是基本法立法原意的“最終”。基本法起草委員會政治體制小組召集人蕭蔚雲教授，在1990年基本法通過後不久發表過一篇文章，介紹基本法關於香港政治體制規定的由來及當時的考慮，文中寫道，基本法有關政治體制的規定“體現了維護香港的穩定和繁榮的原則。首幾屆的行政長官不由普選產生，1997年對香港是一個根本的政治變化，在此以後的十幾年內儘可能不採用普選選舉行政長官，以保持社會的穩定”。這反映了在香港回歸後的頭十幾年裏不實行普選，是當時基本法草委的主要考慮。全國人大常委會決定2017年可以開始實行普選，也就是在香港回歸20年、50年不變中期的前段開始實行普選，這是按照立法原意所能做到的最積極的安排。

第二，這是在2007/08年兩個產生辦法未能修改的情況下所能做到的最積極的安排。循序漸進地推進香港民主向前發展，是基本法關於香港政制發展的一項基本原則。早在1987年4月鄧小平先生在會見香港基本法起草委員會委員時就明確提出：“要循序漸進，我看這個看法比較實際。即使搞普選，也要有一個逐步的過渡，要一步一步來。”所謂“循序漸進”、“最終達至”，就是遵循着一定的步驟，分階段、有秩序地逐步向普選的目標推進。循序漸進不僅是香港回歸後頭10年政制發展所要遵循的基本原則，也是10年後向最終達至普選目標所要遵循的基本原則。這就是為什麼2004年全國人大常委會決定07/08年行政長官和立法會產生辦法不實行普選而只能作循序漸進修改的根本原因。這也是為什麼2005年12月2日在深圳與香港各界人士座談時，我力挺特區政府循序漸進的2007/08年政改方案，我當時說：“特區政府提出的政改方案，符合基本法的規定，符合多數香港市民的意願，是朝着最終達至行政長官和立法會全部議員由普選產生的目標邁出的重要的、具有實質意義的一大步。走出了這一步，實際上離最終達至普選的目標也就更近了。”只可惜，終因未能獲得立法會全體議員法定的三分之二多數通過，致使兩個產生辦法原地踏步，循序漸進未能起步，錯失推進民主發展的一次大好機會。在這種情況下，2012 年前進一步，為普選作準備、打基礎，有利於平穩地向普選過渡。這樣，從 2017 年可以開始實行普選是在 2007/08 年兩個產生辦法未能修改的情況下所能做到的最積極的安排，也是最穩妥的安排。

第三，這是香港社會各界所能接受的最大公約數。在香港這樣一個利益多元、訴求多元的社會裏，不論是制定法律，還是作政治決定，都必須廣泛聽取各方面的意見，平衡考慮各種不同甚至相互對立的主張和訴求，從中找出最大公約數，這樣才能使所制定的法律或者所作出的政治決定得到最大多數人的贊同，才能具有最大程度的認受性。全國人大常委會深切體會到香港各界對普選的期望，同時也充分注意到各界對什麼時間實行普選意見並不完全一致。行政長官向全國人大常委會提交的報告，提供了兩組數據：一組是民意調查顯示，有過半數的受訪市民支持 2012 年實行行政長官和立法會普選；在約 18300 份書面意見中，約 12600 件內容相同的意見書支持 2012 年達至普選。同時，也有另一組數據告訴我們：1. 在立法會內支持 2012 年普選行政長官及立法會的議員不足一半。有半數立法會議員支持在不遲於 2017 年或 2017 年或之後，先落實行政長官普選，立法會普選隨後。這個數據很重要，因為兩個產生辦法修改法案需經立法會全體議員三分之二多數通過，得不到立法會絕大多數議員支持，任何修改法案都無法獲得通過。2. 在全港 18個區議會中，有超過三分之二區議會通過動議，支持在不遲於 2017 年或在 2017 年先普選行政長官，立法會隨後。這個數據也很重要，絕大多數區議員是全港 700 多萬人一人一票選出的民意代表，這個民意基礎比一些民調數據更有說服力。3. 有約六成受訪市民接受若在 2012 年不能實行行政長官普選，可於 2017 年實行普選。4. 有過半數受訪市民接受若在 2012 年不能實行立法會普選，可於 2016 年或之後實行普選。5. 有超過 15 萬個市民簽名支持在不遲於 2017 年及在 2017 年或以後普選行政長官，其中有超過 13 萬個市民簽名支持先落實行政長官普選，立法會普選隨後。總結公眾諮詢意見，行政長官報告認為："在 2012 年先行落實普選行政長官，是民意調查中反映出過半數市民的期望，應受到重視和予以考慮。與此同時，在不遲於 2017 年先落實普選行政長官，將有較大機會在香港社會獲得大多數人接納。" 全國人大常委會組成人員在審議行政長官報告時，一致認為，行政長官報告反映的兩組不同意見都應當重視，不能只考慮一方面意見而忽視另一方面意見，認為行政長官的總結意見是客觀的、務實的。我們歷來認為，民意調查是決策的重要依據，但不是決策的根本依據。全國人大常委會作決定的根本依據是基本法，同時，也要充分考慮廣大香港市民的意願。全國人大常委會決定把可以開始實行普選的時間表確定在 2017 年，這是既符合基本法又是香港社會所能接受的最大公約數。

全國人大常委會組成人員審議時一致認為，香港回歸祖國 10 年來，香港的民主政制按照基本法的規定逐步發展，這幾年香港社會圍繞普選路綫圖、時間表展開了廣泛討論，意見分歧逐步收窄，相信再經過 10 年，到 2017 年，香港回歸祖國已經 20 年，已經處於"五十年不變"的中期，隨着香港民主政制發展的經驗進一步積累，社會共識進一步凝聚，屆時先後實行行政長官和立法會全部議員普選，應當是具備條件的。全國人大常委會在決定中訂出普選時間表是十分嚴肅的，是必須加以貫徹落實的。在全國人大常委會確定的時間實現普選，是我們共同努力的目標。

二、為什麼要先普選行政長官，立法會隨後？

這是因為：第一，普選是政治體制的一個重大變化，必然會對香港社會帶來許多影響，如果行政長官與立法會普選同時進行，則政治體制在短期內變化過快，不利於保持香港的繁榮穩定。將行政長官和立法會普選分步進行，有利於最大限度地降低普選對社會各方面所帶來的影響，有利於普選的穩妥實施，有利於香港政治制度的穩定。第二，按照基本法規定，香港特區的政治體制是以行政為主導。如果立法會普選先於行政長官普選，勢必對基本法規定的以行政為主導的政治體制造成衝擊。行政長官先普選產生，使行政長官及其領導的特區政府在普選的條件下運作一段時間，處理好行政與立法關係，有利於維護以行政為主導的政治體制。第三，基本法對行政長官普選辦法的框架已經作了規定，即"由一個有廣泛代表性的提名委員會按民主程序提名後普選產生"，經過討論，目前香港社會對行政長官的普選辦法已有較大共識。而對立法會普選辦法，基本法沒有明確規定。香港各界對立法會普選模式，分歧意見較大，缺乏基本共識，還需要較多時間進一步深入討論。行政長官歸納公眾諮詢意見時得出的結論是："對於循 '特首先行、立法會普選隨後' 的方向推動普選，已開始凝聚共識。""訂定行政長官和立法會普選的時間表，有助於推動這些問題的最終解決。" 全國人大常委會組成人員普遍贊同這一意見。

三、為什麼在行政長官和立法會普選前的適當時候，行政長官要向全國人大常委會提交報告？

有的人可能會問，既然決定已經明確了普選時間表，為什麼普選前行政長官還要提交報告。決定的這一規定，是重申修改兩個產生辦法的法定程序。按照香港基本法附件一和附件二的規定及其解釋，行政長官和立法會產生辦法的修改需要經過五個步驟：一是行政長官向全國人大常委會提出報告；二是全國人大常委會對是否需要修改作出決定；三是特區政府向立法會提出修改行政長官和立法會產生辦法的法案，經立法會全體議員三分之二多數通過；四是經行政長官同意；五是行政長官將有關法案報全國人大常委會批准或者備案。

按照上面所述的規定，行政長官和立法會產生辦法每一次修改都要經過這五個步驟。這次全國人大常委會作出決定後，2012年行政長官和立法會產生辦法的修改已經完成了五個步驟的前兩個步驟，接下來還有三個步驟需要走。而對行政長官和立法會實行普選，這次決定只是明確了普選時間表，儘管這個時間表是由全國人大常委會明確的，其權威性和法律效力毋庸置疑，但明確普選時間表，還不能代替兩個產生辦法每一次修改的五個法定步驟，這是兩回事。因此，決定在明確普選時間表的同時，規定在行政長官和立法會全部議員實行普選前的適當時候，行政長官還要向全國人大常委會提出報告，由全國人大常委會確定，確定後，修改法案及其修正案由特區政府向立法會提出，經立法會全體議員三分之二多數通過，行政長官同意，報全國人大常委會批准或者備案。

四、為什麼行政長官普選時提名委員會可參照基本法有關選舉委員會的現行規定組成？

主要有以下幾點考慮：第一，1988年4月基本法起草委員會公佈的《香港基本法（草案）徵求意見稿》附件一對行政長官產生辦法列舉了五個方案，其中有兩個方案主張行政長官人選由普選產生。在這兩個主張普選的方案中，對如何提名行政長官候選人問題，一個主張由不少於十分之一的立法機關成員提名；一個主張由提名委員會提名，並主張提名委員會的組成為工商、金融界代表25％，專業團體代表25％，勞工、基層、宗教團體代表25％，立法機關成員、區域組織成員、人大代表、政協委員代表25％。基本法否定了由立法機關提名行政長官候選人的方案，而採納了由提名委員會提名行政長官候選人的方案。對照基本法附件一關於選舉委員會的組成就可以清楚看出，這個提名委員會的組成方案與選舉委員會的組成是一致的。第二，正因為如此，基本法附件一第一條規定："行政長官由一個具有廣泛代表性的選舉委員會根據本法選出，由中央人民政府任命。"基本法第四十五條第二款規定，行政長官"最終達至由一個有廣泛代表性的提名委員會按民主程序提名後普選產生的目標"。可見，"廣泛代表性"是選舉委員會和提名委員會組成所必須遵循的共同原則，兩者是有共性和相通的。第三，選舉委員會的組成是基本法起草時經過廣泛諮詢和討論所形成的共識，凝聚着包括廣大香港同胞在內的各方面的智慧，具有廣泛的民意基礎和較強的認受性。香港回歸以來，選舉委員會已經進行了三次行政長官選舉，實踐證明，選舉委員會的組成體現了各階層、各界別的均衡參與，具有廣泛的代表性，是可行的。第四，明確提名委員會可參照選舉委員會組成，反映了香港社會多數人的意見。行政長官報告表明，"較多意見認為，提名行政長官候選人的提名委員會可參考現行的行政長官選舉委員會組成。"這是特區政府經過廣泛公眾諮詢所形成的重要共識，全國人大常委會組成人員在審議時認為，應當在決定中將這一共識肯定下來，避免在同一問題上重複討論，有利於盡快達至普選目標。

這裏，我再講一下"參照"一詞的法律含義。在我國現行有效的230部法律中，共有56部法律85處使用了"參照"一詞。在這85處"參照"中，最通常使用的含義是，法律對一種情況作了具體規定，對另一種類似情況沒有作具體規定，在這種情況下，法律通常規定參照適用。"參照"既有約束力，又可以根據具體情況作適當調整。這次全國人大常委會決定中明確提名委員會可參照選舉委員會組成，就是既要保持選舉委員會由四大界別組成的基本要素，又可以在提名委員會的具體組成和規模上繼續討論，有適當的調整空間。

五、為什麼 2012 年行政長官和立法會產生辦法只能作循序漸進的修改和維持"兩個不變"？

全國人大常委會組成人員審議時很理解香港市民期盼盡快實現普選

的願望，所以一致建議全國人大常委會在決定中回應這一願望。同時，也一致認為，香港的民主發展必須按照基本法的規定辦，必須根據香港的實際情況和循序漸進的原則，必須要有一個逐步發展的過程，因此也幾乎一致地認為普選的時間應放在 2017 年，個中的考慮我在前面已經作了詳細介紹，大家說，2017 年已經是最積極的安排，不能再早了。既然 2017 年是可以開始實行普選的最早時間，那麼，2012 年理所當然只能作循序漸進的適當修改，不能實行 "雙普選"。至於為什麼要明確立法會功能團體和分區直選產生的議員各佔半數的比例維持不變，主要是考慮功能團體選舉是基本法根據香港實際情況而作出的一項制度安排，至今已進行了三次立法會選舉，實踐證明，它對保證各階層、各界別的均衡參與起到了積極作用。全國人大常委會了解到香港社會對功能團體選舉制度提出了一些意見，但究竟如何改進功能團體選舉制度，意見紛紜，還沒有基本共識。全國人大常委會在決定中明確 2012 年功能團體與分區直選各佔一半維持不變，有利於減少爭拗，有利於 2012 年立法會產生辦法的修改。立法會對法案、議案表決程序的規定，是與功能團體選舉制度相適應的，在功能團體選舉制度 2012 年尚未改變的情況下，立法會對法案、議案的表決程序自然也需要維持不變。

六、為什麼行政長官和立法會產生辦法如果不作修改繼續適用現行規定？

這個問題我想不需要再說明了，如果新的法律沒有獲得通過，繼續適用原來的法律規定，這是法治的一般原則。

女士們、先生們、朋友們！香港回歸以來，中央始終堅定不移地貫徹 "一國兩制"、"港人治港"、高度自治方針，嚴格按照基本法辦事，全力支持特別行政區政府依法施政，千方百計維護香港的繁榮穩定。特別是 2003 年以來，中央先後出台了 CEPA 及其 4 個補充協議、開放個人遊、推動泛珠三角洲經濟合作、允許香港銀行試辦人民幣業務、推出 QDII 等一系列支持香港經濟發展、社會繁榮的重大舉措。國家"十一五"規劃綱要已明確把香港納入其中，提出了促進香港經濟發展的目標和重點。與此同時，中央政府在統籌國家整體發展、調整內地經濟政策的時候，也都慎重地評估並儘量避免對香港可能產生的影響。中央這些決策的出發點和落腳點都是為了香港好。在中央政府和祖國內地的大力支持下，經過特區政府、香港社會各界人士和全體市民的共同努力，香港實現了經濟發展、社會穩定、民生改善。2003 年下半年香港經濟復甦以來，一直保持較好的發展勢頭。香港繼續保持自由港和國際大都市的特色，繼續保持國際金融、貿易和航運中心的地位，繼續是全球最自由開放的經濟體和最具發展活力的地區之一。可以說，目前是香港歷史上發展最好的時期。在這種情況下，中央更加關注和重視香港社會長期在政制發展問題上紛爭不已的情況。為了解決好這個問題，特區政府進行了很大努力，多次就此開展公眾諮詢。2005 年特區政府提出的 2007/08 年兩個產生辦法修改法案未能獲立法會通過後，2012 年怎麼辦？更長遠一些怎麼辦的問題很現實地擺在面前，大家都十分關注，也都在進行思考。這次全國人大常委會在對行政長官報告進行認真審議的基礎上，依法對 2012 年行政長官和立法會產生辦法的修改及 2017 年普選時間表一次過作出決定，使香港未來的政制發展明朗化，有一個清晰的藍圖，大家可以朝一個共同的目標努力，其出發點和落腳點還是為了香港好，為維護香港的整體利益和廣大市民福祉，維護香港的長期繁榮穩定。

女士們、先生們、朋友們！胡錦濤主席幾次會見特首都強調，發展經濟是第一要務。現在，政制發展的方向、目標、步驟都已經明確，真誠地希望持有各種不同的意見的人，在香港廣大市民對政制發展問題日趨理性務實的氛圍下，都能夠相互包容，停止紛爭，齊心協力，共同朝着全國人大常委會決定的普選目標邁進，這樣，大家才能真正把注意力和精力集中到發展經濟、改善民生上來。香港必須全力保持國際金融、貿易、物流、航運等中心地位，這是保持香港長期繁榮穩定的需要和重要標誌。中央提出，本世紀頭二十年是加快國家發展的重要戰略機遇期，它同樣也是加快香港發展的重要戰略機遇期。香港是一個高度商業化的社會，對"機不可失，時不再來"有着更加深刻的體會。希望廣大香港同胞深刻領會決定的現實意義和長遠意義，緊緊抓住經濟全球化趨勢和內地發展給香港帶來的機遇，如果錯過這個重要的發展機遇期，貽誤發展時機，這是廣大香港同胞所不願意看到的，也是中央所不願看到的。

全國人大常委會的決定開啟了香港民主發展的新歷程。讓我用吳邦國委員長今天上午在全國人大常委會閉幕時的講話作為結束語："我們相信，香港特區政府一定能夠高舉基本法的旗幟，團結香港各界人士和廣大市民，按照全國人大常委會的決定，妥善處理香港政制發展問題，順利實現基本法規定的行政長官和立法會全部議員由普選產生的目標。"

再過兩天就是元旦了，藉此機會，祝大家新年愉快，萬事如意，合家歡樂。謝謝大家。

香港政制發展問題

2008 年 3 月 29 日在深圳香港民建聯 "路向營" 的講話（節選）。

譚耀宗主席給我出了一個題目，讓我講 "香港未來的政制發展"，我把這個題目改為 "香港政制發展問題"。這個改動有兩個目的，一是，想利用這個機會同大家一起回顧香港政制發展問題的由來，學習和領會中央對香港政制發展問題的基本立場和主要決策，分析和研究當前香港政制發展的主要問題，更好地貫徹落實去年 12 月 29 日全國人大常委會作出的決定。二是，香港未來政制發展要靠香港各界人士，靠在座的各位來回答。我們經常說，要根據香港的實際情況來處理香港政制發展問題，這個實際情況也包括香港各界人士的想法。因此，希望我今天的講話能起到拋磚引玉的作用，啟發大家一起探討香港未來政制發展這個課題。

一、香港政制發展問題的由來

在香港基本法規定中，香港政制發展是一個專門的問題。香港基本法第 45 條、第 68 條規定，行政長官和立法會的產生辦法根據香港的實際情況和循序漸進的原則而規定，最終達至雙普選的目標。由於基本法規定了普選的目標，規定了 2007 年以後兩個產生辦法可以修改，這才提出一個政制發展問題，換句話說，香港政制發展問題源於基本法的規定。就是指基本法附件一和附件二規定的行政長官產生辦法、立法會產生辦法以及法案、議案表決程序是否修改，如何修改的問題。從積極的角度來看，這是一個基本法起草者留給後人解決的問題，處理好這個問題，也是全面貫徹實施基本法的應有含義。

為什麼基本法會留下一個政制發展問題？這是由基本法起草時複雜情況所決定的。香港特區的政治體制問題是基本法起草過程中討論時間最長、爭議最大的問題之一。在爭論背後，有兩個問題糾纏在一起，一個是我們與英方爭奪設計未來特區政治體制主導權的鬥爭，這個問題我後面還要講到；另一個是香港社會各階層、各界別之間的政治利益分配。就兩個產生辦法而言，在長達四年零八個月的基本法起草過程中，香港社會各界人士提出的方案有幾十個，從最激進的立即全面普選，到最保守的行政長官由協商產生、立法會議員全部由功能界別選舉產生，各種方案都有，爭執不下。怎麼樣才能確定一個大家都能接受的行政長官和立法會產生辦法？基本法採取的辦法就是，在附件一和附件二裏先規定特區成立頭十年的兩個產生辦法，同時規定 2007 年以後如有需要可以對兩個產生辦法進行修改及修改的程序，最終實現普選。這是一種妥協，是一種大家都能接受的辦法，從而使基本法得以順利通過，是十分不容易的，體現了基本法制定者高超的政治智慧。當時設想，2007 年以後兩個產生辦法是否修改、如何修改問題，在香港回歸祖國十年後，應當有比較好的條件、比較充裕的時間通過理性討論來解決。為促進以理性討論、相互妥協的精神來推進兩個產生辦法的修改，逐步達至普選的目標，基本法還規定了修改兩個產生辦法必須遵循的原則，設置了十分嚴格的修改程序，應當說是考慮得很周到的。

香港回歸以後政制發展問題爭議不斷，成為影響香港政治穩定的一個重要因素，說明了原來的設想沒有完全實現。這其中的原因很值得我們重視，這就涉及到我今天要講的第二個問題，即香港政制發展問題的實質。

二、香港政制發展問題的實質

香港回歸以後，政制發展問題爭議不斷，甚至越鬧越大，最主要原因是香港反對派在西方勢力的支持下，利用了基本法的規定，與我爭奪香港特區的管治權。因此，爭奪管治權是政制發展問題的實質。反對派怎麼同我們爭奪特區管治權？他們的着力點在於爭奪特區政制發展的主導權，以爭取"雙普選"為口號，企圖通過煽動香港市民支持對他們有利的行政長官和立法會普選辦法，形成所謂的"共識"，迫使中央和特區政府接受。反對派所採取的手法，同基本法起草過程中英方與我爭奪設計未來特區政治體制的主導權的手法如出一轍。

在這裏，我想和大家一起回顧一下香港回歸前我們同英方圍繞特區政治體制問題的幾場大的鬥爭：

——1984 年 9 月草簽中英聯合聲明，7 月港英當局搶先發表了《代議政制在香港的進一步發展的綠皮書》，提出在香港立法局引入民選議員；12 月中英聯合聲明正式簽署，11 月港英當局又搶先發表了代議政制的白皮書，確定在 1985 年立法局開始有 24 席功能團體選舉的民選議員，並提出要進一步檢討是否在 1988 年引入直選的議員。英國管治香港一百多年，從來不在香港發展民主，在香港即將交還中國的時候，突然打出發展民主的旗幟，在香港大搞代議政制，實質上是在與我們爭奪設計未來特區政治體制的主導權。

——1985 年 7 月香港基本法起草委員會正式成立，開始香港基本法的起草工作。1986 年，港英當局開始檢討是否在 1988 年引入直選議員，挑起所謂的"88 直選"之爭，企圖趕在基本法起草完成之前，設計好一套政治體制，迫使我們接受。經過我們的堅決鬥爭，英國政府不得不接受過渡時期香港政制發展要與基本法相銜接，同意政制發展要循序漸進。這場鬥爭的意義就是迫使英方同意中國政府在未來特區政治體制設計上的主導權，當然我們從平穩過渡和政權順利交接考慮，也同意與英方商量未來政制發展問題。

　　——1989年政治風波後，英方單方面中斷了中英聯合聯絡小組的工作，當然有關政制發展問題的磋商也中斷了，與此同時，英方推動提出了一個所謂的"兩局共識"的政制方案，走回到企圖主導設計未來特區政治體制、迫使我接受的老路子。在十分困難的情況下，中央支持羅德丞先生的新香港聯盟提出的"一會兩局"方案，與英方展開針鋒相對的鬥爭，在基本法通過之前，最終迫使英方回到與我繼續進行合作的軌道上來，並通過兩國外長交換信件的方式，確定了從1991年到2007年的政制發展方案。

　　——1990年全國人大通過了基本法和關於香港特區第一屆政府和立法會產生辦法的決定。基於中英兩國外長七封信件達成的共識，英方最後一屆立法局的產生辦法應當與我們進行磋商，使其能夠符合基本法和全國人大決定的規定，實現立法機關議員的直通車安排。但英方一直沒有放棄主導特區政制發展、迫使我接受的企圖。英方看到港英最後一屆立法局議員直通車安排已經寫進全國人大的決定，以為不管他們怎麼安排議員的選舉辦法，我們都只能接受。因此，不顧中方的堅決反對，單方面推出彭定康的"政改方案"。在這種情況下，中央提出了"以我為主，兩手準備"的工作方針，一方面繼續與英方談判，爭取英方回到合作的道路上來，另一方面成立了預委會，提前進行籌備成立特區的準備工作。由於英方在政制發展問題上一意孤行，中英之間的談判破裂，1994年全國人大常委會根據鄭耀棠等32名全國人大代表提出的議案，作出決定，放棄直通車安排，另起爐灶，隨後香港特區籌委會決定成立臨時立法會。

　　在香港過渡時期，英方同我們爭奪設計香港特區政治體制主導權的目的，就是要通過政治體制的設計，確保由其代理人來管治香港，實現不是英國人的"英人"治港。因此，香港特區的政治體制問題的實質是管治權問題，我們同英方的鬥爭實質是國家主權之爭，是香港特區管治權之爭。回顧這段歷史，我們就能清楚理解回歸後在政制發展問題上發生的種種問題，實際上是這場鬥爭的延續。在英方同我們爭奪設計香港特區政治體制主導權的過程中，香港的反對派一直充當配角，港英政府也積極地扶持他們，1991年、1995年兩次港英立法局選舉，為什麼反對派能夠大獲全勝，使他們的勢力不斷坐大，英方設計的立法會分區直選制度對反對派有利是一個重要因素。這一點在座的各位比我更清楚。香港回歸後，同我們爭奪特區管治權的主角換成了反對派，英國政府退居背後，而且在背後支持的還加進其他西方勢力，其中美國的作用加大了。回歸以來，香港反對派同我爭奪管治權是公開的、明目張膽的、肆無忌憚的，他們之所以敢這樣做，我認為，有以下幾個因素起作用：

首先，香港回歸後，社會政治生態沒有發生根本性轉變，英國150年統治不可能回歸幾年就轉變，反對派看到他們在立法會分區直選中一直有60％的選民支持，刺激了他們通過普選奪取特區管治權的慾望。

其次，香港回歸後，美英等西方勢力利用香港對我國進行滲透、顛覆的圖謀沒有改變，為了實現這個圖謀，他們就需要在香港扶持一支與我們對着幹的力量，並力爭讓他們掌握特區的管治權。香港反對派敢於同我們爭奪特區的管治權，很關鍵一點就是有西方勢力在背後支持。

第三，客觀地講，經過港英政府和反對派20多年的催谷，加上香港深受西方民主、人權觀念影響新生代的成長，香港社會的普選訴求已經大大地增強，為反對派以爭取 "雙普選" 為口號同我爭奪特區管治權提供了群眾基礎。

第四，特區政府成立後經濟、民生一度出現困難，引起民怨，為反對派發動群眾爭奪特區管治權提供了契機。香港回歸後，經濟、民生出現了一些困難，背後的原因十分複雜，最直接的原因是亞洲金融危機、禽流感、非典等事件對香港造成比較大的衝擊，房地產泡沫破滅，引起經濟不景氣，市民的利益受損。在這種情況下，市民把怨氣轉嫁到政府頭上。在這當中，反對派推波助瀾，把特區遇到的困難轉化為政治體制問題，轉化為香港沒有普選帶來的問題，從而煽動市民走上街頭爭取所謂的"雙普選"。2003 年 7 月大遊行，他們的手法很簡單，就是三步曲：第一步抹黑董建華，把特區發生的所有問題都推到董個人身上；第二步，為什麼董不行？因為董是小圈子選出來的，沒有公信力、認受性；第三步，怎麼辦？只有普選的行政長官才有公信力、認受性，所有問題就會解決。於是發動市民上街爭 07/08 年雙普選。

在香港反對派不斷發動群眾與我們爭奪管治權的情況下，我們如何取得鬥爭的主動權，使香港政制發展回到基本法規定的軌道，就成為一項事關全局的重大問題。這就提出了我今天要講的第三個問題，即2004 年 4 月全國人大常委會 "釋法" 的重要意義。

三、2004 年 4 月全國人大常委會 "釋法" 和 "決定" 的重要意義

從上個世紀八十年代開始，中央關於香港政制發展問題的立場就十分明確，而且一直沒有改變。這個立場可以概括為三句話：第一句話是，要在香港發展民主制度；第二句話是，香港的民主制度要適合香港的實際情況；第三句話是，香港發展民主制度要循序漸進，最終達至普選目標。基本法的有關規定全面體現了這個立場。無論是在香港過渡時期還是回歸後，我體會中央在處理香港政制問題時，一直十分堅持這個立場，並且注意區分兩種情況：一種是打着民主的旗號同我們爭奪管治權，對此，我們都進行堅決的鬥爭，因為這個問題事關國家的主權，我們沒有任何妥協的餘地；一種是香港社會各階層、各界別的民主訴求，對此，我們從來都是積極地進行回應，並且高度重視香港社會各方面的意見，希望香港社會各界能夠在維護香港長期繁榮穩定的前提下，通過理性討論，就民主發展的步驟、具體的民主制度達成一個大家都能接受的共識。從貫徹落實基本法的角度來講，就是希望香港社會各界能夠在

基本法規定的軌道上發展民主，通過廣泛討論就兩個產生辦法的修改問題達成一致，循序漸進實現普選的目標。

2003 年七月事態後，儘管在反對派的煽動下，當時香港已經不具備理性討論政制發展問題的環境，但中央的上述立場也沒有改變。針對反對派不斷地以爭取 07/08 年 "雙普選" 的口號煽動市民上街遊行，企圖迫使中央和特區政府接受他們的要求和條件，怎麼才能夠迅速平息事態，使政制發展重新納入基本法規定的軌道，就成為一個迫切需要解決的問題。中央經過反覆研究和論證，果斷決定由全國人大常委會對基本法附件一第七條和附件二第三條作出解釋，明確規定兩個產生辦法是否需要修改，要由行政長官向全國人大常委會提出報告，由全國人大常委會依法確定。大家可以看出，這一解釋的核心是解決政制發展的主導權問題，兩個產生辦法具體如何修改，仍然留給香港社會進行討論。為什麼抓這一核心問題？因當時反對派為了抓主導權曲解基本法，把 "如需修改" 需經立法會三分之二多數通過，行政長官同意，報中央批准或備案，解釋為政制發展是香港自治範圍內的事，中央最後才有參與權，企圖抓主導權。"釋法" 之後，行政長官向全國人大常委會提交報告，全國人大常委會就 07/08 年兩個產生辦法作出了決定。2004 年 4 月全國人大常委會 "釋法" 和 "決定" 的重要意義在於：

第一，使特區政制發展的主導權牢牢地掌握在中央手中，為在基本法規定的軌道上處理好香港政制發展創造了條件。"釋法" 不僅考慮到處理 07/08 年兩個產生辦法的修改問題，也考慮了今後如何處理這個問題，因此，所確立的機制是一個管長遠的機制。按照 "釋法" 的規定，全國人大常委會已經兩次就香港政制發展問題作出決定，都取得了很好的效果。

第二，使特區政制發展問題的討論處於可控狀態，為香港特區經濟恢復和發展創造了條件。正是由於中央通過 "釋法" 和 "決定"，迅速平息了爭論，中央支持香港的政策和措施才能夠很好地發揮作用，特區政府才能夠集中精力發展經濟、改善民生，從而保持了香港的繁榮穩定。從 2004 年以來，香港經濟迅速復甦，恢復並超過歷史最好水平，特區財政收入從連年赤字到去年盈餘 1000 多億，就充分說明這一點。

第三，使愛國愛港力量卸下 "雙普選" 的包袱，在 2004 年立法會選舉中取得好的成績，並且不斷發展和壯大。2004 年 4 月一個月內，全國人大常委會兩次開會，先後進行 "釋法" 和作出 "決定"，這是十分罕見的。事實證明，"釋法" 和 "決定" 給予愛國愛港力量極大的支持，在 2004 年立法會選舉中輕裝上陣，取得了很好的成績，尤其是 "民建聯" 獲得了 12 個議席，比上屆立法會多了一個議席。從 2004 年以來，香港社會政治氣氛也發生了很大的改變，這有力地促進了愛國愛港力量不斷發展和壯大。

第四，打擊了反對派的囂張氣焰，有效地遏制了他們進一步坐大。2004 年反對派在反對 23 條立法、區議會選舉得手後，氣焰一度十分囂張，不僅宣稱要在立法會選舉中獲取超過 30 席的席位，把愛國愛港議員趕出立法會，而且在政制發展問題上擺出了決不妥協的姿態。全國人大常委會的 "釋法" 和 "決定"，打擊了他們的囂張氣焰，打破了他們上台執政的美夢。更重要的是，香港市民看到了跟着反對派鬧事沒有前途，開始轉向中立或支持愛國愛港陣營，使反對派難於進一步坐大。

第五，使香港社會恢復了理性討論政制發展的氛圍。在 2004 年 4 月全國人大常委會 "決定" 作出後，特區政府經過廣泛諮詢，於 2005 年提出了 07/08 年兩個產生辦法的修改方案，香港社會有 60% 以上市民支持這個方案，充分說明了香港社會認同和支持在基本法規定的軌道上逐步發展民主，說明了香港社會在政制發展問題上恢復了理性和務實的態度。

在香港反對派的立法會議員聯手否決 2005 年 "政改方案" 之後，怎樣進一步維護好在政制發展問題上的良好態勢，就提上我們的工作日程。這就涉及我今天要講的第四個問題，即去年 12 月 29 日全國人大常委會的決定。

四、去年 12 月 29 日全國人大常委會的決定

在反對派否決 2005 年"政改方案"後,中央就指示有關部門着手研究如何處理好下一步香港政制發展的問題。去年 12 月 29 日全國人大常委會作出的關於 2012 年兩個產生辦法和普選問題的決定,就是經過深入研究、慎重決策的結果。決定的內容大家都已經十分熟悉,我在這裏就不再重複了。我在 12 月 29 日與香港社會各界人士座談中,對這個決定的各項內容作了比較全面的解釋和說明,今天我想講一點我對決定的體會和理解,目的是使大家更好地把握決定的精神,貫徹落實好這一決定。

第一,全國人大常委會的決定抓住了香港政制發展問題的要害。通過近幾年參與處理香港政制發展問題的工作,我體會最深的一點是香港政制發展問題雖然錯綜複雜,頭緒很多,但其中"雙普選"問題是個要害。普選時間表問題一天不解決,香港就一天也不會安寧。這是因為,一方面,根據基本法,行政長官和立法會的產生辦法可以按照循序漸進的原則作出適當修改,並最終達至普選;另一方面,在香港社會政治環境和立法會力量對比的格局下,特區政府提出的任何有關兩個產生辦法的修改法案在立法會均無法得到法定的三分之二多數支持,循序漸進難以起步。特別值得關注的是,在香港反對派的極力煽動和社會長期發酵之下,香港政制發展問題已經成為影響甚至左右香港政治大局的核心問題,成為在香港任何選舉中最具影響力的重要因素。如果我們不及時採取果斷措施處理香港政制發展問題,在反對派的持續催谷之下,一旦 2012 年"雙普選"成為香港公眾較為普遍的訴求,我們出手解決這一問題將會陷入極大的被動,付出更大的政治代價。全國人大常委會的決定通過明確普選時間表,回應了香港社會發展民主的訴求,徹底拿掉

了反對派手中爭取"雙普選"的旗子，這就可以為愛國愛港力量成長壯大、為特區政府的有效施政創造必要的條件，為開創香港工作新局面，逐步改變香港的社會政治生態，實現長治久安創造條件。

第二，全國人大常委會決定的核心內容是明確普選時間表，這個時間表是十分恰當的。從基本法的規定講，兩個產生辦法必須循序漸進達至普選，在 2007/2008 年兩個產生辦法沒有前進一步的情況下，2012 年實行普選不符合基本法有關根據香港實際情況循序漸進地推進政制發展、最終達至普選的規定。如果 2022 年才開始普選，在香港社會對"雙普選"訴求比較強烈的情況下，難於獲得香港社會的廣泛接受，不利於爭取人心。決定明確 2017 年行政長官可以由普選產生，在此之後，立法會全部議員可以由普選產生，我認為，這個時間表的現實意義和長遠意義有以下幾條：

（1）這一普選時間表，意味着在香港實行"一國兩制"、"五十年不變"的中期就實現基本法規定的普選目標，既符合基本法的立法原意，也相當積極，與過往我們在香港政制發展問題上反覆表明的原則立場相一致，同時與香港社會普遍希望早些實行"雙普選"的訴求比較接近，較容易獲得社會認同。

（2）這一普選時間表，可以使行政長官和特區政府在很大程度上擺脫政制發展問題的困擾，集中精力發展經濟，改善民生，着力保持香港長期繁榮穩定和發展，從而為香港未來實行普選奠定良好的社會政治基礎。

（3）這一普選時間表，可以增加首次行政長官普選的安全性。一般來講，現任領導人爭取連任，比較容易當選。曾蔭權的行政長官任期到 2012 年屆滿後不能再連任。2012 年將產生新的行政長官，到 2017 年行政長官實行普選時，他已經有五年施政經驗，有比較大的機會通過普選連任，可以降低第一次普選行政長官的風險。

（4）這一普選時間表，有利於行政主導政治體制的貫徹落實。2017

年行政長官實行普選後，立法會全部議員才可以實行普選，立法會全部議員的普選時間最早要到 2020 年，這樣安排，有利於以行政長官為主調整行政立法關係，落實行政主導。立法會晚於行政長官實行普選，符合香港社會的整體利益，在香港社會也有比較廣泛的共識。

第三，全國人大常委會的決定在法律上考慮得十分周密，充分體現了中央的主導權。2004 年全國人大常委會"釋法"規定了香港特區兩個產生辦法修改的程序，即每一次修改，行政長官都要向全國人大常委會提交報告，由全國人大常委會依法確定。這次決定只是明確普選時間表，不能替代將來修改兩個產生辦法的法定程序。因此，決定規定在實行普選前，行政長官仍然需要向全國人大常委會提交報告，由全國人大常委會作出決定。這一規定充分體現了中央對香港政制發展問題的主導權。全國人大常委會在臨近普選時還要專門作出決定，就可以根據屆時香港的實際情況，從憲制層面對普選辦法作出原則規定，確保普選的安全。

第四，全國人大常委會的決定具有很強的前瞻性。從過去幾年香港社會對行政長官普選辦法的討論情況看，將來行政長官普選辦法的爭論焦點在於提名委員會的組成、產生方式和提名程序。為此，決定規定提名委員會可以參照基本法附件一關於選舉委員會的現行規定組成。至於提名委員會的提名方式，決定原則規定"提名委員會按民主程序提名產生若干名行政長官候選人"。將來人大常委會在按照法定程序就行政長官普選辦法作出決定時，還可再視情對提名的具體方式作出進一步規定。決定還充分估計到反對派可能再次否決 2012 年兩個產生辦法的修改方案，因此，專門規定如果兩個產生辦法不能依法修改，就繼續採用原來的產生辦法。

去年 12 月 29 日作出的決定和 2004 年 4 月的決定相比較，2004 年 4 月的決定只解決了 07/08 年兩個產生辦法的修改問題，而去年 12 月 29 日決定不僅解決了 2012 年兩個產生辦法修改問題，還對香港政制發展作出了長遠的安排，具體體現為明確了普選時間表。這一決定獲得香港社會的廣泛認同和支持，同時也把設計行政長官和立法會的普選辦法提上了工作議程。最近策略發展委員會政制發展專題小組討論 2012 年兩個產生辦法的情況說明，香港社會的注意力已經集中在行政長官和立法會的普選辦法上。要怎麼設計未來的普選辦法，這就首先需要回答什麼是普選，設計實現普選的兩個產生辦法必須遵循什麼原則。

五、關於普選的含義及設計兩個普選辦法必須遵循的原則

1. 關於普選的含義

香港特區行政長官和立法會全部議員最終要由普選產生，這是香港基本法所規定的目標。對於什麼是普選，基本法沒有回答，儘管這個概念廣為使用，但迄今為止還沒有一個關於"普選"的權威定義。

從歷史上來看，"普選"這個概念是與不同財產地位的人爭取同等投票權、與婦女爭取與男子一樣的投票權等聯繫在一起的，它指的是選舉權，而不是專指某種選舉制度。現在通常所說的"普選"，就是指普及而平等的選舉權，是可以通過不同的選舉制度來實現的。在香港，許多人把"普選"等同於"直選"，混淆了選舉權與選舉制度的區別，是不正確的。例如，目前香港多數功能界別選舉已經是由界別內的選民直接選出立法會議員，這也是一種"直選"，但由於香港社會有些人可以在功能界別選舉中投票，有些人沒有這種投票權，存在着投票權不平等的問題，還不是"普選"。反過來，間接選舉制度也可以實現"普選"，例如，美國總統是大選舉團選舉產生的，但由於選舉團成員是普選產生的，因此，通常都說美國總統是普選產生的；又例如，2005 年"政改方案"中有關區議員可以互選出六名立法會議員，這實際上就是"普選"，因為全港選民在區議員選舉中享有平等的投票權，由區議員選舉產生的立法會議員，就是由"普選"產生的。需要進一步說明的是，普

及而平等的選舉權不是絕對的，如果用絕對的標準來衡量，美國的參議院議員、英國的上議院議員產生辦法都沒有達到"普選"的標準。許多國家的選舉制度中照顧少數民族、少數黨派的規定，也不符合"普選"的標準。同時，選舉權也不是越平等越好，如果是這樣，比例代表制是使選舉權平等最大化的選舉制度，但美國國會眾議員、英國議會下院議員的選舉制度，都採用單議席單票制。英國人對為什麼要採用這種選舉制度的解釋是，在全國性的選舉中，最重要的是確保有一個在議會中佔多數的政黨，保持國家政權的穩定。由此可以看出，在設計選舉制度時，除了考慮選舉權的普及而平等外，還要考慮到其他因素，如何保證國家或地區的有效管治就是其中的一個重要因素。在兩者發生衝突時，保證國家或地區的有效管治通常都放在更加重要的位置。

從香港基本法起草過程來看，基本法規定的"普選"，其含義應當是在香港行政長官和立法會議員產生辦法上要實現全港合資格選民享有普及而平等的選舉權，對於選擇什麼樣的選舉制度來實現普及和平等的選舉權，基本法本身沒有作出明確的規定，這是在未來設計普選辦法時必須回答的問題。這裏，我要順便提一下《公民權利和政治權利國際公約》第 25 條的規定。該條保障公民在真正、定期的選舉中選舉和被選舉的權利和機會，要求"這種選舉應是普遍的和平等的並以無記名投票方式進行，以保證選舉人的意志的自由表達"。至於行使選舉權的具體方式，按照人權事務委員會的解釋，"公約沒有要求締約國採取某種具體的民主模式"，也就是說，各國可以根據自己的實際情況採用不同的選舉制度來實現普遍的和平等的選舉權。由此可以看出，儘管公約第 25 條規定不適用於香港，但基本法的規定是完全符合公約規定精神的。

2. 關於設計兩個普選辦法必須遵循的原則

香港特區行政長官和立法會產生辦法是香港特區政治體制的重要組成部分，姬鵬飛主任在香港基本法草案說明中闡述的設計香港特區政治體制的原則，仍然適用於未來行政長官和立法會普選辦法。根據這些年來處理香港政制發展問題的體會，我認為，在考慮未來行政長官和立法會普選辦法時，最重要的是要遵循以下三個原則：

第一，香港特區行政長官和立法會的普選辦法要確保特區管治權牢牢掌握在愛國愛港者手中。我前面講過，圍繞香港政制發展問題的鬥爭，本質上是香港內外的敵對勢力與我爭奪特區管治權的鬥爭。確保特區管治權掌握在愛國愛港者手中，是我們必須堅持的第一條原則。香港回歸以後，特區政權能夠牢牢掌握在愛國愛港者手中，很關鍵的一條就是基本法規定的行政長官和立法會產生辦法適合香港的實際情況，能夠確保選出愛國愛港的行政長官，確保愛國愛港力量在立法會中佔多數議席。要修改兩個產生辦法，實行普選，同樣必須做到這兩個確保。

第二，香港特區行政長官和立法會的普選辦法要有利於行政主導，有利於特區的有效管治。

去年 12 月 29 日全國人大常委會的決定確定先實行行政長官普選，後實行立法會全部議員普選，其中的一個重要考慮也是維護香港特區的行政主導體制。因為如果先實行立法會全部議員普選，根據香港回歸以來的實踐經驗，行政長官及其領導的特區政府將會面臨來自立法會的嚴重挑戰，行政主導體制會受到很大的衝擊。行政長官先實行普選，獲得更加廣泛的認受性，就比較容易調整行政、立法和司法的關係，使行政主導體制更加鞏固。在設計未來的普選辦法時，仍然要把有利於行政主導，有利於特區有效管治作為一項重要的原則。香港社會有一種說法，認為行政主導政治體制貫徹落實得不好，主要是因為行政長官領導的政府在立法會中缺乏穩定的支持力量。那麼，設計未來的行政長官普選辦法時，能否設計一種辦法使行政長官領導的政府在立法會中有穩定的支持力量？我的看法是，如果能夠做到這樣，當然是好的。但由於基本法規定了行政長官和立法會由不同方式選舉產生，這就決定了不可能確保行政長官領導的政府在立法會中有穩定的多數支持。目前立法會的選舉制度只能採用比例代表制，這也決定了不可能有任何政團在立法會中可以獲得多數議席。在這種現實下，將來在實行普選時，要使行政長官領導的特區政府在立法會中獲得多數支持，關鍵要靠愛國愛港統一戰綫，靠立法會中愛國愛港議員佔多數議席。

第三，行政長官和立法會的普選辦法，要有利於均衡參與，有利於保持原有的資本主義制度。基本法第五條規定，"香港特別行政區不實行社會主義制度和政策，保持原有的資本主義制度和生活方式，五十年不變"。有利於均衡參與，有利於保持香港原有的資本主義制度，是設計未來普選辦法的又一條重要原則。從總體上說香港是一個經濟城市，是國際金融、經濟、貿易活動的一個服務平台。香港基本上沒有農業，工業的比重也很小，服務業的比重已經佔到香港 GDP 的 80％以上。這個經濟服務平台要能夠吸引各國各地區的投資，保護工商界的利益十分重要。為此，在經濟方面，基本法規定了低稅制、自由港、財政預算要以量入為出為原則以及各種自由經濟制度和政策。在政治方面，在基本法起草過程中提出了 "均衡參與" 作為政治體制的設計原則。這裏用 "均衡參與" 而不是平等參與，指的就是要保障工商專業界的政治參與權利。實踐證明，香港回歸後能夠始終保持經濟活力，即使經歷了亞洲金融危機、禽流感、非典等衝擊，還能夠很快恢復過來，工商界利益得到充分保護，能夠放心在香港投資，是最重要的因素之一。今後如何既保障香港市民平等的政治參與權，又要保障工商專業界的政治參與權利，是設計未來行政長官和立法會普選辦法的難點之一，也是能否保持香港原有資本主義制度的關鍵。我認為，要做到這一點，必須強調均衡參與，具體來講，就是要使工商專業界在提名行政長官候選人方面有足夠的參與權利，在立法會中要確保有代表他們利益的足夠聲音。

六、未來行政長官和立法會普選辦法需要解決的幾個具體問題

　　由於到 2017 年還有 9 年的時間，到 2020 年還有 12 年的時間，現在一下子確定行政長官和立法會普選辦法還有困難。為了能夠在政制發展問題上掌握主動權，引導社會輿論，唯有採取把一些看得比較準的問題明確下來、對一時還看不清楚的問題保留餘地的辦法。在行政長官和立法會普選辦法問題上，有什麼我們今天可以說已經看得比較準呢？主要有以下幾個問題：

1. 提名委員會提名行政長官候選人的方式

　　基本法第 45 條規定，"行政長官的產生辦法根據香港特別行政區的實際情況和循序漸進的原則而規定，最終達至由一個有廣泛代表性的提名委員會按民主程序提名後普選產生的目標。" 從過去幾年的討論情況看，大家就行政長官普選辦法已經有了一個重要的共識，即提名委員會提出若干名候選人後，要由全港合資格選民一人一票選舉產生，全國人大常委會的決定也確認了這一點。現在反對派的目光主要集中在提名委員會的提名方式上。他們一方面批評提名委員會提名是 "篩選機制"，另一方面主張提名門檻要低，只要有若干名委員聯名提出，就可以成為正式候選人。李柱銘在這個問題上講了大實話，這就是要求行政長官實行普選時要確保有 "非北京馬房" 的候選人。我們的立場也十分明確，就是要確保普選產生的行政長官是愛國愛港的、是中央能夠信任和接受的，這就必須使被提名的行政長官候選人是愛國愛港的人士。

　　那麼，如何確保被提名的行政長官候選人是愛國愛港人士？答案是必須堅持提名委員作為一個整體來提名行政長官候選人。這個主張是有充分的法律依據的：第一，基本法第 45 條規定中 "提名" 的主語是 "提名委員會"，不是提名委員會委員，因此，正確的含義是提名委員會提名行政長官候選人是機構提名，而不是提名委員會委員個人提名。第

二，基本法第 45 條規定提名委員會必須"有廣泛代表性"，說明行政長官候選人必須獲得香港社會各階層、各界別的廣泛支持，只有機構提名，才能做到這一點。第三，基本法第 45 條規定提名委員會必須"按民主程序"提名，也進一步說明是機構提名，因為只有機構提名，"按民主程序"才具有實質意義。第四，基本法規定的行政長官由選舉委員會選舉產生和由普選產生的提名方式是不同的，關於選舉委員會提名，基本法附件一第四條規定"不少於一百名的選舉委員可聯合提名行政長官候選人。每名委員只可提出一名候選人"，獲得提名的候選人由選舉委員會選舉產生；關於提名委員會提名，基本法第 45 條規定行政長官候選人"由一個有廣泛代表性的提名委員會按民主程序提名"，獲得提名的候選人由普選產生。很顯然，對基本法上述有關提名方式的不同規定，不能作出同樣理解，也就是說，不能把基本法第 45 條規定的提名委員會提名理解為提名委員會若干委員聯合提名。因此，提名委員會作為整體提名是有充分法律依據的。

2. 提名委員會提名行政長官候選人的程序

在提名委員會作為一個機構提名行政長官候選人的情況下，必須有一套程序。基本法第 45 條只規定了要"按民主程序"，對什麼樣的程序才構成"民主程序"沒有作出具體的規定，香港過去幾年的討論已經表明，這個問題將會成為今後的一個爭論焦點。去年夏天基本法委員會在內部討論了這個問題，大家比較一致的意見是，由於提名委員會提名是機構提名，提名的"民主程序"，至少應當包括以下兩個步驟：一是先由提名委員會委員推薦合適的行政長官候選人人選，二是在獲得推薦的人選中通過一套程序產生即提名行政長官正式候選人。在這兩個步驟中，應當做到：第一，每位提名委員會委員都有平等的權利推薦行政長官候選人人選；第二，獲得推薦的行政長官候選人人選有平等的機會尋求提名委員會的正式提名；第三，每位提名委員會委員都有權參與正式候選人的遴選。

3. 提名委員會的組成

在提名委員會提名是機構提名的前提下，要確保所產生的正式候選人都是愛國愛港人士，還必須具備一個條件，這就是提名委員會的大多數委員必須是愛國愛港人士。提名委員會組成這個問題勢必成為下一步討論行政長官普選辦法時的又一個爭論焦點。正是看到這一點，全國人大常委會的決定中明確提名委員會可以參照基本法有關選舉委員會的現行規定組成，目的是為即將到來的討論作出一個明確的指引。全國人大常委會決定中作出這樣的指引，是合情合理的，也同樣有法律依據。第一，基本法在有關選舉委員會和提名委員會的規定中，都使用了"有廣泛代表性"一詞，在同一部法律中，同樣的用語要作出同樣的理解，因此，兩個委員會的組成原則應當保持一致。第二，選舉委員會的組成是基本法起草過程中香港社會各界經過廣泛討論達成的共識，經過了十年的實踐，已經充分證明了該委員會具有廣泛的代表性。第三，從目前已經提出的提名委員會的各種組成建議看，按照基本法附件一規定的選舉委員會的模式組成提名委員會，是香港社會各界的主流意見。第四，從現實情況看，如果離開基本法附件一規定的選舉委員會的組成模式，重新設計一個有廣泛代表性的提名委員會，即使是經過曠日持久的討論，也很難達成共識。

我在去年 12 月 29 日向香港社會各界人士解釋全國人大常委會決定內容時提到，這次全國人大常委會決定中明確提名委員會可參照選舉委員會組成，就是既要保持選舉委員會四個界別組成的基本要素，又可以在提名委員會的具體組成和規模上繼續討論，有適當的調整。

4. 提名委員會委員的產生方式

提名委員會委員如何產生，是影響提名委員會內力量對比的重要因素。2012 年選舉委員會委員產生辦法對 2017 年提名委員會委員產生辦法有很大影響，是否作出改變，如何改變，還須認真研究。

5. 立法會功能界別選舉的延續問題

由於立法會全體議員由普選產生，最快也要到 2020 年，這期間還有 2012 年、2016 年兩屆立法會選舉，所以對立法會普選辦法的研究可以往後放一放。現在可以看到的是，有關立法會普選問題的爭論焦點在功能界別選舉問題上。我們現在還可以不提立法會普選方案，2012 年功能界別選舉問題已經明確要保留，我們還要堅持 2016 年的功能界別選舉也一定要保留。如果我們現在就主張廢除功能界別選舉，就會給處理行政長官提名委員會的組成和產生辦法問題帶來很大的壓力。

七、香港政制發展問題的當前任務

去年 12 月 29 日全國人大常委會作出決定後，受到香港社會普遍歡迎和支持，但這只是階段性的勝利，更艱巨的工作還在後頭。按照決定確定的時間表，在 2020 年之前我們在處理香港政制發展問題上，需要處理好以下幾個問題：2012 年兩個產生辦法如何進行循序漸進的修改？2016 年立法會產生辦法是否需要修改，如果需要修改，如何進行循序漸進的修改？2017 年行政長官的普選辦法如何規定？2020 年立法會全部議員的普選辦法如何規定？從法律程序上來說，全國人大常委會已經就 2012 年兩個產生辦法的修改問題作出了決定，也就是說，修改2012 年兩個產生辦法的五個步驟已經走了前兩步，還剩下三個步驟，即由特區政府提出修改兩個產生辦法的法案，提交立法會三分之二多數通過，行政長官同意，報全國人大常委會批准或備案。2016 年立法會產生辦法的修改、2017 年行政長官實行普選、2020 年立法會全部議員實行普選，都還要經過五個法定步驟，即行政長官在適當的時候向全國人大常委會提交報告，由全國人大常委會作出相應的決定，然後由特區政府提出修改兩個產生辦法的法案，經立法會三分之二多數通過，行政長官同意，報全國人大常委會批准或備案。

由於要經過法定程序才能對兩個產生辦法進行修改，因此，政制發展問題存在着一些變數，例如，2017 年行政長官普選辦法不能獲得立法會三分之二多數通過，那麼，2017 年以後就需要繼續先處理行政長官普選問題，立法會全部議員普選的時間就要順延。從大局上講，我們要努力爭取兩個產生辦法能夠在各個階段作出適當的修改，尤其要爭取普選時間表的實現，力爭減少變數。因為如果出現全國人大常委會確定的普選時間表不能實現的情況，香港社會一定會出現很大的震動，這是我們不希望看到的。因此，我們一定要做好工作，使香港政制在中央確定的目標和軌道上順利發展。

從今後 12 年的工作任務可以看出，"香港未來的政制發展"是一個需要長達 12 年，甚至更長時間來完成的巨大工程。我們既要把這 12 年內要做的事情作為一個整體來考慮和研究，也要立足於當前，妥善地應對 2012 年兩個產生辦法的修改問題，從而一步一步地推進香港政制向前發展。

八、對"民建聯"工作的幾點希望

1991 年香港第一次進行立法會分區直選，愛國愛港參選人全面失利，經過總結經驗和教訓，並着眼於香港選舉鬥爭的長期需要，1992 年 7 月成立了"民建聯"。16 年來，"民建聯"從 56 名創會會員開始，發展到目前的 11000 多名會員，有 9 名全國人大代表、32 名全國政協委員、11 名立法會議員、129 名區議會議員，成為愛國愛港陣營的旗艦。回顧"民建聯"發展壯大的歷程，能夠取得今天的成就，很重要的一個原因就是堅持愛國愛港的立場，始終從維護香港繁榮穩定的大局出發，擁護中央的決策，支持行政長官和特區政府施政，以鮮明的政治立場獲得越來越多香港市民的支持和認同。

"民建聯"是大有發展前途的。首先，國家持續穩定發展，國際地位日益提高，香港市民對國家的認同感不斷增強，為"民建聯"不斷發展壯大提供了大的環境和基礎。其次，"一國兩制"方針和基本法的深入實施並取得成功，香港社會對"一國兩制"也開始有了更加全面和準確的認識，為"民建聯"能夠不斷發展壯大創造了前提和條件。第三，"民建聯"成立以來秉持服從大局，秉持通過扎實工作服務於香港市民，這就為"民建聯"不斷發展壯大提供了基礎。這幾個條件綜合到一起，一定能夠使"民建聯"事業興旺發達。我們經常說，香港的主要問題是社會政治生態問題，"民建聯"從成立之日起，就為改變香港社會政治生態發揮了重要的作用，但香港經歷了一百多年的英國殖民統治，要從根本上改變香港的社會政治生態，還需要我們不斷地努力工作。譚耀宗主席要我對"民建聯"如何應對未來的政制發展問題談點想法，在這裏，我冒昧提出幾點希望，供大家參考：

第一，希望能夠抓緊時間不斷發展和壯大自己的隊伍。"民建聯"作為最重要的愛國愛港力量，一定要充分利用好這個時間，發展和壯大好自己的隊伍，並且能夠爭取香港社會各方面的更多支持和認同。這些年來，"民建聯"有不少新面孔，有不少年輕人，我完全相信，"民建聯"一定能夠凝聚越來越多的人，以嶄新的姿態，在香港社會發揮更加重要的作用。

第二，希望加強對"一國兩制"方針政策實施過程中遇到的新情況、新問題的研究，積極地建言獻策。現在香港經常在說缺乏政治人才，怎麼培養政治人才？既要通過實幹來培養，也要通過研究宏觀問題來培養，兩者要很好結合起來。中央已經明確提出，按照"一國兩制"方針保持香港、澳門的長期繁榮穩定，是新時期治國理政的嶄新課題。怎麼從治國理政的高度來看"一國兩制"實施過程中遇到的問題，並加以解決，不僅中央有關部門要研究，"民建聯"也要研究。通過這種研究，尤其是結合香港實際情況提出切實可行的意見和建議，就一定能夠增長才幹，培養出政治人才。

第三，建議抓緊做好立法會選舉工作，取得更大的成績。目前"民建聯"在立法會中議席最多,是支持特區施政最穩定、重要的力量。前幾天香港有一篇報道,說"民建聯"善於在逆境下參與選舉,不善於在順境下打仗,這樣的評論對錯不重要,最重要的是要把這種評論當作對我們的提醒,全力以赴地投入 9 月就要進行的立法會選舉,儘管現在形勢比較好,但仍要努力爭取每一張選票。只有在立法會的選舉中取得好的成績,確保愛國愛港力量佔多數議席,才有可能更好地處理政制發展問題,更好地處理香港未來發展的其他重大問題,才能不斷發展和壯大"民建聯"的隊伍和力量。

在基本法研究工作領導小組會議上的講話

2008 年 11 月 3 日下午在全國人大會議中心。

同志們：

　　剛才張曉明、王鳳超、陳永浩同志分別介紹了港澳形勢、一年來港澳的中心工作以及基本法實施過程中遇到的問題，李飛同志介紹了一年來內地開展基本法研究工作的情況，各研究區的負責同志分別介紹了各地開展基本法研究工作的情況。大家講得都很好。我講三點意見。

一、要增強做好基本法研究工作的責任感和信心

　　面對金融海嘯，全世界都在講要有信心，我們做基本法研究工作也要有信心。說實話，2006 年年底我和李飛同志接受牽頭推動基本法研究的工作任務時，信心不是很足，一方面感到責任重大，另一方面也感到忐忑不安，怕不能很好地完成中央交給的任務。後來成立了基本法研究工作領導小組，在大家的共同努力下，各研究區把基本法研究工作開展得有聲有色，一年多來的工作很有成效。一是凝聚了一支基本法研究工作的隊伍，調動了研究基本法的積極性，尤其是有一批年輕的學者開始投入這項工作，使這支隊伍充滿了朝氣。二是建立了職能部門和學術界相互配合的研究機制，立足於現實工作的需要，充分考慮到長遠的發展，理論研究與實際工作密切配合，使我們的研究課題充滿活力。三是形成了一些初步的研究成果，明天要召開的基本法研討會總共收到了25 篇論文，總體上講，論文的質量比以往有較大提高，儘管有一些問

題的研究還不夠深入，還不是很系統，可能有些觀點還需要商榷，但能夠這麼快就取得一些研究成果，是很不容易的。這說明只要我們努力，就一定能夠推動基本法研究工作不斷向前發展。

去年 6 月 6 日，吳邦國委員長在香港基本法實施十週年座談會上的講話中要求我們"本着實事求是、與時俱進的精神，進一步加強對基本法的研究，認真總結幾次釋法的經驗，及時解決基本法實施中遇到的問題，不斷豐富基本法的實踐，把基本法貫徹好實施好"。按照邦國同志的要求，基本法研究工作有兩個基本任務，一是，要把過去豐富的實踐經驗上升為有關基本法的法律理論，鞏固和促進"一國兩制"方針和基本法的正確實施。只有把豐富的實踐經驗上升為基本法的法律理論，才能增強基本法的穩定性，對基本法進一步貫徹實施提供指導作用。二是，要及時研究處理基本法實施中的新情況、新問題，為解決問題的辦法提供理論支撐，不斷地把"一國兩制"的偉大實踐推向前進。這兩項基本任務，實際上就是我們這個小組從成立開始所確定的基本法的理論性研究和對策性研究相結合的指導思想的具體體現（這裏的對策性研究，主要是決策定下來後如何提供理論支撐），這是我們的職責所在。今後一段時間內，我們要繼續在這兩個方面推進基本法的研究工作。

今年是我國改革開放 30 週年，在 30 年中，我國的面貌發生了翻天覆地的巨大變化，香港和澳門也發生了很大的變化，要堅持"一國兩制"方針政策和基本法長期不變，就要面對這兩個方面的變化，實事求是、與時俱進地研究基本法實施中遇到的重大問題，並及時地加以解決。按照中央的要求，我們這個小組承擔着整合內地基本法研究力量、深入地開展基本法研究工作的重任，我們要增強做好這項工作的責任感和信心。

二、今後一段時間內基本法研究工作的重點

目前，澳門特區正在進行基本法 23 條的立法工作，明年澳門特區要進行行政長官和立法會換屆選舉，還要舉辦澳門回歸祖國十週年的慶祝活動；香港方面，去年 12 月 29 日全國人大常委會對 2012 年兩個產生辦法和有關普選問題作出決定後，香港特區政府已經表示，將要在明年上半年就 2012 年兩個產生辦法修改問題進行公眾諮詢。香港的政制發展問題絕不僅僅是 2012 年兩個產生辦法修改問題，而是和 2016 年立法會產生辦法修改、2017 年行政長官普選和 2020 年立法會普選連在一起的系統工程。因此，今後一段時間內，除了繼續研究各位手上原有的課題外，從我們小組的角度，更為關注以下基本法研究重點：

1. **關注並及時研究澳門基本法 23 條立法中提出的問題。**10 月 22 日，澳門特區政府發表澳門基本法 23 條立法的諮詢文件，諮詢期要到 11 月底結束。在根據諮詢情況對立法草案作出修改後，正式向立法會提交立法草案，估計明年 3 月立法會可以通過立法。澳門特區政府提出的基本法 23 條立法草案，嚴格對應基本法 23 條規定的七項禁止，各方面的問題考慮得比較全面，是一份比較成熟和完善的立法草案。但基本法 23 條立法不是單純的法律問題，其背後是我們與澳門和香港反對派以及西方反華勢力之間的政治鬥爭。由於西方反華勢力利用港澳地區對我進行顛覆、滲透的圖謀不會改變，這就決定了他們勢必要反對基本法 23 條立法。澳門特區政府公佈諮詢文件後，香港和澳門反對派的舉動就說明了這一點。由於按照基本法 23 條的規定，特區是"自行立法"，我們內地的專家學者一般不要參與有關立法的討論，但如果港澳反對派連同西方反華勢力掀起反對立法的風浪，我們就要組織一些內地專家學者批駁他們的言論，引導澳門和香港的社會輿論。因此，我們要關注並及時研究澳門特區基本法 23 條立法中提出的問題，必要時能夠發表一些有分量的文章，以配合特區立法順利進行。

2. 全面地回顧和總結澳門基本法實施以來的經驗，為紀念澳門基本法實施十週年做好準備。明年是澳門回歸祖國十週年，澳門要舉辦一系列的慶祝活動，會邀請一些內地的專家學者出席。參照香港回歸祖國十週年的做法，在內地也要舉辦一場澳門基本法實施十週年的紀念活動。今年我們確定的基本法研究課題中，黃來紀教授承擔的一個課題是《澳門基本法實施八年的回顧與展望》，要把這個課題做好，同時還要再發動一些專家學者對澳門基本法實施問題開展研究。儘管澳門基本法和香港基本法的內容大體相同，但在實施過程中，遇到的問題有共性，也有特殊性。我們的研究工作要能夠對這種現象進行深入的分析，找出造成這種現象的複雜社會背景和各種因素，這樣，才能提出中肯而又切合實際的觀點和看法，對基本法正確實施起到參考作用。內地學術界從事香港基本法研究的人不多，從事澳門基本法研究的人就更少，因此，對澳門基本法實施情況的研究工作希望各研究區要早啟動、早佈置，這樣才能夠組織起一批高質量的紀念澳門基本法實施十週年的論文。

3. 高度關注並繼續研究香港政制發展問題。去年 12 月 29 日全國人大常委會就 2012 年香港行政長官和立法會產生辦法及有關普選問題作出決定。決定規定，2012 年行政長官不實行普選產生的辦法，2012年立法會不實行全部議員普選產生的辦法，功能團體和分區直選產生的議席各佔半數的比例維持不變，立法會對法案、議案的表決程序維持不變。在此前提下，2012 年行政長官和立法會產生辦法可以按照基本法的規定作出符合循序漸進原則的適當修改。這一決定內容和 2004 年 4月全國人大常委會作出的 07/08 年兩個產生辦法修改決定的內容是一樣的。也就是說，按照這一決定，2012 年兩個產生辦法修改的空間並不大，何況已有被立法會否決的特區政府 2005 年年底關於 07/08 年兩個產生辦法的循序漸進方案，這個方案得到 60％以上市民支持，問題在於人大常委會決定中把普選的時間表一併確定下來，使得 2012 年兩個產生辦法的修改就複雜了。

從今年上半年策發會的討論和社會輿論看，現在香港社會的主要關注點不在 2012 年兩個產生辦法的修改問題，而在行政長官和立法會普選辦法。特別是反對派，要求掛鈎，不交代雙普選的終極方案，就不讓 2012 方案輕易過關。所謂終極方案，集中在兩個問題上，一是普選時的行政長官提名委員會的提名機制，是門檻式還是選舉式；一是 2020 年立法會普選時功能組別是留還是廢。反對派的基本法立場是，行政長官普選時的提名委員會提名如果是門檻式，立法會普選時如果不保留功能組別，2012 年怎麼修改好商量；但如果是選舉式提名，還要保留功能組別，2012 年怎麼改就不好商量。從基本法研究的角度來講，有關香港政制發展問題，要從兩個大的方面開展研究工作，一個是兩個產生辦法的修改問題，包括 2012 年兩個產生辦法的修改方案、2016 年立法會產生辦法是否作出修改以及如何修改、2017 年行政長官和 2020 年立法會全部議員的普選辦法，研究的着重點在於深入地分析香港社會的政治力量對比情況，通過規定適合香港實際情況的兩個產生辦法，確保香港特區的管治權牢牢掌握在愛國者手中；另一個是普選對香港社會、政治、經濟等各方面的影響問題，尤其是實行普選後對中央與特區關係會有什麼影響，這方面研究對於確定 2012 年雙修改方案，明確普選辦法、防範普選的負面效應都是至關重要的，把這方面的問題研究清楚，就能夠採取必要的措施，趨利除弊，確保行政主導的政治體制能夠得到貫徹落實，確保香港的長期繁榮和穩定。

　　4. 繼續開展基本法的基礎理論研究。去年吳邦國委員長在紀念香港基本法實施十週年座談會上的重要講話，對基本法的理論研究具有十分重要的指導意義。吳邦國委員長特別指出，"香港特別行政區基本法為我國的第一個特別行政區設計了一套嶄新的制度和體制"，強調了"授權"和"行政主導"這兩個基本觀念，強調要從維護國家主權、實行高度自治、保障繁榮穩定三個方面來把握基本法的精神實質，我們從事基本法理論研究工作，就是要用學術的語言，嚴謹的論證，把上述基本觀念、精神實質充分地闡述出來，形成一套理論，從而對基本法在香港的正確實施發揮影響。去年我們確定的研究課題中，已經有不少涉及授權理論、行政主導等基本理論問題。明年還可以在這些課題研究成果的基礎上，再組織力量作進一步深化研究。此外，中國法學會法律信息部正在組織力量摘譯香港法院涉及基本法的判例，這也是一項十分重要的基礎工作。因為我們提出的理論要能夠為香港社會所接納，並用於指導基本法的實施，不僅要十分注重結合香港的實際情況，還要充分了解香港的法律觀點，把那些能夠為我所用的觀點吸納進來，對那些不正確的觀點進行剖析，以充分的道理指出其錯誤的地方，這樣才能有針對性、有說服力，才能發揮理論應有的作用。

三、進一步推動基本法研究工作的幾個措施

剛才大家的發言中，對進一步推動基本法研究工作提出了很多很好的建議。我們初步考慮，可以採取以下幾個方面的措施，來進一步推動基本法的研究工作：

第一，確定一些研究課題供專家學者申請研究。實踐證明，確定一些研究課題供專家學者申請研究，對於推動基本法研究工作的作用顯著，要堅持做下去。今年我們批准的研究課題還沒有結項的，要繼續做好研究工作，爭取儘快結項。從現在開始，我前面提到的一些重點研究課題，就可以接受申請，專家學者們如果認為有什麼課題需要深入研究，也可以提出申請。基本法研究工作領導小組明年初準備開一次會，研究批准立項。去年凡是提出申請的，都給予立項，經過這一批課題的摸底，我們對各地的研究力量已經有了一定的了解，明年的課題，還是要採用比較寬鬆立項標準，但對課題負責人要開始有所選擇，逐步形成競爭，促使大家多投入研究時間和力量，提高研究水平和研究成果的質量。

第二，進一步加強專家學者與職能部門的溝通和配合。我們要在比較短時間內，使基本法研究工作上一個台階，很重要的就是加強港澳工作的職能部門與專家學者的溝通和配合。各位專家學者除了與我委研究室建立聯繫外，也可以與國務院港澳辦法律司、香港中聯辦法律部、澳門中聯辦研究室建立聯繫。在基本法研究過程中，專家學者與職能部門的同志相互之間應當及時進行溝通、交流，使基本法研究工作具有更強的針對性，更切合實際工作的需要。港澳基本法委研究室將繼續做好基本法研究的後勤支持工作。

　　第三，創造機會使內地的專家學者有機會深入港澳社會了解實際情況。從這次提交的論文情況看，要使內地的專家學者研究基本法工作能夠深入下去，提出比較符合香港和澳門社會實際情況的意見和建議，需要解決內地的專家學者深入香港和澳門社會了解情況的問題。去年，我們協助安排了一些專家學者到港澳調研、出席研討會，這是一種渠道。從根本上講，要安排內地的一些準備長期從事基本法研究的年輕學者到香港和澳門的大學進修，明年要把這項工作抓起來，爭取明年 9 月份就可以派出一些學者到港澳的大學進修。

　　最後講一下關於基本法研究課題的結項工作。關於基本法研究課題的結項問題，實際上就一個問題，怎麼評定研究成果。我認為比較好的方法是專家和職能部門相結合的辦法，也就是把有關研究成果分別送一個職能部門、一位專家寫出評定意見。如果認為有關研究課題符合立項要求，由我們來辦理批准結項手續，撥付餘下的課題經費。請國務院港澳辦、香港中聯辦、澳門中聯辦和在座的各位專家支持我們的工作，幫助我們對研究報告進行審評，撰寫評論意見。

　　從現在到明年 2 月底前，全國人大機關正在進行深入學習實踐科學發展觀活動。我們港澳基本法委員會機關正在圍繞"服務科學發展，提高從國家發展大局把握港澳工作的能力，做好基本法研究工作，為中央和全國人大常委會依法處理港澳事務當好參謀助手"這個課題做調研工作，希望在座各位不吝賜教，在以科學發展觀為指導，探索深入開展基本法研究工作的新思路、新辦法方面，多提寶貴意見和建議。謝謝大家。

在香港基本法和澳門基本法研討會
開幕式上的講話

2008 年 11 月 4 日上午於上海。

各位委員，各位專家，各位來賓：

　　首先，我想講一下這次研討會的由來。這次研討會是由香港基本法委員會和澳門基本法委員會聯合召開的，這兩個基本法委員會是全國人大常委會下設的工作機構，根據基本法的規定，分別從香港基本法和澳門基本法實施之日起成立並開始工作。按照香港基本法和澳門基本法以及全國人大有關決定的規定，兩個基本法委員會都有四項法定職責，具體是就特區立法機關制定的法律是否符合基本法關於中央管理的事務及中央與特區關係的條款、基本法附件三所列的全國性法律是否需要增減、基本法的解釋或修改等問題向全國人大常委會提供意見和建議，是全國人大常委會行使權力做出有關決定的一道必經的法律程序。為了履行好基本法委員會的職責，就需要對兩部基本法的實施情況進行全面的跟蹤研究，在平時就要廣泛地收集和聽取基本法實施中香港、澳門各界人士和內地人士發表的意見和觀點，以利於在全國人大常委會就上述四個方面的問題徵詢基本法委員會的意見時，能夠及時地提供全面的研究意見。這些年來，兩個基本法委員會除了召開履行法定職責的會議外，比如幾次釋法、幾次增加附件三的全國性法律等，每年都召開兩至三次內部會議，就基本法實施情況交換意見，委員們提出了許多基本法實施中遇到的問題，例如，全國人大常委會解釋基本法問題，兩個特區的政制發展、普選的定義、行政主導、法院的違憲審查權問題，香港的政黨政治問題，澳門的行政法規問題等。

全國人大常委會香港基本法委員會和澳門基本法委員會在開展工作中感到，對基本法實施過程中遇到的問題，不僅委員會內部要進行研究，也需要推動學術界進行研究。通過推動基本法研究，不僅有利於集思廣益，解決好基本法實施中遇到的問題，而且也有利於推廣和宣傳基本法。從 2007 年開始，全國人大常委會香港基本法委員會、澳門基本法委員會的辦事機構開始有系統地推動內地學術界開展基本法的研究工作，提出了一些研究課題，請內地學術界進行深入研究。我們打算每年都舉辦兩部基本法實施的座談會或研討會，交流研究成果，深入探討問題。去年 6 月 6 日，根據中央紀念香港回歸祖國十週年的工作部署，香港基本法委員會舉辦了紀念香港基本法實施十週年座談會。吳邦國委員長、曾慶紅副主席等黨和國家領導人、中央有關部門的主要負責同志、部分基本法起草委員、部分香港地區全國人大代表、政協委員、香港特區行政長官和部分主要官員以及內地的一些專家學者出席了座談會，吳邦國委員長發表了題為《深入實施香港特別行政區基本法，把“一國兩制”偉大實踐推向前進》的重要講話。緊接着我們舉辦了一場紀念香港基本法實施十週年研討會，香港和內地的專家學者會聚一堂，就基本法實施中大家關心的問題各抒己見，深入探討，效果很好。明年澳門回歸祖國十週年，澳門基本法委員會也將舉辦類似的座談會和研討會。我們兩個基本法委員會在上海聯合舉辦這場研討會，是我們系列研討會中的一場。希望通過這次研討會，達到兩個目的。一是，為中央從事港澳工作的有關部門、內地學術界提供一個溝通與交流的平台，共同探討一些基本法實施過程中遇到的問題。二是，使香港委員、澳門委員能夠比較集中地了解內地學術界有關基本法研究的情況，尤其是內地專家學者對基本法實施中一些問題的觀點與看法。同時，也希望通過請香港委員、澳門委員對內地專家學者的觀點作出點評、評論，為內地學術界研究基本法提供幫助，推動基本法研究水平的不斷提高。

下面，我想從加強基本法研究的角度，談幾點對邦國委員長去年6月6日在紀念香港基本法實施十週年座談會上發表的重要講話的學習體會。去年6月6日邦國委員長的重要講話，全面闡述了香港基本法的重大意義、基本內容、精神實質和實施要求。邦國委員長指出，"香港特別行政區基本法為我國設立的第一個特別行政區設計了一套嶄新的制度和體制"，他進一步把基本法的主要內容概括為五個方面，並強調了"授權"和"行政主導"這兩個基本概念。他講到，基本法"涉及方方面面，內容相當豐富，但貫徹其中的靈魂就是'一國兩制'。準確把握基本法的精神實質，最核心的是要全面正確地理解'一國兩制'方針，堅定不移地貫徹落實'一國兩制'方針，嚴格按照基本法辦事"。為此，要牢牢把握三點：一是維護國家主權，二是實行高度自治，三是保障繁榮穩定。邦國委員長把基本法稱為"依法治港的法律基石"、"香港法治的法律基石"，明確提出了加強基本法研究的要求。他說，"香港回歸十年來取得的有目共睹的成就，充分說明基本法是符合中國國情和香港實際的。基本法的穩定為香港的繁榮穩定提供了強有力的法律保障，實現香港的長期繁榮穩定更需要基本法的穩定作前提。同時也要看到，隨着香港經濟社會的發展，基本法在實施過程中難免會遇到一些新情況新問題。我們在貫徹落實'一國兩制'方針和深入實施基本法的同時，需要本着實事求是、與時俱進的精神，進一步加強基本法的研究，認真總結幾次釋法的經驗，及時解決基本法實施中遇到的問題，不斷豐富基本法的實踐，把基本法貫徹好實施好。"這篇重要講話是圍繞香港基本法講的，但同樣適用於澳門基本法，對於兩部基本法的研究工作具有重要的指導意義。

按照邦國委員長的重要講話精神，我體會，加強基本法研究工作，第一是維護基本法穩定的需要。邦國委員長講話指出："基本法的穩定為香港的繁榮穩定提供了強有力的法律保障，實現香港的長期繁榮穩定更需要基本法的穩定作前提。"他特別強調了基本法穩定的重要性。怎樣才能保持基本法的穩定？馬克思主義的認識論告訴我們，理論對實踐有巨大的指導作用。對社會實踐的正確認識而形成的理論，是對實踐的理性肯定，同時也可以從規律上預見實踐發展的過程和結果，從而可以使有關實踐穩定、有序地向前發展。法律是一種重要的社會現象，法律實施是一種重要的社會實踐。為了使法律成為人們自覺遵守的行為規範，一是要求法律能夠反映人民的共同意志，二是要求法律能夠使人們預見到行為的結果。正因為對法律實踐正確認識而形成的法律理論，在正確地肯定過去實踐的同時，能夠增強法律的可預見性，因此，它對維護法律的穩定性具有巨大的作用。用普通法作為例子，普通法是不成文法，為什麼能夠長期保持穩定？一個原因是它符合有關國家的具體情況，另一個原因就是經過長時間的實踐，形成了一套普通法的法律理論，大家都信守不渝。我和香港法律界打交道有很深體會。比如解釋法律的機關方面，普通法下是法院解釋法律，由全國人大常委會解釋基本法，他們很難理解怎麼能由政治機關解釋法律，他們不了解我國的人民代表大會制度不是三權分立，觀念扭不過來。再比如 2005 年發生的補選的行政長官的任期問題，到底是一個新的 5 年任期，還是原行政長官的 2 年剩餘任期。"二五之爭"，學普通法的幾乎一致認為是 5 年，因為香港基本法明文提到行政長官任期的就是一條，第 46 條，"香港特別行政區行政長官任期五年，可連任一次"。就這個基本法觀點來說，沒有什麼建制派、反對派之分。所以我去與香港法律界對話，講八個字，"就法論法，以法會友"，避開政治。可有反對派說你們是不信任曾蔭權，讓他做兩年看看，所以有剩餘任期，我說不要政治化，不要簡單化，不要情緒化。"二五之爭"是一次重要的基本法實踐。現在十分迫切的是對過去基本法的實踐進行總結，形成一套基本法的法律理論。基本法能夠有效地維護國家的根本利益，維護香港和澳門的根本利益，切實地保障港澳居民的根本利益，這一點已經為實踐所證明，為香港和澳門社會絕大多數人所認同。但迄今為止，還沒有完全形成一套在內地、香港和澳門都認同的有關基本法的法律理論。大家都認同基本法的規定，但對基本法各項規定背後的道理，在一定程度上還各說各話。過去若干年在香港基本法實施過程中發生的重大爭議，如居港權問題、政制發展問題、“二五之爭”等等，包括去年吳邦國委員長發表重要講話後，香港社會有些人對“授權”問題的挑戰，今年習近平副主席在香港發表有關行政、立法和司法之間關係的講話後，香港社會也有人提出挑戰，就說明了這一點。如果沒有一套得到普遍認同的基本法的法律理論，即使最簡單的道理，在有人出於各種目的挑起爭議的時候，都可能引起公眾的疑慮，甚至恐慌，從而影響到正確理解和實施基本法，進而影響到特區的社會穩定。我們都清楚，每一部法律裏面都有法理問題，法律的一個條文或者法官的一個判決，都有背後的法理，否則無法解釋它成立和存在的根據和理由。加強基本法研究的一個重要目的，就是發動學術界通過嚴謹的學術研究，逐步形成一套大家能夠認同的基本法的法律理論，從特別行政區制度設計的原理，到基本法各項規定及其內在聯繫，再到具體條文中一些核心概念的含義，都能夠深入闡明其含義，講出其道理，並使之深入人心，使內地、香港和澳門社會有着共同的理念來理解和執行基本法。有了大家都認同的基本法的法律理論，就可以發揮理論指導法律實施的作用，為基本法的穩定提供保障，而基本法的穩定又為特別行政區的長期繁榮穩定提供法律保障，可見基本法穩定的意義是很重大的。

第二是有效解決實際問題的需要。任何法律的生命力，在於它能夠有效地規範社會行為，解決現實生活中遇到的問題，維護社會的繁榮穩定、發展進步。香港和澳門回歸祖國後，儘管遇到不少困難和風險，但始終能夠保持社會穩定，經濟發展，民生改善，這些都是按照香港基本法和澳門基本法的規定，在中央政府和特區政府、祖國內地和香港、澳門社會各界人士共同努力下取得的。在基本法實施過程中已經遇到的問題，有的解決了，有的還沒有完全解決；將來也一定會不斷提出新問題需要我們去解決。通過加強基本法研究，解決基本法實施中遇到的新情況新問題，是邦國委員長講話中強調的另一個重點。例如，邦國委員長專門指出釋法問題，要求認真總結幾次釋法的經驗。由於基本法規定的解釋體制十分特殊，儘管全國人大常委會進行過三次釋法，取得了一些經驗，怎麼進一步理順釋法機制，是一個需要從理論到實踐進行深入研究的問題。從澳門來說，當前正在進行基本法 23 條立法，明年將進行行政長官和立法會換屆選舉，明年還是澳門回歸祖國暨澳門基本法實施十週年，需要對澳門基本法實施十年來的經驗進行全面的總結；在香港，去年 12 月 29 日全國人大常委會作出關於 2012 年兩個產生辦法修改及普選問題的決定後，怎麼貫徹落實這個決定，使香港的兩個產生辦法循序漸進地發展，按照全國人大常委會定下的時間表實現普選，也是一個迫切需要研究的問題。

上述這兩個方面的需要，使我們充分認識到加強基本法研究工作是一項長期而又迫切的工作。說這項工作具有長期性，這是因為基本法研究工作要伴隨基本法實施的始終，不是一朝一夕的事情；說這項工作具有緊迫性，這是因為現在無論是香港還是澳門，在基本法實施過程中，都提出了許多重大問題需要我們去研究、去處理。因此，基本法研究工作有兩個基本任務，一是，要把過去豐富的實踐經驗上升為有關基本法的法律理論，鞏固和促進 "一國兩制" 方針和基本法的正確實施。從 1982 年初中央對香港的基本方針政策基本制定完成到現在，已經有 26 年的時間，從 1990 年香港基本法頒佈到現在，也有 18 年的時間，從 1993 年澳門基本法頒佈到現在，也有 15 年的時間，具體實施兩部基本法也分別有 11 年和 9 年時間，可以說，在貫徹落實 "一國兩制" 方針政策和基本法方面，我們已經有了比較豐富的實踐經驗。只有很好地把這些實踐經驗上升為基本法的法律理論，才能維護基本法的穩定性，對基本法進一步貫徹實施提供指導作用。二是，要與時俱進地研究處理新情況、新問題，不斷地把“一國兩制”的偉大實踐推向前進。今年是我國改革開放 30 週年，在 30 年中，我國的面貌發生了翻天覆地的巨大變化，香港和澳門也發生了很大的變化，要堅持“一國兩制”方針政策和基本法長期不變，就要面對這兩個方面的變化，不斷地研究基本法實施中遇到的重大問題，並及時地加以解決。

除了以上維護基本法穩定和有效解決實際問題兩個需要外，加強基本法研究工作也是宣傳和推廣基本法的需要。推動內地學術界開展基本法研究，不僅是推廣和宣傳基本法的基礎，也是一種重要工作方式。按照邦國委員長的要求，推廣和宣傳基本法的根本目的是鞏固和發展基本法貫徹實施的社會基礎和輿論氛圍，要通過廣泛宣傳基本法的知識，提高社會的基本法意識和法制觀念，使基本法知識家喻戶曉、深入人心；使年青一代了解基本法的歷史和內涵；使公務員熟悉基本法，忠於基本法，遵守基本法，自覺維護基本法；使基本法成為廣大香港和澳門市民自覺遵守的行為規範。要做到這一點，要求大家死記硬背基本法的條文是不行的，而是要把硬邦邦的法律條文變為通俗易懂的道理，使這些道理深入課堂，深入各種媒體，深入社會的各個方面，並獲得大家的理解、認同與支持。這就有賴於基本法的研究。所以說，基本法的研究是推廣和宣傳基本法的基礎。今天出席研討會的有 50 多位內地的專家學者，在你們的帶動下，全國各地有上百位專家學者、研究生不同程度地參與了基本法的研究工作。他們大多數是從事教學工作的，一方面通過研究工作加深對基本法的認識和了解，發表專著、論文，向社會傳播；另一方面通過教學工作，把基本法的規定及其法律理論，傳授給更多的青年學生。希望我們的專家學者在推廣和宣傳基本法方面，繼續努力，堅持不懈，取得更大成績。

最後，我還想強調一點，就是要用科學發展觀來指導基本法研究工作。最近，內地正在深入開展學習實踐科學發展觀的活動，科學發展觀的第一要義是發展，核心是以人為本，基本要求是全面協調可持續，根本方法是統籌兼顧。胡錦濤總書記在今年"兩會"期間會見港澳全國人大代表、全國政協委員時，對港澳工作提出了四句話："集中精力發展經濟，切實有效改善民生，循序漸進推進民主，和衷共濟促進和諧"，這四句話不僅精闢概括了港澳回歸以來實踐"一國兩制"方針的成功經驗，而且體現了科學發展觀的內在要求，也是我們在港澳工作中貫徹落實科學發展觀的出發點和落腳點。科學發展觀應當成為我們基本法研究工作的重要指導思想。貫徹落實科學發展觀有一項基本要求，就是要解放思想，要有創新精神。香港基本法和澳門基本法是全國人大制定的法律文件，規定保留香港和澳門原有的法律制度。這本身就是一種制度創新，因為兩部基本法既要在內地的法律制度下實施，又分別要在香港的普通法制度下實施和澳門的大陸法制度下實施。這就是為什麼經常出現同一項法律條文，在內地有內地的解讀，在香港有香港的解讀，在澳門有澳門的解讀的原因。在基本法的實施初期，這種情況出現比較多，應當說是正常的，而且從長遠來說，也不可能完全避免。但從維護基本法的權威、維護基本法的穩定來說，在一些關鍵的問題上，這種狀況不能長期發展下去，用內地正在深入學習的科學發展觀來說，這種狀況是不利於"一國兩制"偉大事業的"全面協調可持續"發展的。怎麼樣來解決這個問題？兩部基本法的法律理論，全部採用內地的法律觀念不行，全部採用香港、澳門的法律觀點也不行，我看只有加強基本法研究工作，在三地法律制度的基礎上，逐步形成大家都能認同的基本法的法律理論。從這個角度來講，基本法的法律理論研究是一門新的學科，做這門學問研究需要有創新精神。

基本法是規定特區制度的法律文件，本身就是對我國地方管理制度的一種創新。從基本法的規定及其起草過程可以看出，特別行政區制度的設計，遵循了兩項原則，一是要符合國家憲法規定的國家體制，二是要符合中央對香港和澳門的基本方針政策。在此前提下，盡可能吸納香港和澳門社會各界人士的意見。這種指導思想，對於我們研究基本法、創造性地提出一些有關基本法的法律理論具有重要的參考意義。歸根結底，香港和澳門都是國家的一個組成部分，是直轄於中央政府的特別行政區，基本法的研究工作，要服從於國家發展大局，有利於香港和澳門的全面協調可持續發展，在一些重要的法律問題上，要採用統籌兼顧不同法律觀念的方法。鄧小平同志曾經指出，"一國兩制"就是要做到各方面都能接受，我看，在有關基本法的法律理論方面，也應當努力做到這一點。去年底，全國人大常委會就香港政制發展問題作出決定，決定能夠受到香港社會普遍歡迎，重要原因之一，就是決定以香港社會各種意見的最大公約數為依據。

我們希望大家暢所欲言，把研討會開得熱烈一些，也希望來自香港和澳門的委員對論文中不符合香港或澳門情況的地方，直率地提出意見，我相信各位專家學者都希望聽到你們的意見和看法，以促進研究水平的不斷提高。

深刻理解"一國兩制"的偉大意義

2009 年 3 月，為"一國兩制"叢書作序。

　　"一國兩制"是我們黨和國家為解決台灣問題而提出的基本方針，首先在解決香港、澳門問題中得到運用。現在，香港已回歸 12 年，澳門已回歸 10 年。十多年來，中央始終堅定不移地貫徹"一國兩制"、"港人治港"、"澳人治澳"、高度自治的方針，嚴格按照香港基本法、澳門基本法辦事，全力支持香港、澳門特別行政區行政長官和政府依法施政，堅決維護香港、澳門的繁榮穩定。在中央政府和祖國內地的大力支持下，在香港、澳門特別行政區行政長官和政府的有力領導下，廣大香港、澳門同胞團結奮進，克服了種種困難和挑戰，維護了大局穩定，各項事業取得長足進步。目前，香港、澳門社會保持穩定，經濟更加繁榮，民主有序發展，民眾安居樂業，展現出一派欣欣向榮的景象。香港、澳門的成功實踐，已經充分證明，"一國兩制"不僅是一個充滿智慧的偉大構想，而且具有極強的實踐性和強大的生命力。

　　鄧小平在評價作為"一國兩制"法律化文件的香港基本法時指出："你們經過將近五年的辛勤勞動，寫出了一部具有歷史意義和國際意義的法律。說它具有歷史意義，不只對過去、現在，而且包括將來；說國際意義，不只對第三世界，而且對全人類都具有長遠意義。這是一個具有創造性的傑作。"鄧小平的這段話十分精闢地指出了"一國兩制"及基本法的偉大意義。

　　首先，從歷史看，"一國兩制"不僅是史無前例的嶄新事業，而且必將對未來產生深遠影響。可以說，這種影響決不只是可以預見的幾十年，而必將是十分長遠的。

其次，從國際看，"一國兩制"的意義遠遠超出國界，不僅影響發展中的第三世界，而且也影響發達國家，影響全人類，是全人類的共同財富。可以說，"一國兩制"是中華民族對世界和人類文明的眾多貢獻中的又一項偉大貢獻，為世界解決這類問題提供了新的思維和典型範例。

第三，從影響的領域看，"一國兩制"的意義不僅在政治、法律方面，而且在經濟、哲學、文化等各個方面，都具有極其深刻的影響。可以說，"一國兩制"不僅是對人類政治制度和政治理論、法律制度和法學理論（不僅是憲法學、行政法學，而且是法理學等各個法學領域）提出了重大挑戰，而且也是對經濟制度和經濟學理論、哲學思想和人的思維方式等都提出了重大挑戰。"一國兩制"是解放思想、實事求是的典範，是原則性與靈活性高度統一的典範，充分體現了求同存異、開放包容精神，充分體現了和平和諧、合作共贏的思想。因此，"一國兩制"不僅是一個極其豐富的政治學、法學理論寶庫，也是一個極其豐富的經濟學、哲學、文化等理論寶庫，值得我們認真挖掘。

多年來，內地、香港和澳門各界在"一國兩制"的宣傳、研究方面做了大量工作，取得了可喜成績，特別是在一些重大理論研究方面有了一些突破，拓展和深化了對"一國兩制"深刻內涵和偉大意義的認識，為全面、準確貫徹"一國兩制"提供了有力的理論支撐。但總體看，還存在着不夠全面、不夠系統、不夠深入的問題。面對這種狀況，許崇德等一批內地、香港和澳門的學者要撰寫一套"一國兩制"知識系列叢書，我認為這是一件功德無量的好事。我本人近十幾年也一直在從事"一國兩制"和基本法的研究工作，從"三地"學者那裏受到很多啟發，學到很多知識。因此，在許教授邀請為這套叢書作序時，我欣然應允，並寫下了以上這些話，是為序，也為賀。

在深圳大學港澳基本法研究中心
學術委員會第一次全體會議上的講話

2009 年 7 月 11 日。

今天出席會議的同志，有些已經加入到我委組織的基本法研究工作中，有些是新成員，不太了解情況。我今天想談四個問題，主要是講給新成員聽的。

首先講一下來龍去脈，就是把我們與廣東省港澳辦、深圳大學共建基本法研究基地，成立"深圳大學港澳基本法研究中心"的來龍去脈，作一個介紹。可以說建立港澳基本法研究基地，是貫徹落實中央指示精神，推動基本法研究工作的一項重大舉措。

大家都知道，從 1999 年香港終審法院對居港權案件的判決到 2003 年、2004 年的政制檢討，實踐證明香港發生的大事或重大爭議最後都歸結到基本法，加強基本法研究被迅速提到議事日程。2007 年初，我們在廣泛聽取各有關部門和一些專家學者意見的基礎上，成立了包括中央有關部門負責人和專家學者在內的基本法研究工作領導小組。

基本法研究工作領導小組自組建以來，積極貫徹中央的指示精神，開展了一系列卓有成效的工作。一是建立了北京、上海、廣州、深圳四個基本法研究區，通過研究區召集人傳達分配研究任務。二是舉辦各類基本法研討會，2007 年 6 月，承辦了紀念香港基本法實施十週年座談會和研討會。2008 年 11 月，又在上海舉辦了香港、澳門基本法研討會。同時，支持各個研究區舉辦各種規模的基本法研討會，帶動了一批專家學者特別是一批青年學者投入港澳法律、政治、經濟、社會問題的研究。三是根據部分專家學者的要求，與教育部協商，將有關院校承擔的我委基本法研究課題列為教育部特別委託項目，推動課題研究成果成為高校的一項重要考核指標，極大地激發了學者們參與港澳基本法研究的熱情。四是分赴各個研究區開展調研，與有關單位負責人及專家學者座談，探討推動基本法研究的具體措施。此外，還配合中央對港澳的中心工作，多次組織專家學者撰寫基本法文章，引導香港、澳門的社會輿論。經過兩年的工作，目前，已在全國範圍內建立了一支由 60 餘位專家學者為骨幹的基本法研究隊伍，初步形成了職能部門和學術界相互配合，加強港澳基本法研究的良好局面。

隨着基本法研究工作的深入展開，我們也在積極尋找推動基本法研究工作再上一個台階的新路子。去年 5 月，李飛同志帶隊赴廣州主持召開廣東部分專家學者座談會，廣泛聽取各有關部門和專家學者就進一步落實中央指示精神，深入開展基本法研究的意見和建議。當時，就有專家學者提出了由我委依託高等院校建立基本法研究基地的設想。我委辦公室、研究室的同志又相繼走訪了教育部、廣東省港澳辦等相關部門，並多次與深圳大學協商建立基本法研究基地的可行性。經過大家的共同努力，最終形成了依託深圳大學建立港澳基本法研究基地的初步方案，並報經全國人大常委會領導和中央港澳工作協調小組辦公室同意。今天，由我委主管、廣東省港澳辦協管、深圳大學具體承辦的港澳基本法研究深圳基地，對外稱"深圳大學港澳基本法研究中心"正式掛牌投入運作。

為什麼依託深圳大學開展基本法研究基地試點工作？選擇深圳大學建立基地，第一，主要考慮到它具備建立基本法研究基地比較成熟的條件。一是深圳大學在廣東地區具有較強的綜合實力。深圳大學始建於改革開放初期的 1983 年，經過二十五六年發展，已頗具規模，學科門類齊全，老師隊伍強大，在人文社會科學方面具備較為雄厚的綜合實力。二是有地緣優勢。深圳大學毗鄰香港、澳門特區，人員往來、學術交流與合作都有着比其他高校更加便利的條件。三是對香港、澳門法律具有較深的研究傳統。深圳大學法學院創始於 80 年代初，很早就開始進行香港、澳門法律問題的研究，多年來形成了一批重要的研究成果，港澳基本法是深圳大學重點扶持的特色學科，並列入碩士生培養方案。四是有實際要求，省市和學校高度重視，有較強的政策支持。粵港澳合作日益緊密，有深港合作、深澳合作，還有泛珠三角合作、9+2、CEPA等，這裏面都涉及基本法的問題。深圳大學是深圳市屬高校。近年來，深圳與港澳兩地在經濟、科技領域的合作取得很大進展，但在人文社科領域的合作還遠不足夠。在深圳大學設立基本法研究基地，開展與港澳學術界的法律交流，有利於進一步促進三地合作。深圳大學黨政領導及各有關部門對基地建設高度重視，大力支持，要錢給錢，要人給人。深圳市有關主管部門也明確表示給予政策扶持。此外，廣東省有關領導相繼作出批示，同意對深圳大學基本法研究基地"給予大力支持"。這是選擇深圳大學的一些主要考慮。

第二，我們希望深圳大學港澳基本法研究中心在推動港澳基本法研究方面發揮什麼作用。初步考慮這麼幾點。

一、搭建內地與港澳法律界開展交流的一個新的重要平台。整合社會力量開展基本法研究工作，不能只是內地的專家學者參與，必須促進內地與港澳兩地專家學者，特別是法律界的專家學者之間的學術交流，把他們請進來，這樣才能提高基本法研究工作的影響和水平。這就需要一個平台。深圳大學港澳基本法研究中心，作為一個學術機構，就可以搭建這樣一個平台。中心可以通過每年舉辦三地學者都參加的基本法研討會，開展內地學者與港澳學者之間的互相訪學，組織三地法律學生之間的聯誼活動等多種形式，實現內地與港澳法律界之間更深層次、更廣範圍的學術交流。

二、建成內地較大規模的港澳基本法研究資料庫，為基本法研究提供便利條件。一直以來，內地學者開展基本法研究，普遍感到第一手資料匱乏，以致研究的力度、深度以及成果的針對性大受影響。深圳大學港澳基本法研究中心的建設，包括圖書資料室的建設。深圳大學現在已經提供了校圖書館一間 200 平方米的圖書室作為基本法資料室，並每年撥款。我們考慮，將來建成一個較大規模的港澳基本法研究資料庫，囊括種類齊全的法律法規文件、專業書刊資料，特別是港澳地區出版的圖書、外文圖書資料以及重要文獻資料，對內地包括港澳所有研究基本法問題或者港澳問題的專家學者都開放，方便他們查閱資料，了解一手信息，為更深入地開展港澳基本法研究提供權威的信息支持。

三、實現基本法教學、科研和人才培養的有機結合。目前，深圳大學已經有一批中青年老師參與我委的基本法研究課題。中心成立以後，我委會繼續給中心下達基本法研究課題，廣東省港澳辦也會給中心下達有關的研究任務，中心自身也會組織力量開展基本法研究，這樣，就可以吸收深圳、廣東地區，乃至全國範圍內更多的中青年老師及研究生參與基本法研究。據了解，深圳大學會繼續支持中心設立基本法研究生招生方向，獨立培養碩士、博士研究生。同時，中心還可以把有關研究成果向教學層面轉化，在學校和法學院開設基本法的各類課程和講座，面向深圳社會各界提供以宣傳、推廣基本法為主要內容的短期培訓。這些舉措，從長遠來看，都有助於培養基本法領域更多的中青年法律人才，使港澳基本法研究工作後有來人。

四、對其他研究區開展基本法研究工作起到示範作用。依託深圳大學開展基本法研究基地試點工作，主要目的是整合廣東地區現有的研究力量，發揮廣東的地域優勢，推動港澳基本法的研究。現有的北京、上海、廣州、深圳四個研究區基本工作格局仍然不變。等試點工作取得一定經驗，深圳大學形成了一整套基本法研究基地的管理制度，在資金、人力、物力等資源投入上及研究成果上形成一個鮮明的樣板後，我們再研究在其他三個研究區建立港澳基本法研究基地的可行性。

第三，關於開展基本法研究的指導思想和要求。

基本法研究工作必須要有正確的指導思想，這就是以鄧小平理論和"三個代表"重要思想為指導，以科學發展觀和中央對港澳的基本方針政策為準則，從維護國家體制出發，結合港澳的實際情況，全面闡釋基本法有關法理和正確含義。根據上述指導思想，遵照中央對港澳工作的方針政策，結合我們近些年的實踐和思考，建議在開展基本法研究過程中注意把握以下幾點要求。我在 2007 年基本法研究工作領導小組成立的第一次會上也是講這幾點，今天是重申性的。

一、開展基本法的研究工作一定要堅持正確的政治方向。在進行基本法研究過程中堅持正確的政治方向，就是要維護"一國兩制"方針和基本法，維護國家體制，維護特區政權掌握在愛國愛港、愛國愛澳人士手中的立場，維護中央對港澳問題的重要決策。香港回歸後發生的涉及基本法的重大爭議，背後都是關係到特區管治權問題，也就是說我們要依照基本法的規定對特區實施管治，但港澳內外的敵對勢力總是千方百計地要限制這種管治權，甚至企圖直接把管治權奪過去。比如，我們說管治香港主要靠兩條，一靠行政長官，二靠基本法的解釋權，他們恰恰就在這兩條上做文章。例如，在基本法解釋問題上，他們把全國人大常委會的解釋權限制在最小範圍內，158 條有四款，他們只講後三款，說是只有當終審法院提請解釋時人大才能解釋，而且只能解釋中央管理的條款，其他都授權香港法院解釋了，我們通過 1999 年第一次"釋法"明確了全國人大常委會對基本法有全面和最終的解釋權；又例如，特區政制發展問題，他們提出兩個產生辦法的修改權在特區，沒有中央什麼事，迫使中央和特區政府接受立即"雙普選"，圖謀使西方勢力支持的反對中央政府的人奪得特區管治權，成為行政長官，在這種情況下，2004 年全國人大常委會通過第二次"釋法"，明確基本法附件一和附件二規定的行政長官和立法會產生辦法是否需要修改，要由全國人大常委會決定，把政制發展問題的主導權牢牢掌握在中央手中，確保香港管治權不落入反對派手中。

　　講港澳問題政治性、政策性很強，十分敏感，主要是針對這種爭奪特區管治權的鬥爭來講的。為了使大家對港澳社會發生的許多問題有更深刻的了解，今後會舉辦一些座談會，集中向大家介紹這方面的情況，還會與大家建立日常的工作聯繫，大家在研究過程中有什麼疑問的地方，有什麼需要進一步了解的情況，我們都會盡力提供協助。

　　二、開展基本法的研究工作一定要牢牢把握基本法的精神實質。把握好基本法的實質，是關係到基本法研究方向的重大問題。1982 年 9 月鄧小平同志在會見撒切爾夫人時開宗明義指出，我們對香港問題的基本立場是明確的，這裏主要有三個問題。其中一個問題就是 1997 年後中國採取什麼方式來管理香港，繼續保持香港繁榮。"一國兩制"偉大構想和根據這個偉大構想制定的中央對香港、澳門實行的方針政策，就是對"1997 年後中國採取什麼方式來管理香港"這個問題的回答。香港和澳門兩部基本法是"一國兩制"方針政策的法律化、制度化，確立了按照"一國兩制"方針政策對香港、澳門實施管治的法律框架，進一步回答了怎樣落實"一國兩制"方針政策，怎麼對香港和澳門實施管理的問題。這裏既有中央的管理，負起憲制責任，也有特區自治範圍內的管理。因此，基本法的實施過程，既是中央政府對港澳兩個特區實施管理，也是行政長官為首長的特區自我管理的過程。基本法的實質就是以法律形式來實現這種管理。因此，中央領導同志一再強調港澳事務要嚴格按照基本法的規定辦事，"依法治港"、"依法治澳"。香港和澳門的各種政治力量也極力爭奪基本法話語權，試圖按照他們的意圖來主導基本法實施。我們開展基本法的研究，根本目的就是要把握基本法實施的主導權、話語權，這是研究工作的大方向。

　　三、開展基本法的研究工作一定要掌握港澳社會的實際情況。基本法是規定特別行政區實行的制度的法律文件，基本法的每一項規定都有其歷史沿革，都有基本法制定當時的現實依據，凡是在實施過程中提出的新問題，都在一定程度上反映了香港和澳門社會的發展和變化。因此，在開展基本法研究過程中，要做到結合港澳的實際情況，有創新思維。首先，要在深入地了解港澳社會各方面情況的基礎上很好地把握所要研究的問題的歷史沿革、發展變化過程，抓住問題根源和實質。在基本法規定的軌道上以新的思維方式來尋找解決辦法。其次，要學會換位思考的方法，要努力地了解港澳人士對有關問題的想法，而不只是僅從內地的辦事傳統和思維習慣去考慮問題。如由全國人大常委會釋法而不是由法院釋法、解釋法律和修改法律的概念、法律解釋的方法等，普通法是如何認知這些問題的。第三，要勇於探索解決問題的新思路、新辦法。只有這樣，形成的研究意見和提出的建議才能夠為港澳社會所認同和接受。

四、開展基本法的研究工作一定要立足於爭取人心。港澳工作的一個基本立足點是爭取人心，開展基本法研究工作也要立足於爭取人心。我們開展基本法的研究工作，是要為全面準確地理解和貫徹落實“一國兩制”和基本法服務的，是要面對香港和澳門公眾的，這就要求我們提出的研究意見和建議不僅能夠講出一套道理，而且還能夠讓人信服，真正做到以理服人。要做到這一點，就必須樹立嚴謹的學術作風，所引用的資料都有來源，所說的每一句話都有根據，所提出的每一種觀點都經過仔細的論證。在進行基本法研究過程中，一定會對港澳社會的一些觀點有所批評，這種批評更需要建立在理性和充分講道理的基礎之上。對基本法的解釋工作，胡錦濤同志特別指出，“道理要講透徹，程序要走充分”，在一定程度上也是從爭取人心的角度講的。由於歷史原因，港澳社會的價值觀念、法律制度、法治傳統甚至語言習慣都與內地存在着差異，要向廣大港澳居民講清楚基本法規定的含義及其道理，還需要用他們所能理解的方式和語言。這對於我們內地法律工作者來說也是一項挑戰。

五、開展基本法的研究工作一定要結合學習和研究憲法。憲法是國家的根本大法，規定了國家的政治體制和基本制度，基本法是根據憲法制定的，規定了在特別行政區實行的制度。基本法的許多規定，只有放在憲法規定的國家體制下才能得出正確的理解。我國憲法規定的國家體制從根本上決定了特區的法律地位是直轄於中央政府的享有高度自治權的地方行政區域；特區的高度自治權來源於全國人大的授權；特區實行的制度必須由全國人大以法律加以規定；特區實行的制度和政策，必須以基本法為依據；一些全國性法律必須在特區實施，全國人大常委會有權對這些全國性法律作出增減；特區的立法必須報全國人大常委會備案，如違反基本法的規定，全國人大常委會有權將該法發回，發回的法律立即失效；特區行政長官和主要官員必須由中央政府任命；行政長官必須對中央政府負責；基本法的解釋權屬於全國人大常委會；基本法的修改權屬於全國人大；等等。這些都說明了基本法的規定與憲法規定的國家體制的密切關係。我們從事基本法的研究工作，一定要從憲法規定的國家體制出發、從有中國特色的社會主義法學理論出發，才能正確地闡述基本法的含義，才能真正地把基本法的法理講深、講透。把基本法的規定放在憲法規定的國家體制下來理解，在基本法實施過程中具有十分重要的現實意義。可以說，憲法和基本法共同構成特別行政區的憲制基礎。

最後，我們建議需要研究的重要課題。

從更好地貫徹落實"一國兩制"和基本法的目的出發，基本法的研究工作應當從兩個方面展開，一是對基本法實施過程中遇到的問題進行研究，提出解決方法和建議（應用研究）；二是對基本法理論進行研究，也就是對基本法的規定進行理論說明（基礎研究）。現在遇到的基本法實施過程中的重大法律問題，主要是第一方面的問題，應用研究都是迫切需要解決的重要課題。同時也要研究，在基本法實施過程中為什麼會出現這些問題，這些問題之間有什麼共同的地方，怎麼從更高的層面來認識並解決這些問題，這就把基本法研究上升到更高理論層面，所以基礎研究同樣具有迫切性和重要意義。應用研究與基礎研究是密不可分、相輔相成的。中心作為一個學術機構，重點還應當是基礎研究。

根據基本法的實施情況，我們兩個基本法委員會近期討論提出了以下一些問題需要重點研究：

第一，關於憲法適用於特別行政區的問題。

第二，關於單一制原則與特別行政區制度的關係問題。

第三，關於授權特別行政區高度自治的授權理論問題。

第四，關於國家政體與特別行政區政治體制的關係問題。

第五，關於以行政為主導的政治體制的特點及其運作要求問題。

第六，關於立法會的權力範圍問題。

第七，關於法院的違憲審查權問題。

第八，關於行政長官和立法會產生辦法的修改問題。

第九，關於特別行政區保護居民基本權利和自由的理論問題。

第十，關於兩個國際人權公約適用於特別行政區的規定繼續有效問題。

第十一，關於特別行政區經濟、教育、文化等方面的制度的繼承與發展問題。

第十二，關於特別行政區參與國際組織和參加國際公約的理論與實踐問題。

第十三，關於基本法的解釋制度問題。

以上 13 個問題對港澳都適用，同時根據澳門特點，還提出兩個問題，一是關於澳門特區政府公務員制度問題，二是關於過渡期三大問題（即公務員法本地化、法律本地化和中文官方地位）對基本法實施的影響問題。加在一起一共 15 個問題，今天提出來可以作為中心今後研究的一個指引。

除了以上 15 個問題外，還有兩個特別重大的問題，今天也一併提出來，一是"一國兩制"能不能作為國家的基本政治制度？人民代表大會制度是國家的根本政治制度，民族區域自治制度是國家的基本政治制度，"一國兩制" 50 年不變，50 年後更沒有必要變，為什麼不提它是國家的基本政治制度，這個問題我已出給上海社科院，請他們研究。建議深圳中心也研究研究。二是有沒有可能形成一套內地、香港、澳門三地都認同的基本法法律理論？這是我去年 11 月份在上海的基本法研討會上首次提出的問題。今年 3 月 "兩會" 期間，就此問題徵求了港澳地區全國人大代表、政協委員中法律界人士的意見，3 月 23 日，在基本法研究工作領導小組開會時，又向小組成員推介了這一設想，5 月份在汕頭召開的香港基本法委員會、澳門基本法委員會會議上，內地、香港、澳門三地的委員又專門討論了這一問題。

為什麼會有這個想法？主要是這幾年在研究和實踐基本法過程中，我們對內地專家學者有關基本法的觀點，對香港和澳門法律界、司法界和專家學者有關基本法的觀點有了更多的了解，深深感到兩部基本法的特殊性不僅體現在它們的內容上，即規定了史無前例的 "一國兩制"，而且更重要地體現在它們的實施環境上，即兩部基本法不僅要在內地的法律制度下實施，還要分別在香港的普通法制度、澳門的大陸法制度下實施，這還不包括三地不同的政治社會制度、不同的意識形態等。這是基本法實施的一個最顯著特點，也是對基本法條文經常出現許多不同理解，而且很難取得一致看法的癥結之一。總的來說，無論是內地、香港，還是澳門，大家都贊同基本法，擁護基本法，但對基本法各項規定的含義，尤其是背後的道理，在一定程度上還是各說各話。過去若干年在香港基本法實施中發生的重大爭議，如居港權問題、政制發展問題、"二五" 之爭等，在澳門基本法實施過程中發生的有關行政法規問題的爭議，還有 2007 年 6 月 6 日吳邦國委員長發表重要講話後，香港社會有些人對 "授權" 問題的挑戰，2008 年習近平副主席在香港發表有關行政、立法和司法應當互相支持、相互配合的講話後，香港社會也有人提出挑戰，都反映了這樣的問題。

由於兩個基本法既要在內地法律制度下實施，又要分別在香港和澳門法律制度下實施，在實施的初期，出現同一條文含義上內地有內地的解讀，香港有香港的解讀，澳門有澳門的解讀，還算是正常的。從長遠來說，雖然也不可能完全避免，但總是如此，長此以往，基本法的權威、基本法的穩定就成了問題。我相信大家都能同意，為了維護基本法的權威，為了維護基本法的穩定，同時也為了更準確地實施基本法，更好地宣傳和推介基本法，我們應該採取一些措施儘量使基本法的各項規定在三地有共同的理解，至少在出現爭論時，有一個比較好的基礎促使大家取得一致意見。這個措施除了三地之間要加強溝通、交流外，有無可能推動形成一套三地都認同的基本法法律理論。以這套理論來指導基本法實踐，大家在理解和貫徹執行基本法過程中就有了共同的語言、共同的方法，就可以把爭議降到最低限度。實際上，無論在內地、香港還是澳門，對當地的法律條文為什麼大家比較容易取得一致理解，關鍵的一點在於對法律條文進行解讀時，大家都遵循同樣的理論、同樣的規則。

　　我認為現在有條件來推動做這件事。一是我前面講過的大家都贊同基本法，擁護基本法，都不希望由於基本法實施過程中經常出現爭議，從而影響到港澳社會的穩定；二是香港基本法、澳門基本法分別實施12年和10年的時間，已經積累了較為豐富的經驗，使我們可以比較清楚地看出容易出現爭議的問題所在，可以比較清楚地看出為確保基本法正確貫徹實施，我們應當遵循什麼原則來理解基本法，遵循什麼原則來解決有關基本法的爭議。

　　要推動形成一套三地都認同的基本法的法律理論，我看全部採用內地的法律觀念不行，全部採用香港、澳門的法律觀點也不行，需要在三地法律制度的基礎上，多傾聽各方的意見和建議，展開深入的研究討論，在一些關鍵問題上逐步達成共識。鄧小平同志曾經指出，"一國兩制"就是要做到各方面都能接受。根據小平同志的思想，基本法起草過程對特別行政區制度的設計遵循了兩條原則，一是要符合憲法規定的國家體制，二是要符合中央對香港和澳門的基本方針政策，在此前提下，儘可能吸納香港和澳門各界人士的意見。這種取得最大公約數的指導思想，對於研究基本法，推動形成一套基本法的法律理論，具有重要參考意義。

深圳大學港澳基本法研究中心，作為開展內地與港澳三地的基本法研究平台，是否可以通過三地法律界之間的全面交流，有意識地向這個方向引導，為最終形成內地、香港、澳門三地都接受的基本法的法律理論奠定基礎。這當然是個長遠目標，但是現在就要開始把基本法研究工作朝着這個目標努力。

就香港特區政府 2012 年政改方案
對香港媒體發表談話

2010 年 4 月 14 日下午在北京人民大會堂。

今年 3 月 "兩會" 期間，大會新聞中心向我轉達了十多家香港媒體的採訪要求，內容集中在香港政制發展問題上。我當時同你們講，香港特區政府正在根據諮詢意見準備修訂方案，等過一段時間，在適當時候我會與大家交流看法。今天（4 月 14 日），香港特區政府公佈了諮詢總結報告，其中包括 2012 年行政長官和立法會產生辦法修訂方案，現在我可以談談看法了。

對於香港社會所進行的 2012 年兩個產生辦法的討論，我一直十分關注，也仔細地閱讀了特區政府公佈的諮詢總結報告。在諮詢期間，香港社會各界人士積極參與 2012 年兩個產生辦法的討論，充分表達意見，努力凝聚共識。特區政府共收到了 47200 份意見書和超過 160 萬簽名表達意見，各種民意調查顯示，大多數香港市民支持特區政府在諮詢文件中提出的建議。這麼多人出來表達意見，充分說明推動政制向前走，已經成為香港社會各界的強烈願望，這一點給我留下的印象非常深刻。

香港特區政府今天上午公佈的 2012 年兩個產生辦法修訂方案，我認為是符合香港基本法和全國人大常委會的有關決定的，也充分體現了根據香港實際情況和循序漸進發展民主的原則。這個方案的核心內容是行政長官選舉委員會從 800 人增加到 1200 人，四個界別同比例增加。

立法會從 60 席增加到 70 席，地區直選和功能組別選舉各增加 5 席。特區政府在諮詢總結報告中還進而承諾，可在未來本地立法時，明確將行政長官選舉委員會第四界別新增的 100 席中的 75 席分配給區議員，由民選區議員互選產生；立法會功能界別新增的 5 席連同原來區議會組別的 1 席共 6 席由民選區議員以比例代表制互選產生。應當實事求是地說，特區政府提出的修訂方案已經朝着擴大民主成分的方向邁出了一大步。我始終認為，在兩個產生辦法修改問題上，難的不是提出一個方案，難的是在香港這樣一個多元社會裏，提出一個既能夠符合基本法和人大常委會的有關決定，又儘可能照顧到各階層、各界別利益和訴求，各方面雖不完全滿意但又都能接受的方案，這是很不容易的。我認為，特區政府的修訂方案已經比較好地做到了這一點。這個方案是來之不易的，值得香港社會共同珍惜。香港特區立法會很快將審議這個方案，真誠地希望香港社會各界人士和立法會議員本着包容、理性和務實的態度，順應廣大香港市民的熱切期望，支持特區政府提出的 2012 年兩個產生辦法修訂方案，積極推動香港政制的民主發展，並進而為按照全國人大常委會決定的時間表實現普選創造條件。

講到普選時間表，我知道香港社會有一種意見，希望我能夠在人大常委會有關香港未來普選 "決定" 的基礎上，進一步明確屆時不僅僅是 "可以" 實行普選，而且也是 "必定" 實行普選。對此，我想指出，人大常委會 2007 年以 "決定" 的形式明確了香港特區行政長官和立法會普選的時間表，其權威性和法律效力毋庸置疑。但人大常委會在明確普選時間表的同時也明確規定了在未來實行普選前的適當時候所必經的五個步驟。這五個步驟是法定的程序性規定，也是必須遵從的。打個比方說，明確時間表就像打開了普選的大門，但怎麼進入這個大門，要一步一步走，五步走完才能進入這個大門。我們可以回顧一下，2004 年 4 月 26 日全國人大常委會決定 07/08 年兩個產生辦法時，也是講 "可" 作適當修改，而不是講 "必定" 作適當修改，其道理也在於此。最後實踐的結果是第三步也就是立法會那一步沒有走下去，因此 07/08 年沒有作出修改。2007 年全國人大常委會有關 2012 年兩個產生辦法的決定也是講 "可以" 作適當修改。全國人大常委會對普選時間表用 "可以" 而不用 "必定"，所強調的就是必須依照法定程序辦事。香港是個法治社會，香港社會最注重依照法律和法定程序辦事，內地各有關方面也必須依照法律和法定程序辦事。對此，我相信香港社會是能夠理解和認同的。2007 年全國人大常委會在 "決定" 中訂出普選時間表是十分嚴肅的，是深思熟慮的，包括行政長官普選先行，立法會普選隨後，都是綜合考慮了各種因素，相信經過 10 年到 2017 年，香港回歸祖國 20 年，已經處於 "50 年不變" 的中期，隨着香港民主政制發展的經驗進一步積累，社會共識進一步凝聚，屆時先後實行行政長官普選和立法會全部議員普選是具備條件的。在全國人大常委會確定的普選時間實現普選，是我們共同努力的目標。

最後，我還想談到的一點是，我注意到在這次諮詢中，香港的許多社會團體和人士對於未來的普選辦法提出了不少的意見和建議。特區政府在諮詢總結報告中已將這些意見整理歸納，我認為這一做法是恰當的，對於下一屆特區政府研究制定普選辦法具有積極意義。我相信大家都同意，未來的兩個普選辦法涉及問題十分複雜，大家可以繼續發表意見，也還有充分的時間深入討論，加強溝通，努力尋求共識。這一次立法會如能通過 2012 年兩個產生辦法修訂方案，不僅可以使得香港的政制民主向前邁進一步，也可以為下一步實現普選創造有利條件，我相信這是大家都希望看到的結果，希望香港社會各界為此共同作出努力。

就香港政改和未來普選問題
對香港媒體發表談話

2010 年 6 月 7 日下午在北京人民大會堂。

今天上午（6 月 7 日），香港特區政府向立法會提交了有關 2012 年
行政長官和立法會產生辦法修改方案的議案。這個方案是經過三個月的
公眾諮詢，在廣泛聽取社會各界意見的基礎上形成的。4 月 14 日特區
政府正式公佈這個方案後我曾說過，這個方案符合基本法和全國人大常
委會的有關決定，充分體現了根據香港實際情況循序漸進發展民主的原
則，朝着擴大民主成分的方向邁出了一大步。

近兩個月來，香港特區政府為推介這個方案做了大量的工作，深入
解釋提出這個方案的理據。中央政府駐港聯絡辦李剛副主任與“政制向
前走大聯盟”、香港工商界、民主黨、“普選聯”、民協等團體的代表見
了面，就政制發展問題進行溝通和交流。對各種意見，都認真地聽取，
並認真作出回應。香港社會對會面整體反應正面、積極。從會面的情況
看，香港社會在政制發展問題上有一些重要的共識，比如，大家都認同
必須在基本法和全國人大常委會決定的基礎上來討論政制發展問題，都
希望 2012 年政制發展能夠向前走，都認為 2012 年兩個產生辦法修改方
案被否決有損香港的整體利益，認同溝通、協商是解決香港政制發展問
題的有效方法。這些共識反映出在政制發展問題上理性務實的聲音是主
流，這既有利於當前處理 2012 年兩個產生辦法的修改問題，也有助於
未來在普選問題上逐步凝聚共識。

當然，各方面還存在一些比較大的分歧，這也是正常的。比如，對於特區政府提出的 2012 年兩個產生辦法修改方案，有團體建議區議會功能界別的 6 個議席由區議會民選議員提名，交全港沒有功能界別選舉權的選民選出。我從香港報紙上看到，對這個建議香港社會存在有明顯不同的看法。不少團體和人士認為這是變相直選，質疑這一做法有違基本法和全國人大常委會的決定。我想，區議會作為一個功能界別，一直是由區議員互選產生立法會議員。這種選舉辦法在香港已經實行多年，社會早已廣泛認同，對其符合基本法沒有疑義。2012 年政改方案只不過把新增加的 5 個功能界別議席連同原來的 1 個議席仍然交由區議員互選產生，保持了大家熟悉的區議會功能界別選舉模式，我看這樣做是恰當的。

　　香港的政制發展已經到了一個重要時刻。特區政府和社會主流民意都希望 2012 年政改方案能夠獲得通過，使香港的民主政制向前邁進。我真誠希望立法會議員和香港各政團能夠順應民意，從維護香港整體利益和促進香港民主發展的大局出發，求同存異，支持通過 2012 年兩個產生辦法修改方案，從而為按照全國人大常委會決定的時間表實現行政長官和立法會普選創造條件。

　　最近一段時間，不少政團和人士在關注 2012 年政改方案的同時，也就未來普選的問題提出了不少意見和建議。我非常理解香港社會對於未來普選的關注。我注意到，在這些意見和建議中，比較集中的是要求中央明確未來普選的定義。我想藉此機會就這個問題談談個人的理解和看法，與大家研究探討。

　　首先要明確的是，在香港實行行政長官和立法會全體議員由普選產生的依據是香港基本法，這是我們討論未來兩個普選辦法的基礎。關於這個問題，北京大學國際法研究所所長饒戈平教授有專著論述，講得十分清楚。由於時間關係，在此就不展開了。我很高興地看到，李剛副主任與香港各政團的交流過程中，大家都同意討論香港未來的普選問題，要以香港基本法和全國人大常委會有關決定為基礎。這是一個很重要的共識，只有這樣，我們對這個問題的討論才有共同的基礎、共同的語言。

行政長官和立法會全部議員最終要達至普選，這是基本法明確規定的。但對於什麼是普選，基本法沒有作出定義。我理解，"普選"的核心內容是保障人人享有平等的選舉權。從歷史上來看，"普選"概念所強調的是不因財產、性別和種族等的差異而導致選舉權的不平等。因此，通常所說的"普選"，是指選舉權的普及而平等。不過，一如國際上的一般理解，有關選舉的權利是允許法律作出合理限制的。各國根據自己的實際情況採用不同的選舉制度來實現普及而平等的選舉權，這是當今國際社會的現實。

按照基本法的規定和全國人大常委會的有關決定，2017年行政長官可以由普選產生，在此之後，立法會全部議員可以由普選產生。我在4月14日的談話中，重申了全國人大常委會決定的權威性和法律效力，強調按照全國人大常委會決定的時間表實現普選，是我們的共同目標。按照基本法的規定，從香港的實際情況出發，我認為，未來兩個普選辦法既要體現選舉的普及和平等，也要充分考慮符合香港特別行政區的法律地位，與香港特區行政主導的政治體制相適應，兼顧香港社會各階層利益，以及有利於香港資本主義經濟的發展，只有這樣，才符合基本法的規定，也才有可能在香港社會達成最廣泛的共識。

還有一些團體和人士提出未來普選時行政長官候選人的提名門檻高低和功能界別選舉方式問題。我的看法是，討論這些問題都不能離開基本法的規定。基本法第45條明確規定，行政長官的產生辦法最終要"達至由一個有廣泛代表性的提名委員會按民主程序提名後普選產生的目標"。這表明，未來行政長官提名委員會按"民主程序"提名候選人與現行的行政長官選舉委員會由100名委員個人聯合提名候選人，完全是兩種不同的提名方式，沒有什麼可比性。普選時提名的民主程序如何設計，需要根據基本法的規定深入研究。至於功能界別，自從香港引入選舉制度以來，就一直存在，要客觀評價。我注意到香港社會對未來立法會普選時的具體制度安排還有許多不同意見，這完全可以通過理性討論去凝聚共識，不應該成為通過 2012 年政改方案的障礙。

依法治港，嚴格按照基本法規定辦事是中央處理香港事務的重要工作方針。我相信香港社會各界人士一定能夠理解和支持中央的立場，堅定地維護基本法的規定，在基本法和全國人大常委會規定的軌道上討論香港政制發展問題，推進香港民主不斷向前發展。

深入學習研討基本法
努力提高公務員素質

2010 年 7 月 13 日，在澳門基本法高級研討班第一階段結業典禮暨第二階段開班儀式上的講話。此件已在《澳門日報》上全文發表。

　　首先，請允許我代表全國人大常委會澳門基本法委員會對澳門特區政府和研討班的主辦機構高度重視基本法的學習表示敬意，向各位學員積極參與、認真學習基本法表示敬意，對"澳門基本法研討班"第一期的成功舉辦表示祝賀，對各位學員學習結業表示祝賀，同時對第二期開班表示祝賀！

　　去年 12 月 4 日北京舉行紀念澳門基本法實施 10 週年座談會，吳邦國委員長出席會議並發表重要講話，全面闡述"一國兩制"方針和澳門基本法的精神實質，精闢總結澳門基本法實施的三條成功經驗，對進一步貫徹落實好澳門基本法提出了三點希望。吳邦國委員長強調指出，澳門特別行政區要着力加強公務員隊伍建設，提高公務員素質，使他們熟悉基本法，忠於基本法，遵守基本法，自覺維護基本法，全心全意為國家、為澳門貢獻自己的聰明才智。委員長去年 12 月發表講話，今年 1 月澳門特區政府行政暨公職局、澳門理工學院"一國兩制"研究中心、澳門基本法推廣協會就舉辦澳門基本法高級研討班，組織中高層公務員學習基本法，第一期就安排了 15 個班，共 131 名特區政府中高層公務員參加了學習。據了解，以前各級公務員是以不同的形式學習基本法，在各種培訓班中也開過基本法課程，但這樣全面系統地學習研討基本法還是第一次。這次研討班採取教授講課和學員研討相結合、系統學習和重點討論相結合的方式，不同政府部門的公務員把工作中遇到的基本法問題帶到課堂上來，共同探討，相互借鑒，這種學習方式也是一種創新，參加研討班的公務員都反映有很大收穫。

在這個研討班上，楊允中、趙國強、駱偉健、王禹等教授分別講授了"一國兩制"理論體系探討、中央與澳門特別行政區的關係、民權保障與公民社會建設、澳門政治體制、"一國兩制"的優勢與澳門特區的發展進步等五個專題，比較系統地介紹了基本法的內容。那麼，我今天再講些什麼呢？我想，公務員學習基本法，與其他人學習基本法的要求應有所不同。我也可以算作公務員，同大家一樣也在不斷地學習基本法，我有一個體會是，基本法的內容十分豐富，可以說是"橫看成嶺側成峰，遠近高低各不同"，而我們作為公務員，學習基本法要避免"不識廬山真面目，只緣身在此山中"。怎麼做到這一點？這就不僅要熟悉基本法的規定，還要研究了解為什麼這樣規定，背後的法理是什麼，要站在更高的層面上領會基本法的精神實質。"要識廬山真面目，還須身在此山外"，我今天想從澳門公務員學習基本法的角度，提出三條建議，與大家交流探討。

一、要通過學習基本法，加深對澳門歷史性轉變的認識

大家聽到這句話，可能會想，以前講"一國兩制"方針和基本法時，不是都在講"不變"嗎，為什麼今天講起"轉變"來了？確實，"一國兩制"方針和基本法規定了許多"不變"，例如，保持澳門原有的資本主義制度不變，社會經濟制度不變，生活方式不變，法律基本不變，等等，過去我們也經常講"不變"，這都沒有錯，還要繼續講，但我們要深刻認識到基本法規定的各種"不變"和我們常講的"不變"，是以中國政府對澳門恢復行使主權為前提的，澳門回歸祖國就是一個重大的

歷史轉變。

這種歷史轉變，從大的方面來講，我認為有三點是帶有根本性的：首先是澳門回歸祖國，結束了長達 400 多年外國殖民統治歷史，成為國家的一個特別行政區，澳門的法律地位發生了根本性的變化；其次是國家在澳門實施"一國兩制"的方針政策，授予特區高度自治權，澳門人不僅是國家的主人，而且擔負起依照基本法管理好澳門的重大責任，澳門人的身份地位發生了根本性的變化；第三是依據我國憲法制定的澳門基本法正式實施，原來葡萄牙管治澳門的憲制性法律文件不再有效，澳門特區的憲制基礎發生了根本性的變化。與這三個根本性變化相適應，基本法規定的中央和特區關係的性質與以前葡萄牙和澳門的關係是完全不同的，特區政治體制與原來澳葡的政治體制也有根本性的區別，就是在社會經濟制度方面，在保持澳門原有的資本主義制度和生活方式不變的原則指導下，基本法的規定對以前的制度既有承繼，也有發展，換個說法，就是也有所"變化"。舉一個具體的例子，"一國兩制"方針和基本法的一個重要內容就是保持澳門居民的生活方式不變，其主要含義就是保障澳門居民享有的基本權利和自由，基本法第三章對此作了全面系統的規定，澳門歷史上第一次有完整的人權保護規定，這就是一個重要的發展。再舉一個更具體的例子，基本法第 118 條規定，"澳門特別行政區根據本地整體利益自行制定旅遊娛樂業的政策。"按照這條規定，澳門可以發展博彩業，這一點屬於"不變"，但澳門發展博彩業要符合澳門本地整體利益，這個要求是以前所沒有的，也是一種變化。

中央一直高度重視並且十分強調澳門回歸祖國的歷史性轉變。大家可能還記得，江澤民主席在澳門回歸時的題詞是"開創澳門新紀元"，他還說過，澳門回歸祖國，開闢了澳門歷史的新紀元，澳門同胞從此真正成為這塊土地的主人，澳門的發展從此進入一個嶄新的時代。江主席使用"新紀元"、"嶄新的時代"，這兩個概念有什麼深刻含義呢？他在香港講的一段話可以作為這個問題的解答。他說，香港的回歸是香港歷史的一個重大轉折，只有順應這一歷史轉折，真正認識當家作主的責任，才能以主人翁的姿態去認真謀劃香港的發展和未來。這段講話精闢地闡述了認識時代變化與建立施政理念的關係。我們大家都知道，時代的變化，必然帶來觀念、理念的變化。一個政府的施政，要走在時代的前沿，引領社會不斷地發展進步，這就要求作為政府組成人員的公務員敏銳地洞察時代的變化，自覺地改變觀念、理念，樹立與時代相適應的施政理念。具體就澳門來講，就是要加深對澳門歷史性轉變的認識，樹立主人翁意識和歷史責任感，真正建立與“一國兩制”、“澳人治澳”、高度自治相適應的施政理念。

澳門特區政府成立以來，在樹立與“一國兩制”相適應的施政理念方面做得比較好。這次來澳門之前，我特意翻閱了何厚鏵行政長官的十份施政報告和崔世安行政長官的第一份施政報告，這些施政報告從標題到內容，都反映出特區政府很好地順應了澳門的歷史轉變，已經建立起一套適應這一歷史轉變的施政理念。正是有正確的施政理念的指引，在中央和內地各地方的支持下，澳門特別行政區行政長官及其政府帶領澳門各界人士和廣大市民努力建設澳門、發展澳門，無論是澳門市政建設、經濟活動，還是居民的工作生活、精神面貌，都發生了很大的變化，澳門的經濟地位和影響力也完全不同於過去，取得了巨大的成就。因此，也可以說，澳門回歸 11 年來的發展，就是澳門回歸祖國這一偉大歷史轉變的組成部分。

我同時也注意到，隨着澳門社會、政治、經濟不斷向前發展，澳門居民對政府的施政能力和水平提出了更高的要求，過去幾年澳門特區政府為回應這種訴求，提出要進行法律改革，公共行政改革，要建立和完善處理澳門特區高度自治範圍內事務的各項制度，這些都是富有挑戰性的工作，因為任何改革都涉及“變”與“不變”的問題，涉及各方面的利益。我想只有深入認識並且向社會闡明澳門已經發生的歷史性變化，深入分析原有的法律和制度有哪些不適應這一歷史性變化的地方，才能形成一種有利於改革的社會氛圍，才能把這幾項改革工作做好。

二、要通過學習基本法，加深對澳門特別行政區制度的認識

為什麼提出要加深認識澳門特別行政區制度這個問題，我想引用一下基本法序言第三段大家就會明白。這一段是這樣規定的："根據中華人民共和國憲法，全國人民代表大會特制定中華人民共和國澳門特別行政區基本法，規定澳門特別行政區實行的制度，以保障國家對澳門的基本方針政策的實施。"這一段話明白無誤地表明，依據憲法制定的基本法，其核心內容是規定澳門特區實行的制度，規定這一制度的目的是保障國家對澳門的基本方針政策的實施。我們對澳門特別行政區制度要提高到這個層面上來認識。

國家對澳門的基本方針政策是什麼？就是實行"一國兩制"、"澳人治澳"、高度自治，我相信大家已經很熟悉，這裏我想着重談一下這些方針政策與國家管理制度的關係問題。我們要深刻認識到，實行"一國兩制"、"澳人治澳"、高度自治，實質上是中央對澳門的一種管理方式，國家主體實行社會主義制度，澳門保持原有的資本主義制度和生活方式不變，是國家管理中的整體與局部的關係，一般與特殊的關係。加深對澳門特區制度的認識，就是要了解澳門特別行政區制度是國家管理制度的一個組成部分，它既有自己的特殊性，又要符合國家管理制度中具有普遍性意義的原則。

大家知道，我國的國家管理制度是由憲法規定的；國家在必要時可以設立特別行政區，實行特殊的制度，也是憲法規定的。那麼怎麼根據憲法來規定特別行政區制度呢？從基本法規定的內容看，是不是可以概括為以下三個方面：第一，特別行政區制度要符合單一制原則，這是我國國家管理制度的普遍性原則。全國人大決定設立澳門特別行政區，制定基本法規定特別行政區實行的制度，這本身就是單一制原則的重要體

現。具體到基本法條文，也全面地體現了單一制原則，例如，基本法第1條規定澳門特區是我國的一個不可分離的部分，第2條規定澳門特區的高度自治權是全國人大授予的，第12條規定澳門特區是直轄於中央政府的享有高度自治權的地方行政區，第45條規定行政長官對中央政府負責，等等，這些規定背後的法理依據都是單一制原則。第二，根據憲法第31條，由全國人大以法律規定在特區實行資本主義制度，這是我國國家管理制度所允許的特殊性。基本法全面地規定了澳門特區實行的資本主義社會、經濟、文化等方面的制度，其中第11條規定，根據憲法第31條，澳門特區實行的制度和政策，包括社會、經濟制度，有關保障居民的基本權利和自由的制度，行政管理、立法和司法方面的制度，以及有關政策，均以基本法為依據。第三，特別行政區管理體制方面，基本法的有關規定既有國家管理的共性，也有特殊性。國家對澳門特區的管理體制，通俗來說，就是澳門回歸祖國後，全國人大及其常委會和中央人民政府保留一些體現國家主權必不可少的權力，同時授予澳門特別行政區處理內部事務的高度自治權，實行"澳人治澳"。在"一國兩制"下，中央行使對特別行政區權力的體制是憲法和國家法律規定的國家政治體制，這是國家管理共性，基本法為澳門特別行政區行使高度自治權專門設計了一套特區政治體制，這是特殊性。還需要特別指出的是，國家政治體制與特區政治體制不是截然分開的，而是有內在的聯繫。這不僅體現在特別行政區的設立及其制度是由全國人大決定的，中央人民政府負責管理與特別行政區有關的國防、外交等事務，而且體現在基本法有關全國人大及其常委會、中央人民政府與特別行政區政權機關權力關係之中。例如，澳門特別行政區立法會制定的法律要報全國人大常委會備案，澳門特別行政區法院審理案件中如果涉及基本法關於中央管理的事務或中央與特別行政區關係的條款，終審法院必須依法提交全國人大常委會解釋；行政長官要對中央人民政府負責，執行中央人民政府依據基本法發出的指令等。就是內地司法機關與特別行政區司法機關之間也可通過協商依法相互提供司法方面的協助。因此，講特別行政區的管理，既要講特別行政區高度自治權，也要講中央的權力；既要講澳門特別行政區的政治體制，也要講國家政治體制，這兩方面構成有機整體，只有中央和特別行政區政權機構在憲法和基本法規定的框架下依法履行職責，才能把基本法的各項規定落到實處，把澳門的事情辦好，從而實現澳門的長期繁榮穩定和發展。

概括起來講，國家對澳門特區的基本方針政策全部體現在基本法規定的澳門特別行政區制度中，國家對澳門特區雖然採用特殊的方式實施管理，但澳門發展與國家的發展是一體的，認識到這一點，無論在制定政策還是落實政策時，視野就會更加廣闊，為澳門謀劃發展和未來時，辦法也就會更多。

三、要通過學習基本法，加深對澳門特區行政主導政治體制的認識

澳門特區政治體制是澳門特別行政區制度的重要組成部分，我們講依法施政，很重要的一個方面就是要在這個制度規範下施政。對於這套政治體制，我相信在研討班的課程中已經詳細介紹了。為什麼今天我還要講？因為就公務員而言，對這個問題的認識格外要緊，要反覆講，即使我講的有重複，也可以加深一點印象。我只談三點，不展開，供大家參考。

第一，"行政主導"這個概念，可以作為我們對澳門特區政治體制的稱呼。這種稱呼就像我們稱美國的政治體制叫總統制，英國的政治體制叫議會內閣制，法國的政治體制叫半總統制一樣。我們之所以稱澳門特區的政治體制是以行政為主導的政治體制，是因為澳門特別行政區政治體制的最大特點是行政主導，或者用基本法政治體制一章主要起草者蕭蔚雲教授的話來說，"行政主導是基本法政治體制的主要立法原意"。

基本法從澳門特別行政區的法律地位和實際情況出發，確立了以行政為主導的政治體制，其中最重要的就是權力向行政長官傾斜，行政長官在特別行政區政權機構的設置和運作中處於主導地位。"行政主導" 這四個字集中反映了澳門特區政治體制的特點。蕭蔚雲教授甚至稱這套政治體制為 "行政長官制"，所以，我們可以用行政主導的政治體制作為澳門特區政治體制的稱呼。

第二，澳門特區實行行政主導的政治體制，是由澳門特區的法律地位和實際情況決定的。澳門特區的法律地位是直轄於中央人民政府的一個享有高度自治權的地方行政區域，它存在一個與中央政府的關係問題。由於澳門的高度自治權是中央授予的，特區政治體制中必須有一個機構能夠就執行基本法、行使高度自治權對中央負責。司法機關實行司法獨立，沒辦法對中央負責；立法機關由來自不同階層和界別的議員組成，代表不同的利益，也沒有辦法對中央負責，因此，能夠向中央負責的機構只能是行政長官。既然要行政長官對中央負責，就必須賦予其實權，這主要體現在基本法關於行政長官職權的規定。在澳門特區實行行政主導的政治體制，除了因為澳門特區的法律地位外，也是澳門社會各界人士的共識。在基本法起草過程中，澳門社會各界人士都希望能夠把原政治體制中行之有效的部分保留下來，因為大家熟悉這套制度。澳門原來的政治體制的特點是什麼？就是總督擁有比較大的權力，行政主導的政治體制保留了這方面的特點，符合澳門的實際情況。

第三，在行政主導的政治體制下，正確處理行政、立法和司法之間的關係，就是要求依照基本法來辦事。基本法第四章政治體制第一節是行政長官，第二節是行政機關，第三節是立法機關，第四節是司法機關，特區的行政權、立法權和司法權是分別由這幾個機關行使的，因此可以說，行政主導的政治體制也是有分權的。有分權，就有一個怎麼處理各政權機關之間關係的問題。澳門基本法起草委員會主任委員姬鵬飛在草案說明中指出，行政長官、行政機關、立法機關和司法機關之間要遵循既相互配合又相互制衡的原則，從這一原則出發，基本法規定了行政長官、行政機關、立法機關和司法機關的職權。因此，基本法規定的行政、立法和司法機關的關係是既相互配合又相互制衡的關係，體現了"分權與制衡"。有一種觀點認為，澳門特區政治體制是三權分立，然後就從"三權分立"的概念出發來理解基本法的規定，這是不正確的，正確的方法應當是從澳門基本法的規定出發來理解行政、立法和司法之間的關係，而不是簡單從"三權分立"的概念出發來理解這三者之間的關係。

澳門回歸以來，行政、立法、司法機關之間無論是配合還是制衡都處理得比較好，這是澳門這些年發展比較好的一個重要原因。從中我們可以總結一條經驗，這就是各政權機關之間既相互配合又相互制衡是澳門特區實現良好管治的一個重要因素，只有這樣，才能把基本法賦予特區的高度自治權用於為澳門謀發展，為居民謀福祉。這裏需要說清楚的是，講配合不是否定司法獨立，司法獨立是法治的重要標誌，澳門基本法規定，法院獨立進行審判，只服從法律，不受任何干涉，檢察院獨立行使法律賦予的檢察職能，不受任何干涉，是必須堅持的，但絕不意味着不能配合，我們在講配合的同時，也必須講制衡，按照基本法規定進行權力制衡。配合是落實基本法，制衡也是落實基本法，兩者是同樣重要的。如澳門回歸後，由於歷史的慣性，行政機關制定行政法規的權力比較大，去年，澳門特區立法會制定了《關於訂定內部規範的法律制度》，比較好地處理了這方面的問題。再如，最近終審法院在幾個案件中判政府敗訴，這些都是正常的，是行政權受立法、司法制約的一種體現。總之，在行政主導的政治體制下，行政機關具有比較大的權力，與此相應，也意味着承擔更大的責任。

胡錦濤主席在慶祝澳門回歸 10 週年大會上提出要求，"進一步健全澳門特別行政區各項法律法規，加強制度建設，特別是要按照以人為本、勤政、廉潔、高效的要求，完善政府行政規章制度，促進澳門特別行政區政府管治水平不斷提高"。行政能否主導起來，管治水平能否提高，很大程度上，取決於公務員隊伍的素質能力建設。澳門特區政府成立後，歷史上第一次有一支完全由澳門永久性居民組成的公務員隊伍，我們這支公務員隊伍很年輕，很有朝氣，經過澳門回歸後 11 年施政的歷練，實踐證明我們這支公務員隊伍總體上是合格的。今天看到這麼多公務員參加這個研討班，深入研討基本法，交流工作經驗，我完全相信，我們這支隊伍，一定能夠按照胡主席的要求，加強素質能力建設，不斷提高管治水平，勇敢應對澳門前進道路上的各種困難和挑戰，把澳門建設得更加美好。

中央對香港具有的憲制權力及其實踐

2010 年 9 月 13 日印發 "香港特區政府常任秘書長研修及訪問團"，
最後的版本是 2012 年 4 月 23 日為香港特區政府高層首長級公務員
專設國家事務研修班授課稿。

中央對香港的憲制權力，從大的方面來講，可以分為三個層面：一是恢復對香港行使主權，制定對香港的基本方針政策；二是決定設立香港特別行政區，制定香港基本法，規定在香港特別行政區實行的制度；三是按照基本法的規定，依法行使一些具體的屬於中央的權力，處理涉及香港特區的事務。中央行使這三個方面的權力都可以稱為對香港行使憲制權力。我們現在通常所講的中央對香港的憲制權力，主要是指第三個層面的權力，也就是依照基本法的規定，中央對香港特區具有的權力及其運作。圍繞這個問題，我今天主要講三點：第一，特別行政區制度是國家管理制度的組成部分；第二，中央依照基本法的規定對香港特區具有的憲制權力；第三，結合我的工作，談一談全國人大常委會依法行使對香港憲制權力的實踐。

一、特別行政區制度是國家管理制度的組成部分

大家對這個提法可能有些生疏，有些疑問，特別行政區制度怎麼成了國家管理制度的組成部分。大家知道，香港基本法有 1 個序言、160個條文、3 個附件和區旗區徽圖案，它們之間是一個什麼關係？打個比喻來說，這些內容不是一個一個蘋果，裝到一個叫基本法的筐子裏，而

是一串葡萄，雖然有很多葡萄粒，但串在一起，是有機的整體。一串葡萄有一根藤，把所有的葡萄粒串在一起，那麼，是什麼把基本法所有內容串在一起，從而形成一個有機整體？我們研究認為，這就是特別行政區制度。這個說法有沒有依據？我們認為是有充分依據的。

首先是憲法依據。憲法第 31 條規定，"國家在必要時得設立特別行政區。在特別行政區內實行的制度按照具體情況由全國人民代表大會以法律規定。"第 62 條規定全國人大的職權之一是"決定特別行政區的設立及其制度"。按照這兩條規定，以法律規定或由全國人大決定的是特別行政區內實行的制度或特別行政區制度。其次是基本法依據。基本法序言第三段規定，根據憲法，全國人大制定基本法，規定特別行政區實行的制度，以保障國家基本方針政策的實施，由此可以看出，基本法核心內容就是規定特別行政區制度。第三是立法法依據。立法法第 8 條第三項規定，"民族區域自治制度、特別行政區制度、基層群眾自治制度"只能以法律規定。從以上依據可以得出這樣的結論，從"一國兩制"方針政策到基本法，實現了從政策到法律的轉變，這個轉變是通過創設一套特別行政區制度來實現的，特別行政區制度是"一國兩制"方針政策的法律表現形式。憲法和基本法規定的特別行政區制度，不僅包括特別行政區內部的制度，例如社會經濟制度、法律制度等，還包括國家管理體制和管理制度。我在香港回歸前夕發表過一篇文章，論述基本法的核心內容，我說基本法的全部內容可以概括為三句話：堅持一個國家，保障國家主權；堅持兩種制度，保障高度自治；堅持基本不變，保障穩定繁榮。這三句話既有中央對香港的管治，也有香港自身實行的制度，就是"一國兩制"，就是基本法序言第三段規定的特別行政區制度。香港特區享有的高度自治權是香港特別行政區制度的組成部分，中央對香港的憲制權力也是香港特別行政區制度的組成部分。只有把中央對香港的憲制權力放在香港特別行政區制度的框架內來理解，才可能全面準確地理解這種權力。從特別行政區制度這個視角來讀基本法，基本法的各項規定都是這套制度的有機組成部分，還可以把特別行政區制度細分為各種具體制度，如授權制度、中央的事權制度、中央與特別行政區關係制度、駐軍制度、行政長官制度、法律制度、司法制度、經濟制度等，它們之間緊密地聯繫在一起。因此，以論述特別行政區制度為核心，我們就不能講基本法只講高度自治權、不講中央的權力，甚至把兩者對立起來。以特別行政區制度為核心闡述基本法，可以把中央和特區的權力統一到一套制度之中，把特別行政區管理體制納入國家管理體制之中。

從更大的層面來講，香港特別行政區制度是國家管理制度的組成部分，我國的國家管理制度是由憲法規定的；國家在必要時可以設立特別行政區，實行特殊的制度，也是憲法規定的。那麼怎麼根據憲法來規定特別行政區制度呢？從基本法規定的內容看，大致可以概括為以下三個方面，這也體現了中央與特區的權力關係：

第一，特別行政區制度要符合單一制原則，這是我國國家管理制度的普遍性原則。全國人大決定設立香港特別行政區，制定基本法規定特別行政區實行的制度，這就是單一制原則的重要體現。具體到基本法條文，也全面地體現了單一制原則，例如，基本法第 1 條規定香港特區是我國的一個不可分離的部分，第 2 條規定香港特區的高度自治權是全國人大授予的，第 12 條規定香港特區是直轄於中央政府的享有高度自治權的地方行政區，第 43 條規定行政長官對中央政府負責，等等，這些規定背後的法理依據都是單一制原則。在單一制國家裏，地方沒有固有權力，地方權力來源於中央授予。這是單一制國家的特點，中央與地方是授權關係。在授權下，授權者擁有完整的管治權是授權的前提，而且作出授權後，授權者對被授權者具有監督權。中央和香港之間的關係是授權和被授權的關係，從這個角度講，基本法是一部授權法律。在基本法的規定中，凡是涉及國家管理制度的普遍性原則，均體現為中央的權力。

第二，根據憲法第 31 條，由全國人大以法律規定在特區實行資本主義制度，這是我國國家管理制度所允許的特殊性。基本法全面規定了香港特區實行的資本主義社會、經濟、文化等方面的制度，其中第 11 條規定，根據憲法第 31 條，香港特區實行的制度和政策，包括社會、經濟制度，有關保障居民的基本權利和自由的制度，行政管理、立法和司法方面的制度，以及有關政策，均以基本法為依據。在基本法規定中，凡是涉及國家對香港實施管理的特殊性的內容，均體現為特區的高度自治權。

第三，特別行政區管理體制方面，基本法的有關規定既有國家管理的共性，也有特殊性。國家對香港特區的管理體制，通俗來說，就是香港回歸祖國後，全國人大及其常委會和中央人民政府保留一些體現國家主權必不可少的權力，同時授予香港特別行政區處理內部事務的高度自治權，實行 "港人治港"。在 "一國兩制" 下，中央行使對特別行政區權力的體制是憲法和國家法律規定的國家政治體制，這是國家管理共性，基本法為香港特別行政區行使高度自治權專門設計了一套特區政治體制，這是特殊性。需要特別指出的是，國家政治體制與特區政治體制不是截然分開的，而是有內在的聯繫。這不僅體現在特別行政區的設立及其制度是由全國人大決定的，中央人民政府負責管理與特別行政區有關的國防、外交等事務，而且體現在基本法有關全國人大及其常委會、中央人民政府與特別行政區政權機關權力關係之中。因此，講特別行政區的管理，既要講特別行政區高度自治權，也要講中央的權力，既要講香港特別行政區的政治體制，也要講國家政治體制，這兩方面構成有機整體，只有中央和特別行政區政權機構在憲法和基本法規定的框架下依法履行職責，才能把基本法的各項規定落到實處，把香港的事情辦好，從而實現香港的長期繁榮穩定和發展。

二、香港基本法規定的中央憲制權力

胡錦濤主席 2007 年 7 月 1 日在香港特別行政區成立十週年大會暨香港特別行政區第三屆政府就職典禮上的講話指出，"一國兩制"，"一國"是前提，"一國"就是要維護中央依法享有的權力，維護國家主權、統一、安全。按照基本法的規定，中央對香港的憲制權力有一些是具體列明的，有一些是在條文中蘊含的，這兩者同樣重要。具體來講，中央對香港的憲制權力有以下十個方面：

1. 中央對香港具有全面的管治權

基本法序言第一段開宗明義指出，香港自古以來就是中國領土，中國政府於 1997 年 7 月 1 日恢復對香港行使主權。"恢復行使主權"主要就是恢復對香港行使管治權。我們大家都經歷了中英談判中的主權與治權之爭，都明白個中的因由。中央對香港恢復行使的是包括管治權在內的完整主權，這是基本法第 2 條規定的基礎。這一條是關於香港特區實行高度自治權的權力來源的規定："全國人民代表大會授權香港特別行政區依照本法的規定實行高度自治，享有行政管理權、立法權、獨立的司法權和終審權。"大家都知道，任何機構或個人，要作出授權，前提是他必須具有有關權力。全國人民代表大會是我國的最高國家權力機關，它授予香港特區行政管理權、立法權、獨立司法權和終審權，前提就是中央對香港具有完全的管治權。這本來就是單一制國家中央與地方關係的應有之義。香港特區終審法院在解釋基本法時對此也是接受的，例如，1999 年 12 月的劉港榕案，終審法院判決認為，基本法第 158 條第一款規定的全國人大常委會解釋基本法的權力是全面、不受限制的，基本法第 158 條第二款、第三款授權特區法院解釋基本法，也表明全國人大常委會的這種權力是全面和不受限制的。只有這樣，全國人大常委會才能夠授權特區法院解釋基本法。

2. 作為中央政府的一般性權力

按照我國憲法的規定，中央政府即國務院的職權之一是統一領導全國地方各級國家行政機關的工作。基本法沒有明確規定中央政府領導香港特區行政機關的工作，澳門特區政府經常講在中央政府的領導下，也就是承認中央對澳門有一般的領導權，但在香港，還沒有這種提法。我想是否稱之為領導權，是一個可以討論的問題，但作為中央政府對香港特區，除了基本法明確規定的權力外，還存在着一般性的權力，這種權力是蘊含於基本法有關規定之中的。如基本法第 12 條規定，香港特區是直轄於中央政府的地方行政區域，這裏的"直轄"就是直接管轄的含義，不說"領導"而是"直接管轄"，這就是中央政府的一般性權力。基本法第 43 條規定，行政長官依照基本法的規定對中央政府負責，要求行政長官向中央政府負責，這也是中央政府的一般性權力。這裏的"負責"主要是什麼內容呢？基本法第 48 條第二項規定行政長官"負責執行"基本法，這是負責的主要內容。因為基本法是一部授權法，接受授權的香港特區要向授權者負責，行政長官要向中央政府承擔起在香港特區全面貫徹落實基本法的責任。此外，基本法還具體規定了一些具體負責的內容，例如，報請中央政府任免主要官員，執行中央政府就基本法規定的有關事務發出的指令，處理中央授權的對外事務和其他事項等。香港回歸祖國後，行政長官每年都要到中央述職，這也表明了中央政府對特區政府有這種一般性的權力。大家可能在想，不是一直在講中央政府不干預香港特區高度自治範圍內的事務嗎，這裏講中央政府對香港特區的一般性權力，是不是一種干預？在這裏我想指出，中央政府對香港特區的一般性權力和中央政府不干預香港高度自治權範圍內的事務，實質上強調的都是依照基本法規定辦事。大家如果看基本法，就會發現，基本法的任何地方都沒有寫中央政府不干預香港特區自治範圍內的事務，為什麼不這樣寫？因為前面講到，香港特區是直轄於中央人民政府的地方行政區域，不能既"不干預"又要"直接管轄"。但中央政府不干預香港特區自行管理的事務，也是正確的，因為這實際上強調的是嚴格按照基本法規定辦事，基本法已經授予特區的高度自治權，中央政府不能越俎代庖，只能由特區依照基本法規定行使。基本法第22條第1款規定中央政府所屬各部門、各省、自治區、直轄市均不得干預香港特區根據本法自行管理的事務。但這裏的表述是中央政府所屬各部門、各省、自治區、直轄市均不得干預香港特區根據本法自行管理的事務，而不是籠統講中央政府不干預香港特區自行管理的事務。中央政府一直十分嚴格按照基本法規定辦事。這裏我講一個具體的例子。為什麼國務院設立的是港澳事務辦公室而不是港澳工作部？這就涉及是否符合基本法第22條規定的問題。按照我國憲法和法律的規定，國務院各部、委是有行政權的，而辦公室是辦事機構，沒有單獨的行政權。憲法第86條的規定，國務院實行總理負責制，由於國務院所屬各部門不能干預特區自行管理的事務，那麼，處理港澳事務的權力屬於國務院總理，因此，大家熟悉的國務院港澳事務辦公室的定位是"國務院總理處理港澳事務的辦事機構"，也就是說，國務院港澳辦沒有單獨的權力，處理港澳事務的權力在國務院，完全遵照執行了基本法第22條第1款的規定。

3. 中央政府對行政長官和主要官員的任命權

基本法第45條規定，"香港特別行政區行政長官在當地通過選舉或協商產生，由中央人民政府任命。"附件一具體規定了行政長官的產生辦法，其中第一條規定，"行政長官由一個具有廣泛代表性的選舉委員會根據本法選出，由中央人民政府任命。"基本法第48條第（五）項規定，行政長官"提名並報請中央人民政府任命下列主要官員：各司司長、副司長，各局局長，廉政專員，審計署署長，警務處處長，入境事務處處長，海關關長；建議中央人民政府免除上述官員職務"。對這兩條提出的問題是，中央的任命權是程序性的還是實質性的？一些港人在起草基本法時提出，既然是"港人自治"，香港人選出的行政長官，中央都必須任命，中央的任命權是程序性的。經過深入的討論，基本法起草委員會達成了以下一致的看法：在單一制國家中，中央對地方政權領導人的任命權是維護國家統一的重要手段，是體現國家主權的行為，決不能流於形式。行政長官的地位十分重要，按照香港基本法的規定行政長官是雙首長（特別行政區政府首長、特別行政區首長）、雙負責（對特別行政區負責、對中央負責），中央必須擁有實質性任命行政長官的權力。同樣，中央政府對主要官員的任免權也是實質性的。因此，基本法規定的任命權不是程序性的而是實質性的，即中央可以任命也可以不任命。

4. 基本法的解釋權

基本法第 158 條規定有關基本法解釋權的規定是體現 "一國兩制" 的典型條款。它首先規定 "本法的解釋權屬於全國人民代表大會常務委員會"，體現 "一國"，體現了我國的憲政制度，而後考慮到 "兩制"，考慮到香港法院審理案件的需要，授權香港法院在審理案件時，對香港自治範圍內的條款自行解釋。而後進一步授權，香港法院在審理案件時對基本法的其他條款也可解釋，但是如果需要對中央管理的事務或中央與特區關係的條款進行解釋，而對該條款的解釋又影響到案件的判決，在對該案件作出不可上訴的終局判決前，應由香港終審法院請全國人大常委會對有關條款作出解釋，這又體現了 "一國"。

怎麼理解基本法關於解釋權的規定？我想從特別行政區制度出發，是不是可以把握以下幾點：第一，基本法是一部授權法，理解這一性質，就可以很好地理解基本法的解釋權一定要掌握在授權者手中，而不會全部交給被授權者來解釋，也就是說，中央作為授權者，一定要掌握基本法的解釋權，而且是全面和最終解釋權，這是一般的道理。第二，中央哪個機構來行使基本法的解釋權，這是由憲法規定所決定的。按照我國憲法第 67 條的規定，我國的憲法和法律的解釋權屬於全國人大常委會，基本法作為一項全國性法律，其解釋權也必然屬於全國人大常委會。第三，在全國人大常委會掌握基本法的全面和最終解釋權的前提下，授權香港特區法院在審理案件時對基本法進行解釋是完全必要的。基本法第 84 條規定，香港特區法院要依照本法第 18 條所規定的適用於香港特區的法律審判案件，而第 18 條規定適用於香港特區的法律包括基本法、香港原有法律和特區立法機關制定的法律，以及列入基本法附件三的極少數全國性法律，既然要求法院依照基本法審判案件，就必須賦予其解釋基本法的權力。第四，特區法院的解釋針對具體案件，而全國人大常委會只對基本法有關條文作立法解釋，不涉及具體案件。第五，特區法院解釋基本法的權力不同於全國人大常委會的解釋權，是有限制的，這種限制也是對司法獨立和終審權的一種保障措施。基本法第 158 條對法院解釋權的限制是：特區法院在審理案件時如需對基本法關於中央管理的事務或中央與特區關係的條款作出解釋，終審法院要提請全國人大常委會作出解釋。為什麼要有這樣的規定？我想可以這樣理解，香港特區享有終審權意味着其終審判決不被推翻，而且是能夠得到執行的。如果特區的終審判決對基本法的有關規定作出錯誤解釋，從而嚴重侵犯了中央的權力或嚴重影響到中央與特區的關係，能夠要求中央執行這樣的判決嗎？肯定不行，那麼終審判決就不可能真正具有終審效力。另外，香港基本法是全國性法律，不僅香港要遵守，在內地中央和地方均要遵守，如果涉及中央管理的事務或中央與特區關係的條款，只由香港終審法院進行解釋，要求全國一體遵行也是不可能的，只有全國人大常委會的解釋才能達到全國一體遵行的效果。這樣講可能比較抽象，我舉一個現實發生的例子。1999 年的 "1·29" 判決大家都十分熟悉，其中終審法院對基本法第 22 條第 4 款作出了錯誤解釋，這個條款涉及內地居民到香港定居的批准手續問題，終審法院認為，只要是具有香港永久性居民身份的人，無需內地有關部門批准就可以進入香港。這與中央有關內地居民進入香港的法律規定發生了嚴重的衝突，侵犯了中央依照基本法享有的權力。其結果怎麼樣呢？大家知道，後來全國人大常委會對該條作出了正確的解釋，但終審法院此前的判決不受影響，有幾千名違反內地居民進入香港法律規定的人獲得了香港居留權。這些人就到中旅辦理回鄉證，結果他們拿不到回鄉證。因為這些人沒有按照內地的法律規定辦理到香港定居的手續，在中旅的電腦顯示他們還是內地居民，當然不能給內地居民回鄉證。這就出現這樣一種情況：按照香港法院的判決，他們已經是香港永久性居民，可以領取回鄉證，但按照內地法律規定，他們還是內地居民，中旅發回鄉證依據的是內地法律，而不是香港法院判決，所以不能發給他們回鄉證。後來是採取了一些特殊的措施，才解決這個問題。

5. 基本法的修改權

基本法是全國人大制定的，基本法第 159 條規定，其修改權屬於全國人大，這也是中央的一項重要的憲制權力，這種權力不僅反映了法律的制定和修改應當屬於同一機構的法理，而且也與基本法的授權法性質相適應。基本法關於修改權的規定有兩個特殊的地方：第一是關於修改提案權的規定。基本法的修改提案權分別是全國人大常委會、國務院和香港特別行政區。這個規定有什麼特殊呢？按照我國憲法和法律規定，全國人大常委會、全國人大專門委員會、國務院、出席全國人大會議的各代表團、全國人大代表 30 名聯名均有法律修改議案的提案權，內地各省一級的地方都沒有法律修改提案權。基本法 159 條規定只有全國人大常委會和國務院才能提出基本法修改議案，可以看出減少了修改議案的提案機構，同時規定香港特區具有基本法修改議案的提案權，這都是十分特殊的安排。第二是關於基本法附件修改的規定。全國人大關於基本法的決定和公佈基本法的國家主席令都明確規定，基本法包括三個附件和區旗、區徽圖案。對於三個附件的主要內容的修改，基本法都作了特殊的規定。其中附件一和附件二的修改，要經香港立法會全體議員三分之二多數通過，行政長官同意，並報全國人大常委會批准和備案；附件三所列全國性法律，全國人大常委會可以在徵詢其所屬的基本法委員會意見後，作出增減決定。

6. 對行政長官產生辦法和立法會產生辦法修改的決定權

我國是單一制國家，香港是中央下轄的地方行政區域，地方行政區域的政治體制是不能自行決定的，而是由中央通過基本法決定的，因此政治體制如果要改變，也要由中央來決定，這是順理成章的。而兩個產生辦法就屬於政治體制的重要組成部分，因此兩個產生辦法是否需要修改應由中央來決定。2004 年 4 月全國人大常委會的解釋規定，兩個產生辦法 "是否需要進行修改，香港特別行政區行政長官應向全國人民代表大會常務委員會提出報告，由全國人民代表大會常務委員會依照《中華人民共和國香港特別行政區基本法》第四十五條和第六十八條規定，根據香港特別行政區的實際情況和循序漸進的原則確定"。兩個產生辦法的修改在特區完成法定程序後，要報全國人大常委會批准或備案。

7. 對特區立法機關制定的法律的監督權

基本法第 17 條規定，"香港特別行政區的立法機關制定的法律須報全國人民代表大會常務委員會備案。備案不影響該法律的生效。全國人民代表大會常務委員會在徵詢其所屬的香港特別行政區基本法委員會後，如認為香港特別行政區立法機關制定的任何法律不符合本法關於中央管理的事務及中央和香港特別行政區的關係的條款，可將有關法律發回，但不作修改。經全國人民代表大會常務委員會發回的法律立即失效。該法律的失效，除香港特別行政區的法律另有規定外，無溯及力。" 這就是前面講到的，全國人大授予香港特區立法權，但並不因授權而喪失對被授權人的監督權。實際上，該規定與內地類似，所有的省級地方性法規都要報全國人大常委會備案。所不同的是，對於內地的地方性法規，全國人大常委會如果認為抵觸憲法或法律，有權撤銷，而對特區立法機關制定的法律，全國人大常委會如果認為有關法律不符合基本法關於中央管理的事務或中央與特區關係的條款，有權發回。

8. 防務和外交事務的管理權

基本法第 13 條規定，中央政府負責管理與香港特區有關的外交事務。外交部在香港特區設立機構處理外交事務。中央政府授權香港特區依照本法自行處理有關的對外事務。外交事務由中央統一管理，這是體現國家主權、統一和領土完整的一個重要標誌，基本法第七章及其他一些條文具體規定的香港特區的對外事務，都必須在外交權屬於中央這個原則下來理解和執行。

基本法第 14 條規定，中央政府負責管理香港特區的防務。香港特區政府負責維持香港特區的社會治安。中央政府派駐香港特區負責防務的軍隊不干預香港特區的地方事務。駐軍人員除遵守全國性法律外，還須遵守香港特區法律。駐軍費用由中央政府負擔。國防統一同樣是國家主權、統一和領土完整的重要標誌，必須由中央政府負責管理。為此，全國人大常委會還專門制定了香港駐軍法，對香港駐軍履行防務職責的有關事宜作出全面的規定。

9. 向特區作出新授權的權力

基本法第 2 條規定，全國人大授權香港特區"依照本法的規定"實行高度自治，"依照本法的規定"即表明特區享有的高度自治權以基本法規定為限，也就是中央授予多少權，就有多少權。這就遇到一個問題，如果特區需要一些基本法沒有規定的權力怎麼辦？所以，基本法第 20 條規定，香港特區還可享有全國人大及其常務委員會和中央政府授予的其他權力。在基本法規定的授權框架下，中央向特區作出新授權是一項重要的憲制權力。香港回歸前後，中央向香港特區作過三次授權，按時間順序分別是：1995 年 6 月 22 日《中央人民政府處理"九七"後香港涉台問題的基本原則和政策》對香港特區與台灣的民間往來作出授權，同時規定"香港特別行政區與台灣地區之間以各種名義進行的官方接觸往來、商談、簽署協議和設立機構，須報請中央人民政府批准，或經中央人民政府具體授權，由特別行政區行政長官批准"。1996 年 5 月 15 日全國人大常委會關於國籍法在香港特區實施的幾個問題的解釋第六條規定，"授權香港特別行政區政府指定其入境事務處為香港特別行政區受理國籍申請的機關，香港特別行政區入境事務處根據《中華人民共和國國籍法》和以上規定對所有國籍申請事宜作出處理。" 2006 年 10 月 31 日全國人大常委會關於授權香港特區對深圳灣口岸港方口岸區實施管轄的決定規定，"授權香港特別行政區自深圳灣口岸港方口岸區啟動之日起，對該口岸所設港方口岸區依照香港特別行政區法律實施管轄。"

10. 香港特區進入緊急狀態的決定權

基本法第 18 條規定，"全國人民代表大會常務委員會決定宣佈戰爭狀態或因香港特別行政區內發生香港特別行政區政府不能控制的危及國家統一或安全的動亂而決定香港特別行政區進入緊急狀態，中央人民政府可發佈命令將有關全國性法律在香港特別行政區實施。"戰爭狀態比較好理解，這就是整個國家進入戰爭狀態，值得注意的是，這個條文講的"進入緊急狀態"，除了因戰爭狀態外，還包括發生不是一般騷亂而是危及國家統一和安全的動亂，而且是香港特區政府不能控制的，此處的全國性法律是指附件三所列法律以外的法律，例如戒嚴法。

除以上十個方面外，基本法還規定了中央具有的其他一些權力，這些權力基本能夠納入以上十個方面。還需要提出的是，基本法在規定中央的憲制權力時，通常都表述為最終權力，比如說，行政長官在當地選舉產生後，報中央政府任命；特區制定的法律報全國人大常委會備案後，全國人大常委會可以依法發回；行政長官和立法會產生辦法要報全國人大常委會批准或備案。那麼，中央是不是要在香港走完所有法律程序後才能介入、才能行使權力呢？我認為不能這樣理解。凡是基本法規定中央具有憲制權力的地方，在實際執行中，中央從一開始就應當有權介入，這是避免產生重大憲制危機的必由之路。

三、全國人大常委會依法行使憲制權力的實踐

回歸以來，全國人大常委會依據基本法行使憲制權力的實踐，主要有對基本法的解釋，就香港特區兩個產生辦法的修改作出決定，以及批准和備案兩個產生辦法修改法案。

（一）全國人大常委會解釋基本法的實踐

全國人大常委會有四次解釋香港基本法的實踐。一是 1999 年 6 月 26 日第一次釋法，解釋了基本法第 22 條第 4 款和第 24 條第 2 款第（三）項，涉及港人在內地所生子女的居港權問題；二是 2004 年 4 月 6 日第二次釋法，解釋了基本法附件一第七條和附件二第三條，涉及政制發展問題；三是 2005 年 4 月 27 日第三次釋法，解釋了基本法第 53 條第 2 款，涉及補選的行政長官的任期問題；四是 2011 年 8 月 26 日第四次釋法，解釋了基本法第 13 條第 1 款和第 19 條第 3 款，涉及剛果（金）案的判決。

1. 關於第一次釋法

香港終審法院 1999 年 1 月 29 日對幾起涉及居港權的上訴案件作出判決，該判決存在四大問題：

（1）宣稱香港終審法院有權審查全國人大及其常委會的立法行為，如果認為全國人大及其常委會的立法行為不符合香港基本法，終審法院有權宣佈其無效，還強調 "我們就要利用這個機會明白無誤地說出這一點"。

（2）對第 24 條第 2 款第（三）項的解釋與立法原意相悖。第 24 條第 2 款規定，香港特別行政區永久性居民為：（一）在香港特別行政區成立以前或以後在香港出生的中國公民；（二）在香港特別行政區成立以前或以後在香港通常居住連續 7 年以上的中國公民；（三）第（一）、（二）項所列居民在香港以外所生的中國籍子女。終審法院將第（三）項解釋為不論在成為香港永久性居民之前還是之後，在內地所生子女都

是香港永久性居民。本條的立法原意是，內地到香港定居的居民，只有在成為香港永久性居民以後在內地所生的子女才是永久性居民。該立法原意體現在 1984 年中英聯合聲明附件中，"在香港出生的人和在香港居住滿 7 年的人及其在內地所生的子女"，"其" 是指在成為永久性居民以後的人，後來的中英聯絡小組的文件、全國人大香港籌委會的文件，都闡明了這一原意。雖然從香港基本法的字面來看，也可以作出終審法院的解讀，但這種解讀違背了有大量立法資料證明的立法原意。

（3）對第 22 條第 4 款作出錯誤解釋。終審法院認為該款不適用於港人在內地所生子女。第 22 條第 4 款規定 "中國其他地區的人進入香港特別行政區須辦理批准手續，其中進入香港特別行政區定居的人數由中央人民政府主管部門徵求香港特別行政區政府的意見後確定"。這一規定承繼了香港回歸前內地居民進入香港的管理制度，也就是說，所有內地居民赴港都要由內地主管機關審批。終審法院認為港人在內地所生子女是香港永久性居民，他們不需要內地主管部門批准就可以到香港定居。

（4）解釋程序不符合基本法的規定。第 158 條規定，涉及中央管理的事務或中央與特區關係的條款，終審法院應請人大常委會解釋。基本法第 22 條第 4 款明顯屬於中央管理的事務和中央與特區關係的條款，但終審法院拒絕提交全國人大常委會解釋。

該判決一出來，在香港引起極大震動，作為地方法院的香港終審法院挑戰最高國家權力機關，愛國愛港人士紛紛提出批評，但是香港法律界尤其是反對派、"民主派" 卻一片喝彩，這又反映了這些人試圖把香港變成獨立的政治實體、與中央對等的心態。

中央對這一判決高度重視，但考慮到當時香港回歸僅兩年，為使情況不升級，中央決定，人大常委會不出面，請四位資深的香港基本法草委，北京大學的蕭蔚雲教授、社科院法學所的吳建璠教授、人民大學的許崇德教授、外交部的法律顧問邵天任同志，發表談話，通過新華社播發。該談話指出：

（1）全國人民代表大會及其常務委員會是最高國家權力機關，是監督其他機關的，其他機關決不能質疑和挑戰全國人大的立法行為。香港終審法院作為地方法院挑戰最高國家權力機關違反了國家憲法和基本法。

（2）香港終審法院的審判權來源於全國人民代表大會的授權，作為被授權者反過來審查授權者的行為是本末倒置，也違反了香港基本法。

（3）香港基本法規定香港法院對國家行為無管轄權，全國人大及其常委會的立法行為是國家行為，香港法院無權管轄，更無權審查。

上述談話在香港產生了非常大的影響，他們4人被香港媒體稱為"四大護法"。香港特別行政區政府律政司向終審法院提出申請，請求終審法院就1月29日的判決中有關審查全國人大及其常委會立法行為的內容作出澄清。1999年2月26日香港終審法院作出澄清：1999年1月29日所作判詞，並未質疑人大常委會根據第158條享有的基本法解釋權，如果人大常委會對基本法作出解釋，特區法院必須以此為依歸，並接受這個解釋權是不能質疑的。隨後，全國人大常委會法工委發言人發表談話說，注意到了終審法院作出的澄清，認為作出該等澄清是必要的。至此，通過法律專家和法工委發言人談話成功地化解了一場憲制危機。

但是，這一澄清並沒有解決終審法院對基本法的錯誤解釋將會引發的嚴重問題。特區政府的調查統計表明，根據終審法院的判決，新增加的符合香港居留權資格的內地人士至少167萬，這將給香港帶來巨大人口壓力，嚴重影響香港的穩定和繁榮。而在香港，終審法院的判決至高無上，是終局判決，沒有任何機制改正終審法院的判決，除非終審法院自己在類似的案件中改判。香港特別行政區行政長官根據基本法第43條有關行政長官向中央政府負責的規定以及基本法第48條有關行政長官負責執行基本法的規定，向國務院提交報告，反映該判決作出後面臨的巨大人口壓力，請求國務院提請全國人大常委會對基本法相關條文作出解釋。由此，國務院向全國人大常委會提出釋法議案，全國人大常委會於 1999 年 6 月 26 日作出解釋。解釋首先指出，終審法院對基本法的有關解釋，實體上違反了立法原意，程序上違反了基本法有關需要提請全國人大常委會解釋的規定。接着，對基本法第 22 條第 4 款作出了以下解釋："《中華人民共和國香港特別行政區基本法》第二十二條第四款關於'中國其他地區的人進入香港特別行政區須辦理批准手續'的規定，是指各省、自治區、直轄市的人，包括香港永久性居民在內地所生的中國籍子女，不論以何種事由進入香港特別行政區，均需按照國家有關法律、行政法規的規定，向其所在地區的有關機關申請辦理批准手續，並須持有有關機關製發的有效證件方能進入香港特別行政區。各省、自治區、直轄市的人，包括香港永久性居民在內地所生的中國籍子女，進入香港特別行政區，如未按國家有關法律、行政法規的規定辦理相應的批准手續，是不合法的。"對基本法第 24 條第 2 款第 3 項作出了如下解釋："《中華人民共和國香港特別行政區基本法》第二十四條第二款前三項規定'香港特別行政區永久性居民為：（一）在香港特別行政區成立以前或以後在香港出生的中國公民；（二）在香港特別行政區成立以前或以後在香港通常居住滿七年以上的中國公民；（三）第（一）、（二）兩項所列居民在香港以外所生的中國籍子女'。其中第（三）項關於'第（一）、（二）兩項所列居民在香港以外所生的中國籍子女'的規定，是指無論本人是在香港特別行政區成立以前或以後出生，其在出生時，其父母雙方或一方須是符合《中華人民共和國香港特別行政區基本法》第二十四條第二款第（一）項或第（二）項規定條件的人。"

這次釋法之後，儘管香港大律師公會部分人士在釋法第二日上街遊行，身着出庭所穿黑袍，稱象徵"香港法治已死"，認為人大常委會釋法破壞了香港法治，但該釋法阻止了大批港人內地所生子女湧入香港，受到了特區政府的歡迎、香港廣大市民的擁護，確保了基本法的正確實施，維護了香港的繁榮和穩定。

2. 關於第二次釋法

2003 年 7 月 1 日下午，香港爆發號稱 50 萬人的大遊行。遊行過程中及其後，一些港人根據基本法附件一和附件二的有關規定，提出要求 2007 年和 2008 年實行行政長官和立法會 "雙普選"，並且提出兩個產生辦法改不改，怎麼改，完全是香港自治範圍內的事，中央最後才有份參與，從而引發了對基本法有關規定理解的爭議，嚴重影響了香港經濟發展和社會穩定。2004 年 3 月兩會期間，港區人大代表要求全國人大常委會對基本法有關規定作出解釋，他們指出，全國人大常委會既有憲制上解釋基本法的權力，也有履行解釋基本法的責任。

委員長會議根據香港人大代表的建議，向全國人大常委會提出解釋上述兩個條款的議案，全國人大常委會於 2004 年 4 月 6 日作出解釋。"解釋" 的核心內容是基本法附件一和附件二兩處的 "如需修改"，解釋為修改的決定權在中央，即 "是否需要修改"，行政長官要向全國人大常委會提交報告，由全國人大常委會根據香港實際情況和循序漸進的原則，確定兩個產生辦法是否需要作出修改，中央同意修改後才能啟動修改兩個產生辦法的程序，即進入經立法會議員 2/3 多數通過，行政長官同意，報全國人大常委會批准或備案。這就是現在大家已經熟悉的政改 "五步曲"。此次釋法既澄清了對基本法附件一和附件二有關規定的理解，同時對穩定香港局勢發揮了重大作用。可以說，CEPA 能夠發揮作用，香港能夠在回歸十週年時經濟發展達到歷史最好水平，同這次釋法創造出有利於經濟發展的環境有密切的關係，更重要的是，這次釋法保障了香港政制發展能夠在基本法規定的軌道上有序地進行。

3. 關於第三次釋法

2005 年 3 月 12 日，香港特首董建華因身體原因提出辭職，當日當選為全國政協副主席。根據香港基本法的規定，行政長官辭職意味着行政長官缺位，要在 6 個月內選舉產生新的行政長官，爭議在於新的行政長官的任期是新的五年還是原來行政長官的剩餘任期（兩年），在香港社會稱為"二五之爭"。香港法律界多認為是 5 年，因為香港實行普通法，只看法律字面，基本法對行政長官任期的規定只有一條即第 46 條，"行政長官任期五年，可連任一次"。因此，他們認為根據基本法的白紙黑字規定，只要是行政長官，任期就應當為 5 年。法工委發言人在董建華辭職當夜通過新華社發表談話認為，補選的行政長官的任期不是 5 年，而是剩餘任期。補選的行政長官任期不在第 46 條，而在第 53 條。基本法第 53 條第 2 款規定，行政長官缺位後，6 個月內按照第 45 條的規定產生新的行政長官，第 45 條規定具體產生辦法由附件一規定，這就引出了附件一，附件一規定由 800 人組成的選舉委員會選舉行政長官，同時規定 800 人的選舉委員會的任期是 5 年。基本法的設計者考慮到，任期 5 年可以確保在行政長官缺位的情況下隨時補選新的行政長官。由於補選的行政長官仍由原選舉委員會選出，那麼原選委會選出的行政長官的任期只能是剩餘任期。選舉委員會不可能選出超出其本身任期的新行政長官，否則不合常理。我國內地地方政府領導人通過人民代表大會補選、美國總統缺位後副總統代理總統都是剩餘任期，都是與其選舉機構的任期相一致的。除非是普選的總統缺位，又不設副總統，缺位後重新普選產生的總統的任期才是全部而非剩餘任期，因為民意基礎改變了。另外，基本法第 53 條制定過程中的歷史資料顯示，將行政長官缺位後要在 6 個月內產生"新的一屆"行政長官改為"新的"行政長官，這也是立法原意的體現。該談話的目的就是引起香港方面的注意，減少爭議。特區政府根據法工委發言人談話向立法會提交行政長官選舉條例修正案，把新的行政長官的任期是剩餘任期寫入法律之中。立法會中反對派議員阻撓前述修正案的通過，其中一位議員還向香港法院提出司法覆核。由此，遭遇三個剛性時間和兩個彈性時間不可調和的矛盾：三個剛性的時間是：（1）香港基本法規定 6 個月內即 9 月 12 日前必須選出行政長官；（2）特區行政長官選舉條例規定 4 個月內即 7 月

12 日前必須選出行政長官；（3）選委會 7 月 13 日任期屆滿，若要重新選舉選委會，則 9 月 12 日前不可能補選產生新的行政長官。兩個彈性的時間是：（1）由於反對派議員不贊成，立法會審議行政長官選舉條例修正案的時間可能很長，這是立法程序上的彈性；（2）如果法院受理反對派議員提出的司法覆核，審理時間也可能拖得很長，這是司法程序上的彈性。這兩個彈性時間是不受 6 個月或 4 個月限制的。如果香港因此不能如期補選產生新的行政長官，將是一場嚴重的憲制危機。在這種情況下，代理特首曾蔭權向國務院提交報告，要求國務院提請全國人大常委會釋法。全國人大常委會於 2005 年 4 月 27 日對基本法第 53 條第 2 款作出解釋。全國人大常委會釋法一錘定音，立法會順利通過修正條例，新的行政長官如期選出，避免了憲制危機。

4. 關於第四次釋法

2011 年 6 月 8 日，香港終審法院就剛果（金）案作出臨時判決，提請全國人大常委會對香港基本法第十三條第一款和第十九條作出解釋。7 月 5 日，全國人大常委會辦公廳收到了香港終審法院提請釋法的來文。香港終審法院主動提請全國人大常委會釋法，是香港基本法實施十四年來的第一次。

2008 年 5 月，一家在美國註冊的公司（FG）向香港特別行政區高等法院原訟法庭起訴，以剛果民主共和國為被告及中國中鐵股份有限公司及其三家子公司為連帶被告，要求凍結並執行中國中鐵股份有限公司及其子公司向剛果民主共和國支付的採礦權費，約 1.04 億美元，以實現 FG 公司的剛果民主共和國未償還的債權。此案把一個主權國家作為被告，這在法律上涉及國家豁免問題。我國堅持奉行的國家豁免政策是 "絕對豁免"。香港終審法院提請釋法要解決的核心問題是，香港特區是否必須遵循中央決定的國家豁免規則或政策。香港終審法院關於剛果（金）案的臨時判決中，圍繞這個問題出現了兩種觀點：少數法官認為，國家豁免是一個法律問題，香港特區法院有權確定在香港特區適用的國家豁免規則。按照香港基本法的有關規定，香港特區保留了原有法律。香港原有法律中的普通法法律採用國家的商業行為不享受國家豁免的規則，而且全國人大及其常委會沒有制定國家豁免法並列入香港基本法附件三在香港特區實施，因此，香港法院可以按照香港原有法律中這種國家豁免規則來確定對有關案件的管轄權。多數法官認為，按照香港基本法第十三條第一款的規定，外交權屬於中央，國家豁免規則或政策屬於外交事務範疇，中央人民政府有權決定國家豁免規則或政策。一個國家只能有一種統一的國家豁免規則或政策，香港特區作為中央直轄的一個地方區域，包括其各級法院都不具有確定國家豁免規則或政策的權力，香港特區法院必須遵循中央政府確定的國家豁免規則或政策。確定國家豁免規則或政策行為屬於國家行為，按照香港基本法第十九條的規定，香港特區法院不具有管轄權。至於香港原有法律中有關國家豁免規則，按照 1997 年 2 月全國人大常委會有關處理香港原有法律的決定，從 1997 年 7 月 1 日起，在適用時，應作出必要的變更、適應、限制或例外，以符合中央人民政府決定採用的國家豁免規則或政策。香港終審法院提請全國人大常委會解釋的四個問題，就是在上述爭議背景下提出的，具有很強的針對性。因此，釋法作出了四條規定，與香港終審法院提出的四個問題一一對應。

一是國家豁免規則或政策屬於國家對外事務中的外交事務範疇，中央人民政府有權決定中華人民共和國的國家豁免規則或政策，在中華人民共和國領域內統一實施。

二是中央人民政府有權決定在香港特別行政區適用的國家豁免規則或政策，香港特別行政區法院對中央人民政府決定國家豁免規則或政策的行為無管轄權。香港特別行政區，包括香港特別行政區法院，有責任適用或實施中央人民政府決定採取的國家豁免規則或政策，不得偏離上述規則或政策，也不得採取與上述規則或政策不一致的規則。

三是決定國家豁免規則或政策是一種涉及外交的國家行為。

四是採用為香港特別行政區法律的香港原有法律，自 1997 年 7 月 1 日起，在適用時，應作出必要的變更、適應、限制或例外，以符合中華人民共和國對香港恢復行使主權後香港的地位和基本法的有關規定。凡不符合中央人民政府決定採用的國家豁免規則或政策的香港原有法律中的有關國家豁免規則，不得繼續適用。

從以上四次全國人大常委會行使基本法解釋權的情況可以看出，全國人大常委會釋法，主要發揮的一個重要作用就是避免香港特區出現憲制危機。儘管香港社會對全國人大常委會釋法還有爭議，但認識已經逐漸趨於一致。其中最具代表性的是香港終審法院在劉港榕案的判決中提出的三個觀點，一是全國人大常委會對基本法的所有條文均有全面、最終的解釋權；二是全國人大常委會依法就基本法有關條文作出的解釋，香港特區法院必須遵從；三是全國人大常委會解釋基本法是立法解釋，而且是按照國家法律制度進行解釋，這是"一國兩制"下香港特區法治的一個組成部分。我認為這些觀點是完全正確的，從這三個觀點出發，我想在未來的實踐中香港社會一定會就全國人大常委會釋法問題達成越來越多的共識。

（二）全國人大常委會處理香港政制發展問題的實踐

全國人大常委會就香港政制發展問題作過兩次決定，第一次是 2004 年 4 月 26 日關於 2007 年行政長官和 2008 年立法會產生辦法的決定，第二次是 2007 年 12 月 29 日關於 2012 年行政長官和立法會產生辦法及普選問題的決定。

全國人大常委會 2004 年的"4‧6"釋法，最終確立修改兩個產生辦法的"五步曲"程序。行政長官董建華於 2004 年 4 月 15 日向全國人大常委會提出了是否修改 2007/2008 年兩個產生辦法的報告。根據香港的實際情況和循序漸進的原則，全國人大常委會 2004 年 4 月 26 日作出決定，明確 2007/2008 年不實行雙普選，在此前提下兩個產生辦法可作出循序漸進的適當修改。此舉使香港的政制發展進入基本法規定的軌道，循序漸進地前進。後來大家知道，特區政府提出了 2005 年政改方案，並獲得香港社會多數市民的支持，但被反對派議員捆綁否決。

行政長官曾蔭權 2007 年 12 月 12 日向全國人大常委會提交了是否修改 2012 年兩個產生辦法的報告，全國人大常委會於 2007 年 12 月 29 日作出決定，2012 年不實行雙普選，在此前提下兩個產生辦法可作出循序漸進的適當修改，同時決定，2017 年行政長官可實行普選產生的辦法，行政長官普選產生後，立法會全體議員可由普選產生。按照這個決定，在特區政府努力和民意推動下，2012 年兩個產生辦法獲得立法會通過，行政長官同意，並報全國人大常委會批准和備案。

（三）全國人大常委會批准和備案兩個產生辦法修正案的實踐

2010 年 7 月 28 日，香港特區行政長官報請全國人大常委會批准《中華人民共和國香港特別行政區基本法附件一香港特別行政區行政長官的產生辦法修正案（草案）》，報請全國人大常委會備案《中華人民共和國香港特別行政區基本法附件二香港特別行政區立法會的產生辦法和表決程序修正案（草案）》（以下簡稱兩個產生辦法修正案草案）。這是香港回歸以來，香港特區行政長官第一次報請全國人大常委會批准和備案兩個產生辦法修正案草案。

香港特區行政長官和立法會產生辦法由基本法附件一和附件二加以規定，是基本法的組成部分。儘管基本法附件一和附件二對兩個產生辦法的修改規定了特殊程序，但實質上仍然是對基本法規定的修改。基於這一點，香港特區政府以修正案的方式來處理兩個產生辦法修改問題，並且提交全國人大常委會審議的修正案仍然標明是 "草案"，意即有關修正案要經全國人大常委會依法批准或備案後才生效，與此銜接，全國人大常委會採用了審議法律案的程序來行使批准和備案的權力。

行政長官的產生辦法修正案草案需經全國人大常委會批准，全國人大常委會以作出決定的方式行使批准權：在常委會分組審議的基礎上，由法律委員會審議並提出對行政長官的產生辦法修正案草案審議結果的報告和批准決定（草案），由全國人大常委會全體會議表決通過，有關修正案自批准之日起生效。立法會的產生辦法和表決程序修正案草案需由全國人大常委會予以備案，按照基本法附件二的規定和全國人大常委會有關解釋，全國人大常委會對該修正案草案依法審查並予以備案是一項實質性的權力，只有經全國人大常委會依法備案後才能生效，據此，全國人大常委會採用以下方式行使備案權：在常委會分組審議的基礎上，由法律委員會審議並提出對立法會的產生辦法和表決程序修正案草案審查意見的報告，由全國人大常委會全體會議對該報告進行表決。表決通過後，以全國人大常委會公告的方式公佈該修正案，並宣佈已依法予以備案並生效。這兩個修正案最後都得到高票通過。

編寫好基本法教材是一項十分艱巨的任務

——基本法教材編寫委員會第一次會議開幕時的講話

全國人大常委會港澳基本法委和教育部共同牽頭組織基本法教材編寫工作，為此，成立了由中央有關部門負責同志和專家學者共 29 人組成的編寫委員會。基本法教材編寫委員會於 2011 年 1 月 17 日至 22 日在北京召開第一次會議。

從今天開始，我們組成了一個集體。這個集體由 29 人構成，其中 21 位是來自高校及科研機構的學者。在今後兩到三年時間內，我們將一起工作，共同完成好基本法教材的編寫任務。今天這次會議，算是教材編寫工作的正式啟動，我的講話也帶有動員的性質。怎麼開始我們的工作？我想講三點，一是介紹一下基本法教材編寫工作的來龍去脈，傳達、學習、領會中央領導同志的指示精神；二是認識編寫基本法教材的必要性和緊迫性；三是要看到完成這項任務的艱巨性，增強我們的使命感和責任感，把思想統一到中央有關編寫基本法教材的決策上來，為完成好中央交給的這項任務打下思想基礎。

一、基本法教材編寫工作的由來和中央領導同志的重要指示

香港、澳門回歸祖國後，中央領導同志歷次有關港澳問題的講話中，都提到加強基本法的宣傳和教育問題。其中，比較系統地論述這個問題的是吳邦國委員長的兩次重要講話，已經印發給大家了。第一次是 2007 年 6 月 6 日，吳邦國委員長在紀念香港基本法實施 10 週年座談會上的講話，他指出，"深入實施基本法，必須加強基本法的宣傳教育，

準確把握基本法的精神實質，提高全社會特別是公務員的基本法意識和法制觀念。要通過各種形式，廣泛宣傳基本法知識，做到家喻戶曉、深入人心，使基本法成為廣大香港市民自覺遵守的行為規範，不斷鞏固和發展基本法貫徹實施的社會基礎和輿論氛圍。要把基本法教育作為公務員教育的重要內容，使他們熟悉基本法，忠於基本法，遵守基本法，自覺維護基本法。要大力加強對青少年的宣傳教育，使年青一代了解基本法的歷史和內涵，成為基本法的堅定實踐者和維護者。""香港回歸十年來取得的有目共睹的成就，充分說明基本法是符合中國國情和香港實際的。基本法的穩定為香港的繁榮穩定提供了強有力的法律保障，實現香港的長期繁榮穩定更需要基本法的穩定作前提。同時也要看到，隨着香港經濟社會的發展，基本法在實施過程中難免會遇到一些新情況新問題。我們在貫徹落實'一國兩制'方針和深入實施基本法的同時，需要本着實事求是、與時俱進的精神，進一步加強對基本法的研究，認真總結幾次釋法的經驗，及時解決基本法實施中遇到的問題，不斷豐富基本法的實踐，把基本法貫徹好實施好。"

第二次是 2009 年 12 月 4 日，吳邦國委員長在紀念澳門基本法實施 10 週年座談會上的講話，他再次強調，"基本法是'一國兩制'方針的法律體現，是澳門長期繁榮穩定的法律保障，是實施依法治澳的法律基石。貫徹實施基本法是一項長期的任務。要進一步加強基本法的宣傳推介工作，通過多種形式，全面準確地闡述'一國兩制'方針和基本法的精神實質，廣泛深入地宣傳'一國兩制'方針和基本法的深刻內涵與生動實踐，深入淺出地解讀基本法的有關規定，使'一國兩制'方針和基本法更加深入人心，在全社會牢固樹立基本法意識和法制觀念，不斷鞏固和發展貫徹實施基本法的社會基礎。澳門的未來寄託在年輕人身上，必須十分注重對澳門年青一代的教育，特別是國家、民族觀念教育和基本法理論實踐教育，推動基本法課程進學校、進課堂，把年青一代培養成'一國兩制'方針和基本法的忠實維護者與積極踐行者，使愛國愛澳傳統薪火相傳。基本法的穩定是實現澳門長期繁榮穩定的前提，同時也要看到，隨着澳門社會的發展，基本法實施中會遇到這樣或那樣的情況。我們在貫徹實施‘一國兩制’方針和基本法的同時，要加強對基本法的研究，認真總結基本法實施中的好經驗好做法，研究解決基本法實施中的新情況新問題，不斷豐富基本法的理論和實踐，把基本法貫徹好實施好。”吳邦國委員長在紀念香港基本法實施 10 週年座談會上和紀念澳門基本法實施 10 週年座談會上發表的兩篇講話具有上下篇、姊妹篇的意思，大家可以結合起來學習和領會。

　　為貫徹落實吳邦國委員長關於加強基本法宣傳教育、推動基本法課程進學校、進課堂的指示，這就提出了編寫基本法教材的任務。為開展這項工作，2009 年 5 月上旬，全國人大常委會香港基本法委員會和澳門基本法委員會在汕頭開會，就加強基本法理論研究進行了討論，提出創設基本法理論及其需要着重闡述的問題，在此基礎上，2009 年 12 月 5 日，基本法研究工作領導小組在北京開會時，提出要把編寫基本法教材工作提上議程。我在這次會議上初步提出了編寫教材需要回答的 20 個問題。這 20 個問題是：1. 特別行政區制度可不可以稱為我國的基本政治制度；2. 規定特別行政區制度的憲制法律；3. 特別行政區制度的特徵及其實行條件；4. 特別行政區法律地位及其權力來源；5. 中央與特別行政區的權力運作關係；6. 特別行政區的政治體制及行政管理權；7. 特別行政區的立法機關及其立法權；8. 特別行政區的民主發展；9. 特別行政區的司法機關及其司法權和終審權；10. 特別行政區的公務員制度；11. 特別行政區的區域組織或市政機構及其制度；12. 特別行政區維護國家安全的制度；13. 特別行政區處理對外事務的制度；14. 特別行政區保護居民基本權利和自由的制度；15. 特別行政區的出入境管制制度；16. 特別行政區的經濟、教育、文化、宗教、社會服務和勞工制度；17. 特別行政區與全國其他地方司法機關的司法互助制度；18. 特別行政區與全國其他地方的協作關係；19. 基本法的解釋制度；20. 基本法的修改制度。劉延東國務委員看了這次會議的紀要，作出重要批示，她指出，會議討論的問題十分重要，具有前瞻性和緊迫性。請有關單位積極支持小組工作，根據統一部署做好相關工作。

2010 年 4 月 22 日，基本法研究工作領導小組召開會議，在研究討論基本法研究項目的同時，再次討論了編寫基本法教材問題。2010 年 5 月 9 日，習近平副主席在這次會議的紀要上作了重要批示，要求我們不斷提高基本法研究水平，編好香港基本法教材，做好香港基本法的宣傳教育工作。

為貫徹落實習近平副主席的重要批示，2010 年 9 月 8 日，全國人大常委會港澳基本法委向中央港澳工作協調小組辦公室報送了編寫基本法教材的請示。有關請示經批准後，全國人大常委會港澳基本法委與教育部一起，在有關院校和研究機構推薦的專家學者基礎上，共同研究確定了基本法教材編寫委員會名單，也就是我們現在這個集體。按照上述請示，我們這個委員會的任務十分明確，這就是要編寫出香港基本法教材和澳門基本法教材。由於兩部基本法的內容大體相同，需要解決的重大理論問題是相通的，因此，我們初步考慮，先編寫出香港基本法教材，在此基礎上，再着手編寫澳門基本法教材。

二、編寫基本法教材的必要性和迫切性

編寫基本法教材的必要性、迫切性，中央領導同志的上述講話和批示中已經說得很清楚了，我們還要不斷領會、消化，加深認識。香港、澳門回歸祖國後，尤其是近幾年港澳工作中，從不同的角度都提出了編寫基本法教材的要求。從最直接的要求談起，大致可以概括為以下幾個方面：

第一，開展基本法教育提出的要求。在"一國兩制"下，愛國愛港、愛國愛澳力量是中央依法對兩個特別行政區實施管治的基礎。為了

加強港澳人士的國家、民族觀念，不斷發展壯大愛國愛港、愛國愛澳力量，從去年開始按照中央的統一部署，開展了規模龐大的港澳人士國情教育工程。其中一個重要安排就是舉辦國情研習班，組織港澳人士到內地有關院校進行短時間的學習。國家行政學院、三所幹部學院以及清華、北大、中大等院校都承擔了這方面的任務，2010 年，僅國家行政學院就安排了 100 多個研習班。這些研習班大多開辦了基本法課程，這兩年國家行政學院領導就向我們提出，現在迫切需要一本基本法教材。研習班的時間很短，要向港澳人士全面介紹我國的建設和發展情況，課程高度密集，最多也就安排一節 "一國兩制" 和基本法的課程，要使參加研習班的港澳人士能夠比較全面地理解基本法，除了課堂講解以外，提供一本比較權威的基本法教材，是必不可少的。同時，香港特區政府和澳門特區政府也主要圍繞基本法來開展國民教育，怎麼向港澳年輕的一代講解基本法？香港和澳門的不少民間團體都在編寫各種版本的基本法講解材料，他們遇到的最大問題也是缺乏一本基本法的權威著作作為參考。例如，最近澳門基本法推廣協會在編寫中小學生的基本法教材時，就向我們提出，是否可以提供一本比較全面、通俗的基本法著作供他們參考，香港一些社會團體在推廣基本法過程中，也提出了類似的要求。我們向他們推薦什麼呢？前幾年我們組織力量對王叔文主編的《香港特別行政區基本法導論》作了增訂，香港基本法委員會港方委員譚惠珠自己出錢組織人員翻譯成英文，在香港出版，但我們覺得仍不能完全解決問題。因此，從開展基本法教育的角度來講，編寫基本法教材具有必要性和迫切性。

第二，全面實施基本法提出的要求。這次會議發給大家的學習材料中，有一本是中央領導人關於 "一國兩制" 的重要論述，大家在學習中可以看到，港澳回歸後，中央領導人發表的重要講話都強調要全面準確地理解基本法。這個要求是有很強針對性的，因為全面準確地理解基本法是全面實施基本法的前提，而基本法實施中遇到的一個很大問題就是有許多人對基本法缺乏全面理解，各取所需，各講各的，就是一些重大問題也存在認識上的不一致。這種情況不僅港澳社會存在，內地也存在。例如，一個很大的問題就是，基本法的許多規定是建立在我國是一個單一制國家的基礎之上的，但對於什麼是單一制，港澳人士有不同的看法可以理解，但我們內地的法學界也有人認為，"一國兩制"的基礎不是單一制，而是所謂的"新聯邦主義"。對港澳的"一國兩制"就是建基於單一制，這個根基動搖了，建立在此基礎上的一切重大問題，如中央與特區的關係問題等就都亂套了。要全面準確地理解基本法，就需要把這些重大的問題明確下來，在此基礎上，系統地闡述基本法各項規定的內涵、它們之間的相互關係、體現的精神實質，使大家對基本法有比較一致的理解。怎麼做到這一點？有人提出需要編寫基本法教材。進一步講，"一國兩制"方針政策是我國的一項基本國策，基本法是全面體現"一國兩制"的法律文件，要長期實施，用鄧小平同志的話來說，不僅五十年不變，五十年後也不能變。大家知道，中央對香港、澳門的基本方針政策是上個世紀八十年代制定的，兩部基本法是上個世紀九十年代起草完成的，怎麼能夠五十年、上百年長期實施？這裏面，我想有兩個因素起根本作用，一個因素是"一國兩制"方針和基本法的規定是科學的，具有前瞻性，能夠經得起時代變化的檢驗，這一點經過香港、澳門回歸十幾年的實踐，我們有充分的信心；另一個因素就是要把"一國兩制"方針和基本法理論化，通過理論的引導作用，使年輕的一代能夠全面準確地理解"一國兩制"方針和基本法，並始終不渝地加以貫徹和執行。我們現在比較缺的就是這樣一套理論，"一國兩制"不是乾巴巴的規定，而是要形成一套理論體系，這也是需要編寫基本法教材的一個重要原因。

第三，貫徹落實中央重大決策提出的要求。香港、澳門回歸後，基本法實施中遇到了不少問題和挑戰，中央依法進行了妥善的處理。儘管也有一些爭論，但總體上來講獲得了港澳社會各界的普遍認同和接受，實踐也證明，中央的舉措對確保全面準確地貫徹實施基本法，確保港澳地區的長期繁榮穩定發揮了重要的作用。中央在依法處理這些問題時，不是局限於一時一地，而是充分考慮到建立管長遠的機制，也就是說，中央的決策是具有長遠的意義的。由於港澳回歸後遇到的許多新情況、新問題是基本法起草者當年所沒有想到的，當然不可能在以前的論著中加以闡述；還有的問題是當年起草時內地草委與港方草委爭執不下，統一不了意見的。只能採取雙方都能接受的模糊寫法，求得通過。如香港基本法附件一第七條和附件二第三條關於行政長官和立法會產生辦法修改的規定，"如需修改"是誰認為需要修改，這句話沒有主語，就是當年爭論不下，所以最後作了模糊處理。2004 年，在關於 2007/2008 年兩個產生辦法是否修改的討論中，對這句話的理解引發一場大爭論，最後全國人大常委會通過釋法，確定了政制發展的"五步曲"，也就確立了一個管長遠的機制。因此，從維護中央的決策，固化中央決策建立的管長遠機制出發，也有必要通過編寫基本法教材，對"一國兩制"和基本法的嶄新實踐加以總結，不僅維護中央對具體問題的決策，而且把中央通過處理具體問題所建立的管長遠的機制揭示出來，從理論高度加以闡述，從而鞏固和強化中央依法處理港澳事務的成果。

第四，牢牢掌握基本法話語權提出的要求。香港回歸以來，全國人大常委會進行了三次釋法，兩次就政制發展問題作出決定，在參與有關工作中，我們發現一個矛盾的現象，一方面香港社會普遍認同、擁護基本法的規定，就是反對派也不敢公開反對基本法，例如 23 條立法，香港大律師公會也沒有說反對，他們只是說反對立法的具體內容。另一方面，香港社會也較普遍存在對中央依據基本法行使權力的憂慮，就是愛國愛港陣營的人有時也感到不能理解。為什麼會出現這種情況？分析其原因，固然有兩地法律文化的不同，但更重要的是我們在香港一定程度上沒有把握住基本法的話語權。由此給我們的一個重要啟示是，貫徹落實兩部基本法也有一個兩手抓、兩手都要硬的問題，即要一手抓基本法的話語權，一手抓基本法各項規定的實施。抓基本法的話語權實際上就是創造基本法實施的軟環境，只有讓港澳社會真正了解基本法規定，尤其這些規定的道理所在，落實基本法規定的權力才能水到渠成，才不會引起震動，充分發揮以法律手段處理問題的優勢。怎麼抓住基本法的話語權？這要做許多工作，其中一項工作就是要編寫出權威的基本法教材。以此為基礎，不斷在港澳社會釋放我們的聲音，樹立正確的基本法觀念。

以上四個方面的要求，充分說明了編寫基本法教材的必要性和迫切性。我們還要看到，香港、澳門回歸時，當年參與"一國兩制"方針政策制定和基本法起草的人都還在，他們通過親身經歷，進行了大量的基本法宣傳教育工作，但到了今天，這些人有的已經故去，在世的大部分人也年事已高，起草基本法的幾位專家，王叔文同志已經故去了，1999年人大釋法中被香港社會稱為四大護法的蕭蔚雲、吳建璠、許崇德、邵天任四位老人家，前兩位已經故去，邵老九十多歲了，身體不好，許老還經常出來講話，但也八十多歲高齡了。我們要靠什麼來宣傳基本法？要靠權威的基本法教材。因此，現在編寫基本法教材，已經到了和時間賽跑的時候，刻不容緩。

三、編寫好基本法教材是一項十分艱巨的任務

編寫基本法教材的艱巨性是由兩個因素決定的：一是港澳工作政治性、政策性很強，在涉及基本法的許多爭論背後，不是什麼學術問題，而是重大的政治問題，甚至是十分敏感的政治問題，我們在編寫教材過程中，要牢牢把握正確的政治方向，很好地體現中央的方針政策，把講政治寓於講理論、講道理之中，這是一個很高的要求；二是在我國的法律體系中，香港基本法和澳門基本法是兩部十分特殊的法律。這種特殊性主要表現在兩部基本法同時要在內地、香港和澳門三種不同政治制度

和法律制度下實施，尤其是香港基本法，香港和內地的許多法律傳統、理念很難講到一起去。例如釋法，在普通法下，認為立法者是最糟糕的釋法者，對政治機關釋法更不認同，而我們的人大常委會既立法又釋法，雙方從一開始就有碰撞。這種法律實施環境在世界各國法制史上恐怕也是前所未有的。兩部基本法的這種特殊性，也決定了基本教材編寫工作的艱巨性。

具體講，有這麼幾個難點：

第一，基本法教材需要一個新的理論框架。當年參與基本法起草的一些專家學者曾經寫過一些基本法的權威論著，這些著作有一個特點，就是通過介紹基本法的起草過程來論述基本法的各項規定。他們是親身參與者，有這個資格。我們今天要編寫基本法教材，不可能走同樣的路子，因為這裏有一個時間和作者身份問題，只有在基本法起草剛完成時參與起草的人這樣論述才具有權威性和公信力。香港基本法已經頒佈了20年，澳門基本法也頒佈了17年，現在要編寫基本法教材，需要一個新的角度，新的理論框架。提出這樣一個新的理論框架，是一項創新的工作，任務十分艱巨。

第二，基本法教材需要對實踐進行系統的梳理。香港基本法已經實施了13年，澳門基本法也實施了11年，這期間遇到了許多重大理論和實踐問題，發生了許多爭論，也積累了豐富的實踐經驗。在編寫基本法教材過程中，既要對中央依法處理港澳事務的經驗進行歸納和總結，也要對兩個特區政府依法施政的經驗進行歸納和總結，還要對特區法院涉及基本法的判決進行歸納和總結。這方面的任務是十分艱巨的。舉一個例子來說，香港法院作出的有關基本法的判決就有幾百個，對基本法的半數以上的條文作過解釋，每個判決短的有40多頁，長的有200多頁，要全面地梳理這些判決，深入地加以研究和分析，工作量是巨大的。這個工作已有一定基礎，中國法學會、香港中聯辦和我們都做過一些翻譯。

第三，基本法教材需要對一些重大問題作出回答。在對基本法實施情況進行全面歸納和總結的基礎上，我們還要對一些重大問題作出回答，進行理論創新。例如，吳邦國委員長提出基本法是一部授權法，怎麼闡述授權理論，這就是一個重大課題。我曾經提出，特別行政區制度是不是能夠稱為我國的一項基本政治制度？應當怎樣認識憲法在特別行政區的效力？怎麼闡述基本法的解釋制度和機制？這些都是重大的理論問題，在編寫基本法教材中，不僅不能迴避，而且還要作出令人信服的闡述。總的來說，基本法教材會涉及許多重大的理論問題，而對這些問題的回答，都需要有所創新，在一部教材中遇到這麼多的創新點，大家都是做學術研究工作的，其難度可想而知。

第四，基本法教材需要能夠獲得港澳社會的認可。雖然我們現在的任務是編寫一本面向內地院校供教學使用的基本法統編教材，將來還要進行面向香港、澳門兩個特區的基本法教材的編寫工作，但兩個不是截然分開的。由於這部教材是教育部的統編教材，具有官方地位，對港澳社會的影響力是不可小視的。因此，我們在編寫教材過程中，就要充分考慮到港澳社會的觀點和立場，既堅持原則，又能夠把道理講透徹，努力做到能夠為港澳社會所接受。要做到這一點，也是十分不容易的。

正因為編寫基本法教材是一項政治、政策與法律、理論緊密結合的工作，而且老實地講，內地在這方面進行長時間研究的專家學者還不多，因此，我們這個編委會開第一次會議就安排了一個星期時間的系統學習，我想這是教育部組織的其他教材編寫工作時所沒有的安排。希望大家把精力、腦力都用在基本法上，要下功夫。前面講了這麼多艱巨性，也要講講我們從事這項工作的有利條件，以增強我們的信心。這些有利條件就是：現在對編寫基本法教材有很高的呼聲，有這個需求，中央高度重視，這是我們做好這項工作的動力基礎；基本法實施已經有十幾年的時間，積累了豐富的實踐經驗，這為我們編寫基本法教材提供了很好的素材，這是我們做好這項工作的實踐基礎，要把這些素材梳理清楚，一個個拎起來，做進一步的理論昇華；過去幾年，內地一些專家學者撰寫了不少有關基本法的專著和論文，取得了一些成果，提出了一些富有創新意義的觀點，這是我們做好這項工作的理論基礎。我想，有動力、實踐和理論這三個基礎，再加上我們大家的使命感和責任心，我們就一定能夠把基本法教材編寫好，交出一份滿意的答卷。

謝謝大家！

基本法教材的指導思想、基本思路和需要回答的若干重要問題

——基本法教材編寫委員會第一次會議的總結講話

2011 年 1 月 22 日上午。

我們這次會議開了六天，系統地學習了中央對香港和澳門的基本方針政策和兩部基本法，認真地研讀了鄧小平、江澤民、胡錦濤、吳邦國等黨和國家領導人關於港澳問題的重要講話和論述，比較深刻地領會了港澳回歸以來中央涉港澳重大決策。王鳳超、徐澤、張榮順等同志給大家作了很好的專題報告，較為全面地介紹了港澳形勢和中央港澳工作，深入分析了基本法實施當中遇到的主要問題及其實質，對把我們的思想統一到中央的決策上來，在今後工作中把握正確政治方向有着重要的指導作用。在這些學習和報告的基礎上，大家圍繞"一國兩制"方針政策和基本法實施情況、教材編寫的指導思想、基本思路和框架結構等問題進行了初步的討論。從昨天下午大家的發言可以看出，我們這幾天的學習和研討是富有成效的，為開展下一步工作打下了良好的基礎。這次會議的第一天我講了三個問題，一是編寫基本法教材的由來，二是編寫基本法教材的必要性和迫切性，三是編寫基本法教材的艱巨性。今天會議就要結束了，我想結合大家在討論中提出的觀點和建議，再講三個問題：一是編寫基本法教材的指導思想，二是編寫基本法教材的基本思路，三是編寫基本法教材需要回答的主要問題。最後，對大家昨天下午討論中提出的建議作一個總體回應。第一天講的三個問題和今天要講的三個問題實際上是上下篇，合起來是完整的一篇。

一、基本法教材的指導思想

在這次會議開始時，我明確提出了基本法教材編寫要堅持以鄧小平理論、"三個代表"重要思想和科學發展觀為指導，用一句話來說，就是要以馬克思主義中國化的最新理論為指導思想，也就是中國特色社會主義理論。怎麼把這一指導思想貫穿於基本法教材之中？我們認為首要的還是要提高對"一國兩制"在我們黨領導的事業中的地位的認識。怎麼從宏觀上提高這個認識？我看是不是可以從三個"重要組成部分"來把握"一國兩制"在黨領導的事業中的地位。

第一，"一國兩制"是中國特色社會主義理論體系的重要組成部分。1987 年 4 月 16 日，鄧小平同志會見香港基本法起草委員會委員，他是這樣講的，"我們堅持社會主義制度，堅持四項基本原則，是老早就確定了的，寫在憲法上的。我們對香港、澳門、台灣的政策，也是在國家主體堅持四項基本原則的基礎上制定的"，"我們的社會主義制度是有中國特色的社會主義制度，這個特色，很重要的一個內容就是對香港、澳門、台灣問題的處理，就是'一國兩制'。"黨的十七大報告提出，"中國特色社會主義理論體系，就是包括鄧小平理論、'三個代表'重要思想以及科學發展觀等重大戰略思想在內的科學理論體系。"這些年，國內不少專家學者對中國特色社會主義理論體系的基本問題進行歸納和探討時，都把"一國兩制"作為其中的重要組成部分。具體來講，在中國特色社會主義理論體系中，"一國兩制"既是實現祖國統一大業的戰略構想，在香港、澳門回歸後，又成為對這兩個特別行政區實施管治的方式。保持香港、澳門原有的資本主義制度不變的方針政策，為什麼能夠構成中國特色社會主義理論體系的組成部分？其中有兩點在我們編寫基本法教材中尤其重要：

第一點是，"一國兩制"是以馬克思主義哲學思想作為理論基礎。鄧小平同志 1984 年 12 月 19 日會見撒切爾夫人時講過，"如果'一國兩制’的構想是一個對國際上有意義的想法的話，那要歸功於馬克思主義的辯證唯物主義和歷史唯物主義，用毛澤東主席的話來講就是實事求是。”我們在編寫教材中同樣要以馬克思主義哲學思想作為理論基礎，堅持實事求是，解放思想，與時俱進，這是確保教材能夠正確反映“一國兩制”方針政策豐富內涵和精神實質的靈魂。

第二點是，“一國兩制”強調國家主權與領土完整，強調國家主體必須實行社會主義，在小範圍內實行資本主義，有利於社會主義的建設和發展。同樣是在會見撒切爾夫人時，鄧小平同志還講過，“我想請首相告訴國際上和香港的人士，‘一國兩制’除了資本主義，還有社會主義，就是中國的主體，十億人口的地區堅定不移地實行社會主義。主體地區是十億人口，台灣是近兩千萬，香港是五百五十萬，這就有個十億同兩千萬和五百五十萬的關係問題。主體是一個很大的主體，社會主義是在十億人口地區的社會主義，這是個前提，沒有這個前提不行。在這個前提下，可以容許在自己的身邊，在小地區和小範圍內實行資本主義。我們相信，在小範圍內容許資本主義的存在，更有利於社會主義。”我們在編寫教材時，不能不講中國特色社會主義，要把“一國兩制”與中國特色社會主義的基本路綫、發展道路、發展階段、根本任務、發展動力、外部條件、政治保證、戰略步驟、領導力量和依靠力量等問題聯繫起來，作為一個整體來考慮。這是教材能夠具有生命力，能夠發揮作用的根本要求。

第二，保持港澳地區長期繁榮穩定是我國發展戰略的重要組成部分。1988 年 6 月鄧小平同志在談到五十年不變問題時曾經明確指出，“為什麼說五十年不變？這是有根據的，不只是為了安定人心，而是考慮到香港的繁榮和穩定同中國的發展戰略有着密切的關聯。中國的發展戰略需要時間，除了這個世紀的十二年以外，下個世紀還要五十年，那麼，五十年怎麼能變呢？現在有一個香港，我們在內地還要造幾個‘香港’，就是說，為了實現我們的發展戰略目標，要更加開放。既然這樣，怎麼會改變對香港的政策呢？實際上，五十年只是個形象的講法，五十年後也不會變。前五十年是不能變，五十年之後是不需要變。"從這一段話可以看出，鄧小平同志領導制定的"一國兩制"方針政策，是放在我國國家發展戰略的大框架中加以考慮的。通過學習鄧小平同志的重要論述，我們可以體會到，不僅是五十年不變問題與實現國家發展戰略聯繫在一起，而且保持港澳地區長期繁榮穩定本身，就是國家發展戰略的一個重要組成部分。在這裏，讓我們一同回顧一下歷史，從中可以看出，香港、澳門地方雖小，但中央一直就把港澳問題作為一個戰略問題來考慮。

　　首先，新中國成立時，中央決定暫不收回香港、澳門，在上個世紀六十年代，中央把對港澳方針政策概括為八個字，即"長期打算，充分利用"。為什麼有這樣的決策？主要是考慮到國家的生存與發展的需要。大家回顧一下，新中國成立以後，我國建設和發展的外部環境是什麼？這就是西方國家不承認中華人民共和國，對我國進行了長期的封鎖，這種狀況直到中美建交後才從根本上打破。在很長時間內，我國開展國際交往只有三個通道，即經過蘇聯、巴基斯坦和香港。所以，新中國成立時決定不收回香港，從戰略上來講，最重要的是保持一條我國與國際社會進行接觸的戰略通道，同時也保持一個我國可以與世界各國開展國際貿易的主要場所。今年1月14日《人民日報》報道了李克強副總理會見英國48家集團俱樂部，在座許多同志可能不了解這個俱樂部的背景，實際上這個俱樂部同香港也有關係。這個俱樂部的前身是成立於1954年的英中貿易48家集團，由一批打破西方國家對華禁運，被譽為"破冰者"的英國工商界人士組成。為什麼他們敢於打破西方國家對華封鎖？這是因為英國為了保持對香港的管治，在西方主要國家中，第一個承認中華人民共和國，並且一定程度上默許英國工商界人士開展對華貿易。因此，中央在香港問題上的決策，不僅對於打開新中國外交局面具有重大意義，對於打破西方國家對我進行封鎖，也具有重大意義，是建基於我國生存和發展需要的戰略決策。

其次，"一國兩制"方針政策兼顧到我國新時期的三大歷史任務，同樣是戰略決策。在上個世紀八十年代初解決香港問題提上議事日程的時候，中央最早確定的解決香港問題的基本方針只有兩條，第一條是一定要在1997年收回香港，恢復行使主權，不能再晚；第二條是在恢復行使主權的前提下，保持香港的繁榮和穩定。"一國兩制"方針政策就是為了實現這兩條重大決策而制定的。這同樣是基於國家發展戰略的考慮。大家知道，黨的十一屆三中全會後，中央提出了以經濟建設為中心的新時期三大歷史任務，即加緊社會主義現代化建設，爭取實現祖國和平統一和反對霸權主義、維護世界和平。解決歷史遺留下來的香港問題，是實現祖國統一這一歷史任務的重要內容，同時，在"長期打算，充分利用"的方針政策下，我國政府採取了一系列措施支持香港，從上個世紀六十年代開始，香港經濟起飛，出現了繁榮發展的局面，這對我國現代化建設很重要，而且香港問題涉及到英國，採取什麼方式解決，直接影響到我國建設與發展所需要的外部環境。怎麼既能夠收回香港，朝實現祖國和平統一邁出重要一步，又能夠使之對我國的現代化建設繼續發揮特殊作用，還能夠有利於維護世界和平？也就是說，在解決香港問題上，同時涉及了三大歷史任務，怎麼同時實現，用鄧小平同志的話來說，這就只有實行"一國兩制"，從這個角度來看，"一國兩制"是一項綱舉目張的政策，在我國發展戰略中具有重大意義。

第三，保持港澳地區長期繁榮穩定本身是我國發展戰略的應有之義。"一國兩制"方針政策和"長期打算，充分利用"的方針政策，儘管都是戰略決策，但它們之間有一個根本不同，這就是"長期打算，充分利用"更多地是把保持港澳地區的特殊地位作為一種手段，而"一國兩制"方針政策則把保持港澳地區的繁榮穩定作為國家的目的，作為國家發展戰略的組成部分。我們建設有中國特色社會主義的根本目的是實現國家的繁榮富強，人民的共同富裕，實現中華民族的偉大復興，港澳和內地是一個整體，內地全力支持港澳發展經濟、改善民生，港澳充分發揮在國家整體發展戰略中的獨特作用。因此，保持港澳地區繁榮穩定，與國家改革開放政策是完全一致的，與中央的強國、富民治國目標是完全一致的，是國家發展戰略的一個重要組成部分。理解這一點，就能理解為什麼香港、澳門回歸後，在受到國際金融危機的衝擊下，中央採取一切必要的措施幫助兩個特區渡過難關，保持繁榮穩定。現在國家制定國民經濟和社會發展五年規劃，都把香港、澳門納入其中，這也說明保持港澳地區長期繁榮穩定是整個國家發展戰略的一部分。

第四，對香港和澳門實施有效管治是我們黨治國理政的重要組成部分。我們黨是國家執政黨，國家的內政外交事務，都是黨的執政事務。在處理港澳問題上，從來都是遵循由黨中央制定政策，然後上升為國家政策，在必要時轉化為國家法律這一路徑。新中國成立後，雖然決定暫時不收回香港、澳門，但始終堅持香港、澳門是中國的領土，不承認西方帝國主義強加給中國人民的不平等條約的立場，在我國恢復聯合國席位後，立即採取措施促使聯合國通過決議，把香港、澳門從殖民地名單中刪除，這些措施為收回香港、澳門奠定了基礎，充分體現了黨的治國理政的智慧和能力。在解決香港、澳門問題提上議事日程後，中央提出了"一國兩制"的偉大構想，回答了採用什麼方式收回香港和澳門，在對香港和澳門恢復行使主權後，採用什麼樣的方式實施管理，保持港澳地區繁榮穩定等重大問題，這些同樣是黨治國理政高度智慧和能力的重要體現。香港、澳門回歸祖國後，我們黨不僅領導着內地 23 個省、5個自治區和 4 個直轄市，而且還領導着香港和澳門兩個特別行政區。面對"一國兩制"和基本法實施中遇到的新情況、新問題，2004 年黨的十六屆四中全會作出的《中共中央關於加強黨的執政能力建設的決定》第一次提出，"保持香港、澳門長期繁榮穩定是黨在新形勢下治國理政面臨的嶄新課題"。為什麼是"嶄新課題"？這是因為香港和澳門是享有高度自治權的特別行政區，保留了原有的資本主義制度，如何管理好這兩個地方，在我們黨領導革命、建設、改革的歷史上是從所未有的。黨的十七大報告在此基礎上進一步提出，"保持香港、澳門長期繁榮穩定是黨在新形勢下治國理政面臨的重大課題"，強調保持香港、澳門長期繁榮穩定的重要性和長期性，同時也提出了不斷探索前進的任務。所以，實行"一國兩制"、"港人治港"、"澳人治澳"、高度自治，不是中央不管，而是以一種新的形式對兩個特別行政區實施管治，把香港和澳門管理好、建設好，始終是黨治國理政的重要內容，始終是黨治國理政的重要組成部分。

二、基本法教材的基本思路

基本法教材是一部法學教材，是教育部的統編教材，這個性質決定了這部教材在內容上要採用"通說"，全面準確地闡述基本法的規定，在語言體系上要採用法學語言，把"一國兩制"的政治理論轉化為法學理論。怎麼建立基本法的法學理論框架，既能夠把整部基本法的規定貫穿起來，又能夠做到政治性、思想性和學術性的統一？這就提出了編寫基本法教材的基本思路問題。結合這些年的工作體會，我們建議編寫基本法教材的基本思路是不是圍繞三個問題展開，這就是：以論述特別行政區制度為核心，以基本法的各項規定及其實踐為基礎，以基本法研究成果和中外法治文明成果為借鑒，全面系統地闡述基本法的規定，創建基本法的法學理論體系。用形象的話來講，我們要通過編寫教材，形成有說服力的基本法法學理論，前面講的"核心"、"基礎"和"借鑒"就是支撐這套理論的三根支柱。

（一）基本法教材要以論述香港和澳門特別行政區制度為核心

香港基本法和澳門基本法分別有 1 個序言、香港基本法 160 個條文（澳門是 145 個條文）、3 個附件和區旗區徽圖案，它們之間是一個什麼關係？打個比喻來說，這些內容不是一個一個蘋果，裝到一個叫基本法的筐子裏，而是一串葡萄，雖然有很多葡萄粒，但串在一起，是有機的整體。一串葡萄有一根藤，把所有的葡萄粒串在一起，那麼，是什麼把基本法所有內容串在一起，從而形成一個有機整體？我們研究認為，這就是特別行政區制度。這個說法有沒有依據？我們認為是有充分依據的。

首先是憲法依據。憲法第 31 條規定，"國家在必要時得設立特別行政區。在特別行政區內實行的制度按照具體情況由全國人民代表大會以法律規定。" 第 62 條規定全國人大的職權之一是 "決定特別行政區的設立及其制度"。按照這兩條規定，以法律規定或由全國人大決定的是特別行政區內實行的制度或特別行政區制度。其次是基本法依據。兩部基本法序言第三段規定，根據憲法，全國人大制定基本法，規定特別行政區實行的制度，以保障國家基本方針政策的實施，由此可以看出，基本法核心內容就是規定特別行政區制度。第三是立法法依據。立法法第 8 條第三項規定，"民族區域自治制度、特別行政區制度、基層群眾自治制度" 只能以法律規定。從以上依據可以得出這樣的結論，從 "一國兩制" 方針政策到基本法，實現了從政策到法律的轉變，這個轉變是通過創設一套特別行政區制度來實現的，特別行政區制度是 "一國兩制" 方針政策的法律表現形式。憲法和基本法規定的特別行政區制度，不僅包括特別行政區內部的制度，例如社會經濟制度、法律制度等，還包括國家管理體制和管理制度。我在香港回歸前的 1996 年發表過一篇文章，論述基本法的核心內容，我說基本法的全部內容可以概括為三句話：堅持一個國家，保障國家主權；堅持兩種制度，保障高度自治；堅持基本不變，保障穩定繁榮。這三句話既有中央對香港的管治，也有香港自身實行的制度，就是 "一國兩制"，就是基本法序言第三段規定的特別行政區制度。

只有用特別行政區制度這個概念，才能把整部基本法貫穿起來，從而形成一套基本法理論。我們前面講到 "一國兩制" 方針時，講了

"三個重要組成部分",當我們講基本法時,還可以相應地講另外 "兩個重要組成部分",即基本法是中國特色社會主義法律體系的重要組成部分,基本法規定的特別行政區制度是我國國家管理體制的重要組成部分。後面 "兩個重要組成部分" 與前面 "三個重要組成部分" 是相適應的。前面講的 "三個重要組成部分",是從政治角度論述的,後面講的 "兩個重要組成部分",是從法制角度展開的。這就順利地把政治語言轉化為法律語言,為展開基本法理論闡述提供了邏輯起點。從特別行政區制度這個視角來讀基本法,基本法的各項規定都是這套制度的有機組成部分,還可以把特別行政區制度細分為各種具體制度,如授權制度、中央的事權制度、中央與特別行政區關係制度、駐軍制度、行政長官制度、法律制度、司法制度、經濟制度等,它們之間緊密地聯繫在一起。此外,以論述特別行政區制度為核心,對香港尤其有現實需要,因為從回歸前直到今天,香港有些人始終存在一種把香港作為獨立或半獨立政治實體的傾向,在法律上主要體現為只講基本法、不講憲法,講基本法只講高度自治權、不講中央的權力,甚至把兩者對立起來。例如,回歸以前,有香港人提出設立一個國際仲裁法庭,法官由香港、內地和外國人組成,仲裁中央與特區的糾紛,這就是要和中央平起平坐。回歸以後,1999 年的 "居港權" 案中,特區法院宣佈有權審查全國人大的立法行為,並有權宣佈全國人大的立法無效,這就把香港的司法權凌駕於全國人大之上。2004 年 4 月 6 日,全國人大常委會釋法以前,一些港人認為香港政制發展的啟動權和決定權在香港,中央只負責最後的批准和備案,企圖迫使中央接受他們在香港造成的既成事實。2007 年,一位反對派人士競選特首時,政綱中的一條就是當選後要取消中央對特首的任命權。最近 "次主權" 的爭論,提出香港擁有 "次主權",是一個 "次主權實體",可以進行 "次主權外交"。這裏無一不是把香港作為獨立或半獨立的政治實體這種心態的反映。因此,以特別行政區制度為核心闡述基本法,可以把中央和特區的權力統一到一套制度之中,把特別行政區管理體制納入國家管理體制之中，可以有效糾正香港社會存在的不正確傾向，具有比較強的針對性。

（二）基本法教材要以基本法的各項規定及其豐富實踐為基礎

我們編寫的教材要全面地闡述兩部基本法，必須以基本法的各項規定為基礎，這一點是毫無疑義的。兩部基本法實施十幾年來，積累了豐富的實踐經驗。理論來源於實踐，把這一馬克思主義的基本原理運用到基本法教材編寫工作中，就是要在闡述基本法的各項規定時，把法律條文放在生動的實踐中加以理解和把握，從而使有關基本法的理論牢固地建基於實踐的基礎之上，從而推進"一國兩制"偉大事業的不斷前進。如果說基本法要以論述特別行政區制度為核心，強調的是理論性，強調把講政治寓於講理論之中，那麼，基本法教材要以基本法的各項規定及其豐富實踐為基礎，強調的就是實踐性，強調理論要以實踐為基礎。

在基本法教材編寫過程中，怎麼突出實踐性？首先就是要把"一國兩制"方針政策和基本法的各項規定放在建設中國特色社會主義偉大實踐中來考察，這一點是宏觀的，講的是國情問題，我們在明確指導思想時已經討論過，我就不再重複了。我下面着重講一下怎麼把"一國兩制"方針政策和基本法放在港澳社會政治環境下來研究的問題。

第一，要深入地了解"一國兩制"方針政策和基本法的各項規定的歷史。吳邦國委員長在紀念澳門基本法實施 10 週年座談會上明確要求，要使年輕的一代知道基本法的歷史和內涵。所以，我們這部教材要能夠清晰地闡述基本法有關條文的歷史。怎麼做到這一點？首先，要深刻地闡述基本法制定時的宏觀歷史背景和現實情況，也就是我國的國情是什麼，香港、澳門的歷史和現實情況是什麼，從而為基本法涉及的重大理論命題提供理論基礎；其次，要深入地闡述基本法的制定過程及其討論情況，也就是特別行政區制度設計時港澳社會原有制度是什麼，當時各界人士的所思所想、所憂所慮是什麼，從而為基本法的各項具體規定提供理論依據。出於這個目的，在這次會議上我們印發了兩個基本法起草委員會的文件彙編和王叔文、蕭蔚雲主編的兩本專著，大家可以從中得到許多需要的歷史資料。

第二，要深入地了解"一國兩制"方針政策和基本法的實施情況。以"一國兩制"方針政策為基礎，我國政府通過外交談判，簽署了中英關於香港問題的聯合聲明和中葡關於澳門問題的聯合聲明，解決了歷史遺留的香港、澳門問題，實現了這兩個地方和平回歸祖國；制定了兩部基本法，並以基本法為指導，妥善處理香港、澳門過渡時期的事務，實現了平穩過渡和政權的順利交接；香港、澳門回歸後，按照基本法的規定對香港、澳門實施有效管理，保持了港澳地區的繁榮和穩定。這些都說明，"一國兩制"方針政策一旦登上歷史舞台，就具有強大的生命力，並不斷取得成功。基本法教材要對"一國兩制"方針政策和基本法作出正確的評價，就需要深入地了解其實施的情況，了解其實施的歷史。不僅知道其成功，而且還要深入地總結其為什麼能夠取得成功，知其然，還要知其所以然。出於這個目的，在這次會議上印發了香港特區籌委會預委會文件彙編、兩個特區籌委會文件彙編以及黨和國家領導人關於港澳問題的重要講話。需要特別指出的是，港澳回歸後，黨和國家領導人的重要講話具有很強的針對性，雖然採用正面的表述方式，但其內容都是有所指的，都是有具體的歷史背景的，都針對着基本法實施中的情況。這些重要講話實際上也是中央對"一國兩制"方針政策和基本法實施情況的評價，具有重要指導意義，希望大家認真地加以學習和領會，並作為教材編寫工作的重要指導思想。

第三，要深入地了解基本法實施過程中遇到的各種問題及其處理經過。香港、澳門回歸祖國後，基本法實施情況總體是好的，但也遇到了不少新情況、新問題，其中有些問題，中央和特區政府依照基本法的規定妥善進行了處理，有些問題由於各種原因，還沒有完全解決。比如，全國人大常委會三次解釋香港基本法，兩次就香港政制發展問題作出決定，中央政府也依照基本法處理了大量的涉港澳事務。在編寫基本法教材過程中，要對這些問題進行深入的分析，尤其要研究總結中央依法處理港澳事務的經驗，並從理論的高度對中央行使權力進行系統全面的闡述，鞏固中央通過處理具體問題建立起來的管長遠機制的成果。這是編寫教材的重要任務。對特區實施基本法過程中遇到的問題也要進行深入的分析，結合實際情況對基本法的規定進行正確的闡釋。為了使大家了解情況，我們專門印發了中央有關部門發言人及負責人關於基本法問題的談話和演講。我還有一個建議，就是從現在起，要在原有基礎上，更加廣泛地收集基本法實施中出現的各種爭議，廣泛收集特區法院涉及基本法的判決，每一個問題都要作為一個專題寫出小資料，將來撰寫教材時，可以從中進行歸納取捨，使我們的教材的論述建立在扎實的資料之上，做到言之有據，言之有理，言之有物，使每句話都經得起推敲和考察。

（三）基本法教材要以過去基本法研究成果和中外法治文明成果為借鑒

我在第一天會議上講過，我們編寫的基本法教材，不僅要獲得中央的認可，內地學術界的認可，也要獲得港澳社會的認可。怎麼做到這一點？最重要的是要把基本法規定背後的道理講透徹，基本法為什麼是這樣規定，而不是那樣規定，在實踐中為什麼要這樣理解，而不是那樣理解，都分析得清清楚楚，講得明明白白。這裏強調三點：

第一，要借鑒基本法研究已經取得的成果。我們編寫基本法教材，要獲得各方面認可，就不能是立一家之說，而應當統百家之言，這就要求我們站在更高的角度來審視過去的基本法研究成果，借鑒這些研究成果。怎麼借鑒？就是去偽存真，提煉昇華。我們編寫的是教材，要樹立正確的基本法觀點，因此，對於以往研究成果中正確、精彩的論述，都可以加以採納。對於錯誤的觀點，也有很重要的參考意義。我們不要在教材中對這些觀點進行簡單的批判，而要深入地研究這些觀點，要知道它錯在什麼地方，通過針對性地提出正確的觀點，來糾正其錯誤。兩部基本法頒佈後，內地和港澳學者寫過不少專著和文章，王叔文、蕭蔚雲教授主編的基本法專著以及各種基本法文章要借鑒，香港佳日思教授撰寫的《香港的新憲制秩序》及其他學者撰寫的文章也要借鑒。向立場、觀點與我們相同的人學習並不難，難的是向與我們立場、觀點不同的人學習，這是使自己變得更加強大的不二法門。編寫教材的包容度要大，我想在基本法教材編寫過程中，要十分強調這一點。

第二，要借鑒港澳社會尊崇法治的觀念。維護法治是港澳社會的核心價值觀，長期以來形成了比較牢固的法治觀念。特別是在香港，2004年，我和徐澤、李飛去香港與港人對話，我講香港最崇尚法治，把法治看得至高無上，過去，香港人從不公開質疑《英皇制誥》、《王室訓令》，不是香港人接受殖民統治，而是明白其憲制地位至高無上，那麼基本法作為香港憲制地位的法律，為什麼得不到同樣的待遇呢？香港崇尚法治的傳統到哪裏去了呢？兩部基本法是香港、澳門法治的基石，從維護法治出發，深入地闡述基本法的規定，符合中央依法治港、依法治澳的基本方針，符合基本法的法律地位，也符合港澳居民的心理習慣，也只有這樣，才能真正使我們編寫的教材獲得港澳社會的廣泛認同，使正確的基本法的觀念深入人心。要做到這個程度，就需要很好歸納和總結港澳社會的法治觀念。在我看來，講法治，就是要講法律的確定性、穩定性，講權力配置的規範性、程序性，還要講權力行使的合法性、合理性，我們要充分借鑒這種觀念，把它很好地運用到基本法教材的編寫之中，把抽象枯燥的法律條文，轉變為生動活潑的道理，通過講道理，使基本法規定深入人心。

第三，要借鑒西方國家宣傳憲法的方式。當今的西方國家，在宣傳其憲法制度方面不遺餘力，出版了大量的教材和著作，對於鞏固西方國家資本主義政權發揮了重大的作用。在座的各位大多數是憲法專家，這方面的情況比我了解得更多。我們編寫基本法教材，目的是維護國家管理體制和特別行政區制度，也要找幾部西方國家宣傳其憲法的著作，很好地研究和參考，借鑒其成功之處，並結合我們的實際情況，編寫出有影響力的基本法教材。

三、基本法教材需要回答的若干重大問題

前面講編寫基本法教材的指導思想、基本思路，昨天下午我們初步討論了基本法教材的基本框架、章節結構。17 日上午的會議上向大家介紹了我提出的 20 個重大問題，當時提出這 20 個重大問題，最初是為創設一套三地都認同的基本法理論，我想無論教材的框架怎麼樣，這些問題都是必須回答的。因此，這次會議之後，大家在深入思考教材大綱的同時，也要着手對這 20 個問題進行研究，為下一步進入教材撰寫階段打好基礎。下面我想講一下為什麼要提出這 20 個主要問題，以及這 20 個問題要研究些什麼。當然，隨着教材編寫工作的深入，絕不僅僅就這 20 個，還可以提出新的問題。

1. 特別行政區制度是我國的基本政治制度。我提出這個命題，是受幾次修憲的啟發。1993 年、1999 年和 2004 年的三次修憲中，都有憲法專家提出，要在憲法國家機構一章第六節 "民族自治地方" 後增加一節，規定 "特別行政區"。我個人認同這個觀點，特別行政區制度和民族區域自治制度應當是平行的關係。我們提出教材要以論述特別行政區制度為核心，那麼，特別行政區制度在我國管理體制中的地位是什麼？這就是第一個必須回答的問題。最近出版的一些有關民族區域自治制度的著作，雖然沒有把特別行政區制度作為基本政治制度，但都把民族區域自治制度與特別行政區制度作比較。還有一些介紹我國政治制度的書籍，專門介紹了 "一國兩制"。可以看出，學術界認為特別行政區制度應當是與民族區域自治制度平行的基本政治制度。當然，由於這個問題以前沒有人公開講過，又是涉及我國基本政治制度問題，需要很好地論述清楚，並獲得中央的認可，這是一個需要研究的問題。

2. 憲法和基本法是規定特別行政區制度的憲制法律。香港回歸後，法院判決及學術文章普遍把基本法稱為"憲法"，這個說法排斥了國家憲法在香港特區的適用，實質是把香港作為獨立或半獨立的政治實體。因此，我們要講特別行政區憲制性法律文件是指憲法和基本法。這就涉及憲法與基本法的關係，憲法對特別行政區具有什麼效力，效力體現在哪裏等問題。這個問題現在很多人研究，不少人覺得不難講清楚，但迄今我還沒有看到把這個問題講得很清楚，連反對的人也挑不出毛病的文章，因此，也是一個需要深入研究的問題。

3. 特別行政區制度的特徵及實行條件。特別行政區制度是我國對香港、澳門實施管理的制度，其基本特徵就是在特別行政區保持原有的資本主義制度，實行"港人治港"、"澳人治澳"、高度自治。對個別地方採用特別行政區制度實施管理，是有前提和條件的，除了考慮到歷史和現實的因素外，必須十分強調堅持"一個中國"是實行"兩種制度"的前提、堅持國家主體實行社會主義制度是香港、澳門保持資本主義制度的前提。這方面鄧小平同志有許多精闢的論述，在編寫基本法教材時，怎麼把這些論述轉變為理論，仍需要深入地思考。

4. 特別行政區法律地位及其權力來源。這個就是授權理論，也是編教材的重要內容。基本法實施十多年來，現在大家普遍接受中央對特別行政區具有完整管治權力，特別行政區是根據國家管理需要設立的，是直轄於中央人民政府的地方行政區域；中央在保留必不可少權力的同時，授權特別行政區實行高度自治；基本法是一部授權法。儘管如此，香港仍有不少人認為中央與特別行政區之間是分權關係，用分權理論來解釋中央與特別行政區的權力關係，還有極少數人把特別行政區的高度自治權與中央的管治權對立起來。因此，需要深入地闡述授權理論，以適應進一步實施基本法的需要。

5. 中央與特別行政區的權力運作關係。在特別行政區制度下，對特別行政區實施管理，既有中央的權力，也有特別行政區的權力，中央的權力是通過國家政治體制來行使的，特別行政區的權力是通過特別行政區政治體制來行使的，這決定了中央國家機關與特區政權機關存在着聯繫，基本法的許多規定都體現了這一點。因此，需要結合基本法實踐，深入地闡述中央與特別行政區的權力運作關係，使中央與特別行政區政權機關密切地合作，以確保特別行政區實現良好管治。去年 7 月，我在澳門發表的一篇講話在這方面進行了一些探討，已經印發給大家，供研究參考。

6. 特別行政區的政治體制及行政管理權。最重要的就是行政主導問題。基本法為特別行政區設計了一套以行政為主導的政治體制。這套政治體制在實際運作中提出了一些新問題。在深入地闡述這套政治體制的同時，也要深入地分析這套政治體制在實際運作中遇到的新情況新問題，提出正確貫徹落實基本法規定的政治體制的措施。

7. 特別行政區的立法機關及其立法權。基本法實施以來，香港和澳門立法機關的權力行使出現不同的現象。需要針對特別行政區立法會具體運作情況，通過闡述基本法規定的方式，建議其運作改進的方向。

8. 特別行政區的民主發展。這是一個與特區政治體制密切相關的問題。從廣義上講，它不僅包括兩個產生辦法修改問題，而且包括特別行政區居民中的中國公民參與國家管理的民主權利、香港和澳門居民對特別行政區實行民主管理的各種制度。從狹義上講，特別行政區的民主發展問題，特指行政長官和立法會產生辦法的修改問題。按照全國人大常委會有關決定，2017 年香港特區行政長官可以採用普選產生的辦法，在行政長官由普選產生後，立法會全部議員可以採用由普選產生的辦法。我們編寫教材時，需要着手研究未來兩個產生辦法的修改問題。此外，在香港，隨着民主的發展，還出現了政黨並在一定程度上存在政黨政治的現象，也是研究香港民主發展時必須着重研究的一個課題。當然政黨的問題在教材中可暫時不涉及。

9. 特別行政區的司法機關及其司法權和終審權。最重要的是特區法院的司法審查權問題。此外，還有如何使用司法覆核權的問題，需要深入地研究並提出正確的觀點。

10. 特別行政區的公務員制度。香港和澳門基本法實施後，香港曾推行公務員減薪、澳門推行公務員納稅，兩地的公務員團體都以其待遇不如回歸前為由告特區政府違反基本法。香港方面，在公務員制度上還有一個新發展，這是從 2002 年開始推行政治委任制度，形成政治委任官員與長俸制公務員並行的情況，如何處理好兩者之間的關係，迄今仍然是一個重大問題。澳門方面，主要存在如何進一步規範公務員制度的問題。

11. 特別行政區的區域組織或市政機構及其制度。香港基本法規定，香港特別行政區可以設立非政權性區域組織，澳門基本法規定澳門特別行政區可以設立非政權性的市政機構。兩個特別行政區成立後，都進行了"殺局"，香港是撤銷了兩個市政局，澳門是撤銷了兩個市政廳，把市政局或市政廳負責提供的民政服務收歸政府。現在香港一直在爭議擴大區議會的權力，澳門則有人主張恢復兩個市政廳。這方面的問題也需要深入地加以研究，並提出正確的觀點。

12. 特別行政區維護國家安全的制度。根據兩部基本法第 23 條的規定，特別行政區應自行立法維護國家安全。現在澳門已經通過了維護國家安全法，香港還沒有進行這方面的立法。這本身就是一個重要的研究課題。現在看來，建立特別行政區維護國家安全制度是十分重大的研究課題，它不僅涉及基本法 23 條立法，還需要進行各方面的制度建設，這方面需要深入地加以研究。23 條立法不完成，就不能說基本法得到了完全執行和落實。

13. 特別行政區處理對外事務的制度。香港和澳門回歸祖國後，在外交權屬於中央的原則下，按照基本法的規定和中央政府的授權和安排，廣泛地參與國際組織的活動，參加了許多國際公約。在單一制國家中，地方行政區域享有這麼廣泛地處理對外事務的權力，是史無前例的。要對這方面的實踐進行深入的總結，並在理論上進行探討。

14. 特別行政區保護居民基本權利和自由的制度。由於歷史的原因，香港和澳門保護居民基本權利和自由的理論和法律制度，與內地的法律制度有比較大的差別。要通過深入研究香港有關保護人權方面的案例，總結香港回歸後保護人權制度的發展和變化，尤其是對維護國家安全的影響，闡述正確的基本法保護人權觀念。這裏，我還要講一講基本法第 40 條的問題，即"'新界'原居民的合法傳統權益受香港特別行政區的保護"。新界是傳統愛國愛港力量佔據多數的地方，他們非常看重傳統合法權益的保護問題。傳統合法權益怎麼界定，現在並不明確，大家可以研究籌委會當年的文件，進一步深入思考。

15. 特別行政區的出入境管制制度。基本法授權特別行政區對世界各國、各地區進入香港、澳門的人進行出入境管制。對內地進入特別行政區的人，要經中央政府批准，同時特別行政區也有管制措施。這方面規定的執行情況總體上是好的，主要問題出在香港對基本法居留權條文的理解。香港法院把基本法第 24 條視為人權條款，因此，作出最寬鬆的解釋。但基本法第 24 條到底是人權條款還是移民管制條款，是一個有爭議的問題。這個問題要從理論上加以探討，並深入地加以闡述。

16. 特別行政區的經濟、教育、文化、宗教、社會服務和勞工制度。這些都是自治範圍內的事項，不做重點，但要涉及，以體現高度自治。這方面實際上可以細分為若干具體的制度。基本法有關特別行政區經濟、教育、文化、宗教、社會服務和勞工方面的規定有一個特點，這就是在保留原有制度的同時，授權特別行政區自行制定有關法律和政策，同時可以因應時代的發展而發展。這些規定實施情況總體是好的，但在某些領域也出現一些問題，通常表現為港澳居民對某些方面制度和政策出現不滿，但當政府提出改革時，又遇到很大阻力，最終演變為"雙輸"局面。因此，需要根據不斷發展變化的形勢，對基本法關於特別行政區經濟、教育、文化、宗教、社會服務和勞工等方面的制度和政策進行研究，為特別行政區施政開拓空間。這個問題主要是為幫助提高特區政府施政能力出發的，教材中不是重點，但要涉及這些具體制度，這是高度自治的內容。

17. **特別行政區與全國其他地方司法機關的司法互助制度**。兩部基本法都規定，特別行政區可與全國其他地方的司法機關通過協商依法建立司法聯繫和相互提供協助。目前，在民商事方面，內地司法機關與兩個特別行政區的司法機關達成幾項司法協助安排，在刑事方面，內地執法部門與港澳地區的執法機關也建立一些協作關係，但還沒有達成具有法律約束力的司法協助安排。這方面內地專家學者進行過一些研究，但總體上看，創新比較少，對實際工作部門幫助不大。因此，這方面還需要進行深入的研究。

18. **特別行政區與全國各地方的協作關係**。17、18 不是重點，但都需要研究。兩部基本法只規定，中央有關部門和各地方不得干預特別行政區的事務，對於特別行政區與全國各地方的協作關係，沒有作出專門的規定。2004 年 6 月，內地九個省和香港、澳門特別行政區簽署了《泛珠三角區域合作框架協議》（即 "9+2"），隨着國務院批准《粵港合作框架協議》、《前海深港現代服務業合作區總體發展規劃》、《橫琴總體發展規劃》等，兩個特別行政區與內地各地方尤其是與廣東省、深圳市、珠海市的合作關係有了很大的發展。怎麼從基本法規定出發，為這種發展提供更強有力的法律支持，是擺在我們面前的一個現實法律問題，需要做出回答。總的來講，就是要體現出祖國是香港、澳門繁榮穩定的堅強後盾。

19. **基本法的解釋制度**。香港回歸後，全國人大常委會已經三次解釋基本法的有關規定，香港法院在審理案件中經常對基本法進行解釋。在澳門，也出現了法院解釋基本法案件。需要根據這種情況，對基本法解釋制度進行深入研究，在理論上闡述基本法的解釋制度和機制，這是一個重點問題。

20. **基本法的修改制度**。現在是有修改基本法的呼聲，但沒有迫切性。儘管目前沒有修改基本法的需要，但對基本法修改制度問題也要進行必要的研究，如啟動的程序等。

最後，我對大家在這幾天討論中提出的意見、建議作一個總體回應。首先，關於教材定位和對象問題。要編寫的是一本面向內地院校供教學使用的基本法統編教材，對象主要是大學本科生，不是黨政幹部讀本。但同時我們也要兼顧幾個方面的需要，一是作為教育部的統編教材，要體現出官方的權威性，要考慮到對港澳的影響。二是港澳人士和公務員來內地培訓，使用的應該也是這本教材。三是我們內地從事港澳工作和港澳研究的同志，也要使用這本教材。因此，這本教材在定位上要把這幾個方面都考慮進去。

其次，關於教材的結構問題，是採用學科式、學理式，還是法典或法條注釋式？我們要把學科式和法條注釋等結合起來，偏重於形成基本法理論。法條注釋也要納入基本法理論體系內來注釋。因此，教材不能編成通俗讀本，必須有很強的學理性。我們解釋基本法，胡錦濤同志提出兩條要求，"程序走充分，道理說透徹"，法條注釋也要有理論支撐，但又不是說教。總的要求應當是通過編寫這本教材，準確闡述基本法觀點、基本法的原理，最終形成基本法理論體系。

第三，關於教材的體例結構。這個問題等會兒李飛副主任還要講，大家回去思考。我想，教材的開篇，總要交代一下歷史，香港問題的由來，歷史上怎麼回事，中英談判到"一國兩制"提出等。二是要有個總論性的東西，把基本法重大理論問題說透，包括主權理論、"單一制"理論、"單一制"下的"一國兩制"理論等，這就是教材的綱，綱舉才能目張。三是要有分論，分論就是分專題，在教材裏就是"章"，講具體制度。大家的意見是這部分不要面面俱到，要有重點。特別要有問題意識，但不要寫成論戰式。

編這部教材，我很贊成胡錦光教授講的："既要有學者獨立研究，又要統一到一種指導思想。獨立研究為基礎，又要服從於總體指導思想。我們落腳點是統編教材，因此要採用通說。”我再說得更直接一些，我們接受的是政治任務，儘管是政治任務，我也非常贊成大家講的政治性語言要儘量淡化，要轉化為法律語言。法律語言也可以是通俗易懂的法言法語，要有可讀性。我也贊成恰到好處地引用領導人的原話，主要是鄧小平同志的講話，一定要引用，但不是鋪天蓋地。

香港發展與國家發展戰略的關係
以及中央對香港的憲制權力

2011 年 2 月 17 日，在香港中聯辦舉行的港區全國人大代表、全國政協委員報告會上的講話。講話印發《動態與研究》2011 年第 7 期。

　　幾天前我看到香港的一家報紙報道，"喬老爺南下晤港區人大"，說我這次可能是來談"立法會功能組別去向"、"2017 年普選特首門檻"等問題。其實都猜得不準。今天的會議是每年"兩會"前的例會，是為"兩會"做準備的，我今天講的內容也應當圍繞"兩會"的主題。今年人大會議的一個重要議題就是審查通過"十二五"規劃，香港社會高度關注國家"十二五"規劃，特別關注並且希望國家發展規劃中能夠給香港特區一個明確的定位，使香港能夠隨着國家的不斷發展而發展，同時香港也為國家的發展作出更大的貢獻。這是一個非常好的現象。好在什麼地方？我們可以回顧一下回歸初期是什麼情況。我首先回想起 1998 年"兩會"期間，徐四民老先生在政協會議上講香港問題，引起了一場大的風波，香港的事只能在香港講，到北京講似乎大逆不道；又回想起香港有些人對董建華先生所講的"國家好，香港就好；香港好，國家更好"的冷嘲熱諷，不以為然；還回想起香港受到亞洲金融危機的衝擊後，1998 年中央推動成立了粵港高層聯席會議，期望通過加強粵港合作，促進香港經濟儘快復甦，但特區政府個別主管官員抱着"緊守羅湖橋界綫"的心態，致使這個聯席會議沒有取得應有的成效，在其他國家和地區已經開始從經濟危機中復甦的 2003 年，香港卻陷入最困難的時候，導致數十萬人上街遊行，而最終還是通過 CEPA 和個人行，推動香港經濟好轉。我今天重提這些往事，只想說明，香港社會認識到香港的發展離不開內地，有一個痛苦的歷程，甚至付出了代價，而這個認識其實是一個常識。這個常識是什麼？這就是無論是過去、現在還是將來，香港的發展都離不開內地。從歷史上來講，英國佔領香港後的一個世紀裏香港並沒有發展起來，而上個世紀 60 年代開始經濟起飛，為什麼？這與新中國成立時大量的資本、人才湧入香港有關，與中央當時對香港的政策有關；上個世紀 80 年代中後期，所謂 97 大限，香港過渡時期出現了公司遷冊潮、移民潮，而依然保持經濟增長，為什麼？其中的關鍵因素就是內地改革開放給香港帶來無限的商機；香港回歸後經歷幾次大的國際經濟危機的衝擊，依然保持繁榮穩定，又是為什麼？關鍵還是有祖國作為強大的後盾。所以，我說香港的發展離不開內地，其實是一個常識問題。回歸常識，正確地認識香港與內地唇齒相依的關係，認識香港的發展與國家整體發展戰略的關係，就能夠正確認識香港的地位和作用，從而使香港的發展少走彎路，更加平穩。經濟問題是這樣，其他問題上也是同一個道理。

今天我想以此作為切入點，結合"一國兩制"和基本法，從國家整體發展戰略的層面來談與香港的關係、香港的發展。大家知道，我國的國民經濟和社會發展五年規劃是圍繞國家發展戰略目標制定的，要討論香港發展納入國家發展規劃問題，必須理解"一國兩制"方針政策在國家發展戰略中的地位，它同國家發展戰略是一種什麼樣的關係。對這個問題我想展開來談一談，這樣既圍繞大會的主題，又不離開"一國兩制"和基本法。我下面所講的內容，如果要安一個標題的話，可以叫作"香港發展與國家發展戰略的關係"，都屬於個人學習體會，個人的思考，和大家交流。

1981 年中央決定在 1997 年收回香港，並着手制定對香港的基本方針政策，1982 年初，這些基本方針政策初步確定下來，開始廣泛聽取香港各界人士的意見。如果從這個時候算起，"一國兩制"的實踐已走過了 30 年的時間。在這 30 年間，發生了什麼重大事情呢？在座的各位都是這段歷史的親歷者、參與者，我看是不是可以用這樣三句話來概括：一是以"一國兩制"方針政策為基礎，我國政府通過外交談判，簽署了中英聯合聲明，實現了香港回歸祖國；二是制定了香港基本法，規定了香港特別行政區實行的制度，並以"一國兩制"方針和基本法為指導，妥善處理香港過渡時期的事務，實現了香港的平穩過渡和政權的順利交接；三是設立香港特別行政區，按照基本法的規定對香港實施有效管理，保持了香港的繁榮和穩定。通過這一簡要的回顧，我們可以得出這樣的結論，"一國兩制"方針政策自從登上歷史舞台，就顯示出強大的生命力，並不斷取得成功。為什麼"一國兩制"方針政策能夠取得成功？這當中有中央和香港特區政府的努力，有全國人民的支持和包括在座各位在內的香港各界人士的貢獻，但最根本的是這些方針政策站得高，看得遠，立足於我國國情，並充分照顧到香港的歷史和現實情況，與國家發展戰略緊密聯繫在一起。這個說法的依據在哪裏？我看至少有三個主要依據。

第一，從歷史上看，中央一直把香港問題作為一個戰略問題來處理。新中國成立時，中央決定暫不收回香港，並逐步形成了"長期打算，充分利用"的對港工作方針。為什麼有這樣的決策？背後就是戰略考慮。大家回顧一下，新中國成立以後，我國建設和發展的外部環境是什麼？這就是西方國家不承認中華人民共和國，對我國進行了長期的封鎖，這種狀況直到 1979 年 1 月中美建交後才從根本上打破。曾經在很長時間內，我國開展國際交往只有三個通道，即經過蘇聯、巴基斯坦和香港。所以，新中國成立時中央決定暫時不收回香港，從戰略上來講，最重要的是保持一條我國與國際社會進行接觸的戰略通道，同時也保持一個我國可以與世界各國開展國際貿易的主要場所。今年 1 月 14 日《人民日報》報道了李克強副總理訪問英國時會見了英國 48 家集團俱樂部，克強副總理訪英的日程這麼繁忙，為什麼還專門安排會見這個俱樂部？了解這個俱樂部背景的，都知道這個俱樂部同香港是有特殊關係的。這個俱樂部的前身是成立於 1954 年的英中貿易 48 家集團，由一批打破西方國家對華禁運，被譽為 "破冰者" 的英國工商界人士組成。為什麼他們敢於打破西方國家對華封鎖？這是因為英國為了保持對香港的管治，在西方主要國家中，第一個承認中華人民共和國，這就為英國工商界人士打破封鎖、開展對華貿易提供了條件。克強副總理這次會見的已經是 48 家集團的繼承人了，一代一代傳下來了。從這件事也可以看出，中央當年在香港問題上的決策，不僅對於打開新中國外交局面具有重大意義，對於打破西方國家對我進行封鎖，也具有重大意義，是建基於我國生存和發展需要的戰略決策。理解了這一點，才能理解為什麼 1962 年國家經濟最困難的時候還開通三趟快車，向香港輸送副食品；才能理解 1965 年香港缺水的時候，中央決定建設東江工程，向香港供水，這不僅是食品和水的問題，更重要的是戰略問題。

第二，在制定對香港基本方針政策過程中，中央同樣把香港問題作為一個戰略問題來考慮。這個提法不是我今天發明的，而是在鄧小平同志關於香港問題的重要論述中找到的答案。1988 年 6 月鄧小平同志在談到五十年不變問題時曾經明確指出，"為什麼說五十年不變？這是有根據的，不只是為了安定人心，而是考慮到香港的繁榮和穩定同中國的發展戰略有着密切的關聯。中國的發展戰略需要時間，除了這個世紀的十二年以外，下個世紀還要五十年，那麼，五十年怎麼能變呢？現在有一個香港，我們在內地還要造幾個 '香港'，就是說，為了實現我們的發展戰略目標，要更加開放。既然這樣，怎麼會改變對香港的政策呢？實際上，五十年只是個形象的講法，五十年後也不會變。前五十年是不能變，五十年之後是不需要變。" 從這一段話可以看出，鄧小平同志領導制定的 "一國兩制" 方針政策，是放在我國國家發展戰略的大框架中加以考慮的。通過學習鄧小平同志的重要論述，我們可以體會到，不僅是五十年不變問題與實現國家發展戰略聯繫在一起，而且在香港實行"一國兩制"，也是充分考慮到實現國家發展戰略的需要。要說明這一點，就需要回到 1979 年中央在十一屆三中全會後提出的新時期三大歷史任務，即加緊社會主義現代化建設，爭取實現祖國和平統一和反對霸權主義、維護世界和平。有關香港問題的處理，同時涉及上述三大歷史任務，具體來說，解決歷史遺留下來的香港問題，是實現祖國統一這一歷史任務的重要內容；同時，在"長期打算，充分利用"的方針政策下，我國政府採取了一系列措施支持香港，從上個世紀六十年代開始，香港經濟起飛，出現了繁榮發展的局面，這對我國現代化建設很重要；而香港問題又涉及到英國，涉及到我國與西方陣營的關係，採取什麼方式解決，直接影響到我國建設與發展所需要的外部環境。怎麼既能夠收回香港，朝實現祖國和平統一邁出重要一步，又能夠使之對我國的現代化建設繼續發揮特殊作用，還能夠有利於維護世界和平？用鄧小平同志的話來說，這就只有實行"一國兩制"。從這個角度來看，"一國兩制"是一項綱舉目張的政策，在國家發展戰略中具有重大意義。

第三，堅定不移地貫徹落實"一國兩制"方針政策，保持香港長期繁榮穩定本身是國家發展戰略的應有之義。"一國兩制"方針政策和"長期打算，充分利用"的方針政策，儘管都是戰略決策，但它們之間有一個根本不同，這就是"長期打算，充分利用"更多地把保持香港的特殊地位作為一種手段，而"一國兩制"方針政策則把保持香港長期繁榮穩定作為國家的目的，作為國家發展戰略的組成部分。這個說法的道理在哪裏？只要看一看改革開放 30 多年來內地的發展就能明白。拿香港與深圳比較，上個世紀八十年代初，香港已經是一個國際大都會，深圳還只是一個小漁村，中央決定在深圳設立經濟特區，要把深圳建設成像香港一樣繁榮的城市，當然沒有任何理由不採取措施保持香港的繁榮穩定。發展深圳是國家發展戰略的組成部分，保持香港的繁榮穩定也是國家發展戰略的組成部分。從更宏觀的角度來講，我們建設中國特色社會主義，根本目的是實現國家的繁榮富強、人民的共同富裕，實現中華民族的偉大復興，香港回歸祖國後，保持社會穩定，經濟繁榮，人民安居樂業，與國家改革開放政策是完全一致的，與中央的強國、富民治國目標是完全一致的，也是建設中國特色社會主義的本質要求。因此，鄧小平同志說，"我們的社會主義制度是有中國特色的社會主義制度，這個特色，很重要的一個內容就是對香港、澳門、台灣問題的處理，就是'一國兩制'。""'一國兩制'除了資本主義，還有社會主義，就是中國的主體，十億人口的地區堅定不移地實行社會主義。主體地區是十億人口，台灣是近兩千萬，香港是五百五十萬，這就有個十億同兩千萬和五百五十萬的關係問題。主體是一個很大的主體，社會主義是在十億人口地區的社會主義，這是個前提，沒有這個前提不行。在這個前提下，可以容許在自己的身邊，在小地區和小範圍內實行資本主義。我們相信，在小範圍內容許資本主義的存在，更有利於社會主義。"需要特別指出的是，改革開放以來逐步形成的中國特色社會主義理論體系，是指導我國建設與發展的理論，"一國兩制"在這個理論體系中具有十分重要的地位，它既是實現國家統一的戰略構想，也是國家對香港、澳門實施管理的方式。

由於保持香港繁榮穩定是國家發展戰略的一個組成部分，針對香港回歸後遇到的新情況、新問題，2004年中國共產黨十六屆四中全會作出的《中共中央關於加強黨的執政能力建設的決定》第一次提出，"保持香港、澳門長期繁榮穩定是黨在新形勢下治國理政面臨的嶄新課題"。為什麼是"嶄新課題"？這是因為香港和澳門是享有高度自治權的特別行政區，保留了原有的資本主義制度，如何管理好這兩個地方，在中國共產黨領導革命、建設、改革的歷史上是從未有過的。2007年黨的十七大報告在此基礎上進一步提出，"保持香港、澳門長期繁榮穩定是黨在新形勢下治國理政面臨的重大課題"，強調保持香港、澳門長期繁榮穩定的重要性和長期性，同時也提出了不斷探索前進的任務。理解了這一點，就能夠比較好地理解香港回歸後中央在一些重大問題上的決策，包括全國人大常委會的三次釋法、兩次有關政制發展的決定（第一次釋法阻止了大批港人在內地的子女湧入香港，第二次釋法確立管長遠的政制發展"五步曲"機制，第三次釋法解決了補選的行政長官的任期這一憲制危機，三次釋法都是為了維護香港的繁榮穩定。對政制發展兩次作出決定的出發點和三次釋法的目的是完全一樣的。政制發展問題直接關係到香港特區的政權歸屬，保住政權不落入反對派手中，這是維護香港繁榮穩定的前提）；也就能夠理解在香港受到國際金融危機衝擊時，中央採取一切必要的措施幫助香港特區渡過難關，並大力推動粵港合作，把香港的發展納入國家的五年發展規劃，為保持香港繁榮穩定建立更加堅實的基礎。中央的這些決策和上個世紀六十年代向香港供水、供食品一樣，不是一個簡單的幫助或照顧香港的問題，而是涉及國家整體發展戰略的問題。

講到在香港實行"一國兩制"是國家發展戰略的組成部分，可能有的人心裏已經在問，怎麼解釋"井水不犯河水"的說法？"組成部分"就是你中有我，我中有你，井水河水合在一起。在這裏，我順便談點看法。首先，我想指出的是，"井水不犯河水"最早是江澤民主席講的，針對的是香港極少數人和一些組織企圖顛覆中央政府，改變國家實行的社會主義制度的情況，強調的是在"一國兩制"下，國家主體實行的社會主義制度和香港實行的資本主義制度可以也應當和諧共處、互相尊重，不應當也不允許以一種制度去改變另一種制度，這與鄧小平同志關於採用"一國兩制"方式，我不吃掉你，你不吃掉我的說法一樣，都是一種形象的說法，異曲同工。所以，"井水不犯河水"，主要是講"兩制"之間的和諧共處，"兩制"要共存，互不改變對方，而講到內地與香港這兩地，"兩地"要融合，兩制共存、兩地融合，這兩者之間不僅沒有矛盾，而且相輔相成，是"一國兩制"生命力之所在。其次，香港是國家不可分離的部分，國家對香港擁有完整的主權，中央對香港依法享有全面的管治權，同時，基本法第 21 條也明確規定，香港居民中的中國公民享有依法參與國家事務管理的權力，有權依法選出全國人大代表，參與最高國家權力機關的工作，這是“一國兩制”的重要內涵。前面我已經講過，在香港實行“一國兩制”是國家發展戰略的組成部分，這意味着廣大香港同胞都是國家建設與發展的參與者，而不是旁觀者。因此，正如 1 月 14 日李建國副委員長對你們所講的，“廣大港澳同胞關心國家的事情，關心內地的事情，無論關心的是積極的、正面的事情，還是消極的、負面的事情，都是心繫祖國的表現，大家的愛國感情和熱忱值得充分肯定。大家對港澳、對內地發生的一些問題有時表示特別關注，並提出監督意見和批評，也是正當的。”在我看來，我們國家建設和發展所取得的成就，包含着廣大香港同胞的心血和貢獻，我說的貢獻，不單指向內地輸入資本和技術，也指對國家建設和發展的建言獻策，包括對內地存在的各種問題提出的批評和改進意見。第三，我們始終歡迎香港社會各界人士對國家建設和發展中存在的問題提出意見，甚至批評，但正如李建國副委員長所要求的，大家作為愛國愛港的代表人物，在對內地一些問題和事件公開發表不同意見時，希望多了解各方面的情況和背景，具體問題具體分析，注意方式方法和與有關方面溝通。提出這個要求，我理解，主要是考慮到香港複雜的社會政治生態，是對大家的關心和愛護，同時也是對中央有關工作機構要儘快建立溝通機制的要求。

回到正題，貫徹落實“一國兩制”方針，嚴格按照基本法規定辦事，保持香港長期繁榮穩定是國家發展戰略的組成部分，中央在制定國民經濟和社會發展五年規劃時，把香港、澳門納入其中，就是題中應有之義，十分自然的事情。對國家的“十二五”規劃，香港社會的期望值很高，這說明什麼問題呢？說明香港社會普遍希望有明確的發展方向，通過發展來保持香港的繁榮穩定。怎麼明確香港的發展方向？這就需要在國家整體發展戰略的框架內，制定香港自身的發展戰略。1998 年江澤民主席就明確提出，香港要很好地謀劃未來的發展。去年曾蔭權特首到北京述職時，溫家寶總理向他提出了三點希望，其中一條也是希望香港特區抓緊謀劃未來的發展，為長期繁榮穩定打下基礎。因此，制定香港本身的發展戰略，既是香港社會的期望，也是中央的一貫要求。從基本法的角度來講，香港未來的發展，既需要中央從國家整體發展戰略的高度給香港一個定位，給香港各種必要的支持，但主要決定權在特區手中。這一點，只要我們翻看一下基本法規定，就能明白。比如說，基本法第 109 條規定，"香港特別行政區政府提供適當的經濟和法律環境，以保持香港的國際金融中心地位。" 第 115 條規定，"香港特別行政區實行自由貿易政策，保障貨物、無形財產和資本的流動自由。" 基本法第五章第三節 "航運"、第四節 "民用航空" 對香港特區的航運體制和民用航空地位作了明確的規定。再比如，基本法第 118 條規定，"香港特別行政區政府提供經濟和法律環境，鼓勵各項投資、技術進步並開發新興產業。" 第 119 條規定，"香港特別行政區政府制定適當政策，促進和協調製造業、商業、旅遊業、房地產業、運輸業、公共事業、服務性行業、漁農業等各行業的發展，並注意環境保護。" 這裏我只能舉幾個條文作例子，通過這些條文，我們可以看出，無論是保持香港的國際金融中心地位等還是增強產業創新能力，開發新興產業，推動社會經濟協調發展，權力在特區。因此，我們要以這次 "兩會" 審議通過國家 "十二五" 規劃為契機，大力推動制定香港自身的發展戰略。我相信，只要有了這樣的發展戰略，就可以把香港的民心、民智集中到發展經濟、改善民生上，從而帶動香港深層次問題的解決。

講到香港的發展，既要中央在國家發展規劃中對香港作出定位，也要特區制定自身的發展戰略，這就涉及基本法關於中央與特區權力的規定，涉及中央對香港的憲制權力。現在我回過頭來講一講中央對香港的憲制權力。這是我今天想講的第二個問題。也是向大家彙報個人學習體會，和大家交流。我想作為全國人大代表、全國政協委員，對這個問題應當了解得更多一些、理解得更深一些、把握得更準一些。

中央對香港的憲制權力，從大的方面來講，可以分為三個層面：一是恢復對香港行使主權，制定對香港的基本方針政策；二是決定設立香港特別行政區，制定香港基本法，規定在香港特別行政區實行的制度；三是按照基本法的規定，依法行使一些具體的屬於中央的權力，處理涉及香港特區的事務。中央行使這三個方面的權力都可以稱為對香港行使憲制權力。我們現在通常所講的中央對香港的憲制權力，主要是指第三個層面的權力，也就是依照基本法的規定中央對香港特區具有的權力及其運作。對這個問題一般的講法，我也常這麼講，就是把基本法具體寫明的中央權力一一列舉出來，如中央政府對行政長官和主要官員的任命權、基本法的解釋權、基本法的修改權、對行政長官產生辦法和立法會產生辦法修改的決定權、對特區立法機關制定的法律的監督權、防務和外交事務的管理權、向特區作出新授權的權力、香港特區進入緊急狀態的決定權等。除了基本法明確規定的權力外，中央政府還有一些權力是蘊含於基本法有關規定之中的。比如說，基本法第 12 條規定，香港特區是直轄於中央政府的地方行政區域，這裏的“直轄”就是直接管轄的意思。基本法第 43 條規定，行政長官依照基本法的規定對中央政府負責，要求行政長官向中央政府負責，這裏的“負責”主要是什麼內容呢？基本法第 48 條第二項規定行政長官“負責執行”基本法，這是負責的主要內容。此外，基本法還規定了一些具體負責的內容，例如，報請中央政府任免主要官員，執行中央政府就基本法規定的有關事務發出的指令，處理中央授權的對外事務和其他事項等。香港回歸祖國後，行政長官每年都要到中央述職，這也是負責的一種形式。按照憲法的規定，中央政府即國務院的職權之一是統一領導全國地方各級國家行政機關的工作。基本法沒有明確規定中央政府領導香港特區行政機關的工作，而是規定香港特區“直轄”於中央人民政府，行政長官須對中央人民政府“負責”，與憲法規定的原則精神是完全一致的，“直轄”和“負責"這兩個概念,就蘊含了中央對香港特區的一般性權力。需要特別說明的是,無論是列舉的權力還是蘊含的權力,基本法一旦作出規定,全國人大及其常委會和中央政府就要嚴格按照基本法規定辦事,不能超越基本法規定行使權力,這是法治的一般要求,香港回歸前後,中央領導人一再講中央不干預香港高度自治權範圍內的事務,也是從這個角度來講的。同時,香港特區也要嚴格按照基本法規定行使高度自治權,這同樣是法治的要求。前面講到的特區自身發展戰略決定權在特區,中央主要是支持、配合,不能干預,更不能決定,就是這個意思。

以上是對中央憲制權力一般的講法,就是把基本法的規定一一列舉出來,很具體、很清楚,我今天想換個講法,從宏觀的角度講這個問題,提出一個概念,即中央依法行使憲制權力是特別行政區制度的重要內涵。大家對這個提法可能有些生疏,有些疑問,中央對香港行使憲制權力,怎麼成了香港特區制度的內涵。大家知道,香港基本法有 1 個序言、160 個條文、3 個附件和區旗區徽圖案,它們之間是一個什麼關係?打個比喻來說,這些內容不是一個一個蘋果,裝到一個叫基本法的筐子裏,而是一串葡萄,雖然有很多葡萄粒,但串在一起,是有機的整體。一串葡萄有一根藤,把所有的葡萄粒串在一起,那麼,是什麼把基本法所有內容串在一起,從而形成一個有機整體?我們研究認為,這就是特別行政區制度。這個說法有沒有依據?我們認為是有充分依據的。

首先是憲法依據。憲法第 31 條規定,"國家在必要時得設立特別行政區。在特別行政區內實行的制度按照具體情況由全國人民代表大會以法律規定。"第 62 條規定全國人大的職權之一是"決定特別行政區的設立及其制度"。按照這兩條規定,以法律規定或由全國人大決定的是特別行政區內實行的制度或特別行政區制度。其次是基本法依據。基本法序言第三段規定,根據憲法,全國人大制定基本法,規定特別行政區實行的制度,以保障國家基本方針政策的實施,由此可以看出,基本法核心內容就是規定特別行政區制度。第三是立法法依據。立法法第 8 條第三項規定，"民族區域自治制度、特別行政區制度、基層群眾自治制度"只能以法律規定。從以上依據可以得出這樣的結論，從"一國兩制"方針政策到基本法，實現了從政策到法律的轉變，這個轉變是通過創設一套特別行政區制度來實現的，特別行政區制度是"一國兩制"方針政策的法律表現形式。憲法和基本法規定的特別行政區制度，不僅包括特別行政區內部的制度，例如社會經濟制度、法律制度等，還包括國家管理體制和管理制度。我在香港回歸前的 1996 年發表過一篇文章，論述基本法的核心內容，我說基本法的全部內容可以概括為三句話：堅持一個國家，保障國家主權；堅持兩種制度，保障高度自治；堅持基本不變，保持穩定繁榮。這三句話既有中央對香港的管治，也有香港自身實行的制度，就是"一國兩制"，就是基本法序言第三段規定的特別行政區制度。香港特區享有的高度自治權是香港特別行政區制度的組成部分，中央對香港的憲制權力也是香港特別行政區制度的組成部分。只有把中央對香港的憲制權力放在香港特別行政區制度的框架內來理解，才可能全面準確地理解這種權力。從特別行政區制度這個視角來讀基本法，基本法的各項規定都是這套制度的有機組成部分，還可以把特別行政區制度細分為各種具體制度，如授權制度、中央的事權制度、中央與特別行政區關係制度、駐軍制度、行政長官制度、法律制度、司法制度、經濟制度等，它們之間緊密地聯繫在一起。此外，以論述特別行政區制度為核心，對香港尤其有現實需要，因為從回歸前直到今天，香港社會始終存在一種把香港作為獨立或半獨立政治實體的傾向，在法律上主要體現為只講基本法、不講憲法，講基本法只講高度自治權、不講中央的權力，甚至把兩者對立起來。例如，回歸以前，有香港人提出設立一個國際仲裁法庭，法官由香港、內地和外國人組成，仲裁中央與特區的糾紛，這就是要和中央平起平坐。回歸以後，1999 年的"居港權"案中，特區法院宣佈有權審查全國人大的立法行為，並有權宣佈全國人大的立法無效，把香港的司法權凌駕於全國人大之上。2004 年 4 月

6 日，全國人大常委會釋法以前，一些港人認為香港政制發展的啟動權和決定權在香港，中央只負責最後的批准和備案，企圖迫使中央接受他們在香港造成的既成事實。2007 年，一位反對派人士競選特首時，政綱中的一條就是當選後要取消中央對特首的任命權。最近 "次主權" 的爭論，提出香港擁有 "次主權"，是一個 "次主權實體"，可以進行 "次主權外交"。這裏無一不是把香港作為獨立或半獨立的政治實體這種心態的反映。因此，以特別行政區制度為核心闡述基本法，可以把中央和特區的權力統一到一套制度之中，把特別行政區管理體制納入國家管理體制之中，可以有效糾正香港社會存在的不正確傾向，具有比較強的針對性。

從更大的層面來講，香港特別行政區制度是國家管理制度的組成部分，我國的國家管理制度是由憲法規定的；國家在必要時可以設立特別行政區，實行特殊的制度，也是憲法規定的。那麼怎麼根據憲法來規定特別行政區制度呢？從基本法規定的內容看，大致可以概括為以下三個方面，這也體現了中央與特區的權力關係：

第一，特別行政區制度要符合單一制原則，這是我國國家管理制度的普遍性原則。全國人大決定設立香港特別行政區，制定基本法規定特別行政區實行的制度，這就是單一制原則的重要體現。具體到基本法條文，也全面地體現了單一制原則，例如，基本法第 1 條規定香港特區是我國的一個不可分離的部分，第 2 條規定香港特區的高度自治權是全國人大授予的，第 12 條規定香港特區是直轄於中央政府的享有高度自治權的地方行政區域，第 45 條規定行政長官對中央政府負責，等等，這些規定背後的法理依據都是單一制原則。在單一制國家裏，地方沒有固有權力，地方權力來源於中央授予。這是單一制國家的特點，中央與地方是授權關係。在授權下，授權者擁有完整的管治權是授權的前提，而且作出授權後，授權者對被授權者具有監督權。大家都知道，任何機構或個人，要作出授權，前提是他必須具有有關權力。全國人民代表大會是我國的最高國家權力機關，它授予香港特區行政管理權、立法權、獨立司法權和終審權，前提就是中央對香港具有完全的管治權。這本來就是單一制國家中央與地方關係的應有之義。香港特區終審法院在人大第一次釋法後對 1999 年 12 月的劉港榕案，終審法院判決認為，基本法第 158 條第一款規定的全國人大常委會解釋基本法的權力是全面、不受限制的，基本法第 158 條第二款、第三款授權特區法院解釋基本法，也表明全國人大常委會的這種權力是全面和不受限制的。只有這樣，全國人大常委會才能夠授權特區法院解釋基本法。中央和香港之間的關係是授權和被授權的關係，從這個角度講，基本法是一部授權法律。在基本法的規定中，凡是涉及國家管理制度的普遍性原則，均體現為中央的權力。

第二，根據憲法第 31 條，由全國人大以法律規定在特區實行資本主義制度，這是我國國家管理制度所允許的特殊性。基本法全面地規定了香港特區實行的資本主義社會、經濟、文化等方面的制度，其中第 11 條規定，根據憲法第 31 條，香港特區實行的制度和政策，包括社會、經濟制度，有關保障居民的基本權利和自由的制度，行政管理、立法和司法方面的制度，以及有關政策，均以基本法為依據。在基本法規定中，凡是涉及國家對香港實施管理的特殊性的內容，均體現為特區的高度自治權。

第三，特別行政區管理體制方面，基本法的有關規定既有國家管理的共性，也有特殊性。國家對香港特區的管理體制，通俗來說，就是香港回歸祖國後，全國人大及其常委會和中央人民政府保留一些體現國家主權必不可少的權力，同時授予香港特別行政區處理內部事務的高度自治權，實行 “港人治港”。在 “一國兩制” 下，中央行使對特別行政區權力的體制是憲法和國家法律規定的國家政治體制，這是國家管理共性，基本法為香港特別行政區行使高度自治權專門設計了一套特區政治體制，這是特殊性。需要特別指出的是，國家政治體制與特區政治體制不是截然分開的，而是有內在的聯繫。這不僅體現在特別行政區的設立及其制度是由全國人大決定的，中央人民政府負責管理與特別行政區有關的國防、外交等事務，而且體現在基本法有關全國人大及其常委會、中央人民政府與特別行政區政權機關權力關係之中。因此，講特別行政區的管理，既要講特別行政區高度自治權，也要講中央的權力；既要講香港特別行政區的政治體制，也要講國家政治體制，這兩方面構成有機整體，只有中央和特別行政區政權機構在憲法和基本法規定的框架下依法履行職責，才能把基本法的各項規定落到實處，把香港的事情辦好，從而實現香港的長期繁榮穩定和發展。

我想，從宏觀的角度來理解和把握中央與特區的權力關係，對於我們理解"十二五"規劃，謀劃香港未來發展問題，也會有所幫助。

以上所講的我再重複一遍，都是個人學習心得，有些思考還不深入、不全面、不成熟，儘管如此，我還是願意講出來與大家交流。歡迎批評指正。

基本法教材撰寫工作的具體要求

——基本法教材編寫委員會第二次會議的總結講話

根據基本法教材編寫工作計劃，基本法教材編寫委員會於 2011 年 5 月 31 日至 6 月 2 日在北京召開了第二次會議。會議的中心任務是審議香港基本法教材編寫大綱（討論稿）和基本法教材編寫規範（討論稿），並確定香港基本法教材編寫任務分工。會議原則通過了香港基本法教材編寫大綱（討論稿）和基本法教材編寫規範（討論稿），確定香港基本法教材編寫大綱分為 14 章，21 位專家學者根據研究專長，優化組合，分頭負責撰寫各章初稿。會議結束時，喬曉陽同志作了總結講話，對基本法教材編寫的下一步工作進行了部署，並對基本法教材撰寫工作提出了具體要求。

我們召開了兩次基本法教材編寫委員會會議，在第一次會議上，我們一起分析了編寫基本法教材的必要性、迫切性和艱巨性，討論了基本法教材的指導思想、基本思路和需要回答的若干重要問題，這次會議又比較深入地討論了基本法教材大綱和編寫規範，大家進一步統一了思想，明確了思路，下一步將按照分工，用大約半年的時間，起草出香港基本法教材的初稿。根據這次會議的情況，我講兩個問題，然後宣佈一下教材各章節撰寫分工。

一、關於基本法教材編寫的下一步工作

按照原定計劃，我們要在年底前拿出基本法教材初稿，從現在算起，只有 7 個月時間，而且經過這兩天討論，我們都看到有一些問題還需要花大力氣研究，可以用 "時間緊，任務重" 概括我們今後一段時間

的工作。因此，各位不能等到教材編寫大綱出來以後才開始各章節的起草工作，有關工作要交叉進行。今後一段時間要做好以下四方面工作：

1. 抓緊確定基本法教材大綱，並報請批准。這次會議對基本法教材編寫大綱進行了較為深入的討論，由於時間的關係，來不及在會上把大綱稿修改出來。會後，港澳基本法委研究室要根據會議的要求，充分吸納大家的意見和建議，盡快改出一份大綱稿。按照許崇德教授的建議，大綱稿要列出三級標題，在每一級標題下，簡要地說明該標題準備闡述的主要內容，讓人可以清楚地看出基本法教材的骨架。我們這個編委會就不再召開全體會議對大綱稿進行討論了，6 月 14 日左右要請幾位在北京的專家，把這個大綱骨架稿再過一遍，做得更穩妥一些。6 月 17 日我們將召開基本法研究工作領導小組會議，大綱稿要再次提交討論，並根據領導小組成員的意見作進一步修改。6 月下旬，我們將大綱及時印發各位。

2. 按照撰寫工作分工，抓緊開始起草工作。前面我講了有關工作要交叉進行。這次會議各位專家學者認領了教材各章節的撰寫任務，希望大家不要等教材編寫大綱出來才開始工作，而是按照分工，立即開始進行資料收集，主要問題的研究，對其中重點、難點問題開展攻關。昨天下午，胡錦光同志介紹了"馬工程"憲法學教科書的編寫經驗，看來下一步統稿是一個難關。鑒於教材各章節初稿分別由 21 位同志起草，我們的統稿工作難度會更大。根據他們的經驗，整章節推倒重寫是常有的事，為了便於統稿，從語言風格到論述角度，都要在開始階段就盡可能統一。為做到這一點，我建議大家對自己負責起草的部分，先思考具體內容及其編排，待教材編寫大綱出來後，在大綱內容的基礎上作進一步細化，先寫出一個細目和撰寫思路。最好在 7 月中旬完成這項工作，屆時港澳基本法委機關會派人到各地，了解有關工作的進展情況，並與大家進行交流和討論。事先做好這方面的功夫，努力使撰寫思路和風格盡可能一致，教材各章節前後能夠相互銜接、呼應，這對於下一步工作的順利進行是十分必要的。

3. 簽署課題委託協議，做好後勤保障工作。在各章節撰寫工作負責人提出內容細目和撰寫思路後，港澳基本法委辦公室將與各位專家學者簽署基本法課題研究委託協議，並以教育部特別委託課題的形式下達所在的院校。兩個人合寫一章的，可以變為兩個課題，你們自己商量處理。昨天下午大家希望提高課題的級別，這個問題我們會與教育部進一步商量，儘量滿足大家的要求。至於中央黨校、中國社科院、國家行政學院、上海社科院，我們準備以我委名義下達課題。採用這種方式的目的，一是引起各位所在學校、單位的重視，二是便於向大家支付適當的研究經費。5 月 31 日上午的會議上，教育部社科司副司長張東剛同志提出可以邀請各院校的主管校長和各研究機構主要負責人出席我們的有關會議，我想這是一個機會，本來簽署課題委託協議不需要召開專門的會議，但如果要請主管校長和各研究機構主要負責人來開會，可以考慮在北京召開一次簽署委託協議的會議，這個問題我們將與教育部商量確定。需要說明的是，我希望在座的各位專家學者能夠親自動筆撰寫教材初稿，當然大家也可以在學校組織課題組或請一些研究助手，這些問題請各自根據自己的工作情況自行確定。屆時是以你們個人還是課題組的名義與港澳基本法委辦公室簽訂協議，都可以。

4. 教材初稿起草期間，要加強溝通和交流。由於負責初稿起草工作的人員比較多，也比較分散，為了在初稿出來以後順利進行統稿，除了要求大家先寫出細目和撰寫思路外，在撰寫初稿過程中，港澳基本法委機關要與大家加強溝通與交流，各專題負責人之間也要加強溝通與交流，及時協調處理撰寫過程中遇到的問題。儘管我們要求在年底前拿出初稿，但我希望能夠在保證質量的基礎上，儘可能早地完成初稿的起草工作，也不一定整裝式提交給我們，也可以起草出來一個專題，就提交一個專題，以便我們安排時間進行審閱，這樣，即使需要作一些修改，也有比較充裕的時間，確保工作任務的完成。

二、基本法教材撰寫工作的具體要求

我們這次會議確定了基本法教材編寫規範，這主要是技術性要求，大家一定要嚴格按照這個要求來做。除此之外，在具體撰寫教材工作中，希望大家注意把握以下四點。

1. **要牢牢把握正確的政治方向**。要編寫出一本好的基本法教材，必須堅持政治性和學術性的有機結合。如果把教材比做一個人，政治性就是這個人的精氣神，學術性是這個人的軀體。用句學術界比較喜歡的話來講，政治性就是價值取向，一篇文章、一部著作可以寫得很美，但文以載道，決定其格調和影響力的，始終是價值取向。在第一次會議上，我提出的基本法教材的指導思想，講的就是正確政治方向問題，是教材撰寫過程中必須始終堅持的價值取向，在這裏我就不再重複了。按照這個指導思想，把政治性和學術性很好地結合起來，就要求很好地把中央對港澳的重大決策、黨和國家領導人有關的重要講話的實質吃透，在我們的教材中用法律的語言和理論，把這些決策和講話精神很好地體現出來。在這個過程中，是不是要把握好這樣三層關係：一是政治理論與法律理論的關係。黨和國家領導人關於"一國兩制"和基本法的重要論述，更多是從政治的角度來講的，我們要牢牢把握其精神實質，然後轉化為法律語言或理論，體現在我們的教材之中。比如說，鄧小平同志曾經再三強調，"一國兩制"要講兩個都不變，香港的資本主義制度保持不變，國家主體的社會主義制度也要保持不變，我們怎麼把這一思想轉化為法律理論呢？這就要講憲法，講維護憲法的義務，這就涉及憲法理論問題。二是特殊與一般的關係。中央關於香港問題的許多重大決策，都有特定的歷史背景，就是領導人的講話，也有特定的對象和場合，我們要深刻地領會和把握這種背景、對象和場合，在撰寫教材中，從這些決策和講話中提煉出具有一般指導意義的理論。基本法的某些規定也是如此。比如說，基本法中出現若干"備案"，一般"備案"是不影響生效的，像第 17 條規定的特區立法機關制定的法律報全國人大常委會 "備案"，是不影響生效的；而基本法附件二規定的立法會產生辦法的修改，要經立法會三分之二多數通過、行政長官同意，報全國人大常委會 "備案"，這個 "備案" 就要由全國人大常委會以適當形式表決接受並頒佈後，才能生效。那麼，怎麼從理論來加以說明？我們現在的說法是，第 17 條的備案是香港本地立法的備案，和內地地方性法規報備案不影響生效一樣，而基本法附件二的修改是對基本法的修改，屬於憲制層面的修改，所以，要全國人大常委會接受 "備案" 後才能生效，這裏用備案的一般理論來闡述這個問題就說不清楚。三是堅持與發展的關係。中央對香港的基本方針政策，包括一些具體的說法，來源於當時社會政治情況的現實需要，我們在進行理論闡述時，需要加以完善和發展。比如說，很多人在許多場合都講中央不干預特區高度自治範圍內的事務，但我們看基本法，講 "不干預" 只有一條，就是第 22 條，規定的是中央各部門、各省、自治區、直轄市均不得干預香港特區高度自治範圍的事務，沒有講中央 "不干預"。再看基本法第 12 條，明確規定香港特區 "直轄" 於中央政府，"直轄" 就是直接管轄的意思，因此，從法律的嚴謹性來講，對中央 "不干預" 的講法，要從理論上加以闡述，恐怕要從中央依法辦事的角度來講，也就是說，由於基本法已經授予特區高度自治權，中央要按照基本法規定辦事，尊重特區的高度自治權，不能越俎代庖，替特區政府作出決定。總之，我們要用學術的語言把基本法的許多規定闡述清楚，又要牢牢把握正確政治方向。

2. 要系統地梳理基本法的實踐。我在上次會議上講過，編這本基本法教材要靠三大支柱，其中之一就是基本法的各項規定及其豐富實踐。我們這部教材，能不能站得住，能不能在前人教材基礎上有所發展，很關鍵的一條就是能否對 "一國兩制" 和基本法的豐富實踐進行科學的總結，從中提煉出具有普遍指導意義的理論。我們要求教材第一稿可以用比較多的字數，主要就是考慮到要對每一個條文的起草歷史、實施情況、遇到的主要問題進行梳理，從中提煉出我們的觀點和看法，沒有一定的篇幅不行。將來正式定稿時，可以在這個基礎上進行壓縮，以確保我們的每一項立論都建立在堅實研究基礎上。怎麼對基本法的實施情況進行全面的梳理？昨天上午我們講到，香港特區行政長官和立法會產生辦法修改有一個"五步曲"，我看基本法教材每一章節、每一個問題撰寫是不是也需要一個"五步曲"，即第一步，要研究清楚基本法有關規定的基礎，也就是說，在基本法起草時，當時香港這方面的制度怎麼樣，基本法有關規定是考慮了哪些方面的問題後作出的；第二步，要研究清楚目前香港有關方面的制度是什麼，在基本法頒佈之後，這方面的制度是怎麼演變而來的，與基本法有關規定的設想是否存在距離，如果有，其原因是什麼；第三步，要研究清楚基本法有關規定在實施中遇到什麼問題，出現過什麼爭議，中央或特區有關部門是如何運用基本法有關規定處理這些具體個案的；第四步，要研究清楚全國人大常委會或特區法院對基本法有關規定是否進行過解釋，如果有解釋，其內容和理據是什麼；第五步，內地和香港學術界對基本法有關規定的研究現狀，提出過什麼觀點，並對這些觀點進行深入的研究分析。以上要求可能過嚴了一些，但非如此不能產生一本對歷史負責的精品。年底各個專題交稿時，我們要用這"五步曲"來衡量每一個章節的起草質量。走了這"五步曲"，基本法每一個條文的實施中遇到的問題就不會有遺漏，教材內容就會更有針對性，有堅實的基礎，而且更重要的是，通過這樣一個研究過程，可以清楚看出香港特區有關制度的發展趨勢，可以比較好把握我們需要提出的觀點和看法。我相信，只要我們做好這些功夫，將來教材的讀者就一定會感到，我們的每一項論述都是有歷史和現實依據的，而且有很強的前瞻性，具有重要的實踐指導意義。

3. **要創新性地回答一些重大問題**。這次討論的教材編寫大綱，已經盡量把我們以前提出的 20 個重大問題融入其中。這些重大問題看起來簡單，但深入下去，從理論上講清楚，不是一件容易的事情，需要有所創新，有所發展。最近，上海社科院法學所主辦的《政治與法律》連續兩期刊登了論證特別行政區制度是我國基本政治制度的文章，提出一些有益的觀點和論據，從中也可以看出，要把這個問題闡述清楚，還需要花很大的力氣。再比如，焦洪昌教授講他們正在寫一篇關於憲法在香港特區適用的文章，寫了 2 萬多字，而且討論了幾次。要講清楚一個問題，作出令人信服的回答，必須深入地考慮各方面的情況，否則，讓人家抓住一個破綻，所有立論就都被推翻。從這兩天我們討論的情況看，要回答一些重大問題，仍需要付出很大努力。有些連我們內部都認識不一致的重大問題，要組織專題攻關小組。各位在編寫過程中遇到需要攻關才能解決的重大問題，請主動向我們提出來。由於我們是要在一部教材裏來論述這些重大問題，而教材的具體章節要由不同的人來起草，這裏還提出一個要求，這就是儘管每一個人只研究和回答其中的一個到兩個問題，但要求整部教材中這些重大問題的論述角度要相一致，論述內容要相配合，這進一步加大了回答這些問題的難度。因此，對基本法實施中的重大問題的研究和回答，要有宏觀的思維，嚴謹的態度，開拓創新的精神，還要加強溝通和協調，做到各種觀點相互呼應、相互印證，使整部教材的主要觀點和思想一以貫之。

4. 要較高地展現學術理論水平。我在會議第一天講過，現在各有關方面對我們編寫的這部基本法教材寄予很高的期望，怎麼回應這種期望？我們必須加倍努力寫出一部展現內地憲法學界學術理論水平的、高水準的基本法教材。在座的專家學者在憲法學研究領域都很有成就，怎麼展現教材的學術理論水平，大家比我有發言權。你們是法學論著的作者，我是讀者，我想從讀者的角度談點對學術理論水平的認識。在我看來，一部好的著作，首先要體現一種戰略思維，站得高，看得遠，把主題內容放在一個宏觀背景下來闡述。就基本法教材而言，就是要放在建設中國特色社會主義的國家發展戰略中來闡述，用學術語言來講，就是要很好地把握理論學說的主體性。"一國兩制"和基本法是我們中國人創造出來的，它不是西方理論的注腳，而是我們自己的理論。這種理論的正確性來源於我們秉持的世界觀、選擇的國家發展道路以及採取的國家管理模式，西方國家的理論和實踐可以參考，但不能刻意迎合，更不能用西方的理論對我們實踐的正確與否進行評判。這就是我前面講到的要有精氣神、自信心。只有做到這一點，我們提出的理論才能有說服力、生命力和影響力。其次，一部好的著作，要有一種明快的理論框架，把要闡述的問題放在這個框架下有序地展開，逐層深入，前後呼應，一氣呵成。大家都怕讀長文章，其實不是怕文章長，而是怕長而無味。文章寫得可讀性強，再長也不怕。最近我讀了張維為寫的《中國震撼》一書，雖然有 249 頁，18.5 萬字，但一口氣就讀完了，為什麼呢？因為它引人入勝，它把大家思考又不解的問題一一用通俗易懂的道理、事實解開了。這本書就有一個很好的理論框架，一層一層地把讀者引入其中。我們這兩天的討論，已經初步提出了一個圍繞特別行政區制度為核心的理論框架，下一步還要根據大家提出的意見，進一步修改完善，我看按照這個理論框架，是可以把教材寫好的。再次，一部好著作，還要十分注重細節的嚴謹，特別是事實要準確，不能有硬傷。編這本教材可以套用"細節決定成敗"這句話強調我們編寫的教材要注重細節的嚴謹。總之，我們一定要通過教材的編寫工作，很好地展示內地憲法學界的學術理論水平。以上這三點，既是我作為讀者的體會，也是對各位作為作者的期望。

三、基本法教材各章節的撰寫分工

下面，我宣佈以下基本法各章節撰寫分工：

第一章　緒論

負責人：強世功教授

第二章　香港特別行政區制度

負責人：鄒平學教授

第三章　中央對香港特別行政區的憲制權力

負責人：陳端洪教授

第四章　香港特別行政區的高度自治權

負責人：陳欣新教授、王振民教授

第五章　香港特別行政區的法律體系

負責人：焦洪昌教授

第六章　香港居民的基本權利和自由

負責人：黃志勇副教授、田雷副教授（田雷副教授負責撰寫香港居民的定義）

第七章　香港特別行政區行政主導政治體制

負責人：徐靜琳教授、傅思明教授（傅思明教授負責撰寫兩個產生辦法）

第八章　香港特別行政區的行政制度

負責人：任進教授

第九章　香港特別行政區的立法制度

負責人：朱孔武教授、夏正林副教授

第十章　香港特別行政區的司法制度

負責人：董茂雲教授、吳天昊副研究員

第十一章　香港特別行政區的經濟制度

負責人：郭天武副教授

第十二章　香港特別行政區的社會文化制度

負責人：魏健馨教授

第十三章　香港特別行政區的對外事務權

負責人：饒戈平教授、曾華群教授

第十四章　香港基本法的解釋和修改

負責人：胡錦光教授、鄭磊副教授

在基本法教材編寫簽約儀式上的講話

2011 年 7 月 25 日上午，在北京人民大會堂舉行了基本法教材重大課題研究委託協議簽訂儀式，全國人大常委會港澳基本法委員會、教育部、國務院港澳辦、香港中聯辦、澳門中聯辦有關負責人和編委會 21 位專家學者及所在的 19 家高等院校和科研院所主管教學科研的負責人出席。喬曉陽同志在儀式上發表了講話。

　　首先，我要代表全國人大常委會港澳基本法委員會和教育部向大家百忙之中出席今天的儀式表示衷心的感謝，對各單位支持基本法教材編寫工作表示衷心的感謝。剛才，郝平同志和張曉明同志分別作了講話，講得很好，我都贊成。吳志攀同志代表 19 所高等院校和科研院所，表達了對基本法教材編寫工作的重視和支持，焦洪昌教授代表參加基本法教材編寫的 21 位專家學者，談了參加編寫基本法教材工作的體會，對完成好教材編寫任務代表大家表了決心。這些講話和發言表明，我們對編寫基本法教材工作已經有了共同的認識，實際上就是一句話，把思想統一到中央的決策上來，這是我們編好教材的最重要的保障。

　　今天在這裏舉行基本法教材重大課題研究委託協議的簽訂儀式，這個活動是教育部建議的。我們非常贊成。為什麼編寫一部教材要專門在人民大會堂舉行簽約儀式，為什麼邀請這麼多有關部門的負責同志和高等院校、科研機構的領導出席？這裏面有幾層意思，一是表示感謝；二是向大家求援，通過這樣一個場合，向各院校和科研機構的領導介紹一下編寫基本法教材的由來、面臨的艱巨任務和下一步工作安排，目的還是請各位領導全力支持基本法研究工作和教材編寫工作；三是激勵參與教材編寫工作的各位專家學者增強使命感和責任意識，在今後一段時間內全力投入，按時高質量地完成教材編寫任務。為此，下面我向大家介紹三個方面的情況。

一、基本法教材編寫的由來和中央領導同志的指示精神

香港、澳門回歸祖國後，中央領導同志歷次有關港澳問題的講話中，都提到加強基本法的宣傳和教育問題。其中，比較系統地論述這個問題的是吳邦國委員長的兩次重要講話。第一次是 2007 年 6 月 6 日，吳邦國委員長在紀念香港基本法實施 10 週年座談會上的講話，他指出，要通過各種形式，廣泛宣傳基本法知識，做到家喻戶曉、深入人心；要把基本法教育作為公務員教育的重要內容，使他們熟悉基本法，忠於基本法，遵守基本法，自覺維護基本法；要大力加強對青少年的宣傳教育，使年青一代了解基本法的歷史和內涵，成為基本法的堅定實踐者和維護者；要本著實事求是、與時俱進的精神，進一步加強對基本法的研究，認真總結幾次釋法的經驗，及時解決基本法實施中遇到的問題，不斷豐富基本法的實踐，把基本法貫徹好實施好。

第二次是 2009 年 12 月 4 日，吳邦國委員長在紀念澳門基本法實施 10 週年座談會上的講話，他再次強調，要進一步加強基本法的宣傳推介工作，通過多種形式，全面準確地闡述 “一國兩制” 方針和基本法的精神實質，廣泛深入地宣傳 “一國兩制” 方針和基本法的深刻內涵與生動實踐，深入淺出地解讀基本法的有關規定。必須十分注重對澳門年青一代的教育，特別是國家、民族觀念教育和基本法理論實踐教育，推動基本法課程進學校、進課堂，把年青一代培養成 “一國兩制” 方針和基本法的忠實維護者與積極踐行者，使愛國愛澳傳統薪火相傳。

為貫徹落實吳邦國委員長關於加強基本法宣傳教育、推動基本法課程進學校、進課堂的指示，這就提出了編寫基本法教材的任務。所以，

在 2010 年 4 月 22 日，基本法研究工作領導小組召開會議，在研究討論基本法研究項目的同時，特別討論了編寫基本法教材問題。2010 年 5 月 9 日，習近平副主席在這次會議的紀要上作了重要批示，要求我們不斷提高基本法研究水平，同時明確指示，要編好香港基本法教材，做好香港基本法的宣傳教育工作。

為貫徹落實吳邦國委員長、習近平副主席的重要指示要求，2010 年 9 月 8 日，全國人大常委會港澳基本法委員會向中央港澳工作協調小組辦公室報送了編寫基本法教材的請示。有關請示獲批准後，全國人大常委會港澳基本法委與教育部一起，在有關院校和研究機構推薦的專家學者基礎上，共同研究確定了基本法教材編寫委員會名單，啟動了基本法教材的編寫工作。

現在這個編委會一共 29 人，其中 21 位專家學者，分別來自 19 所高等院校和科研機構，還有 8 位同志分別來自全國人大常委會港澳基本法委員會、教育部、國務院港澳辦、香港中聯辦、澳門中聯辦。可以說，教材編寫採取專家學者和實務部門同志相結合的方式。如果純粹從教材編寫角度來講，為了方便工作，參加編寫工作的人數應當少一點，但大家可能注意到，邀請參加這部教材編寫工作的專家學者比較多，而且所在院校和科研機構分佈比較廣，為什麼要作這樣的安排？這主要是因為目前內地學術界的基本法研究人才不多，有青黃不接的情況，我們希望在編寫教材的同時，能夠進一步推動基本法研究工作，產生一批基本法研究的專家，在各院校和科研機構中形成幾個基本法研究中心，為中央的港澳工作提供堅強的理論支撐。因此，編寫基本法教材不是一件單純的任務，還有推動基本法研究的目的，請各院校和科研機構負責人來出席這次會議，也是為了讓大家了解這方面的考慮，推動所在單位開展基本法研究工作。

二、基本法教材編寫的必要性、緊迫性和艱巨性

編寫基本法教材的必要性、迫切性，中央領導同志的上述講話和批示中已經說得很清楚了。從近幾年港澳工作來看，編寫基本法教材對於做好港澳工作具有非常重要的意義，同時也是為了回應以下幾方面的迫切要求：

第一，開展基本法教育提出的要求。在“一國兩制”下，愛國愛港、愛國愛澳力量是中央依法對兩個特別行政區實施管治的基礎。為了加強港澳人士的國家、民族觀念，不斷發展壯大愛國愛港、愛國愛澳力量，從去年開始按照中央的統一部署，開展了規模龐大的港澳人士國情教育工程。其中一個重要安排就是舉辦國情研習班，組織港澳人士到內地有關院校進行短時間的培訓。國家行政學院、三所幹部學院以及清華、北大、中大等院校都承擔了這方面的任務。由於研習班的時間很短，要向港澳人士全面介紹我國的建設和發展情況，課程高度密集，“一國兩制”和基本法的課程往往是擠進去安排一節課，要使參加研習班的港澳人士能夠比較全面地理解基本法，除了課堂講解以外，提供一本比較權威的基本法教材，是必不可少的。同時，香港特區政府和澳門特區政府也主要圍繞基本法來開展國民教育，怎麼向港澳年輕的一代講解基本法？香港和澳門的不少民間團體都在編寫各種版本的基本法講解材料，他們也很希望有一本基本法的權威著作作為參考。

第二，全面實施基本法提出的要求。港澳回歸後，中央領導人發表的重要講話都強調要全面準確地理解基本法。這個要求是有很強的針對性，因為全面準確地理解基本法是全面實施基本法的前提，而基本法實施中遇到的一個很大問題就是有許多人對基本法缺乏全面理解，各取所需，各講各的，就是一些重大問題也存在認識上的不一致。這種情況不僅港澳社會存在，內地也存在。“一國兩制”方針政策是我國的一項基本國策，基本法是全面體現“一國兩制”的法律文件，要長期實施，用

小平同志的話來說，不僅五十年不變，五十年後也不能變。中央對香港、澳門的基本方針政策是上個世紀八十年代制定的，兩部基本法是上個世紀九十年代起草完成的，怎麼能夠五十年、上百年長期實施？這裏面，我想有兩個因素起根本作用，一個因素是“一國兩制”方針和基本法的規定是科學的，具有前瞻性，是能夠經得起時代變化的檢驗，這一點經過香港、澳門回歸十幾年的實踐，我們可以說有充分的信心；另一個因素就是要把“一國兩制”方針和基本法理論化，通過理論的引導作用，使年輕的一代能夠全面準確地理解“一國兩制”方針和基本法，並始終不渝地加以貫徹和執行。我們現在比較缺的就是這樣一套理論，“一國兩制”不是乾巴巴的規定，而是要形成一套理論體系，這也是需要編寫基本法教材的一個重要原因。理論之樹常青嘛。

第三，**貫徹落實中央重大決策提出的要求**。香港、澳門回歸後，基本法實施中遇到了不少問題和挑戰，中央依法進行了妥善的處理。儘管也有一些爭論，但總體上獲得了港澳社會各界的普遍認同和接受，實踐也證明，中央的舉措對確保全面準確地貫徹實施基本法，確保港澳地區的長期繁榮穩定發揮了重要的作用。中央在依法處理這些問題時，不是局限於一時一地，而是充分考慮到建立管長遠的機制。由於港澳回歸後遇到的許多新情況、新問題是基本法起草者當年所沒有想到的，要在基本法規定的原則精神下根據實際情況加以處理，還有的問題是當年起草時內地草委與港方草委爭執不下，統一不了意見的，只能採取雙方都能接受的模糊寫法，求得通過，在基本法實施過程中這些問題又冒出來了，而且必須加以解決。中央涉港澳重大決策，實際上是在實踐中不斷豐富和發展“一國兩制”和基本法理論。從維護中央的決策，固化中央決策建立的管長遠機制出發，有必要通過編寫基本法教材，對“一國兩制”和基本法的嶄新實踐加以總結，不僅維護中央對具體問題的決策，而且把中央通過處理具體問題所建立的管長遠的機制揭示出來，從理論高度加以闡述，從而鞏固和強化中央依法處理港澳事務的成果。

第四，牢牢掌握基本法話語權提出的要求。香港回歸以來，全國人大常委會進行了三次釋法、兩次就政制發展問題作出決定。在參與有關工作中，我們發現香港社會雖然普遍認同、擁護基本法的規定，包括反對派也不敢公開反對基本法，像 23 條立法，他們不敢反對立法，而是反對立法內容，但也較普遍存在對中央依據基本法行使權力的憂慮，就是愛國愛港陣營的人有時也感到不能理解。為什麼會出現這種情況？分析其原因，固然有兩地法律文化的不同，但更重要的是香港社會有些人把香港反對派所說的那一套當作基本法的規定，視為"真經"。由此給我們的一個重要啟示是，貫徹落實兩部基本法也有一個兩手抓、兩手都要硬的問題，即要一手抓基本法的話語權，一手抓基本法各項規定的實施。抓基本法的話語權實際上就是創造基本法實施的軟環境，只有讓港澳社會真正了解基本法規定，尤其了解這些規定的道理所在，落實基本法規定的權力才能水到渠成，才不會在香港和澳門引起社會震動，才能夠充分發揮以法律手段處理問題的優勢。怎麼抓住基本法的話語權？這要做許多工作，其中一項工作就是要編寫出權威的基本法教材。以此為基礎，不斷在港澳社會釋放我們的聲音，樹立正確的基本法觀念。

總而言之，基本法教材編寫工作對貫徹落實"一國兩制"和基本法具有深遠的意義，可以說是一件抓龍頭的工作。同時，編寫基本法教材又是一件十分艱巨的任務。這種艱巨性主要是由以下三個因素決定的：一是港澳工作政治性、政策性很強，在涉及基本法的許多爭論背後，不是什麼學術問題，而是重大的政治問題，甚至是十分敏感的政治問題，在編寫教材過程中，要牢牢把握正確的政治方向，很好地體現中央的方針政策，把講政治寓於講理論、講道理之中，這是一個很高的要求。剛才焦洪昌講四個原則，第一個也是講政治方向問題。二是在我國的法律體系中，香港基本法和澳門基本法是兩部十分特殊的法律。這種特殊性主要表現在兩部基本法同時要在內地、香港和澳門三種不同政治制度和法律制度下實施，尤其是香港基本法，香港和內地的許多法律傳統、理念很不相同。這種法律實施環境在世界各國法制史上恐怕也是前所未有的。兩部基本法的這種特殊性，也決定了基本教材編寫工作的艱巨性。三是內地法學界目前專門從事基本法研究的人才不多，我們在編寫其他教材時，都有現成的理論，有大批的專門研究人才，而基本法教材編寫工作，要在學習中編寫教材，在編寫教材中培養研究隊伍，這本身也決定了教材編寫工作的艱巨性。具體到教材的內容，也有許多需要花大力氣進行研究的難點，比如，基本法教材需要一個新的理論框架，需要對基本法的實踐進行系統的梳理，需要對基本法實施中遇到的重大問題作出理論回答，而且這本教材還需要能夠獲得港澳社會的認同。

在座的都是從事理論研究工作的領導、專家、學者，基本法教材要符合這些要求，大家都能夠明白其中的難度，正因為如此，才需要請各院校和研究機構的領導百忙之中到北京來，再次呼籲，希望大家重視這項工作，請大家多給予支持和幫助。

三、基本法教材編寫工作的進展及下一步工作計劃

基本法教材編寫委員會成立以來，我們已經召開了 2 次編委會會議、1 次內部研討會，經過多次討論，反覆修改，最終形成了香港基本法教材編寫大綱，並進行了初稿撰寫任務分工，今天還將簽訂各課題研究委託協議。根據基本法教材編寫工作計劃和中央港澳工作協調小組辦公室的批覆，下一步工作大體這樣安排：

今天上午，進行簽字儀式。

今天下午，我們要召開基本法教材編委會第三次會議，請大家講講目前的工作進展情況，對下一步工作提出建議。

2011 年 12 月之前，各章節撰寫的負責人需提交香港基本法教材各章節初稿，彙總到港澳基本法委員會辦公室。

2012 年 1 月，將召開基本法教材編委會第四次會議，對教材初稿

彙編稿進行討論和修改。4月將召開編委會第五次會議，對基本法教材修改稿進行通篇討論，在此基礎上，專門組織專家學者對教材修改稿進行研究，形成徵求意見稿。

2012年7月至10月，將基本法教材徵求意見稿送中央有關部門和專家學者徵求意見，並根據反饋意見再來修改。這個時候要啟動澳門基本法教材編寫工作，草擬澳門基本法教材編寫大綱。

2012年10月，我們將香港基本法教材定稿報送中央港澳工作協調小組辦公室審閱。

按照這個工作計劃，我們下一階段的工作是相當繁重的，時間是相當緊迫的。因此，希望各院校和科研機構能夠確實保障參與編寫教材專家學者的時間，並在物質、精神方面給予充分的支持和幫助，確保能如期完成基本法教材編寫任務，同時也希望各院校和科研機構大力推動基本法研究工作，為"一國兩制"和基本法的全面實施，作出理論界應有的貢獻。

基本法教材編寫是一項重要而艱巨的任務。雖然時間緊，任務重，但我們相信，有中央的高度重視，有同志們的大力支持，加上編委會全體成員的共同努力，就一定能把基本法教材編好，交出一份滿意的答卷。

謝謝大家！

辛亥革命與民族復興

2011 年 8 月 5 日在北京人民大會堂會見兩岸四地 800 名青少年組成的
"辛亥革命百週年" 體驗考察團時的講話。

　　這次活動的主辦方給我出了道命題作文，題目是 "辛亥革命與民族
復興"，要我給大家講一講這個問題。我當學生的時候，就不大喜歡命
題作文，不知道各位同學喜不喜歡？但是不管你喜歡不喜歡，今天的事
實是，不論你走出校門多少年，都免不了還要做命題作文。看來你們
有作業，我也有作業，只要是作業，都要寫，都要交卷，不然就得零
分。為了不得零分，我很認真地翻閱了一些資料，還和我的同事進行了
討論。

　　做這篇命題作文從何處入手呢？我想，講辛亥革命，必然首先要提
到一個人，你們說是誰？（學生答：孫中山）對，就是孫中山先生。在
內地，我們稱中山先生為偉大的民主主義革命先行者。我們這一代人，
上小學的時候就能背 "時代潮流浩浩蕩蕩，順之者昌，逆之者亡"、"革
命尚未成功，同志仍須努力" 等中山先生的名言。大家剛才從天安門廣
場經過，從 1949 年新中國成立開始，每逢國家重大節日和慶典，都要
在天安門廣場樹立大幅中山先生的畫像，和對面天安門城樓上的毛澤東
主席的巨幅畫像遙遙相對。為什麼？因為我們今天從事的事業，是從中
山先生那裏繼承下來的，我們永遠不能忘記這位為國家和民族奉獻畢生
精力，作過傑出貢獻的偉人。在台灣，稱孫中山先生為 "國父"，有 "國
父紀念館"。在香港，去年拍了一部電影，片名叫《十月圍城》，不知道
你們看過沒有，故事當然是虛構的，但中山先生在香港讀過書，從事過

革命活動，這是歷史事實，拍攝這部電影實際上也是為了紀念中山先生在香港的革命活動。1895 年 2 月 20 日，孫中山在香港大學發表公開演講時提到，他的革命思想源於香港。中山先生的家鄉在廣東香山縣，今改名中山縣，就在澳門旁邊，中山先生第一次走出國門就是通過澳門，在香港醫學院畢業後，曾經以孫逸仙的名字在澳門行醫和從事革命活動。在澳門，現在澳門半島不到八平方公里土地上，有三座中山先生全身銅像，有一座"國父紀念館"和一條"逸仙大馬路"，這表明澳門居民也同樣以各種方式來紀念這位偉人。如果有一道考題問大家，在中國近代以來，到目前為止，有哪一位政治家為兩岸四地人民共同熟悉、最受兩岸四地人民共同崇敬、景仰？不知道你們的歷史老師是否還有其他答案，但如果回答是孫中山先生，我想肯定會得滿分。

為什麼歷經百年，中山先生在中國人生活的地方還這麼受到愛戴？或用你們年輕人流行的語言，還有這麼多"粉絲"？我想，中山先生有很強的人格魅力，這是一個原因，但最根本的是我們同屬中華民族，同屬一個國家，有着一個共同的理想，就是實現中華民族的偉大復興。中山先生領導的辛亥革命，結束了統治中國幾千年的君主專制制度，是實現中華民族偉大復興的重要轉折點，具有深遠的歷史意義。

實現中華民族偉大復興的理想，可以概括為二十個字，這就是"爭取民族獨立、人民解放，實現國家富強、人民富裕"。近代以來，在我們國家 960 萬平方公里的土地上，中國人民進行的波瀾壯闊的革命和建設，包括辛亥革命，也包括今天的改革開放，都是緊緊圍繞着這二十個字的主題。這二十個字是近代以來中華民族和中國人民所承擔的歷史使命，是一百多年來一代又一代人為之不懈奮鬥的理想、奮鬥的目標。

為什麼可以把實現中華民族偉大復興的理想概括為"爭取民族獨立、人民解放，實現國家富強、人民富裕"這二十個字？這就要講一點歷史。我不是歷史老師，但願意與同學們一起回顧中國近代史，讓我們回到中山先生所處的年代，以增強對辛亥革命重要意義的認識。中國自古以來就是一個統一的多民族國家，我們的先人在這片土地上創造了輝煌的文明。在十七、十八世紀，清王朝還自詡為"天朝上國"，但實際上，自從西方國家工業革命後，我們國家已經逐步落後了。十九世紀中葉鴉片戰爭以後，西方列強開始侵略中國，瓜分中國。我想各位同學腦海中一定有一幅中國地圖，而且也都讀過中國近代史，現在我們做一個練習，設想我們回到中山先生從事革命活動的年代，那時的中國地圖是什麼樣子？從你們生活的地方說起，香港被英國佔領，澳門被葡萄牙佔領，台灣被日本佔領，青島被德國佔領，在上海、天津、廣州、廈門、九江、漢口、蘇州、杭州、重慶等大城市，有西方國家的 24 處租界。大連旅順港先被俄國佔領，後來又被日本佔領，日俄為了爭奪東北地區，在我們中國的領土上打了一場日俄戰爭。從更大的範圍講，西方列強還在我國領土上劃分了勢力範圍。祖國山河破碎，亡國危險迫在眉睫。面對這樣一張張歷史地圖，我們可以設身處地想一下，如果是你，能夠無動於衷嗎？凡是中華熱血好兒郎都會奮起抗爭。如是，我們就可以理解為什麼爭取民族獨立，救亡圖存，維護國家統一，成為那一代人的一項重要歷史使命。一個幾千年綿延不斷的文明古國、大國、強國，進入即將亡國的境地，真是是可忍，孰不可忍！從我們國家自己內部找原因，最主要的是封建君主專制制度的惡果。封建專制加上外來侵略，戰亂不已，我們的人民受到了前所未有的雙重奴役，飢寒交迫。要實現民族獨立，就要實現人民解放，把人民從封建統治和外國殖民統治雙重壓迫下解放出來，使人民真正成為國家的主人，建立人民的政權，主宰自己的命運，徹底地擺脫封建專制統治。因此，爭取人民解放，是一項與爭取民族獨立相輔相成的歷史任務。爭取民族獨立、人民解放的根本目的，就是為了"實現國家富強、人民富裕"，用通俗的話來講，就是要使我們的人民能夠在自己的土地上過上好日子，有尊嚴地生活。

　　1840 年鴉片戰爭之後，面對中國積貧積弱，任人宰割，人民困苦不堪，生靈塗炭的局面，"為了改變中華民族的命運，中國人民和無數仁人志士進行千辛萬苦的探索和不屈不撓的鬥爭。太平天國運動，戊戌變法，義和團運動，不甘屈服的中國人民一次次抗爭，但又一次次失敗。"中山先生就是在這種歷史背景下投身革命的。他最早認識到，要改變中國的命運，首先必須推翻封建君主專制制度，建立共和國。1894 年，中山先生在檀香山創立第一個革命組織"興中會"，就以"振興中華"為目標，提出了"驅除韃虜，恢復中國，創立合眾政府"的口號。這個口號雖然有排滿思想，但本質上是要推翻君主專制統治，建立共和國。1905 年，中山先生在東京成立"中國同盟會"，提出了"驅除韃虜，恢復中華，建立民國，平均地權"的革命綱領，緊接着提出了"民族、民權、民生"的三民主義學說，正式宣示進行國民革命，創立"中華民國"。從中山先生提出的這些革命綱領和口號可以看出，他的理想就是實現中華民族的偉大復興，把"爭取民族獨立、人民解放，實現國家富強、人民富裕"作為畢生追求的事業。他是這項偉大事業的開拓者。據統計，自 1894 年到 1911 年發動的起義有 29 次之多，1911 年 10 月 10 日武昌起義爆發，也就是我們現在紀念的辛亥革命，才取得成功。1911 年 12 月 29 日，孫中山在南京被公推為中華民國臨時大總統，1912 年 1 月 1 日，清帝退位，2000 多年的封建帝制宣告結束。孫中山先生是中國歷史上"起共和而終帝制"的第一人。

辛亥革命是中國歷史的一個分水嶺，它結束了中國的傳統社會，開闢了中國歷史的新紀元。參加過辛亥革命的中國共產黨老一代領導人林伯渠曾經說過，"對於許多未經過帝王之治的青年，辛亥革命的政治意義是常被低估的。這並不奇怪，因為他們體會不到推翻幾千年因襲下來的專制政體是多麼不容易的事。"辛亥革命給中國帶來什麼變化呢？我認為最重要的變化是人們思想的大解放。過去神聖不可侵犯的皇帝可以被推翻，而且中國再也不會有皇帝，就像梁啟超所說的，"任憑你像堯舜那樣賢聖，像秦始皇、明太祖那樣強暴，像曹操、司馬懿那樣狡猾，再要想做中國皇帝，乃永遠沒有人答應。"人民的主人翁意識的覺醒，這個變化對中國社會和人們思想的震動是巨大的，極大地推動了二十世紀的社會變遷和民族發展進步。今天在座的各位同學可以毫無顧忌地暢談國家政治，針砭時弊，追根溯源，就是從辛亥革命開始的。辛亥革命雖然未能改變中國半殖民地半封建的社會性質和中國人民的悲慘命運，但在當時的歷史條件下，成功推翻了 2000 多年的封建帝制，不愧為一場偉大的民主革命；辛亥革命後雖然未能建立起人民當家作主的新社會，但進行了民主試驗，為後來建立國家一切權力屬於人民的政治體制積累了經驗；辛亥革命後中國人民雖然還經歷了軍閥統治等黑暗時期，但畢竟迎來了新中國的一縷曙光，成為邁向民族獨立、人民解放的新起點。

辛亥革命後過了三十八年，新中國成立。中國共產黨緊緊依靠人民，完成了辛亥革命未竟的事業。在天安門廣場有一座 1949 年開國慶典前夕奠基的人民英雄紀念碑，它的碑文是這樣寫的："三年以來在人民解放戰爭和人民革命中犧牲的人民英雄們永垂不朽！三十年以來在人民解放戰爭和人民革命中犧牲的人民英雄們永垂不朽！由此上溯到一千八百四十年，從那時起，為了反對內外敵人，爭取民族獨立和人民自由幸福在歷次鬥爭中犧牲的人民英雄們永垂不朽！"這表明，新中國的成立，是 1840 年鴉片戰爭以來全體中國人民共同奮鬥、不怕犧牲的成果，其中也包括了辛亥革命作出的歷史貢獻。

前面講了我們國家實現民族獨立、人民解放的歷程，講了辛亥革命在這一歷史進程中的作用，這只講了我們從事的事業從何處來，要問我們事業向何處去，答案就是實現國家富強、人民富裕。可以說，實現民族獨立、人民解放後，實現國家富強、人民富裕就有了基本的條件，有了可靠的前提。因此，新中國成立後，中國人民的主要任務就是建設一個繁榮富強的國家，實現人民共同富裕。你們這次在內地體驗考察回去後，如果有人問你，十三億中國人都在做些什麼事？這個問題很大，似乎很難回答。但我告訴大家一個簡單的辦法，用四個字就可以回答，就

是 "強國富民"。這就是十三億人正在從事的事業。從 1949 年算起，我們已經為這項歷史任務奮鬥了 62 年，取得了舉世矚目的成就。大家這次到內地來，相信已經親身感受到。但要實現中華民族偉大復興這一宏偉目標，還需要包括在座各位同學在內的一代代人的努力。從這一點上來講，我們儘管有年齡的差距，但都是實現國家富強、人民富裕這一歷史使命的承擔者。

實現國家富強、人民富裕是一個什麼概念呢？我想還是用一個簡單的方法來理解這個問題。西方發達國家的人口大約佔世界人口的五分之一，這些國家實現現代化大約用了 300 年的時間，我們國家人口也佔世界人口大約五分之一，從 1949 年算起，我們要用 100 年的時間，也就是到本世紀中葉，把我們國家從一窮二白建設成為一個現代化國家，實現人民的共同富裕。要完成這個歷史任務，就決定了我們國家的建設和發展，必須走自己的路，西方國家的發展經驗可以參考，但他們的發展模式無法解決我們國家的建設和發展問題，無法實現我們的奮鬥目標。經過長時間的艱苦探索，我們開闢了適合我國國情的現代化建設道路，概括來講，就是選擇了一條有中國特色社會主義的道路，建立了以人民代表大會為核心的人民當家作主的根本政治制度，發展出一套國家的基本經濟制度，並建立了獨立的比較完整的工業體系和國民經濟體系，形成了有中國特色的社會主義法律體系，實現了中國社會的深刻變革，使我們這個古老的國家重新煥發出青春的活力。為什麼說我們今天選擇的這條道路是正確的？我講一個例子，我看過一個比較權威的研究材料，裏面說，1750 年中國的國民生產總值佔世界份額的 32%，但到了 1945 年抗日戰爭結束時，中國的國民生產總值佔世界的份額不到 4%，這兩百年間我們國家一落千丈，從世界領先國家淪落為赤貧國家。我們國家的建設和發展就是在這個基礎上開始的。經過 60 年奮鬥，2010 年，我們國家的國民生產總值居世界第二位，國際貿易總額居世界第一位；我們從自行車也生產不了的國家，發展為世界工廠，年輕人喜歡的

iPhone、iPad，有許多都是在內地生產的；從科學技術十分落後，發展到可以發射宇宙飛船；新中國成立初期我國人口是 5.5 億，文盲率高達80%，2010 年我國人口 13 億多，文盲率下降到 8.72%。雖然我國人口多，人均國民生產總值還遠遠低於發達國家的水平，仍然處於發展中國家行列，但我們的人民生活水平有了很大的提升，精神面貌發生了深刻的變化。還有一個例子是，在我國加速融入世界經濟體系的同時，由於我們自力更生發展出自己的經濟體系，具有很強的抵禦風險的能力，在過去幾年世界金融危機中，我國經濟社會繼續保持穩定發展。所有這一切，都證明了我們國家選擇的發展道路是完全正確的，是能夠完成實現國家富強、人民富裕這個歷史使命的。

孫中山先生領導的辛亥革命，就是要徹底改變中國貧窮落後的面貌，實現中華民族的偉大復興，使我們的人民過上富足安康的生活，新中國成立 62 年來所取得的成就，已經初步實現了中山先生的理想。"爭取民族獨立、人民解放，實現國家富強、人民富裕"就像一把火炬，要一代一代地傳遞下去。從中山先生手中傳到了建立新中國的一代人手中，他們完成了實現民族獨立、人民解放的使命；從他們手中又傳到了新中國成立後成長的幾代人，他們正在完成把中國建設成為一個小康社會，為國家現代化奠定基礎的歷史使命；現在，這把火炬很快就要傳到在座的各位同學手中，要通過大家的努力奮鬥，實現國家的現代化，將來還要通過你們的手，將這把火炬繼續傳下去。我們紀念辛亥革命 100週年，就是要建立這樣的歷史觀，樹立這樣的使命感，為實現中華民族的偉大復興而努力奮鬥。我想這也是組織這次兩岸四地青少年"辛亥革命百週年"體驗考察團的意義所在。

最後，我想用胡錦濤主席今年七月一日發表的一段講話來作為結束語。他這一段話是專門對青年人講的。他說，"青年是祖國的未來、民族的希望"，"全國廣大青年一定要深刻了解近代以來中國人民和中華民族不懈奮鬥的光榮歷史和偉大歷程，永遠熱愛我們偉大的祖國，永遠熱愛我們偉大的人民，永遠熱愛我們偉大的中華民族，堅定理想信念，增長知識本領，錘煉品德意志，矢志奮鬥拚搏，在人生的廣闊舞台上充分發揮聰明才智、盡情展現人生價值"，讓青春在為人民建功立業中煥發出絢麗光彩。

"一國兩制" 與祖國和平統一

2011 年 11 月 22 日上午，由中國和平統一促進會、澳門地區中國和平統一促進會共同舉辦的 "'一國兩制' 理論與實踐研討會" 在澳門召開，全國人大常委會副秘書長、港澳基本法委員會主任喬曉陽同志應邀出席會議，並作主旨演講。其中，"一國兩制" 兩種形態的提法，與會人士普遍認為有新意，而又符合實際情況。

女士們、先生們、朋友們、兩岸四地的同胞們：

大家好！

今天，我們聚集一堂，懷着推進祖國和平統一、實現中華民族偉大復興的共同願景，深入探討 "一國兩制" 的理論與實踐，我有機會出席這次研討會，感到十分榮幸。首先請允許我對 "'一國兩制' 理論與實踐" 研討會的順利召開表示熱烈的祝賀，向中國和平統一促進會和澳門中國和平統一促進會盛情邀請表示衷心的感謝。

大會主辦方要我在開幕式上作主旨演講，本想推辭，但考慮到既然已經來了，而我又是從事香港、澳門兩部基本法研究及 "一國兩制" 在港澳實踐的工作，恭敬不如從命，就談一些學習、實踐、工作中的個人體會，與大家共同探討。

一、"一國兩制" 目前的形態及其成功實踐

"和平統一、一國兩制"，是中央為了完成祖國統一大業而制定的一項基本國策。眾所周知，"一國兩制" 最早是針對台灣問題提出來的，

而當解決歷史遺留的香港、澳門問題提上議程後，"一國兩制"首先運用到香港、澳門問題的處理，從構想變為現實。因此，我們今天談"一國兩制"，由於在不同地方的實踐仍然處於不同的發展階段，實際上表現為兩種不同的形態：一種是政策主張形態，是推進祖國統一的基本國策，也是 30 多年來解決台灣問題的大政方針和追求的目標；一種是法律制度形態，它已經跨越了構想和制定政策階段，通過兩部基本法的制定，上升到國家對香港、澳門實施管理的法律制度，在香港已經實施了 14 年、在澳門已經實施了 12 年的時間。

"一國兩制"在香港、澳門的實踐，取得了舉世公認的成功，就是曾發表過悲觀言論的人也承認了這種成功。在座的各位中可能有人記得，1995 年 6 月 22 日出版的《財富》雜誌封面文章的標題是"香港之死"，這篇文章斷言香港回歸後將喪失國際商貿和金融中心地位，把香港未來發展歸結為兩個字"完蛋"。過了 6 年，2001 年《財富》雜誌選擇香港作為第七屆財富全球論壇舉辦地，實際上就有承認錯誤的意思，當時有記者問這篇文章的作者，香港是否已經"死去"？他說，到目前為止，還算不錯（So far so good）。再過 6 年，2007 年 6 月 28 日出版的《財富》雜誌的封面文章的標題是"哎喲，香港根本死不了"（Oops, Hong Kong Is Hardly Dead），文章開頭第一句是，"啊，我們錯了！"對澳門的發展有沒有這樣從悲觀到客觀再到樂觀的人，一定也會有。

在台灣問題上，我知道長期以來討論比較多的是"一國兩制"是否適用於台灣的問題。我們堅信"一國兩制"是實現祖國和平統一的最好方式，是經得起各種質疑和討論的。實際上，在運用"一國兩制"解決香港問題的過程中，也一直存在這種討論。正因為如此，1984 年 12 月 19 日，鄧小平先生會見來北京簽署中英聯合聲明的英國首相撒切爾夫人時講過這樣一段話："我們提出這個構想時，人們覺得這是個新語言，是前人未曾說過的。也有人懷疑這個主張能否行得通，這就要拿事實來回答。現在看來是行得通的，至少中國人堅信是行得通的，因為這兩年的談判已經證明這一點。""再過十三年，再過五十年，會更加證明'一國兩制'是行得通的。"這是鄧小平先生 27 年前的預言，已經被事實所證明。同對待任何新生事物一樣，一時人們有懷疑，是可以理解的，關鍵是我們要盡一切努力，用時間和實踐來回答這種疑慮。我想，只要秉承客觀的態度，考察鄧小平先生作出和平統一的戰略決策、爭取用"一國兩制"的方式解決台灣問題以來兩岸關係的發展歷程，就可以得到前瞻性、方向性的啟迪。我們可以回顧一下，在上個世紀七十年代末之前，兩岸關係是一種什麼樣的狀態？是不是可以用八個字來概括，就是"劍拔弩張，相互隔絕"。從 1979 年元旦全國人大常委會發表《告台灣同胞書》，鄭重宣示爭取祖國和平統一的大政方針開始，我們可以看到，台海緊張局勢迅速緩和下來，到 1987 年底，兩岸同胞隔絕狀態被打破，從此兩岸居民往來越來越多，經貿關係越來越密切，各種層面的交流越來越深入。這當中兩岸關係雖然歷經波折，但前進趨勢是不可阻擋的，終於在 2008 年 5 月以後實現了歷史性轉折，開創出和平發展的新局面，取得一系列突破性進展和豐碩成果。目前兩岸關係的這種良好局面是各種因素綜合作用、各方面人士共同努力的結果，但毫無疑問，起主導作用的是 1979 年以來始終堅持的爭取祖國和平統一的大政方針。這 30 多年來，我們堅持"和平統一、一國兩制"的基本方針，不斷與時俱進、豐富完善有關政策主張，立足於祖國大陸的發展，緊緊團結廣大台灣同胞，不斷促進兩岸交流合作、協商談判，堅決反對"台灣獨立"等分裂活動，推動了兩岸關係發展取得歷史性成就，決定了兩岸關係的基本格局和發展方向。同樣毫無疑問的是，我們要堅持和貫徹已被實踐證明是正確的對台工作大政方針和有關政策主張。

說了這麼多，主要是要表達這樣一種看法，即研究"一國兩制"的理論和實踐，有必要區分"一國兩制"實踐過程中的兩種形態，"一國兩制"在香港、澳門的實踐，已經形成法律制度形態，表明它已經完全確定下來，現在的任務是如何更好地加以實施，保持這種法律制度長期不變；而在台灣問題上，"一國兩制"還處於政策主張形態，當然也要強調其穩定性，但畢竟其具體內容，包括未來兩岸和平統一後的制度設計，港澳的實踐可以參考，但更主要的應當結合台灣的實際情況深入加以研究討論，我們在座的每一位，都可以為之添磚加瓦，為其實現貢獻力量。

二、"一國兩制"獲得成功的基本要素

"一國兩制"為什麼能夠取得成功？這裏面有哪些基本要素？深入研究和討論這個問題，不僅對推進"一國兩制"在港澳地區的實踐具有重要的意義，對於採用"一國兩制"方式，最終實現祖國的和平統一也具有重要的指導意義。我想，"一國兩制"取得成功，是不是有以下三個基本要素。

第一，"一國兩制"能夠取得成功，在於把握住歷史的大勢，順應了時代的潮流。這種歷史大勢和時代潮流是什麼？我認為，概括起來就是兩點，一個是國家統一是大勢所趨，一個是和平發展是時代主題。從歷史大勢來說，我國是一個統一的多民族國家，各族人民具有維護國家統一、領土完整的思想傳統。近代以來，我國各族人民為實現民族獨立、人民解放和國家富強、人民富裕，進行了血與火的革命鬥爭和史詩般的社會變革，在辛亥革命 100 週年後的今天，正如胡錦濤主席所說的，"孫中山先生振興中華的深切夙願，辛亥革命先驅的美好憧憬，今天已經或正在成為現實，中華民族偉大復興展現出前所未有的光明前景。"中國必將實現完全統一這種歷史大趨勢，我相信不會有多少人有疑問。從時代潮流來說，在我們所處的時代，無論是我國還是世界範圍內，和平與發展都是時代主題，求安定，謀發展，使我國各族人民過上幸福尊嚴的生活，這是我們人民的心聲。順應這種時代潮流，就要努力爭取通過和平方式來實現祖國的統一。這是時代的要求和選擇，是人民

的要求和選擇。怎麼通過和平方式實現國家統一？用鄧小平先生的話來說，就要做到各個方面都能接受，這就只有"一國兩制"。因此，我們可以說，"一國兩制"方針順應了和平與發展的時代潮流，開闢了以和平方式實現國家統一的現實可行道路，這是"一國兩制"能夠取得成功，並且具有強大生命力的關鍵所在。

第二，"一國兩制"能夠取得成功，在於順應民心，兼容並蓄，做到原則性與靈活性高度統一。鄧小平先生曾經說過，"實現國家的統一是民族的願望，一百年不統一，一千年也要統一的。"港澳同胞希望在回歸祖國後，台灣同胞希望在實現兩岸和平統一後，不僅不影響他們熟悉和習慣的社會經濟制度和生活方式，而且能夠過上更好的生活。"一國兩制"方針的提出，充分體察到這種民情，順應了這種民心，在上個世紀七十年代末八十年代初，當世界還處於冷戰的年代，鄧小平先生擺脫了意識形態爭論，破天荒地提出了社會主義和資本主義不僅可以在世界範圍內和平共處，也可以在一個國家內和平共處的思想，真正把民族和人民的利益置於至高的位置，從而領導制定對香港、澳門的方針政策，得到港澳居民的擁護和支持，具有廣泛的社會基礎。在兩岸關係問題上也一樣，以"和平統一、一國兩制"基本方針為指導，中央採取的政策都以維護台灣同胞的根本利益為宗旨，盡最大努力滿足台灣同胞的意願和訴求。去年6月簽署的《海峽兩岸經濟合作框架協議》（ECFA），就是一個很好的例證。按照"一國兩制"方針，在堅持國家主權、統一和領土完整的原則上，立場堅定，絕不含糊，在此前提下，小到居民的生活方式，大到社會政治經濟制度，都可以靈活處理，真正做到了原則性和靈活性的高度統一。正確反映人民的心聲，兼容並蓄，這是"一國兩制"能夠獲得成功，具有強大生命力的源泉所在。

第三，"一國兩制"能夠取得成功，還在於精心進行制度設計，並遵循法治原則，一切依法辦事，忠實地貫徹和落實基本法。在香港和澳門兩個已經實行"一國兩制"的地方，"一國兩制"的實踐，大體上經過了一個從構想到政策，再從政策到制度的過程。全國人大制定的香港基本法和澳門基本法，實現了"一國兩制"從政策到法律的轉變，而這個轉變是通過設計出特別行政區制度來實現的。我曾經打過比喻，香港基本法有1個序言、160個條文、3個附件和區旗區徽圖案，它們之間的關係不是一個一個蘋果，裝到一個叫基本法的筐子裏，而是一串葡萄，雖然有很多葡萄粒，但串在一起，是有機的整體。一串葡萄有一根藤，把所有的葡萄粒串在一起，那麼，是什麼把基本法所有內容串在一起，從而形成一個有機整體？這就是特別行政區制度。澳門基本法同樣如此。特別行政區制度是我國對特殊地方行使主權、實施管理的重要制度，在這一制度下，中央除保留體現國家主權、統一和領土完整的必要權力外，授予特別行政區高度自治權，由當地人依法自行管理。特別行政區享有高度自治權是特別行政區制度的組成部分，中央對特別行政區行使憲制權力也是特別行政區制度的組成部分，把特別行政區的高度自治權與中央的憲制權力統一到一套制度中。需要特別指出的是，特別行政區制度是通過基本法加以規定的，而基本法是在港澳居民廣泛參與、深入討論後制定的。在基本法頒佈後，中央和特別行政區都嚴格按照基本法規定辦事。這就把特別行政區制度建立在牢固的法治基礎之上，把特別行政區的管理完全納入法治的軌道，保證了這套制度能夠長期穩定地執行。堅持法治，依靠制度，已經成為特別行政區制度的重要內涵，這是"一國兩制"能夠取得成功，具有強大生命力的保障所在。

我上面所講的"一國兩制"取得成功的三個方面要素，概括得不一定全面，目的是利用在這個研討會上演講的機會，拋磚引玉，引起大家的討論和研究。

三、"一國兩制"要在實踐中不斷豐富與發展

同任何先進理論一樣，"一國兩制"是一個開放的體系，它來源於

實踐，指導着實踐，要通過實踐不斷豐富與發展。由於在對港澳問題和台灣問題上，"一國兩制" 的實踐處於不同發展階段，因此豐富與發展 "一國兩制"，面臨着不同的任務，在港澳是全面貫徹實施 "一國兩制"，在台灣問題上是堅持 "和平統一、一國兩制" 的基本方針。

就香港和澳門而言，全面貫徹落實 "一國兩制"，就是全面貫徹落實香港基本法和澳門基本法，主要包括兩個方面的內容，一是加強基本法研究，從理論上對基本法規定的特別行政區制度進行深入的闡述，從而進一步發揮制度理性對維護社會發展進步的重要作用。在內地有一句話，叫做政治的堅定來源於理論的清醒。要保持 "一國兩制"、"港人治港"、"澳人治澳"、高度自治長期穩定不變，同樣需要有強有力的理論支持。二是嚴格按照基本法的規定辦事，在基本法規定的軌道上處理好香港和澳門社會、政治、經濟發展中遇到的問題和挑戰，依法處理好各種問題，維護香港、澳門的長期繁榮和穩定。我們現在身在澳門，我看了 11 月 15 日行政長官崔世安先生發表的施政報告，其中提出了切合澳門發展實際的施政方針和計劃，這是運用澳門基本法賦予澳門特區高度自治權管理好澳門的很好例子。在這裏，我想特別提一下施政報告中講到的政制發展問題，這是一個涉及貫徹落實澳門基本法的重大課題，不僅涉及特區的權力，也涉及全國人大常委會的權力。我相信澳門社會一定能夠在基本法規定的框架下，從澳門的實際出發，以促進經濟發展、民生改善、民主進步和社會穩定為宗旨，對政制發展問題進行理性討論，凝聚共識。

就台灣問題而言，中央堅持 "和平統一、一國兩制" 的基本方針是堅定不移的，同時要求我們要首先確保兩岸關係的和平發展。胡錦濤總書記 2008 年 12 月在《告台灣同胞書》發表 30 週年座談會上的重要講話，在中央對台工作大政方針的基礎上，全面闡述了兩岸關係和平發展的重要思想和政策主張，其中提出了實現和平統一首先要確保兩岸關係和平發展的論斷。推動兩岸關係和平發展，就是為實現和平統一創造條件的過程。在這個過程中，我們不斷鞏固大陸和台灣同屬一個中國的政治基礎，促進兩岸交流合作，推進兩岸協商談判，擴大共同利益，強化精神紐帶，密切同胞感情，並且逐步破解兩岸政治難題，就是在為和平統一創造條件。在這個過程中，我們不斷加深對"一國兩制"的認識，並且結合台灣的實際情況加以豐富和發展，就是為未來某一天兩岸雙方協商和平統一做好準備。我們希望有一天能夠按照"一國兩制"解決台灣問題、實現兩岸和平統一，造福兩岸同胞，造福我們的祖國，造福我們的民族。

完成祖國統一大業、實現中華民族的偉大復興是我們共同的理想，"一國兩制"是我們共同的事業。中國和平統一促進會和澳門中國和平統一促進會舉辦這次"一國兩制"理論與實踐研討會，為兩岸四地的專家學者討論這方面問題架設了一個平台，對於按照"一國兩制"方針，以和平方式實現祖國的完全統一，必將產生積極的影響。

我就講這些，不當之處，請大家批評指正。謝謝各位。

如何正確認識澳門基本法的解釋權

2011 年 12 月 21 日在澳門社會各界人士座談會開始時的講話。

我想先簡單講一下這次座談會的由來。2011 年 11 月 17 日，澳門特別行政區行政長官崔世安致函全國人大常委會吳邦國委員長提出，"基於澳門特別行政區 2013 年第五屆立法會選舉、2014 年第四任行政長官選舉的日漸臨近，11 月 15 日本人在施政報告中表示，把處理澳門基本法附件一（澳門特別行政區行政長官的產生辦法）和附件二（澳門特別行政區立法會的產生辦法）規定的行政長官和立法會產生辦法是否修改問題，作為明年施政的一項重要內容。澳門基本法附件一第七條和附件二第三條就兩個產生辦法的修改作出了規定。考慮到澳門基本法附件一和附件二有關修改兩個產生辦法的規定與香港基本法的有關規定大體相同，而全國人大常委會曾經對香港基本法附件一第七條和附件二第三條作出解釋，明確修改兩個產生辦法的程序，因此，對澳門基本法附件一第七條和附件二第三條的規定是否需要作出解釋，謹請全國人大常委會酌定。" 行政長官的函件很敏銳地抓到法律實施中的一個重要問題，即香港基本法和澳門基本法有關修改兩個產生辦法的規定大致相同，是否應當採取相同的方式加以實施。按照澳門基本法第 50 條第（二）項的規定，行政長官負有執行基本法的職責，而基本法解釋權屬於全國人大常委會，兩個產生辦法的修改要報全國人大常委會批准或備案，因此，行政長官希望全國人大常委會明確基本法實施中遇到的問題，是十分恰當的，既履行了行政長官的憲制責任，也充分體現了澳門社會和特區政府嚴格按照基本法規定辦事的精神。

全國人大常委會領導高度重視行政長官的來函，責成全國人大常委會有關工作機構進行研究，提出意見和建議。全國人大常委會有關工作機構進行了深入的研究，認為從法律實施的角度來講，香港基本法和澳門基本法都是全國人大制定的，相同的法律規定應當作相同的理解，以同樣的方式執行，這是一項基本的法理，也是維護兩部基本法權威地位的要求。從法律解釋的效力來講，香港基本法和澳門基本法是兩部不同的法律，香港基本法的有關解釋不能直接適用於對澳門基本法有關規定的理解，因此，要保持兩部基本法附件一和附件二有關修改兩個產生辦法的規定以同樣的方式加以實施，需要專門對澳門基本法附件一和附件二的有關規定作出解釋。2011 年 12 月 16 日召開的委員長會議上，聽取了全國人大常委會有關工作機構的彙報，認為有需要對澳門基本法附件一第七條和附件二第三條作出解釋，以明確修改澳門特別行政區兩個產生辦法的程序，因此，建議將審議澳門基本法附件一第七條和附件二第三條的解釋作為議案列入即將召開的十一屆全國人大常委會第二十四次會議議程。委員長會議還要求全國人大常委會辦公廳以適當形式就釋法事宜與澳門社會各界人士進行溝通和交流，聽取意見和建議。因此，今天座談會的主題是，就澳門基本法附件一和附件二有關規定的解釋問題，進行溝通和交流，聽取大家的意見和建議。

　　由於這次是全國人大常委會第一次行使澳門基本法解釋權，具有建立先例的作用，同時澳門基本法的解釋將具有與基本法條文同等的法律效力，必將對澳門基本法的實施產生深遠的影響，因此，在聽取大家意見之前，我想先講一講基本法的解釋權問題。

　　澳門基本法第 143 條規定了基本法的解釋權，這一條共有四款，第一款規定，澳門基本法解釋權屬於全國人大常委會。第二款規定，全國人大常委會授權澳門特區法院在審理案件時對基本法關於澳門特區自治範圍內的條款自行解釋。第三款規定，澳門特區法院在審理案件時對基本法的其他條款也可解釋。但如需對關於中央人民政府管理的事務或中央與特區關係的條款進行解釋，而該條款的解釋又影響到案件的判決，在對該案件作出不可上訴的終局判決前，應由澳門特區終審法院提請全國人大常委會對有關條款作出解釋。如全國人大常委會作出解釋，澳門特區法院在引用該條款時，應以全國人大常委會的解釋為準。第四款規定，全國人大常委會在對基本法進行解釋前，要徵詢其所屬的澳門基本法委員會的意見。我曾經說過，這個條文是典型體現"一國兩制"的條文，第一款規定基本法的解釋權屬於全國人大常委會，體現"一國"，第二款授權澳門特區法院對自治範圍內條款自行解釋，體現了"兩制"，高度自治，第三款進一步授權澳門特區法院對其他條款也可解釋，又體現了"兩制"，高度自治，同時規定涉及中央管理的事務或中央與特區關係的條款，要提請全國人大常委會解釋，又體現了"一國"。

澳門基本法第 143 條關於解釋權的規定，是實施"一國兩制"的需要，具有深刻的法理基礎，從第 143 條各款規定之間的邏輯關係可以看出，它確立的基本法解釋制度獨具匠心，考慮得十分周密。在基本法解釋權問題上，首先提出的一個問題是，基本法解釋權應當屬於誰？澳門基本法規定的澳門特別行政區制度有一個核心概念，這就是"授權"，即澳門特區的高度自治權是中央通過澳門基本法授予的。從這個角度來說，澳門基本法是一部授權法。按照授權理論，授權要行得通，授權者必須掌握授權文件的解釋權，在公法領域，這是一個基本原理。由於澳門基本法是一部授權法律文件，中央作為授權者，一定要掌握基本法的解釋權，而且是全面和最終的解釋權，不能把授權文件的解釋權全部交給被授權者來解釋，就是這個道理。不僅如此，作為授權者，中央既可以接受提請要求釋法，也可以根據需要主動釋法。接下來的問題是，中央哪個機構行使基本法解釋權？這取決於我國憲法的規定。我國憲法第 67 條規定，憲法和法律的解釋權屬於全國人大常委會，澳門基本法是全國人大制定的全國性法律，其解釋權當然屬於全國人大常委會。至於為什麼憲法賦予全國人大常委會解釋憲法和法律的權力，這涉及人民代表大會制度的理論，今天由於時間關係，就不展開講了。因此，澳門基本法第 143 條第一款規定，澳門基本法的解釋權屬於全國人大常委會。

那麼，為什麼要授權澳門特區法院解釋基本法？按照"一國兩制"方針和澳門基本法的規定，澳門特區享有獨立的司法權和終審權，法院要依法審判案件，這個"法"包括澳門基本法。大家知道，法院審理案件中適用法律是與解釋法律相伴而行的，如果只規定基本法解釋權屬於全國人大常委會，而沒有賦予法院在審判案件中解釋基本法的權力，法院在審判案件時，如果遇到基本法解釋問題，就要事事都提請全國人大常委會釋法，這樣澳門特區法院就難以正常審理案件了，因此，澳門基本法第 143 條第二款規定，全國人大常委會授權澳門特區法院在審理案件時可以對基本法關於特區自治範圍內的條款自行解釋，第三款進一步授權澳門特區法院對基本法的其他條款也可解釋，這就確保了法院可以順利地履行司法職能。

授權澳門特區法院解釋基本法的同時必須考慮到一個問題，即由於澳門特區享有終審權，如果法院基於對基本法關於中央管理的事務或中央與特區關係條款的錯誤解釋而作出終審判決，從而損害中央的權力和中央與特區的關係，就可能產生嚴重的憲制危機。作為一套完善的制度設計，當然必須防止這種情況的發生。怎麼辦？答案就是澳門基本法第 143 條第三款規定的提請釋法機制，即法院在審理案件時，如需對基本法關於中央管理的事務或中央與特區關係的條款作出解釋，而該條款的解釋又影響到案件的判決，在作出終局判決前，應由終審法院提請全國人大常委會對有關條款作出解釋。如果全國人大常委會作出解釋，法院在引用有關條款時要以全國人大常委會的解釋為準。這就確保了澳門特區法院作出的終審判決在任何情況下，都不會損害中央的權力和中央與特區的關係，從而使澳門特區享有終審權成為一種可行的制度安排。澳門基本法關於中央管理的事務和中央與特區關係的條款只能由全國人大常委會進行解釋，還有一個重要考慮，這就是澳門基本法是一部全國性法律，不僅澳門特區要遵守，中央和內地各地方也要遵守。對澳門基本法關於中央管理事務和中央與特區關係條款的解釋，必然涉及中央和內地各地方的權力行使，只有全國人大常委會作出的解釋，才能在全國範圍內一體遵行，以保障國家法制的統一。澳門基本法第 143 條就是通過以上幾個層次的規定，全面恰當地解決了基本法的解釋問題。

澳門基本法實施十二年來，澳門特區法院在審理案件中對澳門基本法有關條款進行過解釋，而全國人大常委會行使澳門基本法解釋權，這還是第一次。這一方面說明，澳門基本法實施過程比較順利，在此之前，還沒有出現需要全國人大常委會行使解釋權的情況，另一方面也說明，全國人大常委會行使基本法解釋權是十分慎重、非常嚴肅的，不輕易行使。從大的方面來講，全國人大常委會行使基本法解釋權的出發點和目的，就是為了保證"一國兩制"方針和基本法的貫徹實施，為了保持澳門的長期繁榮穩定和發展，也就是說，只有基本法實施過程中，遇到重大的現實問題，需要進一步明確基本法規定內涵的情況下，才會進行釋法。

還有一點需要說明的是，全國人大常委會行使基本法解釋權，要符合我國立法法的規定，是有規範的，絕不能任意釋法。首先，從解釋對象看，按照立法法的規定，法律解釋適用於兩種情況，一是法律的規定需要進一步明確含義的，二是法律制定後出現新的情況，需要明確適用法律依據的。比如說，1998 年 12 月全國人大常委會關於國籍法在澳門特別行政區實施的解釋，就屬於後一種情況。這次全國人大常委會就澳門基本法附件一和附件二有關規定進行解釋，屬於前一種情況。其次，從解釋程序看，全國人大常委會釋法有嚴格的程序，提出議案要徵求各方面意見，委員長會議建議列入常委會議程後，要徵詢澳門基本法委員會的意見，常委會全體會議要聽取提議案人對法律解釋草案的說明，然後分組審議，法律委員會要根據分組審議意見進行統一的審議，提出修改後的表決稿，由委員長會議審議決定交付表決、公佈。第三，從解釋方法看，法律解釋不是創制新的規則，只是對原有含義的明確，要忠實於立法原意。在確定法律規定的具體含義時，既要看法律條文的字面含義，也要看有關立法的主旨、上下文的關係，從法律規定的制度整體進行綜合分析，以尋求最能體現立法原意的含義。

做好澳門政制發展工作有待
社會各界共同努力

2011 年 12 月 21 日在澳門社會各界人士座談會結束時的講話。

澳門特區成立十二年來，發生了翻天覆地的變化。1999 年 12 月 19 日澳門回歸祖國時，我第一次到澳門。在我印象裏，澳門市區雖然商鋪很多，比較大的只有八佰伴。澳門半島南邊的地標建築只有老葡京酒店，"洋觀音" 遠遠地矗立在水中央。對面的冰仔，靠澳門半島一面有一些建築，往南走，冰仔和路環之間還是雜草叢生的平地和水塘。此後我又數次來過澳門，每次看到的景象都不一樣。現在，澳門半島南端的現代化建築已經連成一片，"洋觀音" 也快要上岸了。在冰仔，一座新城已拔地而起，尤其到了晚上，燈火輝煌。澳門湧現了一批現代化的大商場，世界各種名牌產品琳琅滿目，成為購物天堂。更重要的是，澳門居民的精神面貌煥然一新，在愛國愛澳、勤勞敬業精神的基礎上，展現出當家作主的主人翁姿態，積極投身澳門的建設與發展，對澳門的前景充滿了信心和決心。我贊同這樣的說法，澳門這十二年來的發展變化，是數百年來未有之大變局。這是 "一國兩制" 方針和澳門基本法正確指引的結果，是中央政府和內地各地方大力支持的結果，更是首任行政長官何厚鏵先生和現任行政長官崔世安先生以及特區政府帶領澳門社會各界人士團結奮鬥，求安定，謀發展的結果。在座的每一位都是這段歷史的親歷者、創造者，都為澳門十二年來的輝煌發展作出了傑出的貢獻。

無論在澳門回歸前還是回歸後，中央領導人發表有關澳門歷次重要講話中，都十分強調澳門人可以管理好澳門，全體澳門人，包括在座的各位，以實際行動證明了這一論斷。澳門人怎麼管理好澳門？很重要的一點，就是通過澳門基本法規定的澳門特區政治體制行使管理澳門的民主權力。因此，我們在高度評價澳門所取得的發展成就的時候，應當充分肯定澳門基本法規定的政治體制，用鄧小平先生提出的標準來評價，就是這套政治體制有利於維護澳門社會的長期繁榮穩定。澳門特區政治體制的一個重要內容就是如何產生行政長官、如何產生立法會。按照澳門基本法附件一和附件二的規定，這兩個產生辦法如有需要，可以進行修改，這就是我們通常所說澳門政制發展問題。由於澳門特區政治體制關係到"一國兩制"在澳門的成功實踐，關係到中央與特區的關係，關係到澳門的長期繁榮穩定與發展，而且兩個產生辦法的修改還涉及全國人大常委會的權力，中央高度重視。11月17日行政長官崔世安致函吳邦國委員長後，全國人大常委會有關工作機構及時地進行研究，12月16日召開的委員長會議建議將審議澳門基本法附件一第七條和附件二第三條的解釋議案列入即將召開的常委會議程，時間抓得很緊，說明了中央的重視程度。

這次釋法的主要目的就是按照澳門基本法的規定，確定一種有效的機制，從啟動工作開始，就有明確的程序加以規範，確保澳門政制發展工作有序進行，增強公開性和透明度，使得中央和特區的權力都能夠落到實處。我要重申的是，釋法只是明確處理兩個產生辦法的程序，還不是確定兩個產生辦法是否需要修改以及如何修改。我11月下旬到澳門出席一個研討會時，澳門記者問我有關兩個產生辦法如何修改問題，我回答說，這要留待澳門社會進行深入的討論，凝聚共識。因此，這次釋法是處理澳門政制發展問題的開始，更多的工作還在後頭。

要把這次澳門政制發展工作做好，建議把握好這樣幾條：一是要以澳門基本法及其有關解釋為依據。澳門基本法規定的澳門特別行政區制度是一個有機整體，各種規定之間有着緊密的內在聯繫。任何部分的發展和改變，都要從制度整體出發加以權衡，從而促進整個制度更加有效地運行。二是要充分考慮到澳門的實際情況。世界上沒有一種選舉制度是十全十美的，關鍵是要切合有關國家或地區的實際情況，因此，堅持從澳門實際情況出發，是處理好澳門政制發展問題的基本要求。三是要着力維護澳門特區基本政治制度的穩定。社會穩定是經濟發展、民生改善的前提，這是一個最樸實的道理，而要維護社會穩定，最根本的一條，就是要維護基本政治制度的穩定。兩個產生辦法在需要作出修改時，同樣也要以維護這套政治制度穩定為根本的目的和出發點。四是要兼顧到澳門社會各階層、各界別的利益訴求。兩個產生辦法涉及社會各階層、各界別的利益，每個人從自身的利益出發，提出自己的政治訴求，這是一個民主社會正常的現象，但最終確定的制度只能有一個，這就要求有關制度要兼顧到各方面的訴求，找到最大的公約數，達成最廣泛的共識。五是要本着理性的態度討論政制發展問題。澳門社會有着協商辦事的良好傳統，這不僅對於維護社群和諧至關重要，對於處理好政制發展問題也是至關重要的。

全國人大常委會作出澳門特別行政區
政制發展問題的決定所遵循的原則

2012 年 3 月 1 日在澳門社會各界人士座談會上的講話。

在座談會開始時，李飛副主任已經通報我們這次是受委員長會議的委託來的，目的是就全國人大常委會的決定向澳門各界人士作進一步說明，同時也聽取你們的意見，交流我們的看法。李飛副主任介紹了這次全國人大常委會作決定的程序和決定的主要內容，闡述了決定的法律效力，張曉明副主任就如何貫徹落實決定作了簡明扼要的講話。剛才又聽了各界人士的發言。近兩個月來，我幾乎每天都看澳門報紙，閱讀有關澳門政制發展問題的各種報道和文章，關注不同的意見和看法。我了解的情況與剛才發言的情況是一致的。這個情況是什麼呢？概括起來就是：澳門社會普遍認同處理特區政制發展的決定權在中央，同時普遍希望能夠對 2013 年立法會產生辦法和 2014 年行政長官產生辦法作適當修改，這是共識，有不同看法的是要不要規定兩個 "維持不變"，社會主流意見認為應保持兩個不變，但也有人希望對兩個產生辦法作根本性的改變。今天座談會上就聽到這方面代表性的意見，這說明我們這個座談會是開放的、可以包容各種不同意見的、能讓我們這些從北京來的人直接聽到不同意見的座談會。現在的問題是全國人大常委會的決定已經規定了兩個 "維持不變"，那麼，這個決定的理據是什麼？少數人的不同意見是否得到考慮？我想這是大家關心的一個問題。關於這個問題，全國人大常委會決定有一段很重要的話，我在這裏讀一下："會議認為，《中華人民共和國澳門特別行政區基本法》（以下簡稱澳門基本法）第四十七條已明確規定，澳門特別行政區行政長官在當地通過選舉或協商產生，由中央人民政府任命。澳門基本法第六十八條已明確規定，立法會多數議員由選舉產生。有關澳門特別行政區行政長官產生辦法和立法會產生辦法的任何修改，都應當符合澳門基本法的上述規定，並遵循從澳門的實際情況出發，有利於保持澳門特別行政區基本政治制度的穩定，有利於行政主導政治體制的有效運作，有利於兼顧澳門社會各階層各界別的利益，有利於保持澳門的長期繁榮穩定和發展等原則。"這段話為什麼重要？因為它表明了全國人大常委會作出有關決定所遵循的原則，同時，決定規定兩個"維持不變"的理據，也體現在這段話之中。下面，我想着重圍繞這次決定所遵循的原則及理據作進一步說明，同時結合澳門社會關注的一些問題，談談個人的看法，與大家交流。

一、決定符合澳門基本法及其有關解釋的規定，即遵循合法性原則

澳門特別行政區兩個產生辦法修改，必須符合基本法及其有關解釋的規定，也就是必須遵循合法性原則，這應當是大家的共識。那麼，在處理澳門政制發展問題上，怎麼做到符合基本法及其有關解釋的規定？這包括程序和實體兩個方面。程序方面比較簡單，即兩個產生辦法的修改要符合澳門基本法附件一和附件二及其有關解釋確立的"五步曲"程序。關鍵是實體方面，要符合基本法的規定，就要深入研究和分析基本法關於兩個產生辦法的規定，不僅要看具體條文，而且要把基本法作為一個整體來理解。從整部基本法來看，它規定了澳門特別行政區制度，而政治體制是這套制度的一個組成部分，兩個產生辦法是政治體制的一項重要內容。從具體條文來看，除了決定引用的第 47 條和第 68 條外，基本法附件一規定，行政長官由一個具有廣泛代表性的選舉委員會依照本法選出，報中央人民政府任命。從第二任行政長官開始，行政長官選

舉委員會由四個界別人士共 300 人組成。基本法附件二規定第二屆立法會由 27 人組成,然後規定"第三屆及以後各屆立法會由 29 人組成",無論是第二屆還是第三屆及以後,立法會均由直接選舉的議員、間接選舉的議員和委任的議員三部分組成。需要特別注意的是,基本法附件一和附件二的上述規定,同基本法其他條文一樣,是一種常態規定,當然可以修改,但從立法原意來講,是希望能夠長期實行的。這一點如果與香港基本法的有關規定進行比較,就更加清楚。香港基本法關於行政長官產生辦法和立法會產生辦法都規定了一個普選目標,而且香港基本法附件二只規定到第三屆立法會產生辦法,這說明香港基本法傾向於在回歸 10 年之後可以對兩個產生辦法進行修改,以循序漸進地達至普選。澳門基本法對兩個產生辦法作出常態性規定,對立法會的規定是"第三屆及以後各屆",與香港基本法的規定明顯不同,說明澳門基本法傾向於保持兩個產生辦法的穩定,因此,全國人大常委會決定規定的兩個"維持不變",符合澳門基本法有關規定的立法原意。

講到這裏,我想順便講一講澳門社會十分關注的兩個問題。

一個是澳門是不是可以實行普選。對於這個問題,兩個產生辦法要分開來講。關於行政長官產生辦法的規定,在澳門基本法起草時有一個共同的理解,體現在澳門基本法起草委員會政治體制專題小組最後一次會議的工作報告中,原文是這樣說的:"有意見認為應把普選行政長官作為目標加以規定。委員們認為,普選應從澳門實際出發,草案目前規定行政長官通過'選舉或協商產生'並未排除將來澳門選擇普選行政長官的制度,因此,草案的寫法是可行的。"澳門回歸後,何厚鏵先生和其他基本法起草委員也都講過類似的話,澳門報刊也有許多文章反映這種共識。可以說,這個問題是明確的。關於立法會產生辦法的規定,中葡聯合聲明規定,"澳門特別行政區立法機關由當地人組成,多數成員通過選舉產生",眾所周知,這裏的"多數成員通過選舉產生",指的是將有部分委任議員。我看澳門報紙有許多文章指出,這個規定是應葡萄牙政府的要求寫上的，也是中葡雙方的共同理解。因此，在基本法起草過程中，從來沒有把立法會全體議員由普選產生作為一個選擇方案，因為這不符合中葡聯合聲明。基本法第 68 條第二款規定，"立法會多數議員由選舉產生"，應當作同樣的理解，因此，可以說基本法已經排除了立法會全體議員由普選產生的辦法。我看到澳門報刊的文章，大多數的意見也認為，無論怎樣修改立法會產生辦法，都要受到基本法第 68 條第二款規定的限制，即都不能規定立法會全體議員由普選產生，說明澳門社會對基本法規定的立法原意是十分清楚的，因此，立法會能否實行全體議員普選，答案也是明確的。

另一個問題是能不能提出一個普選時間表。澳門基本法是在香港基本法之後制定的，澳門基本法沒有規定普選目標，正如何厚鏵先生曾經指出的，這絕不是疏忽，而是反映了當時基本法起草委員會以及澳門社會的共識。我前面引用的基本法起草委員會文件，也說明了這一點。這不僅印證了基本法的立法原意是希望兩個產生辦法能夠長期實行，而且由於沒有規定一個普選目標，這就決定了澳門特別行政區兩個產生辦法的修改，同基本法其他條文修改一樣，只能立足於特定時期澳門的實際情況作出適當的修改，以後有需要再作修改，而不能在基本法之外設定一個目標，然後提出所謂時間表。正確貫徹落實基本法規定，對兩個產生辦法的修改，應當有什麼需要修改的地方，就修改什麼，如果一定要設定一個目標，目標應當是任何修改都必須符合澳門的實際，我認為這才是正確態度。

二、決定符合澳門特別行政區的實際情況，即遵循適當性原則

澳門回歸祖國後，中央決定在澳門實行"一國兩制"、"澳人治澳"、高度自治，一個重要原因就是要照顧到澳門的歷史和現實，基本法規定的澳門特別行政區制度之所以行得通，就是這套制度切合我國國情，切合澳門的實際情況。就兩個產生辦法來說，從基本法起草時或者是澳門

回歸時的情況看，也是符合澳門實際情況的，這已經通過十二年來的實踐得到證明。如果要加以理論概括，符合實際情況體現的就是適當性原則。選舉制度要適當，切合一個社會的實際情況，否則就會事與願違。西方有一些機構每年對不同的國家和地區進行評分，有些國家採用西方的選舉制度，所以，民主發展得到高分，但這些國家的治理又存在很大問題，所以，國家治理得到低分。為什麼民主得高分、國家治理得低分？依我看來，就是這種所謂的民主制度不適合有關國家的情況，甚至在對抗性選舉政治的催化下，激化了社會種族、宗教、社團等各種矛盾，使國家陷入分裂和動蕩。我看過一個國際權威機構 2011 年評分指數，比如印度，民主指數世界第 39 位，很靠前，而國家治理指數世界第 152 位，很靠後；又如新加坡，民主指數第 81 位，不算高，而國家治理指數第 28 位，相當高。這種例子不勝枚舉。選舉制度適合一個社會的實際情況是一個動態的過程。社會的不斷發展進步，決定了實際情況也是一個動態的過程，因此，適當性也是一個變化的過程。由法律規定的任何制度要保持符合實際情況，就需要在必要時進行修改，與時俱進，但這種修改一定要根據社會發展進步程度而定，雖然要有一定前瞻性，但不能超越發展階段，搞大躍進。我國有一個成語，叫"過猶不及"，講的就是這個道理。

我們講，基本法規定的兩個產生辦法是切合澳門特別行政區成立時的實際情況的，那麼，十二年來這種實際情況發生了什麼變化？深入分析這個問題很有必要，因為這是修改兩個產生辦法的基本依據。行政長官的報告提到，"澳門市民普遍認為，基於近年來澳門經濟快速發展，中產階層日益擴大；人口數量和選民人數有較大的增加，廣大市民尤其是青年人參政意識明顯提高，社會不同階層的利益訴求日趨多元；因此，為了適應澳門社會的發展需要，應在堅持前述制度安排的前提下，對 2013 年立法會產生辦法和 2014 年行政長官產生辦法作適當修改。"同時行政長官報告也強調，澳門的社會發展進步都是在基本法規定的框架下取得的，要保持基本法規定的基本制度的穩定。常委會組成人員在審議行政長官報告時贊同上述判斷，認為這個看法實事求是，也就是說，根據澳門社會發展情況，需要對兩個產生辦法作適當修改，但這種發展程度還沒有導致基本法附件一和附件二的核心規定變得不可行，因此，行政長官由一個有廣泛代表性的選舉委員會選舉產生的規定要維持不變，立法會由直接選舉的議員、間接選舉的議員和委任的議員三部分組成的規定要維持不變。我很高興地看到，澳門社會的主流意見也是這樣，這說明只要我們本着實事求是的精神，不難取得一致的意見。我注意到，在今年1月特區政府就兩個產生辦法聽取社會意見過程中，有不少意見認為，澳門政制發展要走有澳門特色的道路，我很贊同這種觀點，澳門特區兩個產生辦法怎麼規定才適當，其標準只能產生於澳門，就像我們每個人衣服怎麼穿才合身，只能以自己的身體為標準一樣。這也是切合澳門實際情況題中應有之義。

三、決定強調保持澳門特別行政區基本政治制度的穩定，即遵循穩定性原則

吳邦國委員長在紀念澳門基本法實施十週年座談會上發表的重要講話中，十分強調基本法的穩定，認為這是實現澳門長期繁榮穩定的前提。我理解，強調基本法的穩定，一是講基本法不能輕言修改，二是講要維護好基本法規定的各項制度。澳門回歸以來的實踐證明，基本法規定的澳門特別行政區基本政治制度切合澳門實際，作為這套政治制度組成部分的兩個產生辦法，與時俱進地適時作出修改，也要以維護這套基本政治制度穩定為出發點。澳門特別行政區的基本政治制度有十分豐富的內容，其中包括行政主導的政治體制和行政長官及立法會產生辦法，而這兩者又存在着密切的聯繫。常委會組成人員在審議行政長官報告和決定草案時，也十分關注這一點。他們認為，澳門回歸祖國12年來，

澳門基本法規定的澳門特別行政區政治體制，發揮了保持澳門長期繁榮穩定和發展的重要作用。在這一政治體制下，澳門居民享有前所未有的民主權利，有效地行使了澳門基本法賦予澳門特別行政區的高度自治權，澳門社會穩定、經濟發展、民生改善，各項社會事業全面進步。行政長官產生辦法和立法會產生辦法是澳門特別行政區政治體制的重要組成部分，對兩個產生辦法的修改，直接關係到廣大澳門同胞的切身利益和澳門社會的長期繁榮穩定，必須綜合考慮各個方面的情況加以處理，不能為了修改而修改，任何修改都要以維護澳門特別行政區基本政治制度穩定為前提，這次決定充分體現了這個精神。

我很認真地看了澳門社會的一些不同意見和看法，比如有人看到了澳門選舉制度中存在的一些問題，從而提出大幅度修改兩個產生辦法的主張；有人指出了間接選舉制度存在的一些問題，因此，要求取消這種選舉制度等。但也有人指出應當改進和完善間接選舉制度，而不是簡單地取消，等等。我想在這裏指出的是，這種討論很好，各種意見都可以表達，都應當得到尊重。上面提到的兩種觀點，好像針尖對麥芒，但卻說明了一個問題，這就是世界上沒有一種選舉制度是十全十美的，任何制度在實施中都會遇到這樣那樣的問題，要正視這些問題，要在堅持基本制度穩定的基礎上逐步解決這些問題。

四、決定強調兼顧澳門社會各階層各界別的利益，即遵循包容性原則

姬鵬飛關於澳門基本法草案及有關文件的說明中講到，在政治體制方面，從有利於特別行政區的穩定發展，兼顧社會各階層的利益，循序漸進發展民主制度的原則出發，基本法對特區政治體制作出了規定。這說明兼顧社會各階層各界別的利益，也就是包容性原則，是基本法有關政治體制的規定，包括兩個產生辦法的規定的一個重要指導原則。我

看到澳門一家報紙上有一篇文章，引用了鄧小平關於香港人推選出來管理香港的人，左翼要有，也要有點右的人，最好是多選些中間的人的講話，實際上這一講話，體現的就是包容性的原則。在澳門這樣一個多元社會中怎麼做到兼顧各階層各界別的利益？在澳門基本法關於兩個產生辦法的規定中，有一個重要的概念，這就是“廣泛代表性”。基本法附件一規定，行政長官由一個有廣泛代表性的選舉委員會選出，直接用了“廣泛代表性”這個概念，附件二規定的立法會組成，雖然沒有用這個概念，但也同樣體現了立法會要有廣泛代表性的精神。基本法為什麼提出“廣泛代表性”的概念？我看這是因為：第一，與澳門特別行政區的法律地位相適應。澳門是我國的一個特別行政區，實際上就是一個城市，一個城市的管理與一個國家的管理有着根本的區別，一個城市的管理，更要強調市民的廣泛參與，體現均衡參與。第二，與澳門的多元化資本主義社會相適應。一個多元化社會要能夠存在，就需要有包容精神，要能夠確保社會各階層各界別在立法機構中有其代表，有正式的渠道來表達他們的利益和訴求。第三，與澳門的政治文化特點相適應。澳門地方很小，社群和諧相處，不宜搞對抗性選舉政治，適宜通過制度安排使行政長官選舉委員會和立法會有廣泛代表性，做到各方面都心情舒暢，實現社會和諧。怎麼做到有廣泛代表性？在行政長官選舉委員會方面，基本法具體規定為由四個界別組成，在立法會方面，基本法具體規定為由直接選舉、間接選舉和委任的議員三部分組成。澳門回歸後已經進行了兩次行政長官選舉和三次立法會選舉，實踐證明基本法的規定是能夠做到有廣泛代表性的，隨着澳門社會的發展進步，兩個產生辦法的修改方向應當是使之能夠保持有廣泛代表性，而不是改弦更張，另起爐灶。

現在澳門社會有人把行政長官選舉委員會說成“小圈子選舉”，我認為這是不恰當的。基本法規定的行政長官產生辦法是基本法起草過程中澳門社會達成的廣泛共識，經全國人大審議通過後，成為澳門特別行政區的重要憲制安排，從尊重歷史、尊重基本法的角度來講，不能貼這樣的標籤，而且選舉委員會目前的人數雖然只有 300 人，但由於它具有廣泛代表性，這絕不是所謂的"小圈子選舉"。我知道講這個話的人當中，也有選舉委員會成員，說明選委會內各種政見的人都有，很有包容性的。但我想提出一點，我們尊重各種觀點和意見，但同時也希望各種觀點和意見都不要去損害基本法的權威地位，因為基本法是澳門居民享有各種權利和自由的保障，就像這個會場的屋頂為我們遮風擋雨，可以讓我們在這裏暢所欲言，行使各種權利和自由，但我們不能利用這種自由把屋頂掀掉。此外，我也看到了一些人對立法會的間接選舉制度有意見。全國人大常委會決定已經明確，這次修改兩個產生辦法不改變立法會由三部分議員組成。如果是對間選制度中某些具體選舉辦法有意見，特區政府還要就修改進行公開諮詢，凝聚社會共識。我希望澳門社會能夠理性地探討間接選舉制度的完善問題，這當中，是不是有這樣三點需要加以考慮：第一，尊重歷史。澳門的間接選舉制度有特殊的歷史背景，這個大家比我清楚。簡單來說，就是澳門的社團在歷史上曾經是澳門居民自強、自立、互助的紐帶，寄託着歷代澳門中國居民的感情，因此，澳門基本法沒有像香港基本法一樣規定功能團體選舉，而是規定了以社團為基礎的間接選舉。第二，着眼未來。正如行政長官報告所提出的，隨着澳門的發展進步，社會越來越多元化，怎麼能夠適應這種發展，不同階層、不同界別在立法會中都有他們的代表，這需要有一種適當的制度，這種制度也就是間接選舉制度。第三，與時俱進。要保持間接選舉制度，就要發揚其長處，改進其不足，使這種制度不斷完善。改善具體的選舉制度，主要是澳門本地立法所要處理的問題。

五、決定強調有利於維護澳門長期繁榮穩定與發展，即遵循目的性原則

中央對澳門的基本方針政策和澳門基本法規定內容十分豐富，其根

本出發點和目的可以歸結為兩條，一是維護國家的主權、統一與領土完整，二是保持澳門的長期繁榮穩定與發展。2009 年胡錦濤主席在慶祝澳門回歸祖國 10 週年時發表的重要講話強調指出，中央政府對澳門採取的任何方針政策措施，都始終堅持有利於保持澳門長期繁榮穩定，有利於增進澳門全體市民的福祉，有利於推動澳門和國家共同發展的原則。全國人大常委會決定遵循的上述四條原則，歸結到最後，就是對澳門特別行政區兩個產生辦法的任何修改，要有利於保持澳門的長期繁榮穩定與發展，即目的性原則。兩個產生辦法要不要修改，怎麼修改，不是目的，而是手段；從更大方面來講，基本法規定的澳門特別行政區制度，也不是目的，而是手段，目的只有一個，就是維護國家主權，保持澳門的長期繁榮穩定與發展。全國人大常委會的這次決定，是綜合考慮到澳門社會的各種情況，並且在深入研究和分析澳門社會各種意見的基礎上作出的，是最有利於保持澳門長期繁榮穩定與發展的安排。

以上對全國人大常委會決定遵循的原則的進一步說明，和行政長官報告中闡述的澳門社會關於政制發展必須遵循的指導原則是一致的。這次決定實際上是對澳門回歸以來政治體制運作經驗全面的總結，同時指明未來發展方向。最後，我還要重申，全國人大常委會的決定具有法律效力，為下一步討論研究澳門特別行政區兩個產生辦法修改方案提供了基礎。兩個產生辦法涉及社會各階層、各界別的利益，每個人從自身的利益出發，提出自己的政治訴求，這是一個民主社會正常的現象，但最終確定的制度只能有一個，這就要求有關制度要兼顧到各方面的訴求，找到最大的公約數，達成最廣泛的共識。希望澳門社會各界人士在決定的基礎上，共同努力，求同存異，形成一個有廣泛民意支持的兩個產生辦法修改法案，推進澳門民主政治制度向前發展。

澳門特別行政區制度

2012 年 4 月 22 日，在澳門特區政府和中聯辦舉辦的形勢報告會上的演講。

一、特別行政區制度是"一國兩制"方針政策的制度載體

　　澳門基本法有 1 個序言、145 個條文、3 個附件和區旗區徽圖案，它們之間是一個什麼關係？打個比喻來說，這些內容不是一個一個蘋果，裝到一個叫基本法的筐子裏，而是一串葡萄，雖然有很多葡萄粒，但串在一起，是有機的整體。一串葡萄有一根藤，把所有的葡萄粒串在一起，那麼，是什麼把基本法所有內容串在一起，從而形成一個有機整體？這就是特別行政區制度。

　　這個提法的依據是什麼？首先是憲法依據。憲法第 31 條規定，"國家在必要時得設立特別行政區。在特別行政區內實行的制度按照具體情況由全國人民代表大會以法律規定。" 第 62 條規定全國人大的職權之一是 "決定特別行政區的設立及其制度"。按照這兩條規定，以法律規定或由全國人大決定的是特別行政區內實行的制度或特別行政區制度。憲法這兩條規定有什麼特殊之處呢？這要從憲法完整內容來看。我國是一個單一制國家，國家管理制度，包括各地方行政區域的管理制度，都是由憲法作出規定的。以憲法第三章 "國家機構" 的各節標題為例，第一節是 "全國人民代表大會"，第二節是 "中華人民共和國主席"，第三節是 "國務院"，第四節是 "中央軍事委員會"，第五節是 "地方各級人民代表大會和地方各級人民政府"，第六節是 "民族自治地方的自治

機關"。按照這個邏輯順序，第七節應該規定特別行政區的政治體制了吧？但憲法第三章沒有這樣規定，第七節的內容是"人民法院和人民檢察院"。這個例子說明什麼呢？說明特別行政區制度本來是應由憲法作出規定的，但如果我們通讀憲法就會發現，除了憲法第 31 條和第 62 條提到特別行政區的設立及其制度外，憲法對特別行政區制度的具體內容沒有作出規定，留待全國人大決定並以法律規定。為什麼憲法沒有就特別行政區制度的內容作出具體規定呢，這是特殊歷史背景下所作出的特殊憲法安排。這個特殊歷史背景就是我國現行憲法在 1982 年通過時，中央已經宣佈了新時期對台基本方針政策，中央對香港基本方針政策也已經制定出來，這些方針政策將作為對台談判和中英談判的基礎，因此，不宜在憲法中加以明確規定。親歷了 1982 年憲法修改過程的王漢斌同志，對此有過精彩的描述，他說，"寫了給處理台灣問題有法律上的依據，而又不必修改憲法，同時又有利於對台談判，憲法第 31 條規定，'國家在必要時得設立特別行政區。在特別行政區內實行的制度按照具體情況由全國人民代表大會以法律規定。' 並相應地在第 62 條關於全國人大的職權中規定'決定特別行政區的設立及其制度。' 這是根據小平同志提出的 '一國兩制' 的偉大構想，為解決台灣問題所提供的憲法依據。"他還指出，"當時中英關於香港問題談判剛剛開始，中葡關於澳門問題的談判還沒有開始，因此，彭真同志關於憲法修改草案的報告中只能提台灣，沒有提香港、澳門，但又說'這是我們處理這類問題的基本立場'，這就明顯地把香港、澳門包括在內了。"因此，我們可以說，由全國人大制定專門的法律規定特別行政區制度，是一項特殊的憲法安排。

其次是基本法依據。基於憲法的規定，基本法的任務就是規定特別行政區制度。憲法規定的特別行政區制度是什麼，這就要看基本法。基本法就是循這個思路制定的，基本法序言第三段就說明這一點。該段規定，根據憲法，全國人大制定基本法，規定特別行政區實行的制度，以保障國家基本方針政策的實施，由此可以看出，基本法核心內容就是規定特別行政區制度。這裏我想順便講一下"基本法"這個名稱的由來。全國人大制定的規定特別行政區制度的這部法律叫什麼名稱？這個問題在中央制定對香港方針政策過程中就提了出來。由於這部法律所要規定的內容本來應由憲法規定，具有憲制性質，同時我國是一個單一制國家，只能有統一的一部國家憲法，規定地方行政區域管理制度的法律不能叫憲法。怎麼又能體現這部法律的憲制性質又不叫憲法？參考了當時聯邦德國憲制性法律文件的稱呼，將其定名為"基本法"。中英聯合聲明第三條第十二項首先使用了這個稱呼，後來中葡聯合聲明第三條第十二項規定，"上述基本方針政策和本聯合聲明附件一所指的具體說明，將由中華人民共和國全國人民代表大會以中華人民共和國澳門特別行政區基本法規定之，並在五十年內不變。"基本法這個名稱的使用，與基本法規定特別行政區制度有着密切聯繫。

第三是立法法依據。我國立法法是全國人大 2000 年制定的，按照憲法規定及全國人大制定基本法規定特別行政區制度的實踐，立法法第 8 條第三項規定，"民族區域自治制度、特別行政區制度、基層群眾自治制度"只能以法律規定。這是我國法律中第一次使用"特別行政區制度"這個概念，表明全國人大確認了基本法的核心內容是規定特別行政區制度這個命題。

從以上依據可以得出這樣的結論，從"一國兩制"方針政策到基本法，實現了從政策到法律的轉變，這個轉變是通過創設一套特別行政區制度來實現的，特別行政區制度是"一國兩制"方針政策的法律表現形式。憲法和基本法規定的特別行政區制度，不僅包括特別行政區內部的制度，例如社會經濟制度、法律制度等，還包括國家管理體制和管理制度。我在 1996 年香港回歸前夕發表過一篇文章，論述基本法的核心內容，我說基本法的全部內容可以概括為三句話：堅持一個國家，保障國家主權；堅持兩種制度，保障高度自治；堅持基本不變，保障穩定繁榮。這三句話既有中央對澳門的管治，也有澳門自身實行的制度，就是"一國兩制"，就是基本法序言第三段規定的特別行政區制度。

特區享有的高度自治權是特別行政區制度的組成部分，中央對特區的憲制權力也是特別行政區制度的組成部分。只有把中央對特區的憲制權力放在特別行政區制度的框架內來理解，才可能全面準確地理解這種權力。從特別行政區制度這個視角來讀基本法，基本法的各項規定都是這套制度的有機組成部分，還可以把特別行政區制度細分為各種具體制度，如授權制度、中央的事權制度、中央與特別行政區關係制度、駐軍制度、行政長官制度、法律制度、司法制度、經濟制度等，它們之間緊密地聯繫在一起。因此，以論述特別行政區制度為核心，我們講基本法，就不能只講高度自治權、不講中央的權力，甚至把兩者對立起來。以特別行政區制度為核心闡述基本法，可以把中央和特區的權力統一到一套制度之中，把特別行政區管理體制納入國家管理體制之中。這是全面準確地理解"一國兩制"，理解國家對特別行政區管理制度的具體要求。

二、特別行政區制度構成國家管理制度的組成部分

無論是香港特別行政區還是澳門特別行政區，都是我國不可分離的部分，都是直轄於中央人民政府的地方行政區域。因此，講國家管理，必然包括特別行政區的管理，講國家管理制度，必然包括特別行政區管理制度。特別行政區制度的本源就是憲法。憲法是否適用於澳門特區？有人認為憲法是社會主義憲法，怎麼適用於資本主義的特區？如適用豈不是一國一制；有人認為憲法只有第31條（即"國家在必要時得設立特別行政區。特別行政區內實行的制度按照具體情況由全國人民代表大會以法律規定。"）適用特區，其他都不適用，特區只適用基本法。認為只有基本法適用於特區，憲法不適用，是不正確的。憲法是國家主權

在法律制度上最高的表現形式。憲法不能在全國範圍內統一適用，就限制了一個國家主權的行使範圍，否定了主權的最高性。憲法作為國家的根本大法，具有最高的法律效力，在全國範圍內實施，必須總體上適用於特區。基本法序言指出，基本法是根據憲法制定的，而不是僅根據憲法第 31 條。憲法在澳門特別行政區的適用，集中體現在兩個方面：

（一）憲法中有關確認和體現國家主權、統一和領土完整的規定，即體現"一國"的規定，適用於特區，同適用內地各省、自治區、直轄市是一樣的。我國是單一制國家，只有一個最高國家權力機關（全國人大），只有一個最高國家行政機關（國務院），只有一個最高軍事機關（中央軍委），憲法關於全國人大及其常委會、國家主席、國務院和中央軍委的規定，關於國防、外交的規定，關於國家標誌（國旗、國徽、首都）的規定、關於國籍的規定等，這些體現"一國"的規定，都是適用特區的。

（二）由於國家對特區實行"一國兩制"，特別行政區實行資本主義制度不變，憲法在特區施行同在內地施行又有所不同。憲法有關社會主義制度的規定（包括政治、經濟、文化制度等）不在特區施行，而這些規定不在特區施行正是憲法所允許的，這就是憲法第 31 條。如果憲法不適用於特區，那"兩制"就不存在了，憲法是"兩制"的法源。

憲法是基本法的依據，基本法脫離了憲法，基本法就失去了法律效力。憲法的效力及於特區，正是"一國兩制"方針和澳門基本法得以有效實施的最根本的法律保障，如果認為只有基本法適用而作為基本法立法依據的憲法卻不適用，基本法就成了無源之水、無本之木，基本法就不可能獲得法律效力。特別行政區制度是國家管理制度的組成部分，我國的國家管理制度是由憲法規定的；國家在必要時可以設立特別行政區，實行特殊的制度，也是憲法規定的。在這種國家管理制度下，遵循國家管理普遍性和特殊性相結合的原則，基本法規定了特別行政區制度，大致可以概括為以下幾個方面，這也體現了中央與特區的權力關係：

第一，特別行政區制度要符合單一制原則，這是我國國家管理制度的普遍性原則。全國人大決定設立澳門特別行政區，制定基本法規定特別行政區實行的制度，這就是單一制原則的重要體現。具體到基本法條文，也全面地體現了單一制原則，例如，基本法第 1 條規定澳門特區是我國的一個不可分離的部分，第 2 條規定澳門特區的高度自治權是全國人大授予的，第 12 條規定澳門特區是直轄於中央政府的享有高度自治權的地方行政區域，第 45 條規定行政長官對中央政府負責，等等，這些規定背後的法理依據都是單一制原則。在單一制國家裏，地方沒有固有權力，地方權力來源於中央授予。這是單一制國家的特點，中央與地方是授權關係。在授權下，授權者擁有完整的管治權是授權的前提，而且作出授權後，授權者對被授權者具有監督權。中央和澳門之間的關係是授權和被授權的關係，從這個角度講，基本法是一部授權法律。在基本法的規定中，凡是涉及國家管理制度的普遍性原則，均體現為中央的權力。

第二，特別行政區制度要符合人民民主原則，這是我國國家管理制度的普遍性原則，同時也考慮到澳門的特殊情況。澳門基本法是由包括澳門同胞在內的基本法起草委員會在廣泛徵求意見的基礎上起草出來，由全國人民代表大會通過的，這就是人民民主原則的重要體現。澳門基本法第 21 條規定，澳門居民中的中國公民依法參與國家事務的管理；第 3 條規定，澳門特區行政機關和立法機關由澳門永久性居民組成；第 47 條和第 68 條以及附件一和附件二規定，澳門特區行政長官在當地選舉產生，報中央人民政府任命，立法會多數議員由選舉產生等，都是憲法確立的人民民主原則在澳門居民行使高度自治權方面的反映。按照通常的憲法理論，任何國家或地區的民主權利，都限於本國國民才能享有，考慮到澳門的特殊情況，澳門基本法第 26 條規定，澳門永久性居民依法享有選舉權和被選舉權，也就是說，澳門永久性居民中的非中國籍人士，在澳門也享有政治權利，這是特別行政區制度一項十分特殊的規定。當然，按照澳門基本法的規定，澳門特別行政區政權機關中的某些職位只能由澳門永久性居民中的中國公民擔任，這又回到了國家管理的普遍性原則。

第三，根據憲法第 31 條，由全國人大以法律規定的特別行政區制度的一項重要內容，就是在特區實行資本主義制度，這是我國國家管理制度所允許的特殊性。基本法全面規定了澳門特區實行的資本主義社會、經濟、文化等方面的制度，其中第 11 條規定，根據憲法第 31 條，澳門特區實行的制度和政策，包括社會、經濟制度，有關保障居民的基本權利和自由的制度，行政管理、立法和司法方面的制度，以及有關政策，均以基本法為依據。在基本法規定中，凡是涉及國家對澳門實施管理的特殊性的內容，均體現為特區的高度自治權。

第四，特別行政區制度既肯定了人民代表大會制度是國家根本制度，又為特別行政區規定了一套政治體制，既體現有國家管理的共性，也有特殊性。國家對澳門特區的管理體制，通俗來說，就是澳門回歸祖國後，全國人大及其常委會和中央人民政府保留一些體現國家主權必不可少的權力，同時授予澳門特別行政區處理內部事務的高度自治權，實行“澳人治澳”。在“一國兩制”下，中央行使對特別行政區權力的體制是憲法和國家法律規定的國家政治體制，這就是人民代表大會制度。按照澳門基本法的規定，人民代表大會制度依然是包括澳門在內的國家根本制度，基本法由全國人大制定，特別行政區高度自治權由全國人大授予，澳門居民中的中國公民可選舉人大代表，參加最高國家權力機關工作，都說明這一點。這是國家管理共性，特別行政區與各省、自治區、直轄市不同的是，它不設立地方人民代表大會，基本法為澳門特別行政區行使高度自治權專門設計了一套特區政治體制，這是特殊性。需要特別指出的是，國家政治體制與特區政治體制不是截然分開的，而是有內在的聯繫。這不僅體現在特別行政區的設立及其制度是由全國人大決定的，中央人民政府負責管理與特別行政區有關的國防、外交等事務，而且體現在基本法有關全國人大及其常委會、中央人民政府與特別行政區政權機關權力關係之中。因此，講特別行政區的管理，既要講特別行政區高度自治權，也要講中央的權力；既要講澳門特別行政區的政治體制，也要講國家政治體制。這兩方面構成有機整體，只有中央和特別行政區政權機構在憲法和基本法規定的框架下依法履行職責，才能把基本法的各項規定落到實處，把澳門的事情辦好，從而實現澳門的長期繁榮穩定和發展。

三、特別行政區制度內含的中央對澳門特區的憲制權力

胡錦濤主席 2007 年 7 月 1 日在香港特別行政區成立 10 週年大會上明確指出，"一國兩制"，"一國"是前提，"一國"就是要維護中央依法享有的權力，維護國家主權、統一、安全。按照基本法的規定，中央對澳門的憲制權力有一些是具體列明的，有一些是在條文中蘊含的，這兩者同樣重要。具體來講，中央對澳門的憲制權力有以下十個方面：

1. 中央對澳門具有全面的管治權

基本法序言第一段開宗明義指出，澳門自古以來就是中國領土，中國政府於 1999 年 12 月 20 日恢復對澳門行使主權。中央對澳門恢復行使的是包括管治權在內的完整主權，這是基本法第 2 條規定的基礎。這一條是關於澳門特區實行高度自治權的權力來源的規定："全國人民代表大會授權澳門特別行政區依照本法的規定實行高度自治，享有行政管理權、立法權、獨立的司法權和終審權。"大家都知道，任何機構或個人，要作出授權，前提是他必須具有有關權力。全國人民代表大會是我國的最高國家權力機關，它授予澳門特區行政管理權、立法權、獨立司法權和終審權，前提就是中央對澳門具有完全的管治權。這本來就是單一制國家中央與地方關係的應有之義。

2. 作為中央政府的一般性權力

按照我國憲法的規定，中央政府即國務院的職權之一是統一領導全國地方各級國家行政機關的工作。基本法沒有明確規定中央政府領導澳門特區行政機關的工作，澳門特區政府經常講在中央政府的領導下，也就是承認中央對澳門有一般的領導權，這種權力是蘊含於基本法有關規定之中的。如基本法第 12 條規定，澳門特區是直轄於中央政府的地方行政區域，這裏的"直轄"就是直接管轄的含義，儘管沒有用"領導"這個詞而是用"直接管轄"，但仍然體現了中央政府的一般性權力。澳門基本法第 45 條規定，行政長官依照基本法的規定對中央政府負責，要求行政長官向中央政府負責，這也是中央政府的一般性權力。這裏的"負責"主要是什麼內容呢？澳門基本法第 50 條第二項規定行政長官"負責執行"基本法，這是負責的主要內容。因為基本法是一部授權法，接受授權的澳門特區要向授權者負責，那麼，澳門特區哪個機構向中央負責呢？這只能是行政長官，行政長官要向中央政府承擔起在澳門特區全面貫徹落實基本法的責任。此外，基本法還具體規定了一些具體負責的內容，例如，報請中央政府任免主要官員，執行中央政府就基本法規定的有關事務發出的指令，處理中央授權的對外事務和其他事項等。澳門回歸祖國後，行政長官每年都要到中央述職，這也表明了中央政府對特區政府有這種一般性的權力。

3. 中央政府對行政長官和主要官員的任命權

澳門基本法第 47 條規定，"澳門特別行政區行政長官在當地通過選舉或協商產生，由中央人民政府任命。"附件一具體規定了行政長官的產生辦法，其中第一條規定，"行政長官由一個具有廣泛代表性的選舉委員會根據本法選出，由中央人民政府任命。"澳門基本法第 50 條第六項規定，行政長官"提名並報請中央人民政府任命下列主要官員：各司司長、廉政專員，審計長，警察部門主要負責人和海關主要負責人；建議中央人民政府免除上述官員職務"。對這兩條提出的問題是，中央的任命權是程序性的還是實質性的？在單一制國家中，中央對地方政權領導人的任命權是維護國家統一的重要手段，是體現國家主權的行為，決不能流於形式。行政長官的地位十分重要，按照澳門基本法的規定行政長官是雙首長（特別行政區政府首長、特別行政區首長）、雙負責（對特別行政區負責、對中央負責），中央必須擁有實質性任命行政長官的權力。同樣，中央政府對主要官員的任免權也是實質性的。因此，基本法規定的任命權不是程序性的而是實質性的，即中央可以任命也可以不任命。

4. 基本法的解釋權

澳門基本法第 143 條有關基本法解釋權的規定是體現"一國兩制"的典型條款。它首先規定"本法的解釋權屬於全國人民代表大會常務委員會"，體現"一國"，體現了我國的憲政制度，而後考慮到"兩制"，考慮到澳門法院審理案件的需要，授權澳門法院在審理案件時，對澳門自治範圍內的條款自行解釋。而後進一步授權，澳門法院在審理案件時對基本法的其他條款也可解釋，但是如果需要對中央管理的事務或中央與特區關係的條款進行解釋，而對該條款的解釋又影響到案件的判決，在對該案件作出不可上訴的終局判決前，應由澳門終審法院請全國人大常委會對有關條款作出解釋，這又體現了"一國"。

怎麼理解基本法關於解釋權的規定？我想從特別行政區制度出發，是不是可以把握以下幾點：第一，基本法是一部授權法，理解這一性質，就可以很好地理解基本法的解釋權一定要掌握在授權者手中，而不會全部交給被授權者來解釋，也就是說，中央作為授權者，一定要掌握基本法的解釋權，而且是全面和最終解釋權，這是一般的道理。第二，中央哪個機構來行使基本法的解釋權，這是由憲法規定所決定的。按照我國憲法第 67 條的規定，我國的憲法和法律的解釋權屬於全國人大常委會，基本法作為一項全國性法律，其解釋權也必然屬於全國人大常委會。第三，在全國人大常委會掌握基本法的全面和最終解釋權的前提下，授權澳門特區法院在審理案件時對基本法進行解釋是完全必要的。澳門基本法第 89 條規定，澳門特區法官依法進行審判，而按照第 18 條規定，在澳門特區實行的法律包括基本法、採納為澳門特區法律的原有法律、立法機關制定的法律以及在澳門實行的少數全國性法律，因此，第 89 條規定的"依法"就是依上述法律。既然要求法院依照基本法審判案件，就必須賦予其解釋基本法的權力。第四，特區法院的解釋針對具體案件，而全國人大常委會只對基本法有關條文作立法解釋，不涉及具體案件。第五，特區法院解釋基本法的權力不同於全國人大常委會的解釋權，是有限制的。我想特別指出的是，這種限制也是對司法獨立和終審權的一種保障措施。澳門基本法第 143 條對法院解釋權的限制是：特區法院在審理案件時如需對基本法關於中央管理的事務或中央與特區關係的條款作出解釋，終審法院要提請全國人大常委會作出解釋。為什麼要有這樣的規定？我想可以這樣理解，特區享有終審權意味着其終審判決不被推翻，而且是能夠得到執行的。如果特區的終審判決對基本法的有關規定作出錯誤解釋，從而嚴重侵犯了中央的權力或嚴重影響到中央與特區的關係，能夠要求中央執行這樣的判決嗎？肯定不行，那麼終審判決就不可能真正具有終審效力。另外，基本法是全國性法律，不僅特區要遵守，在內地中央和地方均要遵守，如果涉及中央管理的事務或中央與特區關係的條款，只由特區法院進行解釋，要求全國一體遵行也是不可能的，只有全國人大常委會的解釋才能達到全國一體遵行的效果。

5. 基本法的修改權

基本法是全國人大制定的，澳門基本法 144 條規定，其修改權屬於全國人大，這也是中央的一項重要的憲制權力，這種權力不僅反映了法律的制定和修改應當屬於同一機構的法理，而且也與基本法的授權法性質相適應。基本法關於修改權的規定有兩個特殊的地方：第一是關於修改提案權的規定。基本法的修改提案權分別是全國人大常委會、國務院和澳門特別行政區。這個規定有什麼特殊呢？按照我國憲法和法律規定，全國人大常委會、全國人大專門委員會、國務院、出席全國人大會議的各代表團、全國人大代表 30 名聯名均有法律修改議案的提案權，內地各省一級的地方都沒有法律修改提案權。澳門基本法 144 條規定只有全國人大常委會和國務院才能提出基本法修改議案，可以看出減少了修改議案的提案機構，同時規定澳門特區具有基本法修改議案的提案權，這都是十分特殊的安排。第二是關於基本法附件修改的規定。全國人大關於基本法的決定和公佈基本法的國家主席令都明確規定，基本法包括三個附件和區旗、區徽圖案。對於三個附件的主要內容的修改，基本法都作了特殊的規定。其中附件一和附件二的修改，要經澳門立法會全體議員三分之二多數通過，行政長官同意，並報全國人大常委會批准和備案；附件三所列全國性法律，全國人大常委會可以在徵詢其所屬的基本法委員會意見後，作出增減決定。

6. 對行政長官產生辦法和立法會產生辦法修改的決定權

我國是單一制國家，澳門是中央下轄的地方行政區域，地方行政區域的政治體制是不能自行決定的，而是由中央通過基本法決定的，因此政治體制如果要改變，也要由中央來決定，這是順理成章的。而兩個產生辦法就屬於政治體制的重要組成部分，因此兩個產生辦法是否需要修改應由中央來決定。2011 年 12 月全國人大常委會的解釋規定，兩個產生辦法"是否需要進行修改，澳門特別行政區行政長官應向全國人民代表大會常務委員會提出報告，由全國人民代表大會常務委員會依照《中華人民共和國澳門特別行政區基本法》第四十七條和第六十八條規定，根據澳門特別行政區的實際情況確定"。兩個產生辦法的修改在特區完成法定程序後，要報全國人大常委會批准或備案。

7. 對特區立法機關制定的法律的監督權

基本法第 17 條規定，"澳門特別行政區的立法機關制定的法律須報全國人民代表大會常務委員會備案。備案不影響該法律的生效。全國人民代表大會常務委員會在徵詢其所屬的澳門特別行政區基本法委員會的意見後，如認為澳門特別行政區立法機關制定的任何法律不符合本法關於中央管理的事務及中央和澳門特別行政區關係的條款，可將有關法律發回，但不作修改。經全國人民代表大會常務委員會發回的法律立即失效。該法律的失效，除澳門特別行政區的法律另有規定外，無溯及力"。這就是前面講到的，全國人大授予澳門特區立法權，但並不因授權而喪失對被授權人的監督權。實際上，該規定與內地類似，所有的省級地方性法規都要報全國人大常委會備案。所不同的是，對於內地的地方性法規，全國人大常委會如果認為抵觸憲法或法律，有權撤銷，而對特區立法機關制定的法律，不是全部可以發回，只有在全國人大常委會認為有關法律不符合基本法關於中央管理的事務或中央與特區關係條款的情況下，才有權發回。

8. 防務和外交事務的管理權

基本法第 13 條規定，中央政府負責管理與澳門特區有關的外交事務。外交部在澳門特區設立機構處理外交事務。中央政府授權澳門特區依照本法自行處理有關的對外事務。外交事務由中央統一管理，這是體現國家主權、統一和領土完整的一個重要標誌，基本法第七章及其他一些條文具體規定的澳門特區的對外事務，都必須在外交權屬於中央這個原則下來理解和執行。

基本法第 14 條規定，中央政府負責管理澳門特區的防務。澳門特區政府負責維持澳門特區的社會治安。中央政府派駐澳門特區負責防務的軍隊不干預澳門特區的地方事務。駐軍人員除遵守全國性法律外，還須遵守澳門特區法律。駐軍費用由中央政府負擔。國防統一同樣是國家主權、統一和領土完整的重要標誌，必須由中央政府負責管理。為此，全國人大常委會還專門制定了澳門駐軍法，對澳門駐軍履行防務職責的有關事宜作出全面的規定。

9. 向特區作出新授權的權力

基本法第 2 條規定，全國人大授權澳門特區"依照本法的規定"實行高度自治，"依照本法的規定"即表明特區享有的高度自治權以基本法規定為限，用吳邦國委員長的話來說，就是中央授予多少權，就有多少權。這就遇到一個問題，如果特區需要一些基本法沒有規定的權力怎麼辦？所以，基本法第 20 條規定，澳門特區還可享有全國人大及其常務委員會和中央政府授予的其他權力。在基本法規定的授權框架下，中央向特區作出新授權是一項重要的憲制權力。2009 年 6 月 27 日，全國人大常委會授權澳門特別行政區對珠海橫琴島澳門大學新校區自其啟用之日起，對該校區依照澳門特別行政區法律實施管轄。

10. 澳門特區進入緊急狀態的決定權

澳門基本法第 18 條規定，"全國人民代表大會常務委員會決定宣佈戰爭狀態或因澳門特別行政區內發生特別行政區政府不能控制的危及國家統一或安全的動亂而決定澳門特別行政區進入緊急狀態，中央人民政府可發佈命令將有關全國性法律在澳門特別行政區實施"。戰爭狀態比較好理解，這就是整個國家進入戰爭狀態，值得注意的是，這個條文講的"進入緊急狀態"，除了因戰爭狀態外，還包括發生不是一般騷亂而是危及國家統一和安全的動亂，而且是澳門特區政府不能控制的，此處的全國性法律是指附件三所列法律以外的法律，例如戒嚴法。

除以上十個方面外，基本法還規定了中央具有的其他一些權力，這些權力基本能夠納入以上十個方面。還需要提出的是，基本法在規定中央的憲制權力時，通常都表述為最終權力，比如說，行政長官在當地選舉產生後，報中央政府任命；特區制定的法律報全國人大常委會備案後，全國人大常委會可以依法發回；行政長官和立法會產生辦法要報全國人大常委會批准或備案。那麼，中央是不是要在特區走完所有法律程序後才能介入、才能行使權力呢？我認為不能這樣理解。凡是基本法規定中央具有憲制權力的地方，在實際執行中，中央從一開始就應當有權介入，這是避免產生重大憲制危機的必由之路。以特區立法備案為例，全國人大常委會有關部門一直在關注研究特區刊憲的法律草案及其討論過程，如果發現有關規定可能不符合基本法關於中央管理的事務或中央與特區關係的條款，就及時通過適當渠道向特區政府提出來，在特區立法階段就加以解決，而不能等到特區法律報全國人大常委會備案後，才提出問題，將法律發回。因為這樣處理，必然給特區帶來很大震動，不利於維護特區的繁榮穩定。

《基本法與香港回歸十五週年》序

作於 2012 年 3 月 12 日。

五年前，我為譚惠珠女士主編的《基本法與香港回歸十週年》寫過一篇序文，當譚惠珠女士送來基本法與香港回歸十五週年的書稿並邀我作序時，我感到責無旁貸，欣然應允。

正如這本圖文並茂的書籍所展示的，基本法已經深入到香港社會、政治、經濟、文化生活的各個層面，規範、指引，並塑造了今日香港。在前一篇序文中，我圍繞基本法講了三層意思，一是基本法規定的特別行政區制度創立了香港管治的嶄新模式，二是基本法對保持香港長期繁榮穩定發揮的重要作用，三是基本法的貫徹實施要依靠廣大港人。過去五年來香港的發展成就，歸結到一點，就是廣大港人深入理解基本法的豐富內涵並切實加以貫徹落實的結果，顯示出基本法的強大生命力和保障香港長期繁榮穩定的巨大作用。

基本法是全國人民代表大會制定的一部全國性法律，貫徹落實基本法不僅是香港的責任，也是中央的責任。過去五年裏，中央按照基本法的規定處理了許多涉香港事務，其中全國人大及其常委會處理了三件具有深遠和重大影響的事：第一件事是，十一屆全國人大四次會議通過的國家十二五規劃以專章的形式把香港的發展納入國家的發展戰略。香港的繁榮穩定，無論是過去、現在還是將來，都與國家建設與發展有着密切的聯繫。"一國兩制"保障香港在國家中繼續保持特殊地位，同時，把香港的發展納入國家的總體發展規劃，為香港的發展提供強大的支持和動力，這對香港未來發展有着根本性的影響。第二件事是，全國人大常委會就 2012 年行政長官產生辦法和立法會產生辦法及有關普選問題作出了決定，明確了香港實行普選的時間表。政制發展問題是一個長期困擾香港社會的重大問題，全國人大常委會的決定期待着香港社會就未來的普選辦法凝聚最廣泛的共識，從而解決這個重大問題，為香港發展經濟、改善民生、推進民主創造更加有利的環境和條件。第三件事是，香港終審法院在審理案件中第一次提請全國人大常委會就基本法有關條款進行解釋。基本法關於香港終審法院提請全國人大常委會釋法的規定，是特別行政區制度中的一個重要機制，關係到基本法賦予香港獨立司法權和終審權的規定是否行得通，牽一髮而動全身。香港終審法院嚴格按照基本法規定要求，在審理案件中就基本法關於中央管理的事務和中央與特別行政區關係的條款提請全國人大常委會作出解釋，隨後，全國人大常委會依法就基本法有關條款作出解釋，從而把基本法規定的這一重要機制落到實處。

吳邦國委員長親自為本書題寫了書名"基本法與香港"，而不是題寫基本法與香港回歸十五週年，我理解，這裏面包含着一種期待，即如果說《基本法與香港回歸十週年》是這個系列書籍的 1 版，那麼現在的這本回顧基本法與香港回歸十五週年就是 2 版，期望着將來還有回歸二十週年、二十五週年的 3 版、4 版，一直延續下去。因為譚惠珠女士主編的這本書，雖然不是有關基本法的專著，但以生動活潑的方式總結了基本法對香港社會生活的深刻影響，每五年作一更新，回顧歷史，記錄現狀，展望未來，是十分有意義的。

看完這本書稿，我有這樣一個感想，在今天這樣一個快節奏的時代，大家都急促地向前奔跑，眼睛大多只看到前方，有時候真的需要駐足片刻，好好地感受當下，回望已成為歷史的腳印，在此基礎上迎接歷史的新起點。本書就是這樣一個小歇，幫助大家回顧一下香港回歸的輝煌歷程，感受一下龍騰虎躍的今日香港，思考一下未來前進的方向。

香港基本法教材初稿討論修改工作
需要把握的幾個問題
——在基本法教材編委會第四次會議開幕式上的講話

2012 年 5 月 29 日。

　　剛才李飛同志對這本教材初稿形成進行了簡要回顧，對 21 位專家學者辛勤的勞動成果進行了總體評價，並對這本初稿具體概括了若干特點，我認為概括得很好，完全同意。

　　我下面要講的話，是在充分肯定教材初稿的基礎上，為下一步修改完善，提出幾個問題來引發大家討論。很誠實地告訴大家，這份教材初稿，我只看了前五章。其他各章，直到昨天張榮順還在統稿，很辛苦，有的是昨晚才拿到的，有的可能還在印廠，我都還沒有看過。前不久，張榮順到我辦公室問我，前五章讀下來感覺怎麼樣？我回答說，比較通俗，還能讀下去。他說，您感到還能讀下去，這就好了。我說，離好還有差距，問題還多着呢。為什麼這麼說？前五章一共 216 頁，我只看了一遍，隨看隨做記號，大約 40 頁都有記號，主要是錯、漏字，但也有我感到是硬傷的地方，還有一些需斟酌的問題，平均 5 頁多就有一個問題，所以我說問題還多着呢。儘管這樣說，我確實感到目前的初稿已經有了一個很好的討論基礎。5 月 12 日，香港基本法委員會在福建開會，我們把前五章初稿印發委員會討論，聽取香港委員的意見。我對他們說，我們編寫的這本教材雖然面對內地院校，但它是教育部的統編教材，具有一定的權威性，必然會對香港產生影響。把教材初稿拿出來，請大家討論，把把關，主要就是這個考慮。現在大家看到的稿子是初稿，由於還很不成熟，因此，我想請大家圍繞以下幾個問題提出意見：一是這本教材的結構是否合適；二是從現在的稿子看，它的主要思路和脈絡是否清晰、恰當；三是一些重大理論問題，比如憲法的適用問題、主權理論、授權理論、高度自治權的性質、香港特別行政區的義務等，現在闡述的觀點是否站得住腳。香港委員的總體反應是，編寫這部教材十分有必要，目前的教材結構邏輯性很強，有理論深度，但有一些觀點還需要深入論證。同時，還提出了一些意見和建議。

總體來講，香港委員的初步反應和我們的看法還是比較一致的。我把他們講的這些話告訴大家，一是給大家鼓氣，港方委員的第一反應總體不錯；二是提出這次會議的主要任務，就是這次會議要把教材大的理論脈絡梳理清楚，前後一致，在此基礎上，深入研究一些具體問題的闡述，開始進行精雕細琢的工作。

下面，我着重談談這次會議需要解決的主要問題，怎麼對現在這個稿子進行修改？這要回到我們去年 1 月在編委會第一次會議上提出的要求，堅持以此為標準。當時我們提出，"基本法教材是一部法學教材，是教育部的統編教材，這個性質決定了這部教材在內容上要採用'通說'，全面準確地闡述基本法的規定，在語言體系上要採用法學語言，把'一國兩制'的政治理論轉化為法學理論。怎麼建立基本法的法學理論框架，既能夠把整部基本法的規定貫穿起來，又能夠做到政治性、思想性和學術性的統一？這就提出了編寫基本法教材的基本思路問題。結合這些年的工作體會，我們建議編寫基本法教材的基本思路是不是圍繞三個問題展開，這就是：以論述特別行政區制度為核心，以基本法的各項規定及其實踐為基礎，以基本法研究成果和中外法治文明成果為借鑒，全面系統地闡述基本法的規定，創建基本法的法學理論體系。用形象的話來講，我們要通過編寫教材，形成有說服力的基本法法學理論，前面講的'核心'、'基礎'和'借鑒'就是支撐這套理論的三根支柱。"

這是當時對編這本教材的要求，不能講過就算了，今天我們就要用這段話的要求來衡量教材初稿，着重分析和研究目前的教材初稿是不是突出了論述特別行政區制度這個核心，是不是以基本法的各項規定及其實踐為基礎，是不是借鑒了基本法研究成果和中外法治文明成果，從而做到政治性、思想性和學術性的統一。我通過閱讀教材初稿前五章，有一些想法，現在提出來，供大家討論修改教材初稿時參考。

一、要進一步梳理理論脈絡

總體上來說，教材初稿的問題意識較強，比較好地圍繞特別行政區制度這個核心展開論述，而且不同程度地回答了我們在第一次會議上提出的 20 個重大理論問題。現在我們可以看到整部教材的初貌，有條件對以特別行政區制度為核心的重大理論問題作進一步梳理，理清各個理論問題之間的關係，使之系統化，做到首尾一致，貫穿於整部教材之中。比如說，第二章闡述了香港特別行政區制度，那麼，其他各章闡述的各項制度與特別行政區制度的關係是什麼，就需要做進一步梳理。現在各章開頭都有一個"帽子"，有的長、有的短，有的比較好地說明了該章內容在特別行政區制度中的地位，有的闡述就比較單薄，我想各章開頭的這一段話都需要再下功夫，既起到對各章內容畫龍點睛的作用，也起到各章內容之間邏輯主綫的作用。再比如說，第四章高度自治權，提出了高度自治權既是國家權力，也是地方權力，這個觀點所要表達的意思我能夠看明白，它要說的是高度自治權是中央授予的，中央行使的是國家權力，授權不改變權力的屬性，因此，高度自治權性質上依然屬於國家權力。但這個表述存在缺陷，因為不明就裏的人可能會提出，香港不是一個國家，怎麼有國家權力？所以這個表述還要再作斟酌。第四章對高度自治權的性質作出準確界定後，第九章、第十章、第十一章關於行政管理權、立法權、獨立的司法權和終審權的性質的闡述，就要與高度自治權性質的界定保持一致，從而形成一條清晰、一貫的理論脈絡。這部教材涉及的理論問題還很多，要這樣一條一條地梳理。我在第一次會議上，把特別行政區制度比喻成一串葡萄中的那根藤，把基本法的所有內容串起來。如果我們把這串葡萄一粒粒摘下來，最後剩下的是一條帶有各種分支的葡萄藤，這就像是我們教材的理論脈絡，我們一定要把這個脈絡梳理得十分清楚。

二、要進一步選擇並加強重大法律問題的闡述

總體上來講，目前教材初稿的理論脈絡是清楚的，需要做的主要工作是使有關表述更加準確，保持前後一致。"紅花需要綠葉襯"，有了很好的理論脈絡，還需要選擇一些重要的法律問題，深入地加以闡述，加強理論的說服力，使整部教材生動活潑。從前五章初稿看，這方面還比較欠缺。比如說，第五章在闡述有關原有法律的時間界限時，指出了香港終審法院對"某律師訴香港律師會案"判決存在問題，認為"按照主權原則和香港基本法的規定，香港法院無權引用英國法律宣佈已被採用為香港特別行政區法律的香港原有法律無效"。有的香港基本法委員會港方委員看到這一段，就提出了異議，認為這樣講香港社會可能很難接受。類似的問題，在教材初稿中可能還不少。對這類問題，要本着以下原則處理：一是提出討論的問題必須是具有重大法律意義的問題；二是要準確歸納香港社會或香港法院提出的觀點，並且下大功夫把我們的觀點闡述清楚。目前的教材初稿普遍存在一個問題，就是宏觀問題把握得比較好，細節問題還比較粗糙，這是需要改進、完善的地方。我有一個總的想法，即在教材各章節中，要結合我們所要闡述的理論問題，分別提出比較典型的法律問題，深入地加以闡述。香港基本法實施過程中提出的法律問題不少，我們這本教材不可能全部加以分析，要有選擇性，貴精不貴多。如果我們這部教材能夠有針對性地闡述幾十個這種法律問

題，一定能夠加強教材的理論深度，加強教材的針對性，也可以增強教材的可讀性。

三、要確保理論觀點的嚴謹性

香港基本法委員會討論教材初稿時，有香港委員擔心，這本教材由基本法委員會組織編寫，是教育部的統編教材，具有權威性，而且講了一些以前沒有公開講過的話，比如，憲法的適用問題、主權理論、授權理論、高度自治權的性質、香港特別行政區的義務等，以前都沒有這樣系統闡述過，可能會對香港社會造成一定程度的衝擊。他們的這種擔心，要引起我們的高度重視。我想要從兩個方面來看這個問題，一是我們寫這本教材，一個很重要的目的就是糾正香港社會存在的一些不正確的基本法觀點，對香港社會有影響是必然的，不能因為香港社會有些人不同意，我們就不講。二是我們確實要把握好可能引起爭議的問題，要確保我們提出的理論觀點能夠站得住，可以堂堂正正地對外講，在此基礎上，儘量做到能夠為大多數人所接受。這就要求我們提出的理論觀點一定要十分嚴謹。比如說，第四章闡述授權理論時提到，"授權並不是讓渡權力或轉移權力給被授權者，授權者並不因為授權行為而自動喪失權力，仍然擁有所授出的權力"，按照這個說法，中央授予香港特區行政管理權、立法權、獨立的司法權和終審權，但還沒有喪失這種權力，仍然擁有這些權力，這就講不通了，而且與我們一再講的"不干預"也有矛盾。因此，上述這段對授權理論的闡述，還不嚴謹，可能引起很大的爭議，至少是不符合香港基本法規定的授權情況，需要加以改進，是否可改為"授權者並不因為授權行為而喪失對所授權力的監督權"，比如授予立法權，但要報中央備案，發現問題，不作修改，可發回，即失效，這就是監督權，而不是發現問題，由中央來行使特區的立法權進行修改。再比如，第四章講到香港特區負有維護憲法的義務，這個觀點要堅持，但有關論述是否充分、有說服力？論述這個問題一定要結合第五章第一節"憲法在香港特別行政區的效力"，也就是憲法在香港特區的適用問題，先把這個問題講清楚，再講特區負有維護憲法義務才有說服力，籠統講義務，港人難以接受。這是個重大問題，怎麼說，需要再作斟酌。香港基本法委員會開會時，一些香港委員建議，在闡述我們的觀點時，應當適當介紹一些香港人士的觀點，讓讀者有評判的空間，以顯示學術研究的客觀性，我認為這個意見可以考慮。

四、要統一論述角度和寫作風格

教材初稿由 21 位專家分頭撰寫，現在存在的寫作風格不一致問題是正常的，但作為完整的一本教材，需要統一論述的角度和寫作風格。這裏，很重要的一條就是要牢記我們編寫的是一本教材，既不是專著，更不是論文。作為教材，應以正面闡述為主，準確地闡述基本法的規定，把這些規定背後的學理、法理講清楚。就是要論證的觀點，也要採用闡述式的論證方法。而不能像論文一樣，採用證成某種觀點的論證方法。比如說，第二章在論證憲法第 31 條在憲法中的地位時，就採用了論文式的論證方法，內容是不錯的，但讀下來與整體內容顯得不大協調，需要改變論述角度和方法。在初稿中，還有一些論戰式的寫法，比如，第二章在闡述我國人民在國家中的地位時，比較式地講到資本主義國家的情況，提到在資本主義國家中，"出現了 1％與 99％的關係，佔99％的人民除了選票，只有選票，淪為資產階級政權獲得合法性的工具。"這種寫法就有一點論戰的味道；還如第 95 頁"實行兩制決不允許破壞一國"，在我們的教材中建議不要採用這種寫法或用詞。我們在堅持政治性的同時，要堅持學術性，用準確客觀的語言把基本法的原則和規定娓娓道來，讓人讀得下去，聽得進去。此外，考慮到教材要用相當長一段時間，不宜採用基本法已經實施"十五年"這類的表述，否則明年讀這本教材，這個時間就對不上了。

五、要加強教材編寫工作的學術規範

在討論教材大綱和寫作規範時，我們就提出，要恰到好處地引用領導人的原話，但不是鋪天蓋地，更不能反覆引用同一段話。引用學術資料時要引用權威的觀點。香港委員也建議，教材不能只引用領導人講話和內地慣用的材料，也要引用介紹香港學者、法律界的觀點。目前教材初稿引用資料時，是不是有這樣三個問題：第一，引用西方著名學者的觀點比較少。我看了一下前五章的腳注，第一章沒有引用任何外國著名學者的觀點；第二章引用了兩位西方著名學者的觀點，但有一位的觀點間接引自內地學者的著作；第四章沒有引用外國著名學者的觀點；第五章引用了香港兩本著作的觀點。當然，不是說月是西方圓，但"他山之石，可以攻玉"，有些問題，我們自己講，說服力可能不夠，用外國或香港人的話來說，可以加強說服力。饒戈平教授一次在香港演講，開篇就引用一位西方權威論述，演講效果很好，反對派大狀也表示認同。第二，引用內地學者的觀點太多，而且有堆砌的情況。比如說，第二章說明內地學者逐漸使用"特別行政區制度"這個概念時，一口氣引用了 16 本著作以及 13 篇論文，用了兩頁紙的篇幅，而且有許多是名不見經傳的學者文章。港方委員也提出此問題，建議使用具權威地位人士的引文。這樣說，不是不尊重這些學者的觀點，而是我們引用的目的是要說明我們的觀點，對我們的教材沒有幫助或幫助不大的，大可省略。第三，對學者或香港法院案例的引用，存在不規範的情況。在香港基本法委員會開會時，陳弘毅教授提出了許多引用案例不規範的情況，包括對案例提出的法律觀點概括不準確、案件編號的引用不完整等。我想，在需要引用外國、香港或內地學者觀點時，一定要準確地反映他們的觀點，不能斷章取義，更不能出錯，而且應當引用第一手材料，除非萬不得已，不要轉引資料。

六、要杜絕教材的學術硬傷

我這裏用"杜絕"兩個字，就是說，我們的教材絕對不能出現學術硬傷。因為學術硬傷足以讓我們的努力付諸東流，而杜絕學術硬傷是應當而且能夠做到的。目前的教材初稿中，還有一些學術硬傷。比如說，第一章提到"隨着歷史的發展，西方的基督教文明、阿拉伯伊斯蘭文明和東方的儒教文明在相對穩定的地理區域中取得了主導地位"，暫且不說前面的兩個文明提法是否妥當，至少我們國家傳統文化是否可概括稱為"儒教文明"還需研究；第一章還用了一個概念，"暫時不動香港"，這個概念打了引號，而且寫明是中央明確作出的決定，但又沒有提到出處，這就不嚴謹，更重要的是，用這個概念來概括新中國成立後對香港問題的方針政策是不準確、不完整的；再比如說，第二章提到，"改革開放後，在深圳、珠海、汕頭、廈門設立經濟特區，這裏的'特區'實際上也是特別行政區的意思"，這個說法是不正確的，經濟特區不是行政區，而類似於開發區。第一章提到，就基本法的解釋權而言，由全國人大常委會解釋還是香港法院解釋，涉及大陸法和普通法的分歧。這種表述是否準確？大陸法目前也普遍由法院解釋法律。在教材初稿中，這類的例子還有，請大家在討論中把每一處都挑出來，予以論證，求得準確的答案。

以上是我只看了教材初稿前五章後對下一步應當怎麼修改的一些考慮。我今天的講話中舉了不少例子，沒有批評的意思，而是就事論事，有的也不一定正確，目的是把這個稿子修改好。

李飛同志在會議開始時講了這次會議的開法，概括起來就是八個字："晚上研究，白天討論"。這主要考慮到大家的時間很寶貴，集中開會不容易，要充分利用好這 8 天的時間，全身心地投入工作，發揮集體的智慧，爭取通過這次會議，拿出一個比較好的教材修改稿。最後，我講三點希望：

第一，希望大家集中精力開好這次會議。要把教材初稿修改好，首先要做的一件事情，就是把目前 30 多萬字的初稿通讀一遍，這本身就是一件艱巨的任務。在此基礎上，才能對各章提出好的修改意見和建議。我知道大家都很忙，但既來之，則安之，靜下心來，集中精力，全身心地投入教材統稿修改工作中去。

第二，希望大家加強溝通交流，發揮好集體作用。記得我在第一次會議的開幕式上，一開始就講了這樣一句話："從今天開始，我們組成了一個集體，在今後兩到三年時間內，我們將一起工作，共同完成好基本法教材的編寫任務。" 過去 10 個月的時間裏，各位專家學者分頭撰寫教材各章節初稿，現在把這些內容統編起來討論，要很好地發揮我們這個集體的作用，加強溝通與交流，站在全局的角度，對各章節內容進行深入討論，反覆推敲，力求各章節內容相互呼應，每一個觀點能夠站得住腳，經得住檢驗。

第三，希望大家把握好正確的工作方法，提高工作效率。各位專家都編寫過教材，在這方面有很多經驗。基本法教材編寫比較特殊，一是參編的學者多，二是它不像憲法學等學科那樣成熟，研究基礎較為薄弱。我們每一章只有半天的時間進行討論，又有這麼多人參加，每個人如果發言 10 分鐘，就需要 3 個多小時。希望大家一定要提前做好討論準備，在發言時，言簡意賅，直切要害，以提高工作效率，完成好這次會議的工作任務。

關於近來涉及基本法實施的兩個熱點問題
——在基本法研究工作領導小組上的講話

2012 年 7 月 6 日在全國人大會議中心。

今天上午的會議上，李飛同志向大家通報了一年來內地開展基本法研究以及香港基本法教材的編寫情況，並提請本次會議討論批准了 15 個基本法研究課題的立項，同意 19 個課題的結項。大家在討論中，對進一步加強基礎研究和應用研究結合，為港澳工作提出了一些很好的意見建議，對立項、結項工作如何進一步規範也提出了一些很好的意見建議，會後我們要專題研究落實。各研究區交流了各自的情況、經驗、困難、問題，會後我們也要彙總研究。總體來講，2007 年我們這個小組成立以來，推動內地學術界開展基本法研究工作的情況是好的，各個研究區都做了大量工作，取得了很大成效。

我們這個小組成立後，每次開會時都向大家介紹一些港澳社會的情況，尤其是與基本法實施有關的情況，以利於大家更好地開展基本法研究工作。最近，我們梳理了近一年來涉及基本法實施的幾個熱點重點問題，主要有四件事，其中兩件已經解決，還有兩件尚未解決。已解決的兩件事分別是香港剛果（金）案和澳門的政制發展問題，尚未解決的兩件事分別是香港的外傭案和"雙非"子女問題。下面我通報一下香港外傭居留權和"雙非"子女居留權問題。

首先講一下"外傭案"。2011 年 9 月 30 日、11 月 3 日和 11 月 10 日，香港高等法院原訟法庭林文瀚法官先後就三起外籍家庭傭工居留權

案作出判決。這三起案件都涉及香港基本法第 24 條第二款第（四）項
"通常居住"的解釋問題。判決認為，香港終審法院在 Fateh 案中提出，
對"通常居住"這個概念，要賦予自然、通常的含義，按照遵循先例的
普通法原則，因此，原訟法庭判定外傭在香港屬於通常居住。按照這個
判決，在香港工作超過七年的外傭大約有 12 萬，都可能獲得香港居留
權，而且目前還有十幾萬外傭在香港工作，他們居住滿七年後也可能獲
得香港居留權。因此，本案在香港社會引起了廣泛的關注，有不少意見
呼籲全國人大常委會釋法。有關案件上訴到香港高等法院上訴法庭。今
年 3 月 28 日，上訴法庭就其中的一個案件作出了判決，認為"通常居
住"一詞具有不變的基本要素和核心要點，所謂不變的基本要素就是與
"通常"相對應的是"非通常"，即"特別"；而所謂核心要點就是怎麼
界定"特別"，要從香港社會的角度來看，而不是當事人的主觀意圖或
目的。《入境條例》規定排除在"通常居住"之外的各種情況，從香港
社會的角度來看，都屬於出於特定、有限的目的而在香港居住，不屬於
"通常"。因此，裁決《入境條例》將外傭在香港居住排除在"通常居住"
之外符合基本法。目前這個案件已經上訴到終審法院。

香港終審法院對外傭案的判決存在兩種可能。一種是維持上訴法庭
的判決，一種是維持其原來對"通常居住"的解釋，也就是回到原訟法
庭的判決。後者必然導致大量外傭獲得香港居留權，這是香港社會所無
法承受的，全國人大常委會就不得不進行釋法。全國人大常委會如何解
釋基本法的有關規定後面再講。

再講一下"雙非"子女的居留權問題。2001 年莊豐源案判決之後，
內地孕婦到香港生孩子的數量不斷攀升。據香港媒體報道，2002 年有
1200 人，2003 年有 2100 人，2004 年有 4100 人，2005 年有 9200 人，
2006 年有 1.6 萬人，2007 年有 1.88 萬人，2008 年有 2.53 萬人，2009
年有 2.98 萬人，2010 年有 3.27 萬人，到 2011 年達到 3.35 萬人，10 年
累計有 17.27 萬名"雙非"子女獲得香港居留權，形成了"雙非"子女

居留權問題。對此，香港社會紛紛要求取消"雙非"子女的居留權，抑制內地孕婦到香港產子。今年"兩會"期間，港區全國人大代表、政協委員也分別提出了兩個提案，要求中央政府採取包括釋法在內的措施，控制內地孕婦到香港產子的問題。過去半年多，我每次見香港人士，也都談到"雙非"子女問題。

1. "雙非"子女居留權的由來

"雙非"子女問題的根源是 2001 年香港終審法院關於莊豐源案的判決。基本法第 24 條第二款第（一）項規定，"在香港特別行政區成立以前或以後在香港出生的中國公民"，可以成為香港永久性居民。1996 年籌委會通過了關於實施基本法第 24 條第二款的意見，明確上述規定中的"在香港出生的中國公民"，是指父母雙方或一方合法定居在香港期間所生的子女，不包括非法入境、逾期居留或在香港臨時居留的人在香港期間所生的子女。香港回歸後，特區政府修訂《入境條例》，按照籌委會的意見，作出相應的規定。因此，在莊豐源案之前，在香港出生的中國公民，如果父母雙方都是內地居民，按照香港《入境條例》，不能獲得香港居留權。在莊豐源案中，終審法院判決認為，按照普通法的法律解釋方法，只要法律條文的字面含義清晰，法院就要按照字面含義解釋，不需要參考任何外來資料。基本法第 24 條第二款第（一）項的規定十分清晰，即只要符合在香港出生、中國公民兩個條件，就具有香港居留權，不能有其他解釋。因此，判決《入境條例》有關規定違反基本法而無效，從而為父母雙方都是內地居民、在香港出生的人獲得居留權打開了大門。

1999 年全國人大常委會對基本法第 22 條第四款和第 24 條第二款第（三）項作出解釋時，包括莊豐源案在內的其他一些涉及居留權的案件已經出現，正在香港法院審理之中。鑒於這種情況，全國人大常委會在對基本法第 22 條第四款和第 24 條第二款第（三）項解釋後寫了這麼一段話："本解釋所闡明的立法原意以及《中華人民共和國香港特別行政區基本法》第 24 條第二款其他各項的立法原意，已體現在 1996 年 8 月 10 日全國人民代表大會香港特別行政區籌備委員會第四次會議通過的《關於實施〈中華人民共和國香港特別行政區基本法〉第 24 條第二款的意見》中。" 在莊豐源案中，終審法院判決認為，這一段話不構成對基本法第 24 條第二款其他各項的解釋，因此，終審法院不受其約束。鑒於這種情況，在莊豐源案判決公佈後，全國人大常委會法工委發言人發表談話指出，香港終審法院對莊豐源案的判決與全國人大常委會的有關解釋不盡一致，我們對此表示關注。

由於 1999 年全國人大常委會釋法引起很大的震動，加上 2001 年時香港的社會、政治、經濟情況十分嚴峻，中央有關部門研究確定，暫時不由全國人大常委會對基本法第 24 條第二款第（一）項作出解釋，但當時已經預見到可能引起內地孕婦到香港產子潮，因此，中央有關部門採取了一些行政措施加以控制。可以說，目前已經有 17 萬多名 "雙非" 子女獲得香港居留權，這已經是過去 10 年進行一定程度控制的結果，如果不加控制，數量還要大。

2. 要根本解決 "雙非" 子女問題需要釋法

香港社會在討論解決 "雙非" 子女問題時，大體上提出了三種辦法，一是行政措施，二是人大常委會釋法，三是修改基本法。

在香港，不只是反對派，不少法律界人士也認為，要解決 "雙非" 子女問題，應採用修改基本法的辦法。這種意見實際上是說，終審法院的判決沒有錯，而是基本法規定有問題，目的是維護香港終審法院判決的權威。這種觀點在 1999 年釋法時就已經提出來，當時的政務司司長陳方安生專程到北京，反映這方面的意見。我同她說，基本法第 24 條第二款規定的立法原意是清楚的，不是基本法錯了，而是終審法院對基本法的有關規定的解釋錯了，這個是非要分清，不宜採用修改基本法的辦法，而應當採用釋法的辦法。採用釋法的辦法，不僅體現基本法不能輕言修改的原則，而且具有分清是非的作用。現在遇到的情況與 1999

年相似，除了這個理由外，還有另外一個理由，既然 1999 年採用了釋法的辦法，當然現在只能採取同樣辦法。香港法律界人士考慮的是維護終審法院的權威，他們可能沒有想到，維護全國人大常委會釋法的權威同樣重要。因此，通過修改基本法的辦法來解決 "雙非" 子女問題，是不適當的。

莊豐源案判決之後，中央和特區政府已經採取一些行政措施，控制內地孕婦到香港產子，去年下半年以來，採取了進一步的行政措施，目前內地孕婦到香港產子的數量已經有所下降。由於行政措施必須符合合法、合理的要求，而且控制內地孕婦進入香港，涉及公民的出入境、旅行等方面的自由權利，必須十分慎重，這就決定了行政措施只能起到緩解內地孕婦到香港產子的作用，而不可能從根本上解決問題。香港大律師胡漢清告訴我一個案子，即一位懷孕的上海女律師，應委託人的要求，要到香港出席一個會議，但被拒絕入境。她在香港提起訴訟，其理由就是她要到香港處理公務，不是到香港產子，拒絕其入境完全沒有道理。如果這個案件在香港法院打贏了，目前一些行政措施就會失效。這也說明行政措施有其局限性，不能從根本上解決問題。

由於 "雙非" 子女問題是終審法院對基本法第 24 條第二款第（一）項作出不恰當解釋引起的，在香港，終審法院對基本法解釋具有與基本法規定同等的法律效力，因此，要從根本上解決這個問題，只有一個辦法，這就是改變終審法院的解釋。怎麼改變終審法院的解釋，一個辦法是由香港終審法院在類似的案件中改變原來對基本法的解釋，另一個辦法是由全國人大常委會對基本法作出解釋。在香港普通法下，前一個辦法不是說沒有可能，但十分困難。現在香港一些法律界的人士提出了各種辦法，我在公開場合答香港記者問時講，有幾種方法可以解決這個問題，記者又問什麼是最好的辦法，我說最好的辦法是終審法院自行糾正，言下之意是如果這樣就不用人大釋法了，還有一層意思是表示香港法律界一些人士提的辦法不行，他們提出的辦法，都要政府做出一項

"違法"行為，或者是在終審法院未改變其判決下，政府修改《入境條例》，或者在現行法律下不給居留權，讓當事人到法庭提起訴訟等，這是任何政府都不能做的。因此，解決"雙非"子女問題，除了終審法院自行糾正外，剩下的選擇，就是全國人大常委會釋法。

問題在於由誰提出釋法，什麼時候進行釋法。這取決於香港社會對這個問題的共識。因為"雙非"子女問題是終審法院不恰當解釋基本法造成的，又是香港社會所不能接受的，因此，如果要全國人大常委會釋法，應當由香港特區提出來，全國人大常委會不宜主動釋法，否則，即使進行釋法，也不會取得好的社會政治效果。至於釋法時機問題，前面講到外傭案，如果終審法院對外傭案作出錯誤判決，全國人大常委會就必須進行釋法，在這種情況下，一併解決"雙非"子女問題，比較理想。至於怎麼解釋，由於 1999 年人大常委會釋法已經明確基本法第 24 條第二款其他各項的立法原意已體現在籌委會的意見之中，因此，只能按籌委會意見作出解釋，當然，在語言表述方面要轉化為釋法的語言。如果採用這種方式釋法，首先涉及 1999 年人大常委會釋法上述規定的效力問題。

3. 關於 1999 年人大常委會釋法的效力

在最近香港報刊發表的文章中，有兩種觀點，一是有些香港法律界人士提出，1999 年人大常委會釋法已經明確，基本法第 24 條第二款其他各項規定的立法原意，已經體現在 1996 年籌委會意見之中，這構成了對基本法的解釋；另一是香港社會有些人認為，基本法是 1990 年通過的，而籌委會的意見是 1996 年通過的，講基本法的立法原意，只能是 1990 年時的原意，不可能在 1996 年才產生基本法的立法原意。怎麼看待這兩種觀點？我想對第一種觀點是不是要從以下幾個方面來看：

第一，1999 年人大常委會釋法是應國務院的要求作出的，國務院提請解釋的只是基本法第 22 條第四款和第 24 條第二款第（三）項，因此 1999 年釋法只解釋了基本法第 22 條第四款和第 24 條第二款第（三）

項，對第 24 條第二款其他各項沒有作出解釋，只是指明立法原意體現在籌委會意見中。

第二，1999 年人大常委會釋法對基本法第 24 條第二款其他各項的立法原意雖然沒有作解釋，但明確規定體現在籌委會有關意見中，不能說該規定沒有法律效力。這個效力首先來源於人大常委會解釋本身的效力，因為人大常委會的解釋是一個整體，其中的內容都具有法律效力；其次，這個效力來源於籌委會關於基本法第 24 條第二款的實施意見，籌委會的全稱是全國人民代表大會香港特別行政區籌備委員會，是專責籌備成立香港特別行政區的權力機構，它作出的行為是代表國家的，具有法律效力。它提出的基本法第 24 條第二款實施意見，儘管是供香港特區立法參考，但依然是具有法律效力的，比如說，全國人大常委會對基本法第 24 條第二款的解釋，就不能背離該實施意見；特區有關基本法第 24 條的立法，也不能背離該實施意見。

第三，香港特區法院對基本法第 24 條第二款的解釋，要受到 1999 年人大常委會釋法關於基本法第 24 條第二款其他各項立法原意規定的約束。現在香港終審法院只承認全國人大常委會釋法中有關基本法條款的具體解釋內容對法院有約束力，而不承認其他內容對法院具有約束力，認為只是附帶意見。其理由是按照基本法第 158 條第三款的規定，如果人大常委會對基本法有關條款作出解釋，香港法院在引用該條款時要以全國人大常委會的解釋為準，如果全國人大常委會沒有對基本法有關條款作出解釋，香港法院就應當採用普通法的方法進行解釋，從而排除了全國人大常委會釋法中其他內容對法院的約束力。這種觀點是不能接受的，因為按照基本法第 158 條的規定，全國人大常委會擁有基本法全部和最終的解釋權，可以推翻終審法院對基本法有關條款作出的解釋，如果這種情況經常發生，勢必影響到香港終審法院解釋基本法的地位，而要避免這種情況經常發生，必然要求終審法院必須遵循全國人大常委會對基本法有關條款作出解釋所闡明的原則以及指引。1999 年人大常委會釋法關於基本法第 24 條第二款其他各項立法原意的規定，實際上是全國人大常委會對該條解釋作出的具有法律約束力的指引，香港法院必須遵從，否則，就會發生像"雙非"子女一樣的情況，將來不得不由全國人大常委會作出解釋，推翻終審法院的有關解釋。在香港的普通法制度下，香港高等法院原訟法庭以上的各級法院都有基本法的解釋權，為盡量防止下級法院的解釋被終審法院推翻，終審法院確定的基本法解釋辦法，雖然不是法律解釋本身，但對下級法院有約束力，這與 1999 年全國人大常委會釋法關於基本法第 24 條立法原意的規定對香港法院具有約束力，其道理是一樣的。

對另一種觀點，表面上這個說法很有道理，但它經不起歷史事實的檢驗。大家知道，香港永久性居民和居留權概念是中英聯合聲明第一次使用的，本來要到 1997 年才開始實施。為了確保香港平穩過渡，中英經過協商，1987 年港英當局開始修改《入境條例》，在香港法律中引入香港永久性居民和居留權的概念。當時基本法尚在起草之中，為確保港英當局的有關立法要與基本法相銜接，中英雙方根據中英關於香港問題談判過程達成的共識，對聯合聲明關於香港永久性居民的規定進行了一些細化工作，並達成具體的共識。英方希望在 1997 年前按照基本法的規定完成有關香港永久性居民定義的立法工作，並開始按照新的立法，核發永久性居民身份證。中國政府不同意。為什麼不同意？這涉及外國籍人士可以成為香港永久性居民問題。在英國管治期間，在香港的外國籍人士（即英國和中國籍以外的人），是不能獲得香港永久居民身份的，賦予外國籍人士香港永久性居民身份是中國政府對香港基本方針政策的獨創，如果允許港英當局在 1997 年批准外國籍人士取得香港居留權，中國政府擔心的一個問題是，英國政府可能在撤退前大量批准外國籍人士的居留權，這可能對香港特別行政區的管治帶來不良影響。因此，儘管中英雙方對聯合聲明中有關香港永久性居民的規定有着完全的共識，但中國政府沒有同意港英當局在 1997 年之前進行全面的立法。

1996 年籌委會提出的基本法第 24 條第二款實施意見，實際上就是中英之間就聯合聲明有關規定達成的共識，這一點，只要比較港英當局當時向立法會提出的《居留權》小冊子，就可以清楚看出來。

基本法第 24 條第二款的規定來源於中英聯合聲明，誰也不能否認，中英兩國政府對聯合聲明的共同理解，應當是基本法規定的重要立法原意。籌委會的意見反映了中英兩國政府對聯合聲明有關居留權規定的共同理解，從而也是反映了基本法第 24 條第二款的立法原意。儘管該意見是 1996 年通過的，但它所反映的基本法第 24 條第二款的立法原意，早在中英聯合聲明簽署時，就已經確定。因此，1999 年人大常委會釋法關於基本法第 24 條第二款的立法原意體現在籌委會意見中的規定，是具有充分依據的。

正確認識香港普選以及落實普選需要解決的問題

2012 年 10 月 11 日在深圳舉辦 "內地涉港澳研究機構研究骨幹高級研修班" 上的講話。為推動開展香港普選問題研究，喬曉陽同志在講話中對香港普選問題的由來、爭議實質及處理過程進行了梳理，對普選的複雜性及普選需要解決的主要問題講了個人的看法和思考，供與會同志參考。

一、香港普選問題的由來

講香港普選問題的由來，最直接、也最簡單的說法，就是來源於香港基本法的規定。香港基本法第 45 條第二款規定，"行政長官的產生辦法根據香港特別行政區的實際情況和循序漸進的原則而規定，最終達至由一個有廣泛代表性的提名委員會按民主程序提名後普選產生的目標。" 第 68 條第二款規定，"立法會的產生辦法根據香港特別行政區的實際情況和循序漸進的原則而規定，最終達至全部議員由普選產生的目標。" 基本法附件一和附件二分別規定了回歸後 10 年內的行政長官和立法會具體產生辦法，接着規定，2007 年以後兩個產生辦法如需修改，須經立法會三分之二多數通過，行政長官同意，並報全國人大常委會批准或備案。根據上述規定，2007 年以後在香港就有一個在什麼時候、以什麼方式實行普選的問題，這是香港普選問題的法律根源。從這個角度來講，在香港落實普選，是貫徹落實基本法的一項重要內容。為什麼香港基本法要規定普選的目標？這就需要講一點歷史。

香港在英國的殖民統治下，總督是英國委派的，政府主要官員也大部分從倫敦委派。直到 1984 年中英聯合聲明簽署時，港英立法局議員包括三個部分，一是當然官守議員，即港督、布政司、律政司、民政司和財政司是立法局的當然議員；二是委任官守議員，由港督提名報英國政府任命，人選通常是政府各部門的司、署、處級官員；三是委任非官守議員，同樣由港督提名報英國政府任命，人選為知名社會人士，一般是社會各界別有代表性的人士、市政局議員或政府諮詢機構的負責人。英國對香港的統治沒有任何民主可言，這是公認的事實，也是我們要討論香港普選問題的歷史背景。

上個世紀八十年代初當解決歷史遺留下來的香港問題提上議事日程時，香港出現一場民主運動，這場運動已經持續 30 多年的時間，至今沒有結束，今天所講的普選問題，在某種程度上講，仍然是這場運動的延續。為什麼在上個世紀八十年代初香港會出現民主運動呢？客觀地講，這是中國政府決定收回香港觸發的。這裏面有三個綫頭交織在一起，形成了錯綜複雜的局面。

第一個綫頭，就是中國政府對香港的基本方針政策。中國政府決定在收回香港後，實行"一國兩制""港人治港"、高度自治，中央不派一官一吏。用什麼方式產生治港的港人，也就是說怎麼產生未來的香港特區政府，怎麼產生未來的立法會？當然需要有一套適合香港實際情況的民主制度，因此，我國政府對香港基本方針政策明確規定，"香港特別行政區政府和立法機關由當地人組成。香港特別行政區行政長官在當地通過選舉或協商產生，由中央人民政府任命。""香港特別行政區立法機關由選舉產生。"香港回歸後，發展適合香港實際情況的民主制度，是"一國兩制"方針政策的重要內容，是由我國的國體即國家的性質決定的，也是中國政府對香港恢復行使主權與英國對香港實行殖民統治的根本分野。2004 年 4 月 26 日全國人大常委會就 2007/2008 年兩個產生辦法有關問題作出決定後，我到香港與各界人士座談，講了這麼一段話，"我們國家的國號是'中華人民共和國'。憲法明確規定，國家的一切權力屬於人民。國家的這一性質決定，我們的各級政權機關，包括從中央到地方的各級政權機關，都必須由人民通過民主選舉產生，獲得人民的授權，才能代表人民來行使對國家、社會的管治權。沒有人民的授權，任何組織和個人都無權代表人民行使管治權。在這一點上，香港特區與內地是完全一樣的。"這是香港回歸後發展民主的基本理論依據、出發點和目的。

第二個綫頭是英國政府的撤退部署。英國政府在獲知中國政府1997年收回香港的堅定立場後，正如它撤出其他殖民地一樣，開始打出發展民主的旗號，在香港推行所謂的代議政制。英國推行代議政制的目的，是使香港成為獨立或半獨立的政治實體，是為了架空中央對香港的管治權，對抗中國政府對香港恢復行使主權。英國前首相撒切爾夫人在其回憶錄中有一段話很能說明英國的意圖，她說，"我建議在對話沒有取得進展的情況下，我們現在應該在香港發展民主架構，讓中方以為我們將在短期內使香港獲得獨立或自治——就像我們在新加坡的做法那樣"。她還回憶說，在中英談判中，中國政府在主權問題上採取了強硬的立場，到1983年10月，英國不得不放棄1997年後繼續管治香港的立場，"我原來打算把香港變成一個自治領土。而到這時，我已經完全放棄這種希望了。"英國當然不會心甘情願地把香港交還中國，只不過採用另一種方式，這就是從政治體制入手。1984年7月18日，在中英兩國就聯合聲明內容基本達成一致時，港英政府公佈了《代議政制綠皮書》，提出1985年要在香港立法會引入民選議員。1984年11月21日，在中英聯合聲明正式簽署前，港英政府公佈了《代議政制白皮書》，決定在1985年立法會引入12個功能團體選舉產生的議席，12個選舉團選舉產生的議席。為什麼英國政府搶在中英聯合聲明簽署之前推出所謂的代議政制？就是要與中國政府爭奪香港政制發展的主導權，目的是在1997年前由英國主導確定一套香港政治體制，企圖迫使中國政府接受，在1997年後五十年不變。英國政府企圖在香港推行的代議政制是什麼呢？這裏有兩個要害，一是要發展一套"深深植根於香港"的政治體制。這句話是《代議政制綠皮書》所講的，其含義就是"還政於民"，也就是要通過香港政治體制的設計，用所謂的民主來抵抗排斥中央政府對香港的管治。二是架空中央任命的行政長官。這是代議政制所要達到的目的，也是香港過渡時期搞所謂立法主導政治體制的由來。按照中國政府對香港的基本方針政策，行政長官要在當地通過選舉或協商產生，由中央政府任命，英國政府看到這一點，就試圖在香港推行這樣一套政治體制，即行政長官成為類似英女王那樣的沒有實權的特區首長，然後由民選的立法機關選舉產生特區政府首腦，掌握香港的管治權。如果英國政府的圖謀得逞，香港實質上將處於半獨立狀態，英國還可以運用其影響力，在香港搞沒有英國人的"英人治港"，這理所當然地受到中國政府的堅決反對。

　　第三個綫頭是香港本地的民主訴求。中國政府在香港發展民主的政策與英國政府推行的代議政制，目標完全是截然相反的，但起到的效果都是激活香港社會長期被英國壓抑的民主訴求和參政熱情。從中英談判開始，不僅社會各階層、各界別提出了自己的政治主張，而且一時間出現了許多論政團體。在行政長官和立法會產生辦法問題上，大體上講，香港社會的精英階層，尤其是工商專業界，無論是出於香港的整體利益還是其自身利益的考慮，不希望看到普選，認為發展民主要以維護香港繁榮穩定為前提，希望採取由選舉委員會或顧問團選舉產生行政長官、由功能界別產生立法會議員的辦法。而香港社會的一些知識階層，由於深受西方自由民主價值觀念的影響，希望採用一人一票的直接選舉方式產生行政長官和立法會，這部分人被稱為"民主派"。他們中間又分為"民主回歸派"和"民主抗共派"，前者贊成香港回歸祖國，主張在回歸後實行西方式的民主政治；後者實際上不願見到香港回歸祖國，但在大局已定的情況下，他們緊跟英國的代議政制設想，想利用"民主"來抵擋和抗拒中央對香港的所謂"干預"。

香港基本法關於行政長官和立法會產生辦法的規定，就是在這種背景下制定的。任何國家或地區的選舉制度，本質上都是社會各階層、各界別的政治利益分配問題，本身就十分複雜，從上面三個綫頭可以看出，香港特別行政區行政長官和立法會產生辦法，不僅有政治利益分配問題，還夾雜着中英之間的鬥爭，中央與特別行政區關係等問題，就更加錯綜複雜。因此，在香港基本法起草過程中，行政長官和立法會產生辦法成為分歧最大、爭論時間最長的一個問題，直至香港基本法起草委員會最後一次會議，才形成一個各方面都能接受的方案。關於兩個產生辦法，在香港基本法起草過程中曾經出現過幾十個方案。1988 年公佈香港基本法草案徵求意見稿時，由於香港社會對兩個產生辦法分歧太大，沒有提出主流意見，其中，行政長官產生辦法共列出了五個方案，立法會產生辦法列舉了四個方案，基本上反映了香港社會提出的主要主張。

　　香港基本法第 45 條、第 68 條和附件一、附件二規定的行政長官和立法會產生辦法，是在香港基本法草案徵求意見稿所列方案的基礎上妥協形成的，也可以說是 "中間落墨" 的方案。比如說，第 45 條規定的行政長官由一個有廣泛代表性的選舉委員會選舉產生，這基本上是 "八十九人方案"（工商界），而選舉委員會由四個界別組成，這些界別是按照功能界別劃分的，這也照顧了由功能界別選舉產生的訴求；普選是 "一九〇人方案"（民主派）核心訴求，也是其他有關方案的發展方向，因此，第 45 條規定行政長官最終達至普選產生的目標，以回應這方面的訴求；第 45 條還規定，實行普選時，行政長官候選人由一個有廣泛代表性的提名委員會按照民主程序提名，這是 "三十八人方案"（專業界）的主張，同時也照顧到 "八十九人方案"、顧問團方案（工商界中較為保守人士）等。從立法會選舉來說，第一、第二屆立法會由功能團體、選舉委員會和分區直接選舉三部分議員組成，這基本上是各種方案都有的要素，在第三屆之前功能團體產生的議員保持百分之五十，這是"八十九人方案"的要求,而立法會全部議員最終由普選產生,這反映了"一九〇人方案"及其他方案的訴求。

應當說,香港基本法關於兩個產生辦法的規定,面對着爭執不下的各種方案,最終能夠形成一個大家可以接受的方案,從而使香港基本法能夠順利通過,是十分不容易的,體現了基本法制定者高超的政治智慧。當時設想,2007 年以後兩個產生辦法是否修改、如何修改問題,在香港回歸祖國 10 年後,應當有比較好的條件、比較充裕的時間通過理性討論來解決。但是香港回歸以後政制發展問題爭議不斷,成為影響香港政治穩定的一個重要因素,說明原來的設想沒有完全實現。為什麼沒有實現,這就涉及到香港政制發展問題的實質。

二、香港有關政制發展爭議的實質及其處理過程回顧

香港基本法關於行政長官和立法會產生辦法的規定,獲得香港社會的認同,同時也留下一個需要解決的問題,即什麼時間、以什麼方式實行普選的問題。香港基本法是 1990 年通過的,1991 年港英立法局第一次引入直選,在此後的歷次立法機關分區直選中,反對派均獲得超過六成的選票,剛剛進行的第五屆立法會選舉,愛國愛港陣營在分區直選中獲得了 42.9％的選票,比上屆立法會選舉增加了 2.7％,反對派陣營在分區直選中獲得了 57.1％的選票,比上屆減少了 2.7％,但可以看出,反對派陣營仍然有較大的優勢。這次選舉還有一個數據,就是"五個超級議席"的投票情況,這是以全港為一個選區的投票,比較接近於未來的行政長官普選。這次"五個超級議席"選舉共有 167 萬人參與投票,有效票 1591872 張,愛國愛港陣營得票 72.3 萬張,獲得 2 席,得票率 45.4％,反對派參選人得票 80.8 萬張,獲得 3 席,得票率 50.7％,中間獨立參選人得票 6.1 萬張,得票率 3.9％。反對派陣營依然具有優勢。這意味着如果實行"雙普選",反對派就有可能上台執政,因此,

爭取“雙普選”就成為他們的口號，這背後實質是爭奪香港的管治權，是政權之爭。香港回歸以來，政制發展問題爭議不斷，越鬧越大，這是根本的原因。2003年7月事態發生後，中央和特區政府與愛國愛港力量一起，採取一系列措施來處理這一問題，把局勢穩定下來。我在參與有關工作中深刻體會到，中央在處理香港政制發展問題時，十分注意區分兩種情況，分別採取了“堵”和“疏”兩種措施。一種是反對派在西方勢力支持下，打着民主的旗號，同我們爭奪特區管治權，對此，我們進行堅決的鬥爭，因為這個問題事關國家主權與安全，我們沒有任何妥協餘地，表現在法律措施上，就是進行“堵”；另一種是香港社會各階層、各界別的民主訴求，對此，我們積極地予以回應，努力推動香港社會各界在基本法規定的軌道上就政制發展問題達成共識，表現在法律措施上，就是進行“疏”。下面，我們一起簡單地回顧一下2003年以來香港政制發展問題的處理過程。

——2003年反對派在反對23條立法得手後，不斷發動大規模的街頭抗爭，揚言要在區議會和立法會選舉中踢走“保皇黨”，迫使特區政府接受其要求，在2007/2008年實行“雙普選”，從而奪取特區管治權。他們首先從曲解基本法的規定入手，大造輿論，提出按照基本法附件一和附件二的規定，立法會可以啟動修改兩個產生辦法的程序，而且兩個產生辦法是否需要以及如何修改，屬於特區自治範圍內的事務，中央不能干預。對行政長官產生辦法的修改，只有在特區通過修改方案並報全國人大常委會後，中央才能決定批准或不批准，用他們的話來講，中央的角色是“把尾門”，對於立法會產生辦法的修改，中央沒有角色，全國人大常委會的備案是程序性的，無論如何修改，中央都要接受。面對這種情況，2004年4月6日全國人大常委會對基本法附件一第七條和附件二第三條作出解釋，明確規定兩個產生辦法是否修改，要由行政長官向全國人大常委會提交報告，由全國人大常委會依法確定，最終確立了修改兩個產生辦法的“五步曲”法定程序，而且規定修改兩個產生辦法的法案及修正案只能由特區政府提出。這一解釋明確了在香港政制發展問題上中央自始至終都有決定權，這就建立了一種管長遠的機制，確保香港政制發展的主導權掌握在中央手中，堵住了反對派在立法會提出修改兩個產生辦法的法案，利用街頭抗爭迫使中央和特區政府接受其要求，從而奪取管治權的渠道。

——在全國人大常委會"釋法"後，緊接着行政長官按照"釋法"規定提交了 2007/2008 年兩個產生辦法是否需要修改問題的報告，2004 年 4 月 26 日全國人大常委會作出決定，規定 2007/2008 年不實行"雙普選"，立法會分區直選和功能界別議員各佔半數的比例維持不變，法案、議案表決程序維持不變，在此前提下，可以對行政長官和立法會產生辦法作出符合循序漸進原則的適當修改。這一決定與"4·6 釋法"是一套組合拳，堵住了反對派有關 2007/2008 年實行"雙普選"的要求，同時鑒於香港社會有比較強烈的推進民主的訴求，而且基本法也明確規定 2007 年後兩個產生辦法可作循序漸進的修改，因此，最終決定 2007/2008 年兩個產生辦法可作適當修改，對香港社會民主訴求進行了回應和疏導。

——按照全國人大常委會"4·26 決定"，經過廣泛諮詢，2005 年 12 月 6 日特區政府向立法會提交了"2005 年政改方案"，這個方案把行政長官選舉委員會由 800 人擴大到 1600 人，所有區議員均納入選委會，立法會議席增加至 70 席，其中功能界別新增加的 5 個議席由區議員互選產生。這個方案出台後，愛國愛港陣營有一些人不理解，認為這是一個對反對派有利的方案。為什麼中央認可這個方案呢？這主要也是出於"疏導"香港社會民主訴求的考慮，也就是說，在確保愛國愛港力量獲得立法會多數議席的前提下，最大限度擴大選委會和立法會的選民基礎，增加民主成分，以回應香港社會推進民主的訴求。事實證明，這是完全正確的，2005 年政改方案獲得了 60％以上香港市民的支持，反對派議員後來聯手否決這一方案，付出了沉重的代價。

——在處理 2005 年政改方案過程中，反對派一方面提出了 2012 年實行 "雙普選" 訴求，另一方面提出了明確普選時間表和取消區議會委任議員投票權，作為支持 2005 年政改方案的條件。2012 年實行 "雙普選" 不符合循序漸進的原則，是我們無法接受的，而普選時間表問題有廣泛社會支持，經過深入慎重研究，2007 年 12 月 29 日全國人大常委會就 2012 年兩個產生辦法及普選問題作出決定，明確規定 2012 年不實行 "雙普選"，立法會分區直選和功能界別選舉產生的議員各佔半數的比例維持不變，法案、議案表決程序維持不變，在此前提下，可以對 2012 年兩個產生辦法作出符合循序漸進原則的適當修改；同時第一次明確提出，2017 年行政長官可以採取普選產生的辦法，在行政長官普選產生後，立法會可以採取全部議員由普選產生的辦法。大家可以看出，這一決定內容同樣體現了 "疏" 與 "堵" 的關係。

——在 2005 年處理政改方案中，我們得到一條重要啟示，這就是政改方案提交立法會後，能否通過的主動權不在我們手中，因為反對派佔據着立法會三分之一以上議席，他們擁有否決權。因此，在處理 2012 年政改方案過程中，中央一開始就確定了一條工作方針，這就是要力爭立法會通過 2012 年政改方案，同時做好通不過的思想和工作準備，把工作着力點放在最大限度爭取民意支持上。當時進行的 "反公投" 鬥爭、與民主黨策略性接觸，接受 "一人兩票" 方案，包括我兩次對香港媒體發表談話等，都是這一工作方針的具體體現。最終由於反對派主要政團民主黨接受 2012 年政改方案，2012 年兩個產生辦法修正案得以在立法會順利通過，香港政制發展得以在基本法規定的軌道上向前發展。中央在處理這個問題過程中，同樣體現了 "疏" 與 "堵"。

2008 年以來，中央在處理香港政制發展問題過程中，除了以上所講的重大決策外，實際上還有兩條戰綫，一是幫助特區政府提高管治能力，一是協助香港發展經濟、改善民生。這兩條戰綫也都取得很大成就，為順利處理香港政制發展問題創造了必要條件。

三、香港普選問題的複雜性

按照香港基本法的規定，2007 年之後理論上就可以實行普選，而香港人也普遍希望普選，讓香港實行普選，不是最簡單的事情嗎？下面我想同大家一起討論一下香港普選問題的複雜性。

在香港有一個簡單的邏輯，這就是政制發展等於民主，民主等於普選，普選等於普及而平等的選舉權和被選舉權。這一邏輯的背後是西方自由民主理論，在香港具有很大的影響力。這種理論認為，以主權在民為基礎建立的民主制度，現實可行的方式是代議制，即由選民選出其代表行使政府權力。選舉是政府獲得授權及合法性的唯一來源。這種選舉必須是真正的選舉。只有"全開放競爭型選舉"才是真正選舉，即提名要開放，除了公民身份、出生地和年齡等因素外，不能有其他限制；要允許不同政見的多個候選人競爭同一職位，使選民有"真正"選擇。社會上不同的利益、階級、信仰、宗族，都可以自由地組織起來，參與選舉或影響選舉的結果。香港人還普遍認為，普選就是直選。由於香港深受西方民主自由觀念的影響，有很多人都信奉這一理論，這就是反對派的主張在香港社會有廣泛支持的根本原因。"全開放競爭型選舉"本身沒有什麼問題，問題在於，在香港能否按上述觀點實行"全開放競爭型選舉"？能否實行這種普選？這就涉及西方自由民主理論是否適用於香港的問題，同時也涉及香港社會存在的兩個根本問題，或者說兩個特殊情況。

首先，西方自由民主理論是關於國家或獨立政治實體的政治理論，而香港不是一個獨立的國家或政治實體，把這一理論套用到香港，缺乏這一理論賴以成立的前提。在座的各位都知道，一個國家的管理制度與一個地方行政區域的管理制度有着本質的區別，其中最重要的是國家有主權，而地方行政區域沒有主權。現代國家的管理制度建立在主權在民的基礎上，西方自由民主理論也是以此為出發點的，而地方行政區域既然沒有主權，其管理制度自然也就不能以主權在民為理論基礎。我說把西方自由民主理論套用到香港，缺乏這一理論得以成立的前提，主要的就是這一點。地方行政區域管理制度的理論，最多也只能以地方自治為理論基礎，而地方自治是要受到國家主權約束的。香港基本法草案說明中強調香港的政治體制要符合香港特區的法律地位，講的就是這個意思。按照香港基本法第 45 條和第 68 條的規定，兩個產生辦法要根據香港的實際情況和循序漸進原則而規定，這個實際情況是什麼？香港是中國的一個地方，是直轄於中央政府的地方行政區域，這是一個最重要的實際情況。進一步講，即使按照西方自由民主理論，參與政治活動的主體必須是負有效忠國家基本義務的本國公民，而且還必須有一整套法律制度來維護國家的政治安全，但在香港，享有選舉權和被選舉權的人，不僅有中國籍人士，也包括外國籍人士；儘管基本法第 23 條明確作出了規定，但回歸已經 15 年還沒有進行維護國家安全的立法；西方國家普遍都有的禁止接受外國政治捐款、限制外國代理人從事政治活動的法律也付諸闕如，相反，還經常有參政者到外國尋求干預香港的內部事務，在這種情況下，按照西方自由民主理論來設計香港的普選制度，很可能使香港特區政權落到外國代理人手中，不僅國家安全得不到保障，就是香港本地的政治安全也沒有保障，使"港人治港"徒具形式。前不久在香港發生大規模的反對國民教育遊行、示威活動，在"新界"上水反對內地水客的遊行中，有人打出了英國的米字旗，叫喊出"中國人滾出香港"的口號，雖然只是極少數人的行為，這也說明在香港實行普選時，如何保障國家和香港本地的政治安全，是一個十分現實的問題，這也說明，在香港照搬西方自由民主理論來設計普選制度，是不可行的。

其次，香港社會存在的兩個根本問題，又增加了按照西方自由民主理論設計香港普選制度的危險性。這兩個根本問題是什麼呢？

第一個問題是香港的社會政治生態，突出的是反共問題。比較典型的事例是，2010 年上半年，為了爭取 2012 年政改方案獲得通過，香港中聯辦領導與民主黨主席×××進行了接觸，隨後，×××發表了一篇報告，詳細敍述了與中聯辦領導接觸的過程。在這篇報告中，×××再三表明，民主黨雖然與中聯辦接觸，但沒有放棄"結束一黨專政"的立場，也就是說沒有放棄反共立場。×××意猶未盡，2011年5月連續在《明報》上發表了三篇文章，推銷其所謂的民主化戰略和戰術，這三篇文章很有代表性、典型性，可以說是反對派力量的政治宣言書。文章稱"香港民主派的對手是在北京管治整個中國的中共中央及其領導的中央政府"，提出"香港的民主運動與發展，已成為全國的運動與發展的一部分；香港的政治命運，基本與大陸聯繫在一起，我們在某程度上，已分擔了整個國家民主發展的重擔。正是如此，海外流亡的民運人士都認為，香港是國家走向民主的最前綫。我們爭取打開的民主大門，表面上屬於香港的，其實可能是全國的大門，因為這可能涉及全國的政治改革的關鍵性的第一步"。在這三篇文章中，×××把中央政府稱為專制政權，把他們與中央政權的矛盾界定為敵我矛盾，歸結起來，依然是反共。為什麼×××再三公開表明其反共立場呢？

第一，香港民主黨是靠反共起家的。長期以來，民主黨與"支聯會"是一套人馬兩塊牌子，而"支聯會"的宗旨是什麼？就是所謂的"結束一黨專政"，推翻中國共產黨領導的中央政府。總結香港引入立法會直選以來民主黨獲取選票的途徑，就是煽動香港市民對中央政府的不信任情緒，然後以捍衛香港人的權利和自由等口號，爭取社會支持。香港回歸以前如此，回歸以後也如此。由於中央正確地貫徹"一國兩制"和基本法，再加上國家不斷發展強大，對香港的繁榮穩定給予強有力的支持，香港市民對中央政府的認同日益增強，在這種情況下，他們就把矛頭指向特區政府，通過煽動市民對政府的不信任，以監督者自居，撈取選票。無論是反中央還是反特區政府，其本質都是反共。所以，民主黨與中聯辦接觸，唯恐失去"貞操"，就急於表白沒有放棄反共立場。

第二，在香港反共有國際反華勢力的支持。我們大家都在講香港是一個國際金融、貿易、航運中心，自覺不自覺地迴避香港另一個中心，這就是國際情報中心，西方國家實施對華戰略的前沿陣地。香港的這一地位決定了西方國家的反華勢力必然要在香港扶持其代理人，而香港經歷了150多年英國殖民統治，又為西方國家扶持其代理人提供了條件。香港反對派堅持其反共立場，與西方反華勢力的立場是高度一致的，一直獲得他們的背後支持。而他們的支持，又堅定了反對派的反共立場。所以，出於向他們背後支持者交代的考慮，民主黨與中聯辦接觸後，也必須出來表明他們沒有放棄反共立場。

回到我們討論之中的問題，香港回歸15年，歷次立法會分區直選，反對派陣營一直獲得60％左右的選票，這就是現實的香港社會政治生態。由於反對派堅持反共立場，在我們這樣一個由中國共產黨領導的國家中，特區政權落入他們手中，國家安全將受到嚴重威脅，基本法規定的中央與特區關係勢必無法維持，"一國兩制" 實踐就可能歸於失敗。

第二個問題是香港工商界政治利益問題。香港要繼續保持原有的資本主義制度和生活方式不變，保護工商界利益，尤其是其政治利益，是題中應有之義。但反對派提出，按照 "全開放競爭型選舉"，立法會普選必須廢除功能界別選舉。2004年4月26日我到香港解釋人大常委會決定時專門講了這個問題，其中我說到，如果 "使賴以支撐資本主義的這部分人的利益、意見和要求得不到應有反映，那原有的資本主義制度又如何來保持呢？工商界的利益如果失去憲制上的保護，最終也不利於香港經濟的發展，如此，也就脫離了基本法保障香港原有的資本主義制度不變的立法原意"。香港工商界的政經利益保護，是一個十分特殊的問題。它特殊在什麼地方？

第一，香港的特殊地位。香港本身沒有什麼資源和實體經濟，它能夠成為國際金融、貿易、航運中心，關鍵在於地理位置和優良的營商環境，為國際經濟活動提供服務。這就決定了香港的資本流動性很強，不是必然要以香港為家。在基本法起草過程中，香港工商界堅決反對在香港立即實行普選，他們經常講的一句話就是"你用手投票，我用腳投票"，就反映了這種情況。在香港過渡時期，我國政府做了大量工作爭取香港工商界不遷冊，同時，在兩個產生辦法問題上作出了有利於工商界政治參與的安排，還允許外籍人成為香港永久性居民，享有政治權利，主要目的都是為了使香港工商界以香港為家，事實證明，這對維護香港繁榮穩定發揮了重要作用。如果香港工商界的政治利益得不到適當照顧，勢必影響他們在香港的投資，香港經濟將更加成為浮萍一片，香港繁榮穩定將受到嚴重影響。

第二，香港工商界參政的特殊歷史。在英國殖民統治下，香港居民是沒有民主權利的，工商界也不例外。但與一般市民不同，香港工商界只要政治上不反對英國的管治，其利益得到英國政府的保護，港英政府也比較注意聽取他們的意見和建議。也就是說，香港工商界的利益一直是得到自上而下的保護，而不像其他西方國家，靠自己組織力量參政來保護其利益。香港回歸後，這種情況延續了下來，具體體現在基本法規定行政長官選委會的構成工商界具有較大的影響力和立法會一半議員由功能界別選舉產生，從憲制上保障其政治利益，這也是香港一個特殊的地方。

第三，香港特殊的經濟結構。前面講過，香港實際上就是一個國際經濟城市或者說是國際經濟活動平台，目前，香港服務業收入佔到GDP 的 92%，就充分說明這一點。我們通常所說的香港工商界主要集中在哪些行業呢？集中在地產、金融、貿易、航運以及旅遊服務業等，香港的這些行業有一個特點就是產業鏈比較短，而且香港地方小，競爭激烈，工商界內部難以形成統一的政治力量。如果採取"全開放競爭型選舉"，他們的政治利益將難以得到充分保護。所以，這次政改採取"一人兩票"方案後，我聽到工商界最大的擔心就是由此發展下去會取消功能界別選舉，因此，強烈要求中央明確保留功能界別選舉制度。

綜上所述，香港社會受西方自由民主理論的影響，一講到"普選"，就要採取西方主要國家實行的全開放競爭型選舉，同時，香港社會存在的兩個特殊情況又不允許香港完全採用這種選舉方式，這就是香港實行普選面臨的主要難題。如果說以前還可以迴避這個問題的話，隨着在香港實行普選的來臨，這個問題已經避無可避。這就是我們未來處理香港普選問題的複雜性所在。

四、香港未來兩個普選辦法需要解決的主要問題

按照全國人大常委會 2007 年 12 月 29 日的決定，2017 年第五任行政長官可以採用普選產生的辦法，在行政長官由普選產生後，立法會全部議員可以採用普選產生的辦法。因此，處理普選問題是今後幾年內的一項重要的工作任務。

關於兩個普選辦法，香港反對派的要求已經很清楚，主要有三點：第一，行政長官普選時候選人的提名門檻不能高於現在，也就是確保反對派人士跨過門檻成為候選人之一；第二，立法會普選時要廢除功能界別選舉，也就是全體議員交由社會一人一票選舉產生；第三，行政長官和立法會普選辦法要一攬子處理。面對這種要求，我們應堅持什麼原則來應對呢？我在 2010 年 6 月 7 日對香港社會發表公開談話，闡述了普選要遵循的原則，當時是這樣講的，"按照基本法的規定，從香港的實際情況出發，我認為，未來兩個普選辦法既要體現選舉的普及和平等，也要充分考慮符合香港特別行政區的法律地位，與香港特區行政主導的政治體制相適應，兼顧香港社會各階層利益，以及有利於香港資本主義經濟的發展，只有這樣，才符合基本法的規定，也才有可能在香港社會達成最廣泛的共識。"這些原則是基本法關於兩個產生辦法規定遵循的原則，每一句話都可以在香港基本法及其草案說明中找到依據，同時在當前情況下，具有很強的針對性。根據上述原則，在研究未來香港普選

方案時，是不是要堅持以下幾點：

第一，要堅持基本法是討論未來兩個普選辦法的基礎。反對派的主張是建立在西方自由民主理論的基礎之上的，強調香港普選制度要符合《公民權利和政治權利國際公約》的規定，符合所謂的國際標準。而他們所謂的國際標準，實際上只有一條，這就是選舉權和被選舉權的普及而平等，而直選等於普選。世界上任何國家和地區的普選制度，都不是只服從選舉權和被選舉權普及而平等的標準，而是要兼顧其他標準，制定香港的兩個普選辦法，也應當這樣。除了普及而平等原則外，還要考慮哪些其他標準呢？這就要看香港基本法的規定，也就是說，未來香港的兩個普選辦法，不是只要符合普及而平等原則就可以，還要符合香港基本法的其他規定。比如說，按照香港基本法的規定，香港特區是直轄於中央政府的地方行政區域，那麼，香港的普選制度能產生一個與中央對抗的行政長官和立法機關嗎？答案必然是否定的。再比如，基本法規定了一套以行政為主導的政治體制，香港的普選制度要不要考慮如何使這套制度更好地運作，而不會出現實行普選後需要反過來修改這套政治體制？我想這個答案也是清楚的。總之，要綜合考慮香港基本法的各項規定來確定未來的普選辦法，用句學術化一點的語言來說，就是未來香港採用什麼樣的普選辦法，不是一個完全開放的制度選擇問題，而是只能在基本法規定的制度中進行具體的普選制度選擇的問題。另外，直選也不等於普選，直選只是實現普選的不同選舉制度中的一種。2010 年 6 月 7 日我對香港媒體的談話中對此講了一句話："各國根據自己的實際情況採用不同的選舉制度來實現普及而平等的選舉權，這是當今國際社會的現實。"

第二，要堅持基本法規定的普選是指選舉權的普及而平等。2010 年 6 月 7 日我對香港社會發表談話時專門談到普選定義與兩個普選辦法問題，這一段是這樣講的："對於什麼是普選，基本法沒有做出定義。我理解，'普選'的核心內容是人人享有平等的選舉權。從歷史上看，

'普選'概念強調的是不因財產、性別和種族等的差異而導致選舉權的不平等。因此，通常所說的'普選'，是指選舉權的普及而平等。不過，一如國際上的一般理解，有關選舉的權利是允許法律作出合理限制的。"香港反對派馬上就看出來，我沒有講被選舉權的普及而平等。為什麼不講被選舉權的普及而平等呢？因為從世界各國各地區的實踐看，被選舉權都不是普及平等的，以美國為例，不是在美國本土出生的美國公民，就不能出任美國總統，這就是一種限制。大家知道美國是一個移民國家，截至 2000 年，移入美國永久定居和美國第一代移民總數達5600 萬，也就是說，佔美國總人口五分之一的人，即使他們加入美國國籍，也沒有總統的被選舉權，你說被選舉權普及平等了嗎？有關選舉的理論和實踐普遍認為，對被選舉權各國各地區可以根據本國本地區實際情況施加比選舉權更加嚴格的限制，或者說合理限制。具體到香港，反對派的主要文章做在被選舉權的普及而平等上，用前面提到的西方自由民主理論來說，就是要求允許反共的人參選並出任行政長官，這是我們堅決不能答應的，也是香港的實際情況所不能允許的。

第三，要堅持行政長官候選人提名機制是機構提名。反對派要求行政長官普選時，提名委員會提名門檻不能高於現在，也就是說，只要有八分之一提名委員會委員提名，就可以成為行政長官候選人。這個要求就是要確保反對派人士成為候選人之一，用李柱銘的話說，就是要求行政長官候選人不能都是"北京'馬房'的人"。問題是，香港特區是中國的一個地方，直轄於中央政府，行政長官要由中央政府任命，對中央政府負責，不是北京"馬房"的人而是美國、英國"馬房"的人行嗎？這個道理只要講清楚，我想能夠獲得香港社會多數認同。從基本法規定的角度來講，反對派的上述要求也不符合基本法的規定。按照香港基本法第 45 條和附件一的規定，現在行政長官選舉時候選人的提名程序和行政長官普選時候選人的提名程序是不同的。現任行政長官是由一個具有廣泛代表性的由 1200 人組成的選舉委員會選舉產生。不少於 150 名的選舉委員可聯名提出候選人，這種提名方式是一種個人聯合提名。根據基本法第 45 條的規定，行政長官普選時，候選人要由一個有廣泛代表性的提名委員會按民主程序提名，這種提名方式是一種機構提名。所以，堅持行政長官普選時候選人是機構提名，是一條重要的政治底綫。

第四，要堅持均衡參與和有利於香港資本主義經濟發展的原則。這個原則說白了，就是要照顧香港工商界的利益。1979 年鄧小平同志會見當時的港督麥理浩時首先講的一句話，就是"請香港投資者放心"，此後中央制定的對香港基本方針政策和基本法，都體現了照顧香港工商界利益的原則，從道理上講，香港是一個資本主義社會，如果資本家在這個社會不能享有政治權力，香港的資本主義也就走到了盡頭。所以，堅持這個原則，是一個關係到"一國兩制"和香港繁榮穩定的重大問題，要作為一條政治底綫。怎麼照顧香港工商界的利益？在立法會產生辦法上，目前的安排是功能界別選舉產生的議員佔半數議席，將來普選時也要找一個辦法讓工商界在立法會有充分的代表。這就涉及功能界別選舉問題，對此，我想可以公開闡明以下觀點：香港特區立法會有一半議員由功能界別選舉產生，這是香港基本法起草過程中香港社會達成的共識。香港回歸後，功能界別議員一直佔立法會全體議員的一半，他們對貫徹落實"一國兩制"方針和基本法的規定，保持香港繁榮穩定做了很大貢獻。基本法有關立法會功能界別選舉的規定今後如何發展，同樣需要香港社會取得共識。現在香港社會少數人極力把功能界別選舉"妖魔化"，這不僅是不尊重基本法的規定，不尊重香港社會各界歷史上達成的共識，同樣也抹殺功能界別議員對香港繁榮穩定作出的貢獻。應當深入地研究和討論功能界別選舉對香港社會的均衡參與、經濟發展、社會穩定發揮的重要作用，如果最終大家認為這種作用是無法取代的，那麼就必須想辦法使之符合普選的要求；如果大家能夠共同提出一個選舉辦法，發揮與功能界別選舉同樣的作用，那麼功能界別選舉問題也就可以迎刃而解了。因此，要有效促進香港社會就功能界別選舉問題達成共識，應當從肯定功能界別選舉制度的積極作用開始，然後深入研究有什麼辦法可以替代功能界別選舉發揮的作用，這才是理性討論和解決問題的務實之路。

第五，要堅持行政長官和立法會普選辦法分開處理。香港反對派的一個主要要求是在本屆行政長官任期內一攬子解決行政長官和立法會普選方案，香港愛國愛港陣營尤其工商界也有這樣的要求。這樣說，是不是香港社會在這個問題上有比較一致的看法？不能簡單地得出這個結論。如果深入分析，我們就可以看到，在這種表面一致的背後，他們的主張是南轅北轍的。概括來講，反對派主張一攬子解決兩個普選辦法問題，目的是要明確立法會普選時廢除功能界別選舉制度，而愛國愛港陣營要求一攬子解決，是要儘早明確立法會普選時將保留功能界別選舉制度。怎麼看待和處理這個問題？我看只能回到全國人大常委會的決定上。2007 年 12 月 29 日全國人大常委會的決定是這樣規定的，"2017 年香港特別行政區第五任行政長官選舉可以實行由普選產生的辦法；在行政長官由普選產生以後，香港特別行政區立法會的選舉可以實行全部議員由普選產生的辦法。"同時規定，在行政長官和立法會普選之前的適當時候，還要按照香港基本法附件一和附件二及其有關解釋的規定，走"五步曲"。按照上述規定，行政長官實行普選是立法會全部議員實行普選的前提，而且全國人大常委會上述決定還有一個含義，就是要由普選產生的行政長官來處理立法會普選問題，在 2017 年行政長官普選之前就決定之後的立法會普選辦法，這不符合全國人大常委會決定。由於立法會普選最早要在 2020 年，而根據以往修改兩個產生辦法的時間安排，行政長官普選方案最遲也要在 2015 年底定案，在這個時候就完成制定立法會普選辦法"五步曲"，無論如何也不能說是全國人大常委會決定規定的"普選前的適當時候"。因此，從法律上來講，行政長官和立法會普選辦法要分開處理。由於 2016 年是立法會換屆年，在香港特區第四任行政長官的任期內，必須處理的是 2016 年立法會產生辦法是否修改以及 2017 年行政長官普選辦法問題，這當中，必然引起對立法會功能界別選舉制度前途的討論，但從法律上來說，決定立法會普選辦法只能放在 2017 年行政長官普選之後。把兩個普選辦法分開處理，除法律原因外，還有一個現實問題，鑒於剛剛產生的第五屆立法會組成情況，反對派仍然掌握着關鍵的少數，如果把行政長官普選辦法和立法會普選辦法捆綁在一起，很可能由於功能界別存廢問題不能達成一致，致使 2017 年行政長官普選辦法被否決，這樣更加不利於普選目標的實現。

我前面向大家介紹了香港普選問題的由來、實質、處理過程、面對的問題以及必須堅持的原則。通過以上介紹，我們可以看出，研究香港未來的普選制度，關鍵是要研究清楚實行這種制度的基礎和條件問題，就像要蓋一座大廈，首先要進行地質和氣象調查一樣，只有把地質和氣象條件調查清楚了，才能決定這座大廈可以怎麼蓋、蓋多高，才能確保這座大廈蓋好之後，不會來了一場地震或一陣颱風就倒塌。鑒於香港的實際情況，在香港實行普選是一個系統工程，首先是要積極為香港實行普選打好基礎、創造條件，研究清楚實行普選後可能遇到的問題，並切實採取措施，防患於未然；其次是要在確保國家和香港政治安全的前提下，根據既有的基礎和條件，研究香港未來的普選辦法，其中最關鍵的是要向香港社會充分闡明為什麼要採用這種普選辦法，爭取香港社會的多數支持；第三是要花大力氣在香港社會培養制度認同。世界上沒有普遍適用的民主制度，一個制度是否民主，很大程度上是一個認同問題。因此，在研究未來的普選制度時，還要很好地研究如何在香港培養制度認同問題。香港反對派很懂得這一點，他們為了推銷其所謂的民主，從香港回歸以來，極力"唱衰"基本法規定的民主制度，尤其是對行政長官由選舉委員會選舉產生的制度和功能界別選舉制度進行"妖魔化"。我們要反其道而行之，大力唱好基本法規定的民主制度，深入研究如何在香港社會培養制度認同，這是一個關係到香港長治久安的重大問題，否則，就是香港實現了普選，反對派也不會認為是"終局"，仍然會挑起新的紛爭，這個普選制度最終也會站不住，還會有新的民主發展問題。

　　以上是我個人的一些思考和看法，供在座的各位同志在研究香港普選問題時參考。

憲法與“一國兩制”

2012 年 10 月 13 日，在中國法學會“憲法實施法治論壇”上的發言。

我國現行憲法施行的 30 年，是中國特色社會主義現代化建設取得巨大成就的 30 年，是實現祖國統一大業取得重大進展的 30 年，也是我國國際影響力日益增長，成為維護世界和平主要力量的 30 年。如果把這 30 年來在我們國家土地上發生的一切比喻為宏偉的畫卷，這幅畫卷就是伴隨着憲法的施行而展開的，這當中，“一國兩制”偉大構想成功付諸實施，是濃墨重彩的一筆。說它濃墨重彩，是因為香港和澳門保持原有的資本主義制度，卻成為建設中國特色社會主義宏偉畫卷的一個精彩局部。社會主義與資本主義是如此不同，是什麼使它們共存於統一的國家之中，使這幅畫卷成為一個整體？靠的就是憲法的調整，在“一國兩制”的實踐中，憲法始終發揮着國家最高法律規範的作用。

一、憲法為實行“一國兩制”提供了最高法律依據

憲法是國家最高法律規範，任何政策和法律都必須符合憲法，“一國兩制”方針政策也不例外，在現行憲法制定過程中，就充分考慮到這一點，體現在憲法的兩個條文中。憲法第 31 條規定，“國家在必要時得設立特別行政區。在特別行政區內實行的制度按照具體情況由全國人民代表大會以法律規定。”第 62 條第（十三）項規定，全國人大“決定特別行政區的設立及其制度”。這就為實行“一國兩制”提供了憲法依據，或者說這是為制定和實行“一國兩制”而專門作出的憲法安排。

這個憲法安排是怎麼來的？這要從現行憲法制定時的背景說起。1979 年 1 月鄧小平同志訪問美國時用一句話對當年元旦全國人大常委會發表的《告台灣同胞書》作了高度概括，他說，"我們不再用'解放台灣'這個提法了。只要台灣回歸祖國，我們將尊重那裏的現實和現行制度。" 1981 年 9 月 30 日全國人大常委會委員長葉劍英提出了九條實現祖國和平統一的方針。正如鄧小平同志指出的，"九條方針是以葉副主席的名義提出來的，實際是'一個國家，兩種制度'。"在中央制定對台灣的方針政策時，解決歷史遺留下來的香港問題提上了議事日程，"一國兩制"的構想首先運用到解決香港問題上。1982 年初，中央對香港的基本方針政策已經制定出來，共 12 條，也就是我們今天所講的"一國兩制"方針政策。

我國現行憲法修改起草工作從 1980 年 9 月開始，上述背景給憲法制定工作提出一個問題，怎麼在憲法中體現中央對台灣和香港的基本方針政策，為將來實行"一國兩制"提供依據？處理這個問題必須符合兩個要求，一是需要做到將來實行"一國兩制"時不需要修改憲法，二是需要做到有利於將來為解決有關問題進行的談判。按照第一個要求，憲法的有關規定應當盡可能明確一些，而按照第二個要求，憲法的有關規定應當盡可能原則一些。因為講到憲法依據，當然是越明確越好，而講到有利於談判，當然是越原則越好。怎麼處理好既要明確又要原則的關係，把握好這個度？我們的憲法起草者想到了一個兩全其美的辦法，這就是憲法第 31 條的規定。這個條文聯繫前面一條，即憲法第 30 條的規定來理解，其含義就十分清楚。憲法第 30 條規定了我國的行政區域劃分，即全國劃分為省、自治區、直轄市，並具體規定了省、自治區、直轄市以下的各級行政區域的設置。緊接着第 31 條規定，"國家在必要時得設立特別行政區"，這實際上是對憲法第 30 條關於我國行政區域劃分規定的補充。從憲法其他規定可以看出，在各省、自治區和直轄市實行的制度是由憲法本身加以規定的，為表示將來的特別行政區可以實行有別於內地的制度，第31條第二句規定，"在特別行政區內實行的制度按照具體情況由全國人民代表大會以法律規定"。其他行政區域內實行的制度由憲法加以規定，特別行政區內的制度由全國人大以法律加以規定，這裏面就體現出了將來特別行政區要實行的制度的特殊性。與憲法第31條的規定相配合，憲法第62條第（十三）項規定，由全國人大"決定特別行政區的設立及其制度"。憲法第31條充分體現了立憲者的智慧。要在台灣、香港和澳門保持原有的資本主義制度和生活方式，如果能夠在憲法中直接加以規定當然最好，但在現行憲法起草時，不具備這個條件，所以，就緊緊抓住特別行政區的設立及其制度這兩個核心問題，在憲法中作出規定。實踐證明，這個憲法安排是有遠見的，不僅為實行"一國兩制"提供了堅實的憲法基礎，又保持了靈活性，還對中英關於香港問題的談判，中葡關於澳門問題的談判起到了促進作用。

需要補充說明的是，這兩條是"一國兩制"的直接依據，憲法是一個整體，講"一國兩制"的憲法依據，不能只講這兩條，要從憲法的完整規定出發，只有這樣，"一國兩制"下遇到的許多法律問題才能得到妥善處理，才能在憲法上講得通，這是我們實際工作的體會，也應當是貫徹落實憲法必須採取的態度。

二、憲法和基本法共同構成特別行政區的憲制法律基礎

我國憲法對特別行政區實行的制度沒有作具體規定，而是授權全國人大以法律規定，因此，講特別行政區的憲制法律，必須同時講憲法和基本法。香港、澳門回歸後，江澤民、胡錦濤、吳邦國等中央領導人都明確指出，要"依法治港"、"依法治澳"，這個"法"主要指的是憲法和基本法。

憲法與基本法一起構成特別行政區的憲制法律基礎，這就提出一個問題，怎麼處理憲法與基本法的關係？在我國法律體系中，這是一個

十分特殊的問題。對此，香港基本法和澳門基本法從兩個方面作出了規定：第一，兩部基本法序言第三段都明確，基本法是根據憲法制定的，這就肯定了憲法是包括香港、澳門在內的國家最高法律，具有最大的權威性和最高的法律效力。第二，兩部基本法的第 11 條分別規定，根據憲法第 31 條，特別行政區的制度和政策，包括社會、經濟制度，有關保障居民基本權利和自由的制度，行政管理、立法和司法方面的制度，以及有關政策，均以基本法的規定為依據。也就是說，在特別行政區實行的制度和政策，將以基本法的規定為準，憲法相應的規定不在特別行政區施行。

　　這裏有一個法理問題，即我們通常說憲法是"母法"，基本法是"子法"，"子法"是不能限制"母法"效力的，兩部基本法第 11 條規定的法理是什麼？這個問題的答案在於憲法第 31 條規定的性質，即憲法第 31 條是憲法的一項特別條款。憲法的適用和法律適用一樣，特別規定與一般規定不一致的，適用特別規定。憲法第 31 條明確規定，在特別行政區內實行的制度由全國人大以法律規定，其必然含義就是，全國人大按照憲法第 31 條制定的法律，具有優先適用的地位。因此，兩部基本法第 11 條規定的法理，是憲法特別條款與一般條款的關係問題，憲法關於社會主義制度和政策的規定不在特別行政區施行，是憲法第 31 條的效力所致，而不是基本法限制了憲法有關條文的效力。由於基本法是根據憲法制定的，基於憲法的最高法律效力，兩部基本法第 11 條規定的另外一層含義是，如果不屬於該條規定的範疇，仍然要適用憲法的規定。國務院港澳辦原副主任、基本法起草委員會秘書長李后在回憶香港回歸歷程一書中記錄了當年起草基本法時對這一問題的討論，他說，"有些人認為，中國憲法是一部社會主義憲法，應在基本法中寫明，憲法除第三十一條外，其他均不適用於香港特別行政區。另外一些人則認為，憲法是國家根本大法，是全國最高法律，其中不僅規定了國家實行社會主義制度（這當然不適用於香港特別行政區），還規定了全國人民代表大會及其常務委員會、國務院（即中央人民政府），中央軍事委員會等國家機關的設置和職權，以及國旗、國歌、首都等。將來香港是中國的一級行政區域，不能說連憲法的這些規定也不適用。經過討論，最後大家同意，中國的憲法作為一個整體對香港特別行政區是有效的，但是由於國家對香港的政策是按'一國兩制'的原則，保持其資本主義制度和生活方式不變，因此，憲法有關社會主義制度和政策的規定，不適用於香港。"全國人大在通過基本法時，為了消除香港社會關於基本法是否符合憲法問題的疑慮，專門作出了《全國人民代表大會關於〈中華人民共和國香港特別行政區基本法〉的決定》，宣佈香港基本法是根據憲法並按照香港的具體情況制定的，是符合憲法的。對澳門基本法，全國人大也有同樣的決定。全國人大在通過法律時，專門就該法律的合憲性問題作出決定，香港基本法和澳門基本法是僅有的兩個例子。對這個決定，我想要從兩個方面來理解，一是這個決定的前提就是憲法在特別行政區具有效力，基本法是根據憲法制定的，因此，基本法必須符合憲法，這種合憲性不是只符合憲法某一條文就可以，而是要全面符合憲法的規定。二是這個決定帶有進一步明確憲法第 31 條含義的作用，前面講過，憲法第 31 條規定比較原則，特別行政區制度是什麼，憲法本身沒有直接規定，全國人大關於基本法的決定，起到了宣告這種制度的具體內容的效果。

憲法和基本法一起構成特別行政區的憲制法律基礎，這是一個基本法起草過程中已經解決的問題，但在今天強調這一點，仍然具有現實意義。因為現在仍有一種觀點認為，特別行政區的憲制性法律只有基本法，甚至把基本法稱為特別行政區的"憲法"，排斥憲法在特別行政區的效力，這對於"一國兩制"與基本法的正確實施是有影響的。

三、憲法在基本法實施中的重要指導作用

　　兩部基本法是根據憲法制定的，這決定了基本法的規定要放在憲法規定的框架下來理解，堅持憲法至上原則，這是香港、澳門回歸後中央處理涉及基本法問題把握的一條重要原則。可以說，基本法實施過程離不開憲法，就是在香港和澳門，凡是涉及基本法的問題，也離不開憲法。舉兩個香港的例子。香港回歸後第一個工作日，香港高等法院上訴法庭開庭審理馬維騉案，這是香港回歸後第一個涉及基本法的案件，在其判決中，總共有八處提到中國憲法，引用了憲法第 31 條、第 57 條和第 58 條。當時的高等法院首席法官陳兆愷在判詞中有一句話是這樣講的，"假如（基本法第 160 條的規定）有模糊之處，那就必須將它放在基本法的完整規定中來處理，甚至必須訴諸基本法的來源，中國憲法的規定中來處理。"另一個例子是吳嘉玲案，這是香港終審法院審理的第一個涉及基本法解釋的案件，儘管在這個案件中，香港終審法院錯誤解釋了基本法，最終導致全國人大常委會第一次釋法，但也四處引用了中國憲法。

　　憲法的地位處於法律體系金字塔的頂端，講法治，必須講憲法，任何法律規定，追根溯源，都會涉及憲法，這是一個普遍的規律。香港回歸後，面對香港這樣一個意見紛紜的多元化社會，為什麼中央有關基本法的解釋和決定能夠獲得香港社會的認可？中央始終站在憲法的高度處理基本法實施中的問題，是其中的一個主要因素。以下兩個問題充分說明了這一點。

　　1. 全國人大常委會解釋權涉及的憲法問題。香港基本法第 158 條規定，基本法的解釋權屬於全國人大常委會。全國人大常委會授權香港特區法院在審理案件時對涉及的基本法自治範圍內的條款可以自行解釋，對其他條款也可以解釋。但如需要解釋的條款涉及基本法關於中央管理的事務或中央與特區關係的條款，在對案件作出終局判決前，應由終審

法院提請全國人大常委會對有關條款作出解釋。大家知道，香港實行普通法制度，法律是由法院進行解釋的，即使是憲法性文件，也不像歐洲大陸國家，設立憲法法院或憲法委員會進行解釋，而是由普通法院進行解釋。因此，對立法機關解釋法律有一種天然的排斥心態，甚至認為"立法者是最糟糕的釋法者"。出於這種心態，香港回歸之初，香港社會尤其是法律界對基本法第 158 條的規定提出了各種見解或主張，其中最主要的有三種觀點，一種觀點認為，既然全國人大常委會已經把解釋基本法的權力授予香港法院，那麼，除終審法院提請解釋的情況外，全國人大常委會不能行使解釋權；還有一種觀點認為，既然全國人大常委會授權香港特區法院在審理案件時對高度自治範圍內的條款自行進行解釋，那麼，全國人大常委會就不能解釋這部分條款，而只能解釋有關中央管理的事務或中央與特區關係的條款；再有一種觀點認為，雖然全國人大常委會對基本法擁有解釋權，但要自我限制，最好是不要行使。這三種觀點有什麼共同點？共同點就是要取消或限制全國人大常委會的解釋權。

怎麼使香港社會正確理解香港基本法第 158 條的規定，糾正上述錯誤的觀點？這就要講憲法，只有從憲法規定出發，才能得出基本法第 158 條的正確理解。從 1999 年全國人大常委會第一次釋法開始，我們向香港社會着重闡述了以下觀點：第一，按照一般的法理，授權者必須掌握授權文件全面和最終的解釋權。基本法是由中央制定的，是一部授權法，中央作為授權者，必須掌握基本法的全面和最終的解釋權。否則，基本法的授權安排就行不通。第二，中央哪個機構行使基本法的解釋權，這就要看憲法。按照我國憲法的規定，全國人大常委會行使法律解釋權，基本法是全國人大制定的一部全國性法律，其解釋權屬於全國人大常委會。第三，憲法為什麼規定由全國人大常委會行使法律解釋權，這是由我國實行的人民代表大會制度所決定的。全國人大常委會行使法律解釋權，包括對基本法的解釋權，這是一項重要的憲法制度。第四，香港基本法第 158 條是在上述憲法框架下制定的，要按照憲法規定來理解，即全國人大常委會具有基本法的全面和最終解釋權。"全面"，就是對基本法的所有條文都有權進行解釋，"最終"，就是全國人大常委會的解釋是終局解釋，香港特區必須遵循。全國人大常委會具有基本法的全面和最終的解釋權，是授權特區法院在審理案件時對基本法有關規定進行解釋的基礎。第五，香港特區法院具有的基本法解釋權是有限的，這體現在三個方面，一是只能在審理案件時對涉及的基本法條款作出解釋，而不能脫離具體案件對基本法的條款作出抽象解釋；二是如果審理案件時需要解釋的條款是關於中央管理的事務或中央與特區關係的條款，必須提請全國人大常委會解釋，實際上是不能對這些條款作出有最終法律約束力的解釋；三是全國人大常委會對基本法有關條款的解釋，可以糾正香港法院對該條款已經作出的解釋，但已經生效的判決不受影響。

由於我們從憲法規定出發，對基本法第 158 條的規定的闡釋合情合理合憲，香港終審法院在法律上已經接受了上述觀點，至於香港社會，儘管對全國人大常委會釋法仍然存在諸多疑慮，但接受程度已經有了很大的提高。

2. 關於香港政制發展涉及的憲法問題。按照香港基本法附件一和附件二的規定，2007 年以後如需對行政長官和立法會產生辦法作出修改，須經立法會全體議員三分之二多數通過，行政長官同意，並報全國人大常委會批准或備案。2003 年下半年以後，香港社會有人提出了這樣一種觀點，即按照基本法附件一和附件二的規定，兩個產生辦法的修改應由香港啟動，自行提出並通過有關方案，在這個過程中，中央不能干預。對於行政長官產生辦法的修改方案，中央的角色是最後"把尾門"，可以批准或者不批准，對立法會產生辦法修改方案，中央沒有角色，備案是程序性的，也就是說，無論香港作怎麼樣的修改，全國人大常委會都只能接受。這種觀點在香港社會有較大影響，它的要害是剝奪中央在政制發展問題上的實質性權力。在立法會產生辦法修改問題上這一點很清楚，在行政長官產生辦法修改問題上，他們雖然說中央有權不批准，但如果一個方案經香港立法會全體議員三分之二多數通過，行政長官同意，中央還能行使不批准的權力嗎？如果行使這種權力，就會產生重大的憲制危機，按照他們的說法，實際上是把全國人大常委會批准權擱置起來。

因此，上述觀點是完全錯誤的，為什麼是錯誤的，就要用憲法來說話。當時我們從憲法的角度，主要闡述了以下幾個方面的觀點：一是，按照憲法規定，我國是一個單一制國家。單一制國家的一個重要特徵是，依據憲法產生的中央政府統一對國家實施管治，地方行政區域是中央根據國家管理的需要而決定設立的，地方行政區域實行的制度，包括政治體制，是由中央決定的，兩個產生辦法是政治體制的重要組成部分，地方無權自行決定或改變其政治體制。二是，香港基本法是全國人大制定的，其修改權屬於全國人大。香港基本法附件一和附件二規定的兩個產生辦法，是基本法的組成部分，附件一第七條和附件二第三條規定，兩個產生辦法的修改，要報全國人大常委會批准或備案，這是全國人大將其修改這部分基本法規定的決定權賦予全國人大常委會，同憲法關於全國人大常委會在一定條件下可以修改全國人大制定的法律的規定是一致的，也符合香港特區政治體制由中央決定的憲法原則。三是，香港基本法附件一和附件二規定了兩個產生辦法的修改，須經立法會三分之二多數通過，行政長官同意，這是一項十分特殊的安排。基於地方政治體制由中央決定的憲法原則，香港特區享有這種權力，不能排斥或削弱中央對特區政治體制的實質決定權。就是立法會產生辦法的修改，也要經全國人大常委會接受備案以後才能生效。2004 年 4 月，全國人大常委會對上述條款作出解釋，其核心內容有兩項，第一，兩個產生辦法是否修改，要由行政長官向全國人大常委會提交報告，由全國人大常委會依法作出決定改還是不改。第二，兩個產生辦法的任何修改，報全國人大常委會批准或備案後才能生效。

全國人大常委會的解釋，理順了在處理香港特區政制發展問題上，中央與特區的權力關係，體現了中央對香港政制發展自始至終都掌握決定權，確保了政制發展問題的處理工作能夠在基本法規定的軌道上順利進行。

總之，憲法是"一國兩制"的根本保障。從法律上來講，香港和澳門實行不同於內地的制度和政策，建基於憲法的規定；香港基本法和澳門基本法的法律地位和法律效力，來源於憲法的規定；"一國兩制"和基本法的實施，受制於憲法的規定。通過這三個方面，憲法不僅在內地，而且在香港和澳門，都發揮國家最高法律規範的重大作用。

深入總結基本法實施經驗
不斷提高基本法研究水平
——在基本法研究優秀成果交流研討會上的講話

2012 年 11 月 4 日。

今天上午和下午，我們分兩段時間進行基本法研究優秀成果的交流和研討，有七位專家學者簡要介紹了他們的研究成果。徐靜琳教授的論文分析了香港立法會權力設置的制度框架、運作情況及存在的問題；朱孔武教授的論文也是關於立法會權力的，但側重分析香港立法會調查權的起源及其法律依據等問題；王千華教授的論文比較了歐洲法院先決裁決機制和基本法解釋機制，探討了有關解釋機制下的現象和規律；魏健馨教授的論文對香港法院解釋基本法的發展過程進行了梳理，分析了香港司法制度的特點及其必然存在的傾向；戴瑞君研究員的論文比較全面地研究了香港和澳門特區的對外事務權；李訓虎副教授的論文研究了香港基本法關於基本權利和自由的規定對刑事司法程序的影響；寇麗博士的論文探討了內地與澳門特區的司法互助問題。提交這次研討會討論的這幾篇論文所探討的問題，基本上都是基本法實施中遇到的重大問題，論文內容也是以解決實際問題為導向，具有很強的針對性。大家的發言比較集中，從而討論也比較深入，視野比較寬廣。無論是論文還是發言，共同點是都十分注重聯繫港澳實際，同時也廣泛地參考了外國的有關實踐經驗，這些論文及今天的討論，使我們能夠從一個側面了解基本法理論研究項目的進展情況。通過一天的交流討論，大家互相啟發，共同提高，實現了我們這次交流研討會的預期目標。

　　2008 年全國人大常委會港澳基本法委會同教育部創設基本法理論研究項目，推動內地學術界開展基本法理論研究，至今已經實行了四年，總的效果是好的。如果說過去的四年我們工作的着重點放在“推動”這兩個字的話，那麼，經過四年的經驗積累，今後我們在繼續做好“推動”工作的同時，要把這重點逐步轉到“提高”這兩個字上，也就是說，要不斷提高基本法的研究水平。怎麼提高水平？根據目前內地學術界開展基本法研究的實際情況，我想講三點，與大家共同探討。

一、要深入了解港澳社會的情況

　　要深入了解港澳社會情況，準確界定各種法律問題的實質，這是基本法理論研究工作的基礎。我們經常聽到講香港是一本難讀的書，這句話最早是姜恩柱同志講的。這個說法實際指出的是很難深入了解、真正掌握港澳社會的實際情況，而熟悉港澳情況正是基本法理論研究工作的基礎，也可以說是首先的一個條件。為什麼這樣說呢？我看道理是不是這樣，法律是寫在紙上的文字，它本身沒有問題，也不會產生問題，我們通常所講的法律問題，都是社會、政治、經濟等方面的問題在法律上的反映。脫離具體的社會生活，法律條文本身是沒有意義的，若脫離對具體社會生活的了解，也不可能真正地把握有關法律問題。兩部基本法分別在香港和澳門兩個特殊社會環境下實施，離開對港澳社會情況的了解，自然難於有效地開展基本法實施中各種法律問題的研究工作。

　　我們在座的各位都生活在內地，即使有在港澳工作或生活的經歷，對港澳社會情況的了解也是有限的，這是我們開展基本法研究工作的一塊短板，也是最大的困難所在。怎麼克服這個困難，這是擺在我們面前的一個挑戰。以我自己來說，也同樣面臨這個問題。在北京怎麼了解千里之外的港澳情況，把握港澳社會的脈搏？大家可能以為我們在中央國家機關工作的人有各種專門的文件材料可以看，這方面不能說沒有，但實際上我了解港澳情況的主要渠道就是港澳的報刊。我們港澳基本法委的工作人員，每天的一項基本功課就是看香港慧科網，讀電子版港澳報刊材料。我每天必讀港澳辦的新聞剪報，養成習慣，一天不看就不踏實，這當然對工作有幫助。如 2005 年爭取政改方案通過時，我與香港各界座談，劉慧卿就說你們在千里之外的北京，根本不了解香港的實際情況，我當時就說，現在是信息社會，你昨天對媒體說的話我都知道。可以說，港澳社會是高度透明的，再加上我們所處的互聯網時代，只要我們願意下功夫，無論身在何地，每天用一點時間，持之以恆，都能夠了解到港澳情況。

通過報刊了解和把握港澳情況的好處是，我們第一眼看到的一定是各種社會熱點問題，這是報刊新聞規律所決定的，也是基本法研究工作理論聯繫實際的很好切入點。今天上午朱育誠同志講到梁愛詩最近被反對派圍攻的事情，包括兩個律師會發表了聲明，我也是通過報刊了解到各方的觀點的。10 月 6 日，香港基本法委員會副主任、香港特區政府律政司前司長梁愛詩女士應香港專業進修學校社科研究中心的邀請，作了題為《回歸以來的法律挑戰》的專題講座。從香港報紙報道看，她主要講了兩個觀點，其一是，香港法律界，包括法官，對中央與特區關係缺乏認識，導致回歸以來作過不少錯誤決定。她舉了 1999 年 "吳嘉玲案" 判決作例子，認為終審法院在該判決中提出香港法院有權審查全國人大及其常委會的立法行為並宣佈其無效，這是錯誤的，如果法官正確認識到中央與特區的關係，就不會犯這種錯誤。其二是，解決 "雙非" 子女問題，需通過法律的方式。她認為，最可行（是否可行，可以再說）的辦法是行政長官向國務院遞交報告，請全國人大常委會釋法。針對香港社會有些人不贊同人大常委會釋法，她提出，在內地和香港實行不同法律制度的情況下，法律解釋是調和器，人大常委會釋法是溝通兩種制度的橋樑。如特區法院對基本法的解釋不對，就需要以人大常委會釋法予以糾正。在我們看來，這兩個觀點完全是正確的，但香港一些人卻對梁愛詩發動了 20 多天的圍攻，成為最近一段時間的熱點問題。反對派攻擊什麼呢？概括起來，他們給梁愛詩強加以下"罪名"：第一，炮轟法律界，公然向法官施壓，干預司法獨立，破壞香港的核心價值；第二，要求法官判案考慮中央與特區的關係，是要求法院判案時要考慮中央的思想，放棄普通法解釋法律的方法；第三，1999 年終審法院對"吳嘉玲案"的判決沒有錯誤，終審法院提出，法院可以審查全國人大及其常委會立法行為並宣佈其無效，只是重申了法治原則。應當看到，在香港社會政治生態下，反對派的上述觀點雖然偷換概念，顛倒是非，但在香港還是有相當市場的，那麼，從基本法規定出發，他們的這些觀點到底錯在哪裏？這就給我們提出了研究課題。比如說，他們說梁愛詩發表的言論干預司法獨立，事情是這樣嗎？我們大家都知道，任何權力都要受公眾輿論的監督，司法權也不例外，就拿美國和英國的普通法制度來說，法官作出判決後，從來都是可以批評的，不僅一般公眾可以批評，就是政府官員也可以出來批評。如美國最高法院 2010 年 1 月 21 日在一個案件中判決美國現行法律關於公司和社會團體參與選舉的資金限制，違反美國憲法第一修正案關於言論自由的規定，引起美國社會的巨大震動。奧巴馬立即作出反應，譴責這項判決。1 月 27 日，奧巴馬在發表國情諮文時，當着議員和最高法院法官的面，再次譴責這項判決，他說，最高法院的這一判決"逆轉了長達一個世紀的法律傳統，為特殊利益集團操縱選舉打開了洪水的閘門"。由此可見，基本法規定的司法獨立，決不是反對派所講的不能批評法院判決。再比如說，他們說香港終審法院有關法院可以審查全國人大及其常委會的立法行為的判詞沒有錯，只是重申幾百年已經奠定的法治原則，但事實和法律是這樣嗎？肯定不是，我這裏只講三點，一是，香港在英國的殖民統治下，由於英國實行的是議會至上的政治體制，法院是不能質疑議會立法的合法性的，這是幾百年來英國所確立的基本憲制規則。二是，香港回歸後，全國人民代表大會是最高國家權力機關，既然是最高，任何機構都不能質疑全國人大的行為的合法性，這是我們國家的憲法原則。三是，香港基本法規定，香港法院要保留原有法律制度和原則對法院管轄權的限制，而且進一步明確規定，香港法院對涉及國防、外交等國家行為無管轄權，也就是對中央政府處理國家事務的行為，香港法院是不能質疑其合法性的，這是基本法所確立的重要憲制原則。就這三點，已經可以說明香港法院可以審查並宣佈全國人大及其常委會的立法行為無效的觀點是完全錯誤的，更何況香港法院是一個地方法院，世界上哪有地方法院可以宣佈中央政府的行為無效的？即使有，必定有一個前提，那就是有關案件一定可以上訴到國家的最高法院。我講這個例子，主要是想說明，我們的研究任務來源於實踐的需要，來源於基本法實施中遇到的問題，關注港澳社會正在發生的情況，才能知道有哪些問題需要研究，從而使我們的研究更具有針對性，更加深入，這就是動態研究，對我們從事基本法研究很重要。

因此，了解港澳社會的情況，把握港澳社會的脈搏，落到基本法研究上，最主要的就是抓住每天都在發生的涉及基本法的問題，並且認清這些問題的實質，為我們的研究工作提供一個基礎。我們這次研討會印發的七篇論文，從選題上來說，都是抓住了香港基本法和澳門基本法實施中遇到的重大問題，說明各位論文作者對港澳社會情況是有相當程度了解的。但從論文研究的深度和廣度來看，客觀地講，七篇論文是有所差異的，主要是對問題的界定是否準確到位造成的，由此也反映了論文作者對港澳社會情況的了解程度。因此，深入了解港澳社會情況，準確把握各種法律問題的實質，是基本法研究工作的基礎，也是提高理論研究水平的必由之路。

二、要堅信基本法的規定切實可行

　　要堅信基本法的規定是切實可行的，而且努力使其行得通，這是基本法理論研究工作的方向。這些年來，我看了不少基本法研究論文，也參加了一些基本法研討會，發現有一個特點，但凡提到建議，經常都會有一條是建議修改基本法的。當然任何法律都是可以修改的，基本法也不例外，大家也盡可繼續提出這方面的建議，我想要說的是，任何法律實施的要義首先不是怎麼修改它，而是使它行得通，尤其像基本法這樣的憲制性法律，本身就是政治妥協的產物，更不能輕言修改。因為修改無非是重新達成一種政治妥協，解決了舊的問題，還會產生新的問題，但這還不是關鍵，關鍵是這種不斷修改憲制性法律的過程，必然影響到憲制秩序的穩定，從而影響到社會的穩定。如基本法關於香港特區行政長官和立法會兩個產生辦法，起草時提出的方案就有幾十種，後歸納出五種方案，最後是中間落墨，每種方案都吸納了一點，達成了妥協。我們做基本法研究，要了解有關法律條文形成的艱難過程。2005 年 4 月12 日我與香港法律界人士座談，在講到基本法時，我說我們不要苛求前人，"前人所做的已經足夠超前，已經向我們展示了他們不同尋常的聰明才智，現在我們所應做的也是所能做的，就是全面、準確地把基本法貫徹好、實施好，通過我們大家的共同努力，使基本法在實踐中不斷得到充實、完善。"我們從事基本法研究，應當懷有一種對歷史、對前人的敬意，相信基本法的各項規定是切實可行的，並通過我們的努力和實踐促使其完善，不斷取得成功。

　　香港基本法實施過程，從某種程度上來講，就是基本法不斷充實、完善的過程，不斷使基本法規定行得通的過程。如在基本法解釋問題上，回顧 1999 年全國人大常委會第一次解釋基本法，當時香港法律界感到天要塌下來，一些大律師和律師還穿黑衣沉默遊行，宣稱香港法治已死。經過了四次釋法，現在看來，一方面，香港社會對基本法的規定有了更全面的認識，另一方面，我們也不斷改進工作，儘管香港社會還存在一些疑慮，但總體上來講，認受程度已經大大提高，如對"雙非"問題的認識，就有很多人支持釋法。香港終審法院也在若干個判決中表明，全國人大常委會具有基本法全面和最終的解釋權，一旦人大常委會對基本法有關規定作出解釋，香港法院必須遵從，這是"一國兩制"下香港法治的組成部分。2011年終審法院在審理剛果（金）案時，還第一次啟動了基本法規定的提請釋法機制，使有關法律問題得到了妥善的解決。在政制發展問題上也一樣，2004年全國人大常委會通過對香港基本法附件一第七條和附件二第三條的解釋，確立了處理兩個產生辦法修改問題的"五步曲"程序，一開始也有一些人不理解，經過這些年來的實踐，由於這個程序理順了在修改兩個產生辦法問題上中央與特區的權力關係，有一套公開透明的法律程序來處理富有爭議性的重大政治法律問題，現在"五步曲"已經在港澳社會深入人心。要使基本法的各項規定行得通，實際上也包括通過實踐不斷修正我們過去自己的一些觀點的過程。比如說，以前我們有些人也主張，基本法是一部全國性法律，只能採用內地的法律解釋方法，而不能採用普通法解釋方法。在實踐中，我們看到，按照香港基本法的規定，香港法院享有基本法解釋權，同時香港繼續實行普通法制度，不讓他們用普通法進行解釋是行不通的，但全國人大常委會解釋基本法，就只能採用內地的法律解釋方法，發生衝突，以全國人大常委會的解釋為準。這種觀點的修正，更加切合基本法有關規定，從而也更加能夠得到各方面的認同和接受。再如，以前我們講特區政治體制是行政主導而不是三權分立，這與香港和澳門社會普遍認為他們是三權分立的觀點截然相反。深入分析其原因，發現香港和澳門社會講三權分立，實際上有兩種含義，一種是指美國式的政治體制模式，另一種更多的是對以權力制約權力的形象說法，講三權分立的人，也不是鐵板一塊的。因此，我們就區分這兩種情況，指出如果三權分立是指美國式的政治體制模式，那麼基本法規定的政治體制肯定不是美國式的三權分立，但如果說三權分立是以權力制約權力的形象說法，基本法規定的政治體制同樣體現了以權力制約權力的原則。姬鵬飛在基本法草案說明中關於行政長官要有實權，同時要受到制約，行政立法要相互制衡又相互配合等，都說明了這一點。這樣來解釋行政主導與三權分立，就不是截然對立的，對於促進香港和澳門社會接受行政主導政治體制起到了很好的作用。

堅信基本法的各項規定是切實可行的，並努力使其行得通，落到基本法研究上，就是一個價值取向問題，也是基本法研究的方向性問題。比如說，香港特區政府行政主導不起來，比較弱勢，這是香港社會的普遍看法，其原因何在？香港社會有些人認為，是基本法規定有問題。很多特區官員也認為是基本法規定有問題，要是這麼說，就需要修改基本法。當然也有人認為，不是基本法規定有問題，而是對基本法的理解和落實出現了問題。按照這種觀點，就需要深入分析研究，採取措施使特區政治體制在基本法規定的軌道上運作。由此，可以看出，對基本法實施過程中遇到的問題到底是什麼問題的認識和界定，直接關係基本法研究的方向。"一國兩制"和基本法要長期實施下去，中央一再強調堅定不移地堅持"一國兩制"方針不動搖、堅定不移地嚴格按照基本法規定辦事不動搖，這決定了基本法理論研究工作的主要方向是適應時代的發展變化，努力使基本法的各項規定能夠行得通。香港基本法實施已經有 15 年的時間，澳門基本法的實施也已經有 13 年的時間，積累了一定的實踐經驗，是我們研究工作的寶貴財富，我們要很好地總結基本法實施的成功經驗及教訓，並把它上升為理論，用於指導未來的實踐。走前人沒有走過的路，是一件艱苦的探索工作，在前人已經走過的路上，承前啟後，把路走得越來越寬，同樣是一種探索的工作，而且難度可能不亞於走新路，因此，研究在新形勢下怎麼使基本法的規定能夠有效地施行，是一種理論創新工作，也是不斷提高研究水平的方向。

三、要堅持嚴謹的學術精神

要堅持嚴謹的學術精神，精細入微地進行法律問題分析，增強理論的說服力，這是基本法理論研究工作的一個基本要求。我們花這麼大力氣推動基本法理論研究工作，大家花這麼多時間和精力進行研究，不是為了關在這個屋子裏自說自話，自拉自唱，最終目的還是為了在港澳社會發揮影響力，今天大家都談到了這個問題。要做到這一點，首先要十分強調嚴謹的學術精神，十分強調我們提出的觀點的說服力。儘管內地與港澳社會的情況有很大的不同，觀點也不會完全一致，但學術標準應當是一樣的，就是要遵循學術研究規則，言之有物，言之有據，這就要求我們對法律問題作精細入微的分析，這是我們的理論和觀點能夠在港澳社會發生影響力的前提條件，與話語權是緊密相連的。

怎麼堅持嚴謹的學術精神？在座的各位都是從事法學理論研究的，比我更有發言權，但我可以從一個讀者的角度提出幾點看法：第一，事實的陳述或概括要清楚、準確。觀點可以不同，但事實只有一個。要把事實尤其是歷史事件弄清楚，也不是一件容易的事情。但無論探尋事實有多困難，我們都不能發生事實錯誤，都不能對歷史事實進行臆斷，因為事實錯誤屬於學術硬傷，直接影響到觀點的正確與否，直接影響到理論的說服力。我前面講到要深入了解港澳社會情況，其中的一個原因，就是在我以往所看的有關基本法研究的文章中，還存在着事實錯誤的問題，這是我們必須努力加以杜絕的。第二，引用材料要規範、準確。為了使研究工作有意義，不進行重複勞動，在做具體課題研究時，必須進行文獻檢索，全面地掌握已有的研究成果，並概述有關觀點。同時，為了論證自己的觀點，無論是出於正面或反面的目的，引述他人的觀點，也是完全必要的。但在引用這些材料時，一定要全面地閱讀有關作者的著作或論文，做到規範、準確，防止斷章取義，更不能錯誤引述，曲解別人的觀點。這既是對他人的尊重，也是對自己的尊重，更是關係到學術進步，關係到研究成果的公信力和應用價值。比如說，做基本法研究，經常要引用香港法院的判決，這些判決動輒上百頁，而且大部分判決是英文，我們要引用法官的觀點，一定要全面地讀判決，從法官的法律推理過程來理解其中某一句話的含義，從而恰如其分地加以引用。第三，觀點論證要鮮明、充分。大家所寫的稱為學術論文，我理解它重點在於"論"字，沒有"論"的文不叫"論文"，比如說，我的文章只能說是"文"，而不敢也不能叫"論文"。論文提出的觀點都必須證成，而且必須是能夠鮮明、充分地證成，這是學術精神的一條基本要求，甚至是最核心的要求。怎麼叫充分論證呢？這至少要從正面提出有關觀點的理據，並且有效地回應在同一個問題上出現的其他觀點。所有論證都要建立起必要的理論框架，這樣才能一以貫之，前後呼應。大家都讀過各種文件，文件與論文的區別就在於前者多使用判斷句，即使要陳述有關觀點的理據，文字也十分簡潔，但論文當然也少不了判斷，但不能像文件一樣都是判斷句，而且還要絲絲入扣地對每一個重要判斷加以論證。第四，要遵循法律規律和邏輯。做基本法研究，就是做法律研究，屬於法學範疇，雖然法律與社會、政治、經濟生活聯繫緊密，但作為一個學科，有其自身的規律和邏輯。我們要深入地探求這種法律規律和邏輯，並應用到基本法的研究之中。上面這幾條，是關於嚴謹的學術作風，我在基本法教材編委會上也講過類似的意見，今天七篇論文基本上做到了這些，當然學術規範還有很多，但在基本法研究中最主要是要把握好以上四條。

從事任何研究工作，我想都要求有嚴謹的學術精神，為什麼我要在這裏再強調一遍，回到我開始時講到的問題，我們的研究成果最終是要在港澳地區發揮影響力的，而在港澳地區尤其是香港，沒有高出一頭的理論水平，從法律上、法理上闡述清楚我們的觀點，以理服人，是不行的，而沒有嚴謹的學術精神，就很難談得上提高理論水平。

我前面就怎麼提高基本法理論研究水平談了三點看法，在座各位從事的法學研究領域有所不同，但我相信，只要我們全力投入基本法研究工作，不僅對“一國兩制”的實踐作出貢獻，而且對各自的研究領域也一定會有很大的促進作用。最後，用我為許崇德教授主編的“一國兩制”叢書所寫的序言中的一段話來結束今天的講話，這段話是這樣的，“‘一國兩制’不僅是對人類政治制度和政治理論、法律制度和法學理論（不僅是憲法學、行政法學，而且是法理學等各個法學領域）提出了重大挑戰，而且也是對經濟制度和經濟理論、哲學思想和人的思維方式等都提出了重大挑戰。……‘一國兩制’不僅是一個極其豐富的政治學、法學理論的寶庫，也是一個極其豐富的經濟學、哲學、文化等理論寶庫，值得我們認真挖掘。”用這句話與大家共勉。謝謝大家！

澳門的明天會更好

2013 年 1 月 10 日，為《澳門歷史的巨變》作序。

在澳門基本法頒佈 20 週年之際，多位原澳門基本法起草委員會委員、澳門基本法諮詢委員會委員、澳門特別行政區籌備委員會委員，以及特區各界人士提筆撰文，回憶澳門基本法的起草過程，回顧澳門基本法實施以來澳門所發生的歷史性巨變，令我感動。澳門基本法推廣協會廖澤雲會長和崔世昌理事長要我為本書寫序，我欣然答應。

澳門特區成立十三年來，發生了翻天覆地的變化。1999 年 12 月 19日澳門回歸祖國時，我第一次到澳門。在我印象裏，澳門市區雖然商鋪很多，比較大的只有八佰伴。澳門半島南邊的地標建築只有老葡京酒店，洋觀音遠遠地矗立在水中央。對面的氹仔，靠澳門半島一面有一些建築，往南走，氹仔和路環之間還是雜草叢生的平地和水塘。此後我又數次來過澳門，每次看到的景象都不一樣。現在，澳門半島南端的現代化建築已經連成一片，洋觀音也快要上岸了。在氹仔，一座新城已拔地而起，尤其到了晚上，燈火輝煌。澳門湧現了一批現代化的大商場，世界各種名牌產品琳瑯滿目，成為購物天堂。更重要的是，澳門居民的精神面貌煥然一新，在愛國愛澳、勤勞敬業精神的基礎上，展現出當家作主的主人翁姿態，積極投身澳門的建設與發展，對澳門的前景充滿了信心和決心。我贊同這樣的說法，澳門這十來年的發展變化，是數百年來未有之大變局。這是"一國兩制"方針和澳門基本法正確指引的結果，是中央政府和內地各地方大力支持的結果，更是首任行政長官何厚鏵先生和現任行政長官崔世安先生以及特區政府帶領澳門社會各界人士團結奮鬥，求安定，謀發展的結果。

記得在澳門基本法頒佈 10 週年時，我應邀參加在澳門舉辦的基本法學術研討會和宣傳推廣基本法園遊會等活動，那種人人參與的熱烈、生動場面至今印象深刻。這些年來，澳門特區辦成了許多大事情，先後成功進行三次行政長官選舉和四次立法會選舉，2009 年順利完成了基本法第 23 條的相關立法工作，2012 年穩妥處理政制發展問題，完成了行政長官產生辦法和立法會產生辦法的修改，還按照建設世界旅遊休閒中心和中國與葡語國家經貿合作服務平台的發展定位，穩步推進與內地的經濟合作，促進經濟適度多元發展，為未來發展努力奠定基礎，等等。在這個過程中，社會上也常常對某些問題有多種意見或看法，有時甚至有激烈的爭論，然而，每一件大的事情，最後都能在基本法的原則下形成總體共識，這是十分難能可貴的。在澳門，廣大居民尊崇基本法、愛戴基本法、自覺貫徹基本法，基本法已經成為全社會的共同行為準則。

澳門基本法起草委員會成立於 1988 年 9 月，由 48 人組成，其中澳門委員 19 人。兩地委員由於出生和成長的環境不同，所受的教育和經歷不同，因而對許多問題的看法不盡相同，即使內地委員與內地委員之間、澳門委員與澳門委員之間，所持觀點和所提出的意見和主張也往往有很大分歧。但是每一個成員都有平等的發言權，都可以暢所欲言，不受任何限制。大家本着共同對國家負責、對澳門未來前途負責的態度，坦誠發表意見，集思廣益，終於在一個個重大問題上取得了一致。應當說，今天澳門基本法得到廣大澳門居民的認同、愛戴和自覺貫徹執行，是與基本法制定過程中發揚民主、廣納民意分不開的，原基本法起草委員會委員和基本法諮詢委員會委員的工作更是功不可沒。

澳門基本法是由全國人民代表大會制定的一部全國性法律。基本法序言鄭重表達了制定這部法律的法理依據和立法目的："根據中華人民共和國憲法，全國人民代表大會特制定中華人民共和國澳門特別行政區基本法，規定澳門特別行政區實行的制度，以保障國家對澳門的基本方針政策的實施。”基本法以法律形式確定了特別行政區的制度，將“一國兩制”方針由政策層面提升到制度層面，這是國家恢復對澳門行使主權的必然選擇，也是落實“一國兩制”、“澳人治澳”、高度自治方針的現實需要。澳門特別行政區制度是國家管理制度的一個組成部分，但它是一個特殊組成部分，按照這一制度規定，特區享有中央授予的行政管理權、立法權、司法權和終審權，中央同時保留管理特區所必須的權力，中央的管理權與特區的高度自治權在行使過程中又是有機結合的。澳門回歸13年來，在國家主體實行社會主義制度的前提下，澳門保持原有社會制度不變，中央全力支持特區發展穩定，特區自覺履行維護國家主權、安全、發展利益的責任，特區經濟持續快速發展，各項社會事業不斷進步，廣大澳門同胞管理澳門、建設澳門的聰明才智得到了充分發揮。事實生動地證明，“一國兩制”方針是完全正確的，澳門基本法完全符合澳門實際，具有強大的生命力。

澳門基本法作為一項規定特別行政區制度的法律，是規範而嚴肅的，但基本法所包含的人文思想又是豐富多彩的。求同存異、兼容並蓄，就是貫穿於“一國兩制”方針和基本法之中的一個重要思想。比如，澳門基本法就澳門回歸後所實行的社會制度問題，在序言中有這樣的鄭重表述：為了維護國家的統一和領土完整，有利於澳門的社會穩定和經濟發展，考慮到澳門的歷史和現實情況，國家決定，在對澳門恢復行使主權時，根據中華人民共和國憲法第三十一條的規定，設立澳門特別行政區，並按照“一個國家，兩種制度”的方針，不在澳門實行社會主義的制度和政策。這種求同存異的思想和做法，不僅在澳門回歸過程中使眾多澳門居民吃了定心丸，也為世人了解“一國兩制”方針產生了深遠的影響。比如，澳門特區回歸後所實行的以行政為主導的政治體制，不同於西方“三權分立”的體制，也不同於內地所實行的全國人民代表大會制度，是全新的創制，其中就吸收了澳葡時期政治體制的合理部分，吸收了以權力制約權力的人類政治文明發展成果，同時與憲法規定的國家管理制度相互銜接。從中可以看出，基本法注重博採眾長，即便對原殖民統治時期的東西也不採取一概排斥的態度。再如，澳門基本法制定在香港基本法之後，香港基本法的很多內容為澳門基本法所借鑒，但澳門基本法又不是簡單照搬，其中澳門回歸後的經濟政策、文化政策、政治體制等，包括前段澳門處理政制發展工作時所涉及的行政長官和立法會兩個產生辦法，都與香港有所不同，這是充分注意到澳門歷史和現實情況，從澳門實際出發制定的。

貫徹落實好基本法，重要一點就是要深刻領會和準確把握"一國兩制"方針和基本法的思想精髓，始終堅持求"一國"之大同，存"兩制"之大異的思想和原則，尤其要自覺地把堅持一國原則和尊重兩制差異、維護中央權力和保障特別行政區高度自治權、發揮祖國內地堅強後盾作用和提高港澳自身競爭力有機結合起來，任何時候都不能偏廢。要把求同存異的思想方法運用到處理各種具體問題之中。從內地來講，對特別行政區實行的資本主義制度以及與之伴生的一些現象，不能按照內地的觀念和標準去衡量和要求，對外面先進的管理制度和經驗，要虛心學習和借鑒。從特別行政區來說，則要尊重國家主體實行的社會主義制度，特別是要尊重國家實行的政治體制、內地的司法制度，要深入了解國情，充分認識到中國特色社會主義制度的確立、中國共產黨在國家中的領導地位是歷史和人民的選擇。同時，要不斷完善與基本法實施相關的制度和機制，加強特區的法制建設，持續提高依法治澳的水平。這樣，"一國兩制"實踐就會始終平穩健康地進展，澳門的明天就一定會更加美好。無論在澳門回歸前還是回歸後，中央領導人發表有關澳門歷次重要講話中，都十分強調澳門人可以管理好澳門，全體澳門人以實際行動證明了這一論斷。

以上這些，是我的感想，也是多位作者文章中所表達的內容，我衷心希望大家通過閱讀這本書，進一步了解澳門基本法的立法過程和澳門回歸以來實施基本法的生動實踐，進一步了解"一國兩制"的豐富內涵，更多地為"一國兩制"事業貢獻力量。

關於香港政制發展問題

2013 年 3 月 24 日，在香港立法會建制派議員座談會上的講話。

譚耀宗先生、各位議員：

今天在深圳與大家見面非常高興。

我現在不再擔任香港基本法委員會主任、全國人大常委會副秘書長的職務，不具體負責香港事務。從上個世紀九十年代初算起，我從事香港工作已經有 20 多年，對香港懷有深厚的感情，與包括在座各位在內的香港各界人士建立了誠摯的友誼，大家對當前香港局勢的憂慮，我感同身受；在過去 10 年裏，我就政制發展問題與香港各界人士有不少交流，現在這個問題又到了一個十字路口，今天來參加座談會講些什麼，來之前我和張榮順先生也反覆商量過，本不想設題目大家敞開談，剛才譚耀宗先生建議講政制發展問題、普選問題，昨天下午一到深圳看電視，林建鋒議員正在說要喬曉陽明確解釋普選問題，搞得我一晚上沒睡好覺，趕寫了一篇稿子。下面，結合"兩會"期間和一些香港代表、委員交談給我們的啟示，結合香港當前局勢，就香港政制發展問題談談我個人的看法，與大家交流。

最近一段時間以來，香港政制發展問題主要是行政長官普選問題炒得很熱，在座的各位當然難以置身事外，從報紙上看，你們當中已經有不少人在各種場合被問到這方面的問題。目前的政制發展議題是什麼時間、以什麼方式炒起來的呢？我簡單梳理一下，第一個時間點是今年 1 月 10 日梁振英先生發表施政報告，反對派看到施政報告沒有提到開展政制發展諮詢的時間，猛烈批評行政長官和特區政府有意拖延落實普選，提出要儘快啟動政改諮詢。第二個時間點是 1 月 16 日戴耀廷先生在《信報》發表題為《公民抗命的最大殺傷力武器》的文章，在"佔領中環"這個口號下，經過 20 來天的發酵，反對派力量迅速凝聚起來，集中散佈中央沒有誠意落實普選，就是實行普選也不是"真普選"，會把泛民"篩選"出去等言論，製造悲情，要與中央"最後攤牌"、"盡地一煲"。第三個時間點是"兩會"期間俞正聲主席發表愛國愛港力量長期執政的談話，反對派立即把中央講的行政長官必須是愛國愛港的，演繹為要排除"泛民"作為行政長官候選人，群起而攻之，藉勢成立了"真普選聯盟"，重組了民間策發會，提出議員辭職公投，醞釀佔領中環"四步曲"、"七步曲"等。現在，雖然特區政府還沒有啟動政制發展諮詢工作，但行政長官普選問題已經是滿城風雨。反對派的要求是什麼？用他們的話說，"泛民不入閘，就非真普選"，就是將來行政長官普選時，一定要有泛民的候選人。他們提出的各種主張，搬出的各種西方民主理論，都是為這個目的服務的。在他們的輿論攻勢下，香港不少市民感到反對派說得對啊，將來普選時為什麼不讓泛民的人當候選人？他們在香港有很高支持度，手握六成選票，為什麼不讓他們的候選人進入一人一票的普選呢？如果通過篩選把這麼重要的政治力量排除在普選之外，一定是假普選。我想，就是在座的各位，如果有人問你這個問題，可能也感到十分難於回答。之所以難回答，主要原因是反對派通過偷換概念，製造出半真半假的問題，讓人怎麼說都不是。反對派在他們製造的這種鋪天蓋地的輿論下，進而提出他們的所謂普選行政長官方案。近 10 年來，他們的一貫做法就是搶佔爭取民主、普選的道德高地，把理性討論、與他們不同的觀點，都說成不民主、假普選。從 2003 年要求 07/08 雙普選到 2007 年要求 2012 年雙普選，現在的情況也是一樣。在這種情勢下，不把他們從所謂的道德高地上拉下來，是不可能有效討論具體普選方案的。所以，面對反對派的強大輿論攻勢，我看不能與他們糾纏那些似是而非的問題。他們越是要把問題搞複雜，我們就越要把問題簡單化，他們越是要繞着彎子講話，我們就越要直截了當。怎麼簡單化？怎麼直截了當？就是解決兩個認識問題，一個是在"一國兩制"下行政長官應當具備的最基本的條件是什麼；一個是行政長官普選辦法最基本的法律依據是什麼。只有這兩個最基本的問題在香港社會達成共識，才有可能討論普選的具體方案。這兩個問題其實都是老問題，過去已有過不少討論，中央領導人和中央有關部門負責人都講過，內地和香港的一些專家學者也都發表過意見，可是今天淡忘了，或是在反對派歪理煽惑下不敢理直氣壯地發聲了，下面，我想就這兩個問題談談個人的看法。我今天來就是與大家交流個人看法的。

第一個問題，"一國兩制"下行政長官最基本的條件。這個問題的實質是，能不能允許與中央政府對抗的人擔任行政長官，這是行政長官普選問題的癥結所在。

大家都知道，在制定"一國兩制"方針政策過程中，鄧小平十分強調"港人治港"的標準和界限，就是管理香港的人必須愛國愛港。1987年鄧小平會見香港基本法起草委員會委員時曾經鮮明地提出，"我們說，這些管理香港事務的人應該是愛祖國、愛香港的香港人，普選就一定能選出這樣的人嗎？"這是個反問句，回答應是"不一定"，所以實際上是在告誡我們，將來行政長官普選時，一定要選出愛國愛港的人。愛國愛港是一種正面的表述，如果從反面講，最主要的內涵就是管理香港的人不能是與中央對抗的人，再說得直接一點，就是不能是企圖推翻中國共產黨領導、改變國家主體實行社會主義制度的人。井水不犯河水。鄧小平不止一次強調，"一國兩制"要講兩個方面都不變，既要保持香港原有的資本主義制度不變，也要保持中國共產黨領導下的具有中國特色的社會主義制度不變，這是對所有人的要求，更是對管理香港的人的要求。所以，不能允許與中央對抗的人擔任行政長官，是成功實施"一國兩制"的一項基本要求，從一開始就是明確的。香港回歸以來，中央一直強調行政長官人選要符合三個標準，也可以說是三個基本條件：愛國愛港、中央信任、港人擁護。其中，愛國愛港、中央信任這兩項標準，講得直白一點，就是不能接受與中央對抗的人擔任行政長官。為何換一個直白說法？因為說愛國愛港，他們說誰不是愛國愛港的，每個人都認為自己是愛國愛港的。我現在的說法是不能是與中央對抗的人，這個面就窄了，而且有案可查的，反對派頭面人物這方面的言行多不勝數。我知道，在香港不喜歡共產黨、不喜歡社會主義的人不少，這是正常的，我們也從來沒有要求都要信仰某個主義。我說的是對抗中央，對抗不是指批評北京，為國家好怎麼批評都允許，對內地有些事情恨鐵不成鋼提意見，哪怕激烈一些，都是愛國表現，對抗是互為對手，你死我活，比如，何俊仁先生 2011 年 5 月連續 3 天在《明報》發表文章，其中白紙黑字"香港民主派的對手是在北京管治整個中國的中共中央及其領導的中央政府"，何先生盡可以保留自己的觀點，問題是持這種立場的人中央能接受嗎？世界上單一制國家中沒有一個中央政府會任命一個與自己對抗的人、要推翻自己的人擔任地方首長。有的朋友說，香港反對派中的一些人與西方國家的反對黨不同，後者能遵守一個遊戲規則，就是尊重國家憲制，而前者無視國家憲制、挑戰國家憲制。

不能允許與中央對抗的人擔任行政長官，這個道理是顯而易見的。在座的大家都明白，都說過，我再重申一下。香港特區是中國的一個地方行政區域，直轄於中央人民政府，而不是一個國家或獨立的政治實體。行政長官作為香港特區首長和政府首長，最重要的一項職責就是維護好香港特區與中央的關係，如果是一個與中央對抗的人，不僅難於處理好這個關係，而且還會成為中央與香港特區建立良好關係的障礙，這種人在香港執政，國家安全就沒有保障，"一國兩制"實踐可能受到重大挫折。按照基本法的規定，行政長官不僅要對香港特別行政區負責，而且要對中央人民政府負責，如果普選產生的行政長官是一個與中央對抗的人，怎麼對中央政府負責，基本法的規定怎麼落實？從這個角度講，行政長官必須由愛國愛港的人擔任，是一個關係到"一國兩制"和基本法能否順利實施的重大問題，講得重些，是一個關係"一國兩制"成敗的重大問題。

不能允許與中央對抗的人擔任行政長官，這是設計香港行政長官普選方案的一條底綫。守住這條底綫，不只是為了國家安全和利益，從根本上講，也是為了維護香港利益，維護廣大香港同胞、投資者的根本利益。香港的經濟繁榮與發展，從來都離不開內地，離不開中央政府和內地各地區的支持。香港回歸以來，兩地的經貿關係、社會文化交流、人員往來越來越密切，這種不可逆轉的大趨勢，是香港在歷史性轉折關頭繼續保持社會穩定、經濟繁榮的重要因素。試想，如果選出一個與中央對抗的人當行政長官，與這種大勢背道而馳，大家可以預見，屆時中央與特區關係必然劍拔弩張，香港和內地的密切聯繫必然嚴重損害，香港社會內部也必然嚴重撕裂，"東方之珠還會風采依然"嗎？

我看到香港報紙有人寫文章講，廣大香港居民是愛國愛港的，要相信不會選出這樣的人當行政長官，即使選出這樣的人，一旦他與中央對抗，損害香港利益，下次選舉一定會把他選下來。我完全同意廣大香港居民是愛國愛港的，也相信如果再一次選舉，可以把與中央對抗的人選下來。問題在於，如果出現這種情況，其後果是香港難於承受的。一個道理是，香港是國際金融貿易中心，換句話說，香港是一個為國際經濟活動，尤其世界各國各地區與中國經貿活動提供服務的平台，如果行政長官與中央對抗而導致香港政局不穩，各國投資者還有誰會利用這個平台做生意？如果投資者跑光了，香港還會是一個國際金融貿易中心嗎？進一步講，中央在香港實行的基本方針政策的根本宗旨是兩句話，第一句是維護國家主權、安全、發展利益，第二句是保持香港的長期繁榮穩定，這是中共十八大報告剛剛宣佈的，是堅定不移的。因此，即便香港有人願意承受與中央對抗的人擔任行政長官的這種風險，站在國家的角度，站在維護根本宗旨的角度，站在落實"一國兩制"方針政策的角度，也不能承受這個風險。

我們提出不能允許與中央對抗的人擔任行政長官，有人講，怎麼判斷誰是與中央對抗的人，是不是中央說了算？當然中央會有自己判斷，但在普選行政長官時，首先是由提名委員會委員作出判斷，這些提名委員會委員都是香港永久性居民，相信他們能夠做出正確的判斷。其次要由香港選民作出判斷，將來行政長官普選時，要一人一票進行選舉，選民完全知道自己的利益所在，也會作出理性選擇。最後行政長官人選報中央政府任命，中央政府會作出自己的判斷，決定是否予以任命。我也看到香港報紙有人講，愛國愛港難以定出一個具體的衡量標準，將來可能也會有人講，"與中央對抗"難以定出具體標準，確實是這樣。愛國愛港標準也好，不能與中央對抗的標準也好，是難以用法律條文加以規定的，但這種標準就像內地一部有名的電視連續劇《宰相劉羅鍋》的一句歌詞，"老百姓心中有桿秤"。我們講愛國愛港、不能與中央對抗的意義，不是要把它寫入法律，而是要在香港民眾心中架起這桿秤。

　　香港回歸以來，無論是中央政府還是特區政府，都是以最大的政治包容來對待香港反對派的。他們中的一些人在回歸前就專門與中央政府對着幹，還說準備在回歸後被抓、坐牢，還有一些人講，他們回歸後就移民。大家已經看到，香港回歸後，沒有一個人因為反對中央政府坐牢，他們的主要代表人物也都沒有移民，相反，還有一些回歸前移民外國的，回歸後又回來了。他們繼續反對中央政府，反對特區政府，即使這樣，還有不少人當選立法會議員，獲委任為特區政府諮詢委員會的委員，甚至擔任政府官員。但任何政治包容都有一個底綫，這就是只要他們堅持與中央對抗，就不能當選為行政長官。這是最後的退無可退的底綫。當然，哪一天他們放棄與中央頑固對抗的立場，回到愛國愛港的立場上，並以實際行動證明不做損害國家利益、損害香港利益的事情，當選行政長官的大門還是打開的。正如《新報》的一篇文章所說的，反對派只要本質上改變，問心無愧地承認自己是愛國愛港者，那麼基本法規定的行政長官普選制度對他們來說，就不是障礙而是合理的機制。他們什麼都不改變，反過來要求中央政府改變治港者必須愛國愛港的立場，接受他們在香港執政，這無論從什麼角度來講，都是不可接受的。前不久《信報》刊登了一篇筆名"畢醉酒"的文章，標題是《特首寶座泛民應"送也不要"》。這篇文章很有意思，從內容看，作者是站在泛民立場上講話的，他的文章有一段是假設余若薇女士當選特首，接着這樣講："我們的余特首每年十·一國慶將如何度過？一如過往特首一樣，出席官方的慶祝活動？還是跟其他泛民一起，發表反對中共一黨專政的言論？如選前者，堂堂的民主女神竟為獨裁專制的政府粉飾太平，歌功頌德，如何對得住萬千一起追求民主發展的戰友！如選後者，她可是中華人民共和國香港特別行政區的首長，受命中央，隸屬國務院，卻於國慶日跑出來反中央，那香港究竟是已回歸中國，還是變成一個政治實體？假設余若薇接受中央任命為特首，必會碰上這樣'豬八戒照鏡，裏外不是人'的局面。"這篇文章的中心意思是要反對派不要去選特首，以此為條件換取廢除功能界別選舉。我引用這一段話，無意評判余女士的言行，但這一段話倒是實實在在講出了在"一國兩制"下與中央對抗的人當特首不符合邏輯。

上述道理我相信廣大香港市民是能夠明白的，也是能夠接受的。

第二個問題，行政長官普選辦法最基本的依據。這個問題的實質是行政長官普選辦法要不要符合基本法和全國人大常委會的決定。

我從報刊看到反對派提出的關於普選制度的各種觀點，過去反對派批評曾蔭權先生在政制發展問題上領着港人遊花園，現在反對派就好像帶領香港市民遊西方花園，說這朵花好，那朵花好，都要採回香港；通通種到香港花園裏，要是不種，就是不民主。西方花園裏能種什麼花，是他們的憲法規定的，香港的花園裏能種什麼花，是基本法規定的，他們什麼都講，就是不講基本法的規定，你要是告訴他，按照基本法的規定，不能種這種花，他就說你不符合國際標準。本來香港行政長官普選辦法必須符合基本法規定和全國人大常委會決定，這涉及基本法的憲制地位問題，是一個講法治的社會不應成為問題的問題，但現在已經被他們先入為主，被他們搬出來的所謂"民主選舉條件"或"國際標準"搞得混亂不清。不把這個問題講清楚，在香港社會牢固樹立普選要符合基本法和全國人大常委會決定的原則，也就沒有可能討論行政長官普選辦法問題。

香港的政改包括行政長官普選辦法的依據是基本法，這個話中央講過多次，每逢政改來臨，我都要公開講到這個觀點。這次來之前，我又重溫了 2010 年 6 月 7 日 "喬曉陽先生" 對香港媒體發表的對普選的公開談話，他當時開宗明義地說，"首先要明確的是，在香港實行行政長官和立法會全體議員由普選產生的依據是香港基本法，這是我們討論未來兩個普選辦法的基礎。" 我所以引用我自己這段話是要表明我們的立場是一貫的，態度是鮮明的。我認為從這個基礎出發，行政長官普選其實是不難落實的，為什麼這樣說？讓我們看一看基本法的有關規定和到目前為止已經解決的問題、尚待解決的問題。

按照香港基本法第 45 條的規定，在行政長官實行普選產生的辦法時，須組成一個有廣泛代表性的提名委員會按民主程序提名行政長官候選人，然後普選產生。2007 年 12 月全國人大常委會有關決定進一步規定，提名委員會可參照基本法附件一有關選舉委員會的現行規定組成；提名委員會須按照民主程序提名若干名行政長官候選人，由香港全體合資格的選民普選產生。按照上述基本法的規定和人大的決定，將來行政長官普選時，由誰提名的問題已經解決了，就是提名委員會提名；選舉權普及而平等的問題已經解決了，就是由全港選民一人一票選舉產生行政長官人選，報中央人民政府任命；提名委員會如何組成問題已經基本解決，就是提名委員會可參照基本法附件一規定的選舉委員會組成。我當時（2007 年 12 月）到香港與各界人士座談時對 "參照" 一詞作過說明，其中特別指出，全國人大常委會決定中明確提名委員會可參照選舉委員會組成，參照什麼，主要就是參照選舉委員會由四個界別組成的基本要素，而在具體組成和規模上可以有適當的調整空間。在行政長官普選問題上尚未解決、尚待香港社會討論解決的主要有兩個問題，一個是提名行政長官的民主程序，一個是提名多少名行政長官候選人。

對於這兩個尚待解決的問題，有一點也是明確的，這就是提名委員會提名與選舉委員會委員提名是不同的。在 2010 年 6 月 7 日我向香港媒體發表談話時曾經講過，"未來行政長官提名委員會按民主程序提名候選人與現行的行政長官選舉委員會委員個人聯合提名候選人，完全是兩種不同的提名方式，沒有什麼可比性。普選時提名的民主程序如何設計，需要根據基本法的規定深入研究。" 我在其他場合還講過，基本法第 45 條規定的是 "由一個有廣泛代表性的提名委員會按民主程序提名"，無論是按照內地法律的解釋方法，還是按照香港普通法的解釋方法，按字面解釋，這句話可以省略成 "提名委員會提名"，再怎麼解釋也不是提名委員會委員提名。提名委員會實際上是一個機構，由它提名行政長官候選人，是一種機構提名。正因為是機構提名，才有一個 "民主程序" 問題。大家看一下基本法附件一現行規定，行政長官候選人由不少於 150 名選舉委員會委員聯合提名，這裏就沒有 "民主程序" 的規定。因為選舉委員會是委員個人提名，而提名委員會是整體提名，機構提名，所以才需要 "民主程序"。因此，在提名委員會提名候選人的制度下，要解決的是提名程序是否民主的問題。這完全是可以通過理性討論達成共識的。我看到 3 月 19 日《成報》上有一篇文章講，"普選時的特首候選人由 '提名委員會按民主程序提名'，什麼是 '民主'？國際社會對 '民主' 的共識就是 '少數服從多數'；什麼是 '程序'？國際社會對 '程序' 的共識是 '方法和步驟'。'提名委員會按民主程序提名' 的含義就是提名委員會按照自己的方法、步驟和少數服從多數的規定產生普選時特首候選人。把 '提名委員會按民主程序提名' 解釋為 '初選' 或 '篩選'，不是基本法的觀點，徒生爭拗。" 這篇文章可謂是把複雜問題簡單化的代表作，部分市民不是對 "篩選"、"預選" 有抵觸嗎？與其讓反對派玩弄這些概念爭取同情，不如就按基本法的規定講，這種按民主程序提名是不是 "篩選"、"預選"，大家心中有數，可是你一講，反對派馬上就說是要把他篩選出去，製造悲情，佔領中環不就是以此作為動員令嗎？我看就用基本法的講法更穩妥，也更準確。

香港基本法和全國人大常委會有關決定對行政長官普選問題已經作出了方向性的規定，落實行政長官普選相對於立法會普選來說，基本法的規定是比較明白的，為什麼現在會變得這麼雲山霧罩不明白了呢？根本原因就在於反對派出於其政治目的，千方百計要改寫基本法的規定，推翻全國人大常委會的有關決定。比如說，基本法規定行政長官普選時，候選人要由一個有廣泛代表性的提名委員會提名，他們就提出，多少名選民簽名也可以提名；全國人大常委會決定已經明確，提名委員會要參照選舉委員會組成，他們就提出，提名委員會要通過普選產生；再比如說，提名委員會的職能是提名行政長官候選人，面對多人爭取提名，提名委員會必然有一個提名誰、不提名誰的問題，他們就把這種正當的法律程序扣上一個 "篩選" 的標籤，提出 "無篩選"。所謂的 "無篩選" 口號，實質上就是不讓提名委員會成員有選擇權。這在法律上說不通，在實際上無法操作，本質上是反對基本法關於提名委員會提名候選人的規定。從這幾個例子可以看出，反對派的主張完全超出了基本法和全國人大常委會有關決定範疇，他們搬出西方國家的民主選舉制度和所謂的國際標準作依據，就是不以基本法為依據。

我知道，香港社會有許多人長期以來嚮往民主、追求民主，希望實現心目中的普選，這是可以理解的，但任何民主普選制度都建立在特定的憲制基礎上的，基本法和全國人大常委會有關決定就是這種憲制基礎，是討論普選問題的共同平台，沒有這個平台，任何討論都是 "關公戰秦瓊"，都會把問題越搞越複雜，思想越搞越混亂，不會有結果。要明確提出，無論什麼觀點和立場，都要以基本法作為依據，作為衡量標準。西方的普選制度可以參考，但標準只能有一個，就是基本法。基本法是香港特區的憲制性法律文件，全面體現"一國兩制"方針政策，是香港長期繁榮穩定的基石。在是否按照基本法規定辦事問題上，我們沒有妥協餘地，香港社會也不會同意在這個問題上有妥協餘地，因為中央政府和香港社會不會"自毀長城"。因此，愛國愛港力量要高舉基本法的旗幟，與中央政府和特區政府一起，堅決維護"一國兩制"，維護香港的法治原則和法治核心價值，維護香港的根本憲制秩序。這是破解當前局面，爭取朝好的方向發展的一個關鍵。

關於是否要早些啟動政改諮詢問題。現在反對派要談普選方案，要求普選不能預設前提，否則就要發動大規模群體抗爭，迫使中央和特區政府屈服。但在"一國兩制"下，香港行政長官普選是有前提的，就是前面所講的，一個前提就是要符合基本法和全國人大常委會的有關決定，另一個前提就是不能允許與中央對抗的人擔任行政長官。當然還有其他一些條件，但最根本的就是這兩條。這兩個前提不確立，不得到香港社會多數人的認同，是不適宜開展政改諮詢的，就是勉強進行諮詢，也不會有好的結果，欲速則不達。通過前面分析也可以看出，行政長官普選辦法尚待解決的問題不是很多，只要明確了這兩個前提，其他問題就可以迎刃而解。因此需要一定的時間把這兩個前提確立起來，儘管政改諮詢啟動時間可能晚些，但可以後發先至。我個人認為特區政府提出適當時候開展政改諮詢是合適的，將來還有"五步曲"程序，還有時間落實 2017 年行政長官普選。總之，我們要堅定信心，勇敢面對，同時要保持耐心，穩中求進。

最後還要講一點，今天對你們建制派議員，愛國愛港中堅力量，我沒有保留，把問題都攤開講了，這樣講的目的，不是要把政制發展問題進一步炒熱，一開場我就講了，今天是交流看法。現在外面來了不少香港記者，肯定會問大家喬老爺剛才講了些什麼，我相信大家會把握怎麼對外講。不管怎麼講，我建議大家對傳媒發表談話時，着重傳達我今天講話的三個信息，也是今天講話的三個重點：第一，中央政府落實

2017 年普選的立場是堅定不移的，是一貫的，絕無拖延之意；第二，行政長官人選必須是愛國愛港人士的立場是堅定不移的，與中央對抗的人不能當特首是一條底綫，這樣講不是為了從法律規定上排除誰，篩選誰，而是為了讓將來的提名委員會委員和香港市民心中有桿秤，有個衡量的標準，自覺不提名這樣的人，不選這樣的人；第三，普選必須符合基本法和全國人大常委會決定的立場是堅定不移的。基本法和全國人大常委會有關決定對普選行政長官的規定是明白清楚的，已經解決了由誰提名、提名委員會如何組成和選舉權普及平等問題，需要達成共識的主要是提名的民主程序問題。不要把簡單問題複雜化，更不能離開基本法另搞一套。

　　我再說一遍，是三個堅定不移，同時要講些道理，講些為什麼，希望通過你們吹風給香港社會傳遞正面信息。謝謝大家！

從“請投資者放心”到
“一國兩制”和基本法

2013 年 11 月 4 日，在香港總商會高層北京訪問團午宴上的講話。

尊敬的訪問團團長、香港總商會主席周松崗先生和訪問團全體成員：

大家中午好。很高興有機會在這裏和各位朋友見面。

在座的各位都是香港工商界的翹楚，都是香港的投資者，見到大家，我首先想到的是 1979 年鄧小平先生在北京會見香港總督麥理浩時談到 1997 年要收回香港，有人擔心在香港繼續投資靠不靠得住時，鄧小平先生講的那句後來廣為傳頌的話，這就是“請投資者放心”。在我參與香港工作的二十多年時間裏，始終沒有忘記這句話。中央在處理涉及香港的重大問題時，怎麼使香港投資者放心，始終是重要考慮之一。鄧小平先生讓大家放心，我們作為鄧小平先生開創的“一國兩制”方針政策的執行者，總不能讓大家不放心。

回顧香港過渡時期和回歸後的歷程，我們可以說，中央是真正做到使投資者放心的。否則，就不可能有香港的平穩過渡，繁榮穩定。我想大家都能同意，香港投資者能夠放心，鄧小平先生以其崇高的威望作出的承諾，是一個重要因素，但最根本的是，在鄧小平先生領導下，中央制定了“一國兩制”方針政策和基本法，並且始終不渝地加以貫徹落實，切實保護了香港工商界的利益，保護了各國各地區投資者的利益。當然，國家改革開放，經濟持續穩定發展，社會穩定和諧，人民生活不斷改善，對外聯繫日益緊密，展現出中華民族偉大復興的壯麗前景，這個大背景、大趨勢，對保持香港繁榮穩定，保持香港投資者信心也十分重要。

"一國兩制"方針政策和基本法是怎麼保護香港工商界、投資者的利益呢？如果我們翻開中英聯合聲明，可以看到，我國政府對香港的十二條基本方針政策中，有六條是有關經濟事務的規定，佔全部方針政策的一半，其他內容也都與保持香港的特殊地位有關，這說明中央對香港經濟發展、對工商界利益的重視；如果我們再翻開香港基本法，可以看到，整部基本法都是圍繞着怎麼保持香港的特殊地位而規定的，保護投資者利益，營造有利的營商環境，是貫穿其中的一個主要內容。除了與此有關的直接規定外，就連政治體制的規定也是如此。大家都知道，政治體制尤其是選舉制度，關係到社會各階層、各界別的政治利益分配。在香港基本法起草過程中，香港社會各界，當然也包括工商界，十分關注香港回歸後的政治體制，關注行政長官和立法會的選舉制度。作為對這種關注的回應，香港基本法起草委員會提出了"均衡參與"這個概念，把兼顧各階層、各界別利益作為一項原則，其中就有保障工商界政治參與的內涵。在行政長官和立法會產生辦法上怎麼做到"均衡參與"呢？基本法給出的答案就是，頭幾任行政長官由一個有廣泛代表性的選舉委員會選舉產生，選舉委員會由四部分人士組成，第一部分就是工商、金融界人士；立法會從一開始就有一半議席由功能界別選舉產生，還有分組點票制度，這都是體現均衡參與、兼顧社會各階層、各界別利益原則的規定。2004年4月26日我到香港解釋人大常委會決定時專門講到保護工商界政治參與的重要性，其中我說到，如果"使賴以支撐資本主義的這部分人的利益、意見和要求得不到應有反映，那原有的資本主義制度又如何來保持呢？工商界的利益如果失去憲制上的保護，最終也不利於香港經濟的發展，如此，也就脫離了基本法保障香港原有的資本主義制度不變的立法原意"。我講這一段話是要表達，香港回歸後的繁榮穩定，不是運氣或僥倖得來的，而是靠一整套政策和制度的保障，靠各方面的努力，這當中，做到讓投資者放心，即使不說是最主要的因素，也是有重大影響的因素。

我們不僅制定"一國兩制"方針政策和基本法，讓香港投資者放心，在"一國兩制"和基本法的實施過程中，還要不斷解決可能讓香港投資者不放心的問題。在香港回歸十六年後的今天，有什麼事情可能讓大家感到不放心呢？我想大家想到的可能就是普選。在普選條件下，怎麼保護香港工商界的利益？怎麼防範香港出現像有些國家那樣的政黨紛爭而陷入混亂？怎麼防止與中央對抗的人通過普選當選行政長官給香港帶來災難性影響？這些問題都不是空穴來風，而是香港面臨的現實問題，需要中央和香港各界人士，當然也包括在座各位，運用勇氣和智慧來解決的問題。怎麼解決這些問題？我的思考已經在今年 3 月 24 日與香港立法會部分議員進行過交流，也就是在深圳發表的那篇講話。概括起來，我主要講了兩句話，一句是行政長官普選辦法要符合基本法和全國人大常委會的有關決定；一句是不能允許與中央對抗的人擔任行政長官。這兩句話實際上講的都是常識，在香港有些人贊同，有些人反對，在一個多元社會，有不同意見也屬正常，但從一個側面反映了在香港實行普選所面臨問題的嚴峻性。當然，我們不可能因為有反對聲音，而且這個聲音還比較大，就不再堅持基本法，堅持愛國者治港的原則立場。因為這關係到香港繁榮穩定的根本，關係到普選安排能不能使各方面都放心。

香港基本法關於行政長官普選是有比較明確的規定的，這就是基本法第 45 條的規定，即"由一個有廣泛代表性的提名委員會按照民主程序提名後普選產生的目標"。雖然現在沒有按照這個規定制定出行政長官普選辦法，但我們已經可以比較清晰地預想將來行政長官普選的基本安排：

第一，將來要組成一個有廣泛代表性的提名委員會，按照 2007 年全國人大常委會的決定，這個提名委員會參照目前的選舉委員會組成。

第二，任何符合基本法第 44 條規定的年滿 40 週歲在香港連續居住滿 20 年且在外國無居留權的香港特區永久性居民中的中國公民，都可以向提名委員會爭取提名，被提名權、被選舉權是普及而平等的。

第三，提名委員會提名是機構提名，也就是說，要在爭取提名人之中，按照民主程序正式提名若干名候選人，供全港選民選舉。

第四，經提名委員會提名產生的行政長官候選人，進行競選，全體合資格選民均有一人一票的投票權，選出行政長官人選，選舉權是普及而平等的。

這四點是我根據基本法的規定描繪出來的行政長官普選大概的安排，還有許多普選制度的具體安排，比如說，怎麼規定提名委員會提名的民主程序，提名多少候選人，全港選民一人一票的選舉辦法等，還需要香港社會廣泛討論，凝聚共識。從上述大概描述可以看出，基本法規定的行政長官普選，與世界各國各地區的普選制度沒有實質的差別，如果說有特點的話，這個特點主要是行政長官候選人要由一個有廣泛代表性的提名委員會提名。而這個特點，正是在起草基本法時各方達成的共識，也可以說是各方妥協的結果，我們講行政長官普選制度要符合基本法的規定，最主要的就是要堅持這個特點。還要特別指出的是，行政長官候選人要由一個有廣泛代表性的提名委員會按民主程序提名，其中的一個重要考慮也是均衡參與，使社會各階層、各界別，當然也包括工商界，在提名行政長官候選人時都有發言權，從而提出能得到各方面認可、讓各方面比較放心的行政長官候選人。應當說，這個安排充分體現了制度理性，充分體現了基本法起草過程中香港各界人士的協商精神，嚴格按照這個制度安排實行普選，不僅是法治的要求，也是防範普選風險，讓大家放下心來的最好選擇。

我的講話完了，如果要給今天的講話加個標題的話，就叫"從'請投資者放心'到'一國兩制'和基本法"。

謝謝大家。

中國憲法與澳門基本法的關係
——澳門基本法推廣協會專題講座上的講話

2014 年 5 月 9 日在澳門大學。

　　十分感謝澳門基本法推廣協會給我這個榮譽，讓我有機會來到澳門大學新校區，在這個講壇上發表演講。對澳門大學新校區，我有一份特殊的感情。2008 年，中央同意澳門大學在橫琴島設立新校區，我負責研究處理有關法律問題；2009 年 6 月初，為準備全國人大常委會的有關決定，我曾經帶領全國人大常委會六個組的召集人到這裏進行考察，實地了解具體情況，召集珠海市和澳門特區政府有關部門負責人一起研究問題和方案，初步劃出了校區紅綫；2009 年 6 月 27 日，全國人大常委會審議並作出關於授權澳門特別行政區對設在橫琴島的澳門大學新校區實施管轄的決定，我負責準備全國人大常委會審議和作出決定的有關文件；2009 年 12 月，胡錦濤主席到這裏為澳門大學新校區奠基，我作為陪同人員出席了奠基儀式；2010 年 11 月珠海市人大常委會邀請我參加紀念珠海市人大成立 30 週年，我又專程到這裏參觀校區建設工程；2013 年 2 月為吳邦國委員長訪問澳門，我提前到澳門大學新校區安排訪問事宜，後又陪同他到這裏參觀考察。記得 2009 年第一次到這裏時，看到的是一片平地。2013 年再次到這裏時，校園主體建築已經完工，初步展現了校區的風貌。這次踏上建成啟用的校園，又感受到巨大變化，令人振奮。從 2009 年到 2014 年，6 年時間我先後來過 6 次，作為澳門大學新校區建設歷程的見證者，看到現在優美的教學環境，先進的教學設施，尤其是看到師生們忙碌的身影，燦爛的笑容，由衷地感到欣慰和愉悅。

我今天要講的正題是"中國憲法與澳門基本法的關係"。這個演講題目是崔世昌先生出的，一拿到這個題目，我就想到 2012 年 10 月 13 日在中國法學會舉辦的憲法實施 30 週年法治論壇上，我以"憲法與'一國兩制'"為題的發言，當時的開場白今天再講一遍，也是十分切題的，我是這樣講的："我國現行憲法施行的 30 年，是中國特色社會主義現代化建設取得巨大成就的 30 年，是實現祖國統一大業取得重大進展的 30 年，也是我國國際影響力日益增長，成為維護世界和平主要力量的 30 年。如果把這 30 年來在我們國家土地上發生的一切比喻為宏偉的畫卷，這幅畫卷就是伴隨着憲法的施行而展開的，這當中，'一國兩制'偉大構想成功付諸實施，是濃墨重彩的一筆。說它濃墨重彩，是因為香港和澳門保持原有的資本主義制度，卻成為建設中國特色社會主義宏偉畫卷的一個精彩局部。社會主義與資本主義是如此不同，是什麼使它們共存於統一的國家之中，使這幅畫卷成為一個整體？靠的就是憲法的調整，在'一國兩制'的實踐中，憲法始終發揮着國家最高法律規範的作用。"當時，我講了三個問題，一是憲法為實施"一國兩制"提供了最高法律依據，二是憲法和基本法共同構成特別行政區的憲制法律基礎，三是憲法在基本法實施中的重要指導作用。我今天還是講三個問題：一是憲法關於特別行政區的規定，二是憲法與澳門基本法的關係，三是憲法是全體中國人民的共同意志。

一、憲法關於特別行政區的規定

在我國憲法中，有三處提到特別行政區。第一處是憲法第 31 條。該條規定，"國家在必要時得設立特別行政區。在特別行政區內實行的制度按照具體情況由全國人民代表大會以法律規定。"第二處是憲法第

59 條第一款。該款規定，"全國人民代表大會由省、自治區、直轄市、特別行政區和軍隊選出的代表組成。"第三處是憲法第 62 條第（十三）項。該項規定，全國人大"決定特別行政區的設立及其制度"。其中，第 59 條第一款中的"特別行政區"五個字是 2004 年修改憲法時增加的，在澳門基本法起草時，憲法關於特別行政區的規定只有第 31 條和第 62 條。要理解憲法與澳門基本法的關係，首先要講一講這兩個條款的背景、內涵及其性質。

1. 憲法第 31 條和第 62 條第（十三）項的起草背景

我國現行憲法修改起草工作是從 1980 年 9 月開始的，在此前後，中央制定了對台灣和香港的基本方針政策，其中比較重要的有幾件大事：一是 1979 年元旦全國人大常委會發表《告台灣同胞書》，中央提出了新的解決台灣問題的方針政策。1979 年 1 月鄧小平訪問美國時用一句話高度概括了這種政策轉變，他說，"我們不再用'解放台灣'這個提法了。只要台灣回歸祖國，我們將尊重那裏的現實和現行制度。"二是 1981 年 9 月 30 日全國人大常委會委員長葉劍英發表了九條實現祖國和平統一的方針政策，也就是我們通常所說的"葉九條"。正如鄧小平指出的，這九條方針政策"雖然沒有概括為'一國兩制'，但實際上就是這個意思"。三是 1982 年初，中央制定了對香港的基本方針政策，"一國兩制"構想首先運用於解決歷史遺留下來的香港問題。當時中葡關於澳門問題的談判還沒有提上議事日程，還沒有制定對澳門的基本方針政策，但"一國兩制"構想同樣適用於解決歷史遺留下來的澳門問題。

這種歷史背景給憲法修改起草工作提出一個課題，怎麼在憲法中體現中央對台灣和香港的基本方針政策，為將來在台灣、香港和澳門實行"一國兩制"提供依據？因為憲法作為國家最高法律規範，任何政策和法律都必須符合憲法，"一國兩制"方針政策也不例外。當時研究認為，憲法必須對特別行政區作出規定，這樣將來實行"一國兩制"時於憲有據，不需要修改憲法，同時，憲法的規定又不能太細，以利於將來為解決有關問題進行的談判。要為"一國兩制"提供憲法依據，憲法的有關規定當然是越明確越好，而要有利於實現祖國統一的談判，憲法的有關規定當然是越原則越好。怎麼處理好既要明確又要原則的關係，把握好這個度？我們的憲法起草者想到了一個兩全其美的辦法，這就是憲法第31條的規定。

講到這裏，我想問大家一個問題，為什麼這個條文是第31條？答案就是因為前面的條文是第30條。這當然是腦筋急轉彎遊戲，一是活躍一下氣氛，二是要讓大家關注第30條的規定。憲法第31條在內容上是承接憲法第30條規定的。憲法第30條規定了我國的行政區域劃分，即全國劃分為省、自治區、直轄市，並具體規定了省、自治區、直轄市以下的各級行政區域的設置。緊接着，第31條第一句規定，"國家在必要時得設立特別行政區"，這實際上是對憲法第30條關於我國行政區域劃分規定的補充。接着第31條第二句規定，"在特別行政區內實行的制度按照具體情況由全國人民代表大會以法律規定"。這句話的字面含義大家都清楚，有什麼深層含義？這就是我國是一個單一制國家，各地方行政區域實行的制度本來應當由憲法本身加以具體規定的，而特別行政區可以實行的制度留待全國人大以法律規定。我下面將講到，這是十分特殊的憲法安排。與憲法第31條規定相配合，憲法第62條第（十三）項規定，由全國人大"決定特別行政區的設立及其制度"。

憲法第31條充分體現了立憲者的智慧。要在台灣、香港和澳門保持原有的資本主義制度和生活方式，如果能夠在憲法中直接加以規定當然最好，但在現行憲法修改起草時，不具備這個條件，所以，就緊緊抓住特別行政區的設立及其制度這兩個核心問題，在憲法中作出規定。實踐證明，這個憲法安排是有遠見的，不僅為實行"一國兩制"提供了堅實的憲法基礎，又保持了靈活性，對中英關於香港問題談判、中葡關於澳門問題談判取得成功，發揮了重要的作用。

2. 憲法第31條的內涵

憲法第 31 條和第 62 條第（十三）項的規定，是為實行"一國兩制"提供憲法依據的，但這兩個條文只是提到在特別行政區實行的制度由全國人大"決定"和"以法律規定"。那麼這種制度到底是什麼呢？做法律工作的人，通常首先要從法律文本中來尋找答案，但翻遍憲法條文，也找不到答案。怎麼辦？這就要訴諸憲法起草文件，其中最重要的就是憲法草案說明。1982 年 11 月 26 日憲法修改委員會副主任委員彭真向第五屆全國人大第五次會議作了憲法修改草案的報告，對憲法第 31 條作了一段很長的說明，其中引用了"葉九條"的主要內容，即"實現和平統一後，台灣可作為特別行政區，享有高度的自治權。這種自治權，包括台灣現行社會、經濟制度不變，生活方式不變，同外國的經濟、文化關係不變等等。考慮到這種特殊情況的需要，憲法修改草案第 31 條規定：'國家在必要時得設立特別行政區。在特別行政區內實行的制度按照具體情況由全國人民代表大會以法律規定。'"彭真還明確指出，"在維護國家主權、統一和領土完整的原則方面，我們是決不含糊的。同時，在具體政策、措施方面，我們又有很大的靈活性，充分照顧到台灣地方的現實情況和台灣人民以及各方面人士的意願。這是我們處理這類問題的基本立場。"這個說明沒有提到香港和澳門，但最後一句"這是我們處理這類問題的基本立場"指的就是處理台灣問題的原則適用於香港和澳門。通過憲法草案說明可以看出，憲法第 31 條和第 62 條第（十三）項所講的制度，就是資本主義制度。具體講，就是實現祖國統一後，設立特別行政區，保持台灣、香港和澳門的原有社會、經濟制度不變，生活方式不變，授予特別行政區高度自治權。憲法通過時，香港、澳門的傳媒對這兩項條款也作過這樣的解讀，應當說，在當時的歷史背景下，各方面對這兩項條款的理解是一致的。

1985 年 6 月，全國人大常委會原副委員長王漢斌先生接受香港記者採訪，詳細介紹了憲法第 31 條的立憲意圖。王漢斌先生是憲法修改起草工作的負責人之一，我國憲法是 1982 年 12 月通過頒佈的，距離他接受記者採訪的實踐才兩年半多，而當時香港基本法起草工作剛開始不久，他對憲法第 31 條的介紹具有權威性。他說，"憲法訂立第 31 條，包括兩個意思。第一，這一條是專門為解決台灣、香港、澳門問題而設的。……第二，憲法第 31 條規定：'在特別行政區內實行的制度按照具體情況由全國人民代表大會以法律規定'，意思就是將來香港實行的制度可以不受憲法序言關於四項基本原則的約束，可以不受其限制。……同時，憲法第 62 條又規定，全國人大有權'決定特別行政區的設立及其制度'，意思就是有權決定香港實行資本主義制度。所以，香港實行資本主義制度是憲法規定的，憲法允許的。"這裏講的是香港，同樣適用於澳門情況。這進一步說明，憲法第 31 條和第 62 條第（十三）項的內涵是清楚的，這就是特別行政區可以實行資本主義制度，授權全國人大以法律規定在特別行政區不實行社會主義制度和政策，保持原有的資本主義制度和生活方式長期不變。

3. 憲法第 31 條的性質

我國憲法第 1 條規定，"中華人民共和國是工人階級領導的、以工農聯盟為基礎的人民民主專政的社會主義國家。""社會主義制度是中華人民共和國的根本制度。禁止任何組織或者個人破壞社會主義制度。"憲法第 5 條第三款規定，"一切法律、行政法規和地方性法規都不得同憲法相抵觸。"通過前面分析可以看出，按照憲法第 31 條的規定，在特別行政區可以實行資本主義制度，那麼，從法理上講，憲法第 31 條的性質是什麼？1985 年 6 月王漢斌先生接受記者採訪時講到，"憲法第 31 條就是例外條款。"什麼是例外條款呢？通俗來講，就是憲法規定國家實行社會主義制度，但特別行政區是例外。我認為，王漢斌先生對憲法第 31 條性質的界定是十分準確的。用《立法法》採用的概念，憲法第 31 條是憲法的一項特別規定。

憲法或法律對各種事務作出一般性規定的同時，對例外情況作出特別規定，在不同法律制度下都是常見的現象。一般來講，特別規定有兩種情況，一是同一部法律中既有一般規定，也有特別規定。例如，澳門基本法第 144 條規定了基本法的修改程序，附件一第七條和附件二第三條分別規定了行政長官和立法會產生辦法的修改辦法，前者是基本法修改的一般規定，後者是特別規定。二是一部法律作了一般規定，其他法律作了特別規定。例如，我國的合同法對合同作了一般規定，《海商法》對海事合同、《鐵路法》對鐵路運輸合同作了特別規定。在法律適用時，如果既有一般規定，也有特別規定，特別規定具有優先適用的地位。我國憲法規定國家實行社會主義制度，這是一般規定，同時按照憲法第 31 條規定，特別行政區可以實行資本主義制度，這是特別規定。這一規定在設立特別行政區的情況下，具有優先適用的地位。這就是王漢斌先生所講的特別行政區實行的制度不受憲法序言規定的四項基本原則約束的法理依據。

如果與其他法律的特別規定進行比較，我們可以看到，法律的特別規定通常都是具體的，而憲法第 31 條的特別規定則不是具體的，而是帶有授權性質，即授權全國人大以法律對特別行政區的制度作出規定。我們通常說，憲法關於特別行政區的規定是十分特殊的憲法安排，它特殊在哪裏呢？就在於它是帶有授權性質的特別規定。我國是一個單一制國家，各地方行政區域是根據國家治理需要而劃分的，地方行政區域的管理屬於國家管理。憲法作為國家根本法，通常情況下需要對整個國家的治理架構、實行的制度作出規定，比如，內地各省、自治區、直轄市實行的制度和設立的政權機構，憲法都作出了明確的規定。而憲法規定國家在必要時設立特別行政區，允許特別行政區實行資本主義制度，這是第一層特殊的地方；對特別行政區實行的制度，憲法沒有直接作出規定，而是授權全國人大"以法律規定"，這是第二層特殊的地方。憲法第 31 條特別規定的授權性質，產生的憲法效果是：特別行政區適用憲法第 31 條的規定就是適用全國人大所制定的法律的規定，即適用基本法的規定。

二、憲法與澳門基本法的關係

在基本法實施過程中，我注意到理論和實踐中存在的兩種傾向：一種是把基本法視為“憲法”，脫離國家憲法來講基本法，另一種是把基本法視為一般性的全國性法律，忽略其特殊地位。這兩種傾向雖然事出有因，但都是不正確的，其結果都是導致對基本法規定的片面理解。要克服這兩種傾向，就需要正確認識憲法與基本法的關係。那麼，基本法起草過程中，是怎樣處理憲法與基本法的關係呢？這裏主要有三個方面的規定。

一是明確憲法是基本法的立法依據。

憲法是國家最高法律規範，任何法律都要依據憲法而制定，都必須符合憲法，這是一條重要法治原則，澳門基本法的制定同樣遵循這條原則。但是講到基本法是依據憲法制定的，大家一般想到的可能就是憲法第 31 條。當然，憲法第 31 條是最重要的憲法依據，但我在這裏想指出的是，基本法制定不僅依據憲法第 31 條，還依據憲法的其他規定。基本法序言第三段講得很明白，“根據中華人民共和國憲法，全國人民代表大會特制定中華人民共和國澳門特別行政區基本法，規定在澳門特別行政區實行的制度，以保障國家對澳門基本方針政策的實施。”這段話的第一句就是“根據中華人民共和國憲法”，而不是根據憲法第 31 條，明確了憲法是澳門基本法的立法依據。

那麼，怎麼根據憲法來制定基本法呢？概括來講，按照憲法第 31 條，基本法規定了在澳門特別行政區實行的各項制度，而這些制度的規定，又與憲法其他方面的規定相配合，從而形成了以憲法為體、以基本法為用，體用結合的澳門特別行政區制度。具體來講，基本法每一條規定都在憲法框架內做過仔細推敲，做到既符合中央對澳門的基本方針政策，又符合憲法。

下面舉兩個例子來說明。先舉一個大家比較熟悉的例子——基本法的解釋權。澳門基本法第 143 條第一款規定，"本法的解釋權屬於全國人民代表大會常務委員會。"為什麼有這個規定？這就是按照我國憲法的規定，憲法和法律的解釋權屬於全國人大常委會。澳門基本法是全國人大制定的全國性法律，其解釋權當然屬於全國人大常委會。這體現了"一國"。基本法第 143 條接着規定，全國人大常委會授權澳門特區法院在審理案件時對涉及的基本法自治範圍內的條款可以自行解釋，對其他條款也可以解釋。大家知道，法院審理案件中適用法律與解釋法律是相伴而行的，如果只規定基本法的解釋權屬於全國人大常委會，而沒有賦予法院在審判案件中解釋基本法的權力，法院在審判案件時，如果遇到基本法的解釋問題，就要事事提請全國人大常委會釋法，這樣澳門法院就難於正常審理案件了。所以，要授權法院解釋基本法。這體現了"兩制"。基本法第 143 條繼續規定，法院在審理案件時，如需要解釋基本法關於中央管理的事務或中央與特區關係的條款，在對案件作出終局判決前，應由終審法院提請全國人大常委會對有關條款作出解釋。這又體現了"一國"。澳門基本法第 143 條關於解釋權的規定，是憲法有關規定的具體體現，是實施"一國兩制"的實際需要，有着深刻的法理基礎，形成符合憲法的基本法解釋制度。再舉一個例子，基本法修改提案權。基本法第 144 條把基本法修改提案權賦予全國人大常委會、國務院和澳門特別行政區。澳門特別行政區具有基本法修改提案權，這是一個十分特殊的安排。按照我國憲法規定，只有全國人大的組成人員或產生的機構，才有權向全國人大提出屬全國人大職權範圍內的議案。澳門特別行政區顯然不屬於有權向全國人大提出議案的機構，怎麼做到符合憲法規定？基本法第 144 條規定，澳門特別行政區提出的基本法修改議案，須經澳門地區全國人大代表三分之二多數、澳門特區立法會三分之二多數和澳門特區行政長官同意後，交由澳門特區出席全國人大的代表團向全國人大提出。按照憲法規定，全國人大代表有權提出屬於全國人大職權範圍的議案，因此，這一規定是完全符合憲法的。這個例子說明，為了做到基本法的各項規定符合憲法，有過十分深入的研究。

總之，基本法任何條文的規定，都是有憲法依據的，如果基本法脫離了憲法，就失去法律效力，從這個角度看，同全國人大制定的其他法律一樣，憲法與基本法的關係是"母法"與"子法"的關係。

二是明確基本法的特殊法律地位。

講到憲法與基本法的關係是"母法"與"子法"的關係，還需要進一步講它們之間不是一般的"母法"與"子法"的關係。為什麼這樣講？這要看基本法第 11 條第一款。這一款是這樣規定的："根據中華人民共和國憲法第 31 條，澳門特別行政區的制度和政策，包括社會、經濟制度，有關保障居民基本權利和自由的制度，行政管理、立法和司法方面的制度，以及有關政策，均以本法為依據。"什麼是"以本法為依據"？就是這一款所列明的制度和政策，不適用憲法的有關規定，而適用基本法的規定。這就超出了一般的"母法"與"子法"的關係，而具有特殊性。我們通常講，基本法在我國法律體系中具有特殊地位，其依據就在這裏。

為什麼可以規定在澳門特別行政區實行的制度和政策以基本法為依據？其法理就是前面提到的憲法第 31 條的性質是帶有授權性的特別規定，全國人大制定的、屬於憲法第 31 條規定範疇的法律，具有優先適用的地位。從這個意義上講，基本法是澳門特別行政區的憲制性法律。這裏我想順便講一下"基本法"這個名稱的由來。全國人大制定的規定特別行政區制度的這部法律叫什麼名稱，這個問題在中央制定對香港基本方針政策過程中就提了出來。由於這部法律所要規定的內容本來應由憲法規定，具有憲制性質，同時我國是一個單一制國家，只能有統一的一部國家憲法，規定地方行政區域管理制度的法律不能叫憲法。怎麼又能體現這部法律的憲制性質又不叫憲法？當時參考了聯邦德國憲制性法律文件的稱呼，將其定名為"基本法"。中英聯合聲明第三條第十二項首先使用了這個稱呼，後來中葡聯合聲明第二條第十二項規定，"上述基本政策和本聯合聲明附件一所作的具體說明，將由中華人民共和國全國人民代表大會以中華人民共和國澳門特別行政區基本法規定之，並在五十年內不變。”基本法這個名稱的使用，與基本法規定特別行政區制度在我國法律體系中具有特殊地位有着密切聯繫。我國現行有效的法律中，除了香港、澳門兩部基本法外，沒有其他法律名稱冠以基本法。關於基本法第 11 條，我還要特別指出兩點，一是基本法第 11 條第一句話，“根據中華人民共和國憲法第 31 條”，在法律上極其重要。我前面講過，基本法是依據憲法制定的，每一項條文都符合憲法，在立法體例上不需要逐條引用憲法條文。但基本法第 11 條不引用憲法第 31 條不行，因為沒有這句話，第 11 條的規定就講不通。其道理是，儘管基本法地位特殊，但仍然是依據憲法制定的法律，它本身不能限制憲法規定的適用範圍。所以，第 11 條的第一句話實際上是講，在澳門特別行政區實行的制度和政策以基本法為依據，這是憲法第 31 條規定，因而在這些領域不適用憲法有關規定，是憲法本身的限制。二是基本法第 11 條還有一層重要含義，即基於憲法的最高法律效力，如果不屬於基本法第 11 條規定的範疇，仍然要適用憲法的規定。

憲法和基本法這種關係，決定了憲法和澳門基本法一起構成了澳門特別行政區的憲制法律基礎。講特別行政區的憲制法律，必須同時講憲法和基本法。澳門回歸後，中央領導人明確指出，要“依法治澳”，這個“法”主要指的是憲法和基本法，講的就是這個道理。在這裏，有必要專門講一下憲法在澳門特別行政區的效力問題。講這個問題就是要回答澳門特區是不是有義務維護憲法的規定，包括社會主義制度的規定？有些人對這個問題認識不是很清楚，認為既然澳門特區不實行社會主義制度和政策，保持原有資本主義制度和生活方式，就不能要求澳門特區維護憲法規定的社會主義制度和政策。我認為這種觀點是不正確的。用一個簡單的邏輯就能說明這個問題。如果說上述觀點是正確的，那麼內地各地方不實行資本主義制度，是否可以不維護澳門實行的資本主義制度呢？答案是不行的。為什麼？因為國家主體實行社會主義制度和政策是憲法規定的，澳門特區實行資本主義制度和政策也是憲法規定的，從維護憲法出發，內地既要維護內地的社會主義制度，也要維護澳門特區的資本主義制度。因此，只要我們站在憲法的共同基礎上，對憲法在澳門特區的效力問題很容易得出正確的答案。從法律上講，憲法條文的適用範圍可以不同，但憲法的效力是不可分割的。比如說，憲法第三章第六節"民族自治地方的自治機關"的規定，當然只適用於憲法第 30 條規定的自治區、自治州、自治縣，但就其效力而言，在全國範圍內都具有效力。進一步講，憲法是國家主權在法律制度上的最高表現形式，限制憲法在全國範圍內的統一效力，就限制了一個國家主權的行使範圍，否定了主權的最高性。憲法作為國家根本大法，具有最高法律效力，在全國範圍內都具有效力，全國人民，當然也包括澳門居民，都要遵守憲法、維護憲法。

三是明確基本法是符合憲法的。

鑒於憲法與基本法的特殊關係，全國人大在通過基本法時，專門作出了《全國人民代表大會關於〈中華人民共和國澳門特別行政區基本法〉的決定》，宣佈澳門基本法是根據憲法並按照澳門的具體情況制定的，是符合憲法的。全國人大在通過法律時，專門就該法律的合憲性問題作出決定，香港基本法和澳門基本法是僅有的兩個例子。對這個決定，我想要從兩個方面來理解，一是這個決定的前提就是憲法在特別行政區具有效力，因為如果憲法在澳門特區不具有效力，就不存在基本法需要符合憲法問題。決定宣告基本法符合憲法，不是講只符合憲法某一條文，而是全面符合憲法的規定。二是這個決定帶有進一步明確憲法第 31 條含義的作用，前面講過，憲法第 31 條規定比較原則，特別行政區制度是什麼，憲法本身沒有直接規定，全國人大關於基本法的決定，起到了宣告這種制度的具體內容的效果。

在基本法起草過程中，就是通過上述三個層面妥善處理了憲法和基本法的關係問題，正確理解這種關係，對於"一國兩制"與基本法的正確實施有着深遠的影響。

三、憲法是全體中國人民的共同意志

講這個問題，完全是有感而發的。今年是澳門回歸祖國十五週年，"一國兩制"和基本法實施進入新的歷史階段。總結過去的經驗，要把"一國兩制"和基本法進一步實施好、貫徹好，我認為最重要的是在澳門牢固樹立憲法觀念和意識。過去，我們對這個問題或多或少有一點迴避，因為在特別行政區一講到憲法，就會提出特別行政區及其居民是否有義務維護憲法規定的國家政治體制和社會主義制度，不好統一認識，還擔心會對"一國兩制"造成誤解或負面影響，於是大家都不大願意提這個問題。但不提這個問題，不等於問題不存在。澳門已經回歸 15 年了，我覺得是時候把這個問題明白無誤地提出來、講清楚。在澳門特別行政區實行資本主義制度，是受到憲法充分保障的，那麼，對國家主體實行的社會主義制度，澳門特別行政區是否也必須提供某些保障呢？按照基本法第 23 條規定制定維護國家安全立法，是一個重要保障，但最根本還是要強調憲法是包括澳門同胞在內的全體中國人民的共同意志，在澳門樹立憲法觀念和意識。

第一，只有樹立憲法觀念和意識，才能建立適應"一國兩制"長期實施的社會意識形態。老實講，過去我們講"一國兩制"，不怎麼講意識形態問題，因為社會主義與資本主義是當代世界兩種主要社會制度，代表兩大意識形態，"一國兩制"使兩種制度融於一個國家之中，講意識形態，到底講哪一個？但深入地思考這個問題，任何制度要長期實施下去，都必須有相應的意識形態支撐，既然"一國兩制"要長期實施，就必須建立與之相適應的意識形態。那麼，怎麼建立這種意識形態？這需要在許多方面開展工作，就法律方面來說，就是要講憲法，講憲法是中國人民的共同意志。用大家比較容易理解的話來說，憲法就像一份契約，按照憲法規定，國家主體實行社會主義制度，澳門特別行政區實行資本主義制度，在合同法中，這叫作合同雙方當事人的“合意”，在憲法中，這稱為全體中國人民的共同意志。從這個共同意志出發，內地居民不僅擁護國家主體實行社會主義制度，也擁護澳門實行資本主義制度，澳門居民不僅擁護澳門實行資本主義制度，也擁護國家主體實行社會主義制度。我認為，這就是與“一國兩制”長期實施相適應的意識形態，這裏不存在試圖以社會主義去改變資本主義，或者試圖以資本主義來改變社會主義的問題，用鄧小平的話說，你不吃掉我，我不吃掉你，兩種制度在一個國家中和平共處。這種意識形態的建立，首先應當從講憲法開始。

第二，只有樹立憲法觀念和意識，才能全面準確地理解“一國兩制”和基本法。澳門回歸後，中央領導人有關澳門的講話中，一直強調要全面準確地理解“一國兩制”。我這裏引用一段胡錦濤主席在澳門回歸十週年慶典上的講話，他說：“‘一國兩制’是個完整的概念，‘一國’和‘兩制’緊密相連。要全面準確地理解和貫徹‘一國兩制’方針，關鍵是要把愛國與愛澳有機統一起來。既要維護澳門原有的社會經濟制度、生活方式，又要維護國家主權、統一、安全，尊重國家主體實行的社會主義制度；既要維護澳門特別行政區依法享有的高度自治權，充分保障澳門同胞當家作主的主人翁地位，又要尊重中央政府依法享有的權力，堅決反對任何外部勢力干預澳門事務。”怎麼做到上述要求，從法律上講，同樣要講憲法。因為無論是中央的權力還是澳門特區的高度自治權，無論是國家主體實行的社會主義還是澳門實行的資本主義，都來源於憲法的規定。“一國”與“兩制”的關係，“兩制”中社會主義與資本主義的關係，只有在憲法的基礎上，才能統一起來。從基本法實施角度來講，憲法的地位處於法律體系金字塔的頂端，講法治，首先必須講憲法，任何法律規定，追根溯源，都會涉及憲法，這是一個普遍的規律。把基本法作為完全獨立的法律文件，還是把基本法作為憲法之下的法律文件，在某些情況下，這兩種思想方法對基本法規定的理解有着天壤差別。以我多年研究處理基本法實施問題的經驗，對基本法任何條文的理解，都要追溯到憲法。當然，大部分條文可能追溯到憲法第 31 條就可以，但如果涉及中央的權力或中央與特別行政區的關係，就必須追溯到憲法的其他條文，才能得出正確的理解。因此，也只有樹立憲法觀念和意識，堅持憲法至上的原則，才能正確地理解和實施基本法。

第三，只有樹立憲法觀念和意識，才能不斷鞏固和發展愛國愛澳的社會基礎。任何法律的制定和實施，都離不開特定的社會基礎。澳門基本法能夠制定出來，並有效付諸實施，其社會基礎是什麼？就是愛國愛澳的社會基礎。有些澳門朋友對我講，他們是在爭取澳門回歸祖國的歷程中樹立國家民族觀點，培養出愛國愛澳情懷的，現在澳門已經回歸祖國，怎麼培養年青一代的愛國愛澳情懷？這確實是一個重大問題。我認為，這同樣要靠樹立憲法觀念和意識。因為憲法是國家的總章程，它規定了我們國家的國體和政體，確立了國家的發展目標和道路，建立了國家的基本制度，只有憲法認同，才能有國家認同，才能真正理解我們為之奮鬥的事業和選擇的發展道路，從而培養出與時代相適應的愛國愛澳精神。從宏觀的角度來看，近代以來的一百多年時間裏，我們國家經受了內憂外患，在那種環境中，湧現了無數愛國志士，在中華大地上始終飄揚着愛國主義偉大精神的旗幟。澳門雖然經歷了長期的外國統治，但廣大澳門同胞同樣有着光榮的愛國主義傳統。今天我們的國家不僅實現了民族獨立、人民解放，而且在實現國家富強、人民富裕的道路上取得了偉大成就，比歷史上任何時候都更加接近實現中華民族偉大復興的目標，這已經極大地增加了各族人民的凝聚力和向心力，激化出強烈的愛國主義情懷。澳門年輕的一代成長於國家建設與發展巨大進步的偉大時代，成長於澳門回歸祖國後經濟快速發展和社會全面進步的偉大時代，只要樹立憲法觀念與意識，必定能夠將愛國愛澳精神在新時代薪火相傳，發揚光大。

　　下面用三句話結束今天所作的憲法與基本法關係的演講：澳門實行不同於內地的制度和政策，建基於憲法的規定；澳門基本法的法律地位和法律效力，來源於憲法的規定；"一國兩制"和基本法的實施，受制於憲法的規定。通過這三個方面，憲法不僅在內地，而且在澳門，都發揮國家最高法律規範的重大作用，為"一國兩制"提供了最高的法律保障。

國家憲法和香港基本法

載 2016 年 3 月號香港《紫荊》雜誌（總 305 期）。

香港回歸以後，香港居民都知道有香港基本法，而國家憲法好像與香港關係不大，這是一個誤區。憲法和基本法一起構成香港特別行政區的憲制法律基礎。不斷增強崇尚憲法、學習憲法、遵守憲法、維護憲法的自覺性和主動性，才能真正使憲法成為全國各族人民的共同行為準則，才能確保香港基本法的實施不走樣、不變形，從而確保國家持續穩定發展，確保香港的長期繁榮穩定，從而實現中華民族偉大復興的中國夢。當代世界絕大多數國家和地區的社會政治秩序，從法律上講，就是憲法秩序。香港是國家的一部分，香港基本法是根據國家憲法制定的，"一國兩制"方針政策和基本法確立的社會政治秩序是國家憲法秩序的重要方面。從 1997 年 7 月 1 日起，香港居民已經生活在我國憲法規範的社會政治秩序之中，國家憲法透過香港基本法以及其他各種方式，深刻地影響着香港社會的方方面面。因此，要全面準確地理解基本法，適應並維護香港的社會政治秩序，必須從國家憲法出發，深入地學習和理解國家憲法。

一、憲法確認了近代以來中國人民奮鬥成果

在人類數千年文明史中，我們今天所講的憲法的歷史只有 300 多年的時間。近代資產階級為了奪取國家政權，針對當時實行的君主制度，提出了"主權在民"的口號，在資產階級民主革命成功之後，制定了憲

法，確認了資產階級革命的成果，建立了現代國家的管理制度。中國是世界上歷史最悠久的國家之一，雖然在 2000 多年前的古代文獻中，就有"憲法"這個詞語，但近代意義上的憲法同樣是伴隨着一場前所未有的巨大社會變革而出現的。

　　1840 年鴉片戰爭以後，中國逐步淪為半殖民地半封建社會，西方列強野蠻入侵，封建統治腐朽無能，國家戰亂不已，人民飢寒交迫，中國人民和中華民族遭受了世所罕見的深重苦難。中國人民為了救亡圖存，奮起鬥爭，並在鬥爭中逐步認識到，要實現民族獨立、人民解放和國家富強、人民富裕，就必須推翻封建專制統治，建立人民政權，對中國社會進行根本變革。在這個過程中，中國這片古老的土地上經歷了數次革命，出現了數部憲法，最終中國共產黨領導的新民主主義革命取得了勝利。最終起到維護國家統一、民族團結、經濟發展、社會進步和長治久安作用的，是我國的現行憲法，即《中華人民共和國憲法》。這部憲法以國家根本法的形式，確認了近代 100 多年來中國人民反對內外敵人、爭取民族獨立和人民自由幸福的奮鬥成果，規定了國家的根本制度和國家生活中的重要準則，明確了國家的根本目的、根本任務以及確保這一目的和任務實現的制度和政策，從而為中國人民掌握國家權力，把我國建設成為富強、民主、文明的社會主義國家提供了根本保障。新中國成立 60 多年尤其是改革開放 30 多年來，我們國家政治始終保持穩定，經濟持續快速發展，人民生活水平不斷改善，國際地位和影響力日益提高，每一個中國人的精神面貌都發生了根本性的變化。就香港而言，我們實現了以和平方式收回香港，推進祖國統一大業的目標，並且在這個過程中保持了香港繁榮穩定，保障了廣大香港居民的基本權利和自由。國家建設和發展的所有成就，包括推進祖國統一大業和香港回歸後取得的成就，都是在我國現行憲法所確立的社會政治秩序下取得的。

　　我國現行憲法之所以能夠取得成功，是因為它建立在我國的歷史和現實基礎之上，以實現民族獨立、人民解放和國家富強、人民富裕為目標，凝聚了我國各族人民的共同意志，選擇了適合我國國情的發展道路，解決了國家生存與發展的重大問題，並且始終不渝地加以貫徹執行。其中就包括為實現國家統一而作出特殊的憲法安排。

二、憲法確立了人民的主體地位

在中國幾千年封建統治下，"普天之下，莫非王土，率土之濱，莫非王臣"，佔人口絕大多數的人民是封建王朝的統治對象，推翻封建專制統治，建立人民政權，就必須確立人民在國家的主體地位。我國憲法序言記載並確認了中國人民經過英勇奮鬥，推翻封建專制統治、掌握國家權力的進程，憲法第二條規定，"中華人民共和國的一切權力屬於人民"，第二章規定了公民的基本權利和義務，全面保障了人民的權利和自由，從而確立了人民在國家中的主體地位。按照憲法的規定，人民成為了國家的主人，在中國歷史上是一個天翻地覆的變化，也是最重大的社會變革。基於國家的一切權力屬於人民，憲法全面規定了人民怎麼行使國家權力，怎麼管理和建設國家，怎麼實現國家富強、人民富裕。因此，憲法關於人民的主體地位的規定，既是對人民推翻封建專制統治鬥爭成果的確認，也是憲法所有規定的重要基石。

在憲法實施中，中央始終把堅持人民的主體地位放在首位。以中國共產黨十八大報告為例，該報告在提出建設中國特色社會主義的總任務之後，緊接着提出要完成這一總任務必須牢牢把握的八條基本要求，其中第一條就是必須堅持人民主體地位。中央對香港的基本方針政策和香港基本法的各項規定，也體現了堅持人民主體地位。香港回歸後，為什麼要保持香港原有的資本主義制度和生活方式不變？這是充分考慮到香港居民的意願；為什麼可以授權香港特別行政區高度自治、實行"港人治港"？這是因為香港居民不僅是香港的主人，也是國家的主人。2004年4月，我在香港講了這樣一段話：推進香港民主逐步向前發展，是由我國的國體即國家的性質決定的。我們國家的國號是“中華人民共和國”。

憲法明確規定，國家的一切權力屬於人民。國家的這一性質決定，我們國家的各級權力機關，包括從中央到地方的各級政權機關，都必須由人民通過民主選舉產生，獲得人民的授權，才能代表人民來行使對國家、社會的管治權。沒有人民的授權，任何組織和個人都無權代表人民行使管治權。在這一點上，香港特區與內地是完全一樣的。正是基於此，我國在 1984 年中英聯合聲明中就鄭重宣佈：“香港特別行政區行政長官在當地通過選舉或協商產生，由中央人民政府任命。”“香港特別行政區立法機關由選舉產生。”所以，在香港發展民主，最根本的依據是憲法，即憲法關於我們國家的性質以及人民在國家中具有的主體地位的規定。

三、憲法體現了人民的共同意志

憲法是國家的總章程，是人民行使國家權力的總章程，1949 年中華人民共和國成立時，我國有 5.4 億人口，現在則有 13.7 億人口，這麼多人肯定會有不同想法、不同主張，按照哪種想法和主張來管理國家呢？憲法的一個重要功能就是把絕大多數人民的主張上升為國家的主張，把絕大多數人民對國家根本制度、基本原則以及所要實行的基本制度和政策的共同認識，即人民的共同意志，用根本大法的形式確定下來，作為國家一切活動的基本準則，作為建設一個文明富強的國家、實現人民共同富裕的基礎。

1949 年中國共產黨領導中國人民取得新民主主義革命的勝利，建立人民當家作主的中華人民共和國，完成了近代以來中國人民和無數仁人志士夢寐以求的民族獨立、人民解放的歷史任務。經過近代以來 100 多年的艱苦鬥爭，中國人民的最大共識就是，要建設一個繁榮富強的國家，實現人民共同富裕，一是要堅持中國共產黨的領導，二是要走社會主義道路。從 1949 年制定的起臨時憲法作用的《中國人民政治協商會議共同綱領》，到 1954 年制定的《中華人民共和國憲法》，所有規定都體現了中國人民的共同意志，但最核心的就是這兩條。1982 年修改憲法時，在憲法序言中對此作出了明確的規定，即"中國各族人民將繼續在中國共產黨領導下，在馬克思列寧主義、毛澤東思想指引下，堅持人民民主專政，堅持社會主義道路，……把我國建設成為富強、民主、文明的社會主義國家。"憲法序言是憲法的重要組成部分，是憲法精神的集中體現，與憲法條文具有同等的法律效力。有人說，憲法序言沒有法律效力，這種觀點是不能成立的。這是因為，第一，憲法是一個整體，決不能把憲法分割成有效力的部分和沒有效力的部分。全國人大通過憲法時，從整體上賦予憲法最高法律效力。作為憲法不可分割的有機組成部分，序言當然不能脫離憲法的整體而成為沒有法律效力的部分。第二，如果憲法序言沒有法律效力，那麼，"一個中心，兩個基本點"的基本路綫以及國家重大方針政策就會失去憲法保障。第三，憲法序言對憲法條文的實施具有重要指導意義，只有掌握序言的精神，才能深刻理解每個憲法條文的內涵、意義和作用。憲法序言關於堅持中國共產黨領導和社會主義道路的規定是中國人民的共同意志，而且憲法序言具有法律效力，這就決定了違背憲法序言的規定就是違憲。

1982 年修改憲法時，解決歷史遺留下來的香港問題已經提上了議事日程。憲法第 31 條關於設立特別行政區、在特別行政區可以實行特殊的制度和政策的規定，同樣體現了全體中國人民的共同意志。需要特別指出的是，這一共同意志是在國家主體堅持中國共產黨的領導和社會主義制度的前提下達成的，否定國家主體實行的基本制度和政策，必然動搖在特別行政區實行特殊制度和政策的基礎。正如鄧小平先生曾經指出的，"我們堅持社會主義制度，堅持四項基本原則（指憲法序言規定的堅持中國共產黨領導，堅持以馬克思列寧主義、毛澤東思想為指導，堅持人民民主專政，堅持社會主義道路。——作者注），是老早就確定了的，寫在憲法上的。我們對香港、澳門、台灣的政策，也是在國家主體堅持四項基本原則的基礎上制定的。""試想，中國要是改變了社會主義制度，改變了中國共產黨領導下的具有中國特色的社會主義制度，香港會是怎樣？香港的繁榮和穩定也會吹的。要真正做到五十年不變，五十年以後也不變，就要大陸這個社會主義制度不變。"所以，國家主體堅持中國共產黨領導的中國特色社會主義制度，在香港和澳門設立特別行政區，實行資本主義制度和政策，在憲法上是一個整體，都是全體中國人民的共同意志。

四、憲法規定了國家的根本政治制度

國家一切權力屬於人民，那麼，人民要怎麼建立國家機構，行使國家權力，這就是通常所說的政體問題。憲法第二條在規定國家一切權力屬於人民之後，緊接着規定，"人民行使國家權力的機關是全國人民代表大會和地方各級人民代表大會。"人民代表大會制度是黨的領導、人民當家作主、依法治國的有機統一，從而成為國家的根本政治制度。

按照我國憲法的規定，各級人民代表大會都是通過選舉產生的，受人民監督，對人民負責；全國人民代表大會是最高國家權力機關，國務院、最高人民法院和最高人民檢察院由全國人民代表大會產生，對全國人民代表大會負責；全國人民代表大會還行使立法權、監督權、人事任免權和重大事項決定權。根據憲法的規定，在全國範圍內建立了人民代表大會制度和各級政權機構，人民通過這些政權機構有效地行使着國家權力。事實證明，只有堅持人民代表大會制度，人民才能真正行使國家權力，國家才能得到有效的管理，脫離人民代表大會制度，人民就會失去管理國家的權力，國家就會陷入混亂，也就談不上建設與發展，人民也就難於安居樂業，過上好日子。

按照憲法和香港基本法的規定，在香港特別行政區沒有設立地方人民代表大會，而是根據"一國兩制"方針政策和香港的實際情況，採用了一套以行政為主導的政治體制來實現和保障香港居民的民主權利。儘管如此，人民代表大會制度在香港特別行政區的治理中仍然具有重要的地位和作用。也就是說，人民代表大會制度作為包括香港在內的國家根本政治制度的性質沒有改變。

首先，按照基本法第 21 條的規定，香港居民中的中國公民享有依法參與國家事務管理的權利。根據全國人民代表大會確定的名額和代表產生辦法，由香港居民中的中國公民在香港選出香港特別行政區的全國人民代表大會代表，參與最高國家權力機關的工作。香港回歸後，香港居民中的中國公民與其他所有中國公民一起在國家具有主體地位，是國家的主人，有權利參與國家事務的管理。怎麼參與國家事務的管理？就是通過人民代表大會制度。

其次，香港特別行政區是全國人民代表大會決定設立的，香港基本法是全國人民代表大會制定的，為什麼全國人民代表大會有權決定設立香港特別行政區、制定基本法？這是憲法的規定，是憲法規定的人民代表大會制度決定的。

第三，按照香港基本法的規定，全國人民代表大會具有基本法的修改權，全國人民代表大會常務委員會具有解釋基本法、就基本法規定的事項作出決定的權力。為什麼全國人民代表大會及其常務委員會有這樣的權力？這同樣是人民代表大會制度決定的。因此，人民代表大會制度作為國家的根本政治制度，不是離香港社會政治生活很遠，而是已經成為香港社會政治生活的一部分。

五、憲法賦予了基本法特殊地位

憲法作為國家的最高法律規範，具有最高的法律效力，任何法律、行政法規、地方性法規、自治條例和單行條例都必須符合憲法，與憲法相抵觸的，一律無效。這就提出一個問題，香港基本法中有許多規定與憲法規定不一致，怎麼確保這些規定有效？答案是：憲法通過賦予基本法特殊地位來保障基本法規定的效力。

這個問題通常被稱為憲法與基本法的關係問題。香港基本法從兩個方面作出了規定：第一，基本法序言第三段規定，基本法是根據憲法制定的，這就肯定了憲法是包括香港在內的國家最高法律，具有最大的權威性和最高的法律效力。第二，基本法第 11 條規定，根據憲法第 31 條（即 "國家在必要時得設立特別行政區。在特別行政區實行的制度按照具體情況由全國人民代表大會以法律規定。" ——作者注），香港特別行政區實行的制度和政策，包括社會、經濟制度，有關保障居民基本權利和自由的制度，行政管理、立法和司法方面的制度，以及有關政策，均以基本法的規定為依據。也就是說，在香港特別行政區實行的制度和政策，將以基本法為依據，憲法相應的規定不在香港特別行政區施行。這裏有一個法理問題，即我們通常說憲法是 "母法"，基本法是 "子法"，"子法" 是不能限制 "母法" 效力的，基本法第 11 條規定的法理是什麼？這個問題的答案在於憲法第 31 條規定的性質，即憲法第 31 條是憲法的一項特別條款。憲法的適用和法律適用一樣，特別規定與一般規定不一致的，適用特別規定。既然憲法第 31 條已經授權全國人民代表大會以法律規定特別行政區實行的制度，那麼按照憲法第 31 條，全國人民代表大會制定的基本法所規定的特別行政區制度和政策，就具有優先適用的地位。

因此，基本法第 11 條規定的法理，是憲法特別條款與一般條款的關係問題，憲法關於社會主義制度和政策的規定不在香港特別行政區實施，是憲法第 31 條的效力所致，而不是基本法限制了憲法有關條文的效力。由於基本法是根據憲法制定的，基於憲法的最高法律效力，基本法第 11 條的另外一個含義是，如果不屬於該條規定的範疇，仍然要適用憲法的規定。

　　全國人民代表大會通過基本法時，為了消除香港社會關於基本法是否符合憲法問題的疑慮，專門作出了《全國人民代表大會關於香港特別行政區基本法的決定》，宣佈香港基本法是根據憲法並按照香港的具體情況制定的，是符合憲法的。對於這個決定，要從兩個方面來理解，一是這個決定的前提就是憲法在香港特別行政區具有效力，基本法是根據憲法制定的，因此，基本法必須符合憲法，這種符合不是只符合憲法一個條文就可以，而是要全面符合憲法的規定。二是這個決定帶有進一步明確憲法第 31 條含義的作用，憲法第 31 條的規定比較原則，特別行政區實行的制度是什麼，憲法本身沒有直接規定，全國人民代表大會關於基本法的決定，起到了宣告這種制度的具體內容的效果。因此，我們說憲法和基本法一起構成香港特別行政區的憲制法律基礎。要理解香港特別行政區實行的制度的特殊之處，它的法律界限在哪裏，要看憲法，要把它放在憲法規定的框架中來理解和執行。

六、憲法是 "一國兩制" 的基礎和保障

　　我在中國法學會舉辦的紀念現行憲法頒佈 30 週年座談會上講過這麼一段話："我國現行憲法施行的 30 年，是中國特色社會主義現代化建設取得巨大成就的 30 年，是實現祖國統一大業取得重大進展的 30 年，也是我國國際影響力日益增長，成為維護世界和平主要力量的 30 年。如果把這 30 年來在我們國家土地上發生的一切比喻為宏偉的畫卷，這幅畫卷就是伴隨着憲法的施行而展開的，這當中，'一國兩制' 偉大構想成功付諸實施，是濃墨重彩的一筆。說它濃墨重彩，是因為香港和澳門保持原有的資本主義制度，卻成為建設中國特色社會主義宏偉書卷的一個精彩局部。社會主義與資本主義是如此不同，是什麼使它們共存於統一的國家之中，使這幅書卷成為一個整體？靠的就是憲法的調整，在

‘一國兩制’ 的實踐中，憲法始終發揮着國家最高法律規範的作用。"

　　在貫徹落實 "一國兩制" 和香港基本法過程中，強調要有憲法思維，這是由憲法在現代國家所具有的崇高地位決定的。憲法是 "根本法" 和 "最高法"，這是憲法區別於一般法律的兩個顯著特徵，也是香港基本法實施中必須把握的。說憲法是 "根本法"，是從憲法的內容上講的，是指憲法 "規定了國家的根本制度和根本任務"，解決的是國家政治、經濟、文化、社會生活中帶有戰略性、全局性、長遠性的問題，任何法律或者制度再特殊，也不能損害國家的根本制度和根本任務；說憲法是 "最高法"，是從憲法效力上講的，是指憲法 "具有最高的法律效力"，任何法律或者制度，都不能與憲法相抵觸。我們要深刻認識和把握憲法的這兩個特徵，不斷增強崇尚憲法、學習憲法、遵守憲法、維護憲法的自覺性和主動性，才能真正使憲法成為全國各族人民的共同行為準則，才能確保香港基本法的實施不走樣、不變形，從而確保國家持續穩定發展，確保香港的長期繁榮穩定，從而實現中華民族偉大復興的中國夢。

加強基本法理論研究
推進“一國兩制”偉大事業
——在“王叔文、蕭蔚雲、許崇德與基本法理論的奠基與發展”學術研討會上的講話

2017 年 6 月 10 日在中國人民大學法學院。

半個月前，韓大元教授邀請我出席今天的會議，我一聽是有關紀念王叔文、蕭蔚雲、許崇德三位先生的會，立即答應一定參加，他們三位是我十分崇敬的老一輩憲法學家，我對他們懷有深厚的感情，大元教授打出他們的名頭，我不能不來。來之前，我翻看了 1985 年成立的香港特別行政區基本法起草委員會的名單。這個名單有 59 名委員。在 36 位內地委員中，有 10 位專家學者，他們是王叔文、王鐵崖、許崇德、芮沐、蕭蔚雲、吳建璠、邵天任、吳大琨、裘邵恆、端木正。在擔任領導職務的內地委員中也有大專家、大學者，他們包括張友漁、胡繩、費孝通、錢偉長、雷潔瓊等。香港基本法被鄧小平同志稱為“創造性的傑作”，最重要的當然在於它成功地把“一國兩制”法律化、制度化，從我上面唸出的這些名字，也可以看出理論界尤其是法學界對基本法起草工作所作出的突出貢獻。王叔文、蕭蔚雲、許崇德教授不僅參與了香港基本法、澳門基本法起草工作，還參與了成立香港特別行政區、澳門特別行政區的籌備工作，而且更重要的是，他們留下了豐富的基本法著述，稱他們是基本法理論的奠基者，實至名歸，恰如其分。

我本人多年來在工作上與三位教授有很多交集。王叔文是第七屆全

國人大法律委員會委員、第八屆全國人大法律委員會副主任委員，當時我是法工委副主任，跟他就有很多工作聯繫。1995 年 12 月成立的全國人大香港特別行政區籌備委員會，王叔文、蕭蔚雲、許崇德和我都是委員，我們在一起開會的時間就更多了。1999 年 12 月澳門基本法委員會成立，我擔任主任，蕭蔚雲教授是 5 位內地委員之一。2003 年我擔任香港基本法委員會主任後，更是經常和他們一起研究香港基本法實施中的問題。2007 年按照中央的指示要求，我牽頭成立一個小組，推動內地專家學者開展基本法理論研究，許崇德教授是這個小組的成員，對研究工作提出過許多重要的意見和建議，我到今天還記得每次開會他都提出要推動基本法的學科建設。這是一項到現在還沒有完成的任務，算是他未了的遺願。在我從事港澳工作過程中，一直把三位教授的著作放在手邊，隨時查閱，在他們在世的時候，還不時當面向他們請教問題。可以說，三位教授都是我的基本法老師。2004 年北京大學舉辦慶賀蕭蔚雲教授八十壽誕座談會，我作了即席發言，當時我說，今天許多人說他們是蕭蔚雲教授的開門弟子、入門弟子，或者是關門弟子，我沒有這個榮幸，我算什麼呢？我說算個"旁門弟子"吧。

王叔文主編的《香港特別行政區基本法導論》、《澳門特別行政區基本法導論》，蕭蔚雲主編的《一國兩制與香港特別行政區基本法律制度》、《一國兩制與澳門特別行政區基本法》，許崇德主編的《港澳基本法教程》等，是有關基本法的權威著作，為我們開展基本法理論研究奠定了堅實的基礎。我曾經說過，這些著作有一個特點，就是作者親身參與了基本法起草工作，通過介紹基本法的起草過程來論述基本法的各項規定，而且是在基本法剛完成時所寫的著作，是歷史的真實記錄，具有權威性和公信力。這些著作講清楚了基本法的規定是怎麼來的，當時考慮了些什麼，對於探求基本法規定的立法原意，具有不可替代的作用，其重要性不會因為時間的推移而減弱，同時也為我們今天開展基本法理論研究奠定了堅實的基礎。他們三位對基本法作出了不可磨滅的歷史性貢獻，值得我們永遠紀念。

我今天來參加研討會，除了向三位老先生表達懷念、敬意之情外，還要對舉辦這個研討會點個大大的讚，要為這個研討會叫好：

第一個好是講政治。5 月 3 日，習近平總書記在中國政法大學考察時提出，沒有正確的法治理論引領，就不可能有正確的法治實踐。他要求法學界加強法治和相關領域基礎問題的研究，對複雜現實進行深入分析、作出科學總結，提煉規律性認識，為完善中國特色社會主義法治體系、建設社會主義法治國家提供理論支撐。5 月 27 日，張德江委員長在紀念香港基本法實施二十週年座談會上提出，要加強香港基本法理論研究，健全基本法理論體系，要求法學界緊扣基本法實施中的重點難點，努力探索破解之道，致力於構建一套適應"一國兩制"要求、以憲法和基本法為核心、符合香港特別行政區實際的理論體系，更好地指導我們的實踐。今天這個研討會的主題是推進基本法理論研究，以實際行動響應習近平總書記的號召，貫徹張德江委員長對基本法研究工作提出的要求，這是講政治的很好體現，這是我要說的第一個好。

第二個好是講傳承。任何理論都不是從天而降，不是從石頭縫裏蹦出來的，就是孫悟空，也是前有因、後有果，也是有傳承的。理論研究最注重傳承，沒有傳承就沒有理論。以王叔文、蕭蔚雲、許崇德為代表的老一輩憲法學家是基本法理論的開創者、奠基者，他們關於基本法的著述，為過去二十年"一國兩制"實踐和基本法實施提供了強有力的理論支撐。我們都是他們的衣鉢傳人。要推進基本法理論研究，就要深入地了解前人的研究是從哪裏開始的，已經做了些什麼，不僅要知道他們作出了哪些論述，而且還要理解他們為什麼這樣論述。在此基礎上，才談得上創新、發展。召開這樣一場研討會，向已經故去的基本法理論開創者致敬，向已經取得的基本法理論研究成果學習，在傳承中發展，在發展中傳承，我們的基本法研究工作才能有堅實的基礎，才能走得更遠、更好，這是我要說的第二個好。

第三個好是講責任。2005 年就補選的行政長官任期"二五之爭"釋法時，全國人大常委會辦公廳舉辦了一場與香港法律界人士的座談會，我在這個座談會上談到如何正確看待基本法，其中說了這樣一段話："我們不應苛求前人。前人所做的已經足夠超前，已經向我們展示了他們不同尋常的聰明才智，現在我們所應做的也是能做的，就是全面、準確地把基本法貫徹好、實施好，通過我們大家的共同努力，使基本法在實踐中不斷得到充實、完善。"我想這段話也完全適用於基本法理論研究。這次研討會邀請函中有一句話提得很好，這就是"推進面向實踐、開拓未來的基本法理論的體系化"。"一國兩制"和基本法理論研究必須基於實踐、面向實踐，致力於解決"一國兩制"實踐中遇到的問題，而理論要起到指導實踐的作用，就必須面向未來，必須體系化、系統化。這次研討會提出要構建面向實踐、開拓未來的基本法理論體系，以更好地適應"一國兩制"和基本法實踐需要，這就是一種歷史使命和責任意識，這是我要說的第三個好。

現在香港基本法實施已經 20 年，澳門基本法實施已經 18 年，積累了豐富的實踐經驗。我們已經處於一個新的歷史方位，怎麼在前人已做的工作基礎上，形成一套完整的基本法理論，以支撐日益豐富的"一國兩制"實踐，是擺在理論界、法學界尤其是憲法學界面前的一個重大課題。這當中最重要的是建立一個好的理論框架，既能夠講清楚基本法的規定是怎麼來的，又能夠講清楚這些規定在實踐中遇到的問題，還能夠講清楚應當怎麼樣全面準確地貫徹落實這些規定，從而發揮理論指導實踐的作用。在這方面，我因為工作關係，十年前就進行思考，提出了基本法理論要以闡述特別行政區制度為核心，並提出了 20 大課題。這 20個課題是：（1）特別行政區制度是我國的基本政治制度；（2）憲法和基本法是規定特別行政區制度的憲制法律；（3）特別行政區制度的特徵及實行條件；（4）特別行政區法律地位及其權力來源；（5）中央與特別行政區的權力運作關係；（6）特別行政區的政治體制及行政管理權；（7）

特別行政區的立法機關及其立法權；（8）特別行政區的民主發展；（9）特別行政區的司法機關及其司法權和終審權；（10）特別行政區的公務員制度；（11）特別行政區的區域組織或市政機構及其制度；（12）特別行政區維護國家安全的制度；（13）特別行政區處理對外事務的制度；（14）特別行政區保護居民基本權利和自由的制度；（15）特別行政區的出入境管制制度；（16）特別行政區的經濟、教育、文化、宗教、社會服務和勞工制度；（17）特別行政區與全國其他地方司法機關的司法互助制度；（18）特別行政區與全國各地方的協作關係；（19）基本法的解釋制度；（20）基本法的修改制度。我很高興地看到，過去十年來，有越來越多的法學專家投入基本法理論研究，而且取得了豐碩的成果，尤其是在特別行政區的憲制基礎、特別行政區制度、授權理論、基本法解釋理論、民主發展理論等方面提出了許多具有說服力的學說和觀點。我今天重提這些課題，主要是給大家提供一個參考，也算是對這次研討會的建言，相信只要大家共同努力，形成一套基本法理論體系的目標一定能夠實現。

最後，祝研討會取得圓滿的成功！

中央全面管治權和澳門特別行政區
高度自治權

——在紀念澳門基本法頒佈 25 週年學術研討會上的講話

2018 年 3 月 22 日在澳門。

在澳門基本法頒佈 25 週年之際，很高興來澳門參加今天的研討會，與各位朋友見面和交流。去年 10 月中共十九大作出了中國特色社會主義進入新時代的重大政治判斷，澳門特別行政區是國家不可分離的部分，"一國兩制" 是中國特色社會主義的重要內容，在新時代怎麼樣更好地把 "一國兩制" 在澳門的實踐推向前進，取得新的輝煌，是我們共同的使命和責任。這次研討會以 "邁向澳門'一國兩制'實踐新征程" 為主題，與十九大報告描繪的全面建設社會主義現代化國家的宏偉藍圖相呼應，貫徹落實了十九大精神，很好地把握住澳門未來發展的大局和大勢，具有很強的時代感。對於這次研討會的主題，我更看重的是背後的理念。這讓我想起了澳門基本法序言第二段的八個字 "社會穩定" 和 "經濟發展"。這八個字是根據澳門社會的意見寫入中葡聯合聲明，然後寫入基本法的，它說明什麼問題呢？說明社會穩定和經濟發展始終是一個社會繁榮昌盛的支柱，謀穩定、求發展始終是澳門社會的共識。澳門回歸後取得了巨大成就，發展理念起到重要的支撐作用。中國特色社會主義進入新時代，澳門社會提出了要開闢 "一國兩制" 在澳門實踐的新征程，這同樣貫穿着發展理念。受到這個理念的感染，崔世昌先生邀請我出席這次研討會時，我主動提出就第一個議題作一個發言，與大家分享看法，跟大家一起研討。關於中央對澳門的全面管治權和澳門特別行政區高度自治權，我想講三點：

首先講一下中央全面管治權這個概念。

學術界的朋友普遍認為這個概念是 2014 年 6 月發表的"一國兩制"白皮書提出來的，其實這個概念可能是我第一個提出來的。早在 2010 年國家行政學院邀請我做"一國兩制"下中央憲制權力的講座，我就開始用這個概念。2012 年我在一個澳門基本法講座上，在講到中央的憲制權力時，第一項就是"中央對澳門具有全面的管治權"。我當時是這樣講的：基本法序言第一段開宗明義指出，澳門自古以來就是中國領土，中國政府於 1999 年 12 月 20 日恢復對澳門行使主權。中央對澳門恢復行使的是包括管治權在內的完整主權，這是基本法第 2 條規定的基礎。基本法第 2 條規定，"全國人民代表大會授權澳門特別行政區依照本法的規定實行高度自治，享有行政管理權、立法權、獨立的司法權和終審權。"大家都知道，任何機構或個人，要作出授權，前提是他必須具有有關權力。全國人民代表大會是我國的最高國家權力機關，它授予澳門特區行政管理權、立法權、獨立司法權和終審權，前提就是中央對澳門具有完全的管治權。這本來就是單一制國家中央與地方關係的應有之義。

我當時為什麼要講中央對澳門具有全面管治權呢？其中一個原因是：澳門回歸祖國後，我同各方面人士交流過程中發現，當講到"一國兩制"下中央權力的時候，普遍只講到基本法具體規定的中央權力，從國防、外交權講到基本法解釋、修改權。這當然沒有錯，但總覺得缺少點什麼。問題出在哪裏呢？就出在"只見樹木，不見森林"，只看到基本法條文，而忽略了制定基本法本身。跳出基本法來看基本法，我們就會看到，澳門回歸祖國後，要說中央對澳門具有的最大權力，正在於制定對澳門的基本方針政策和基本法，規定在澳門特別行政區實行的制度和政策。這種權力是先於基本法存在的，從法律上講，它來源於憲法，來源於國家主權，如果用一個概念來歸納，就是中央對澳門具有全面管治權。如果中央沒有這種全面管治權，它怎麼能夠制定對澳門的基本方針政策和基本法呢？因此，我在講"一國兩制"下中央的憲制權力的時候，總是把中央對澳門的全面管治權放在第一位。

中央全面管治權這個概念，是經得起嚴格推敲的。從國際法來講，基於國家主權原則，任何國家的政府都對其領土具有全面管治權，澳門是我國的領土，中央當然具有全面的管治權。從我國國家體制來講，我國是單一制國家，根據憲法產生的中央政府代表全國各族人民行使管理國家的權力。澳門是國家不可分離的部分，澳門特別行政區直轄於中央人民政府，中央對澳門同樣具有全面的管治權。從我國對澳門問題的立場來講，我國政府和人民從來都認為，我國對澳門具有不可爭辯的主權，但由於歷史原因，澳門曾經長期處於葡萄牙的管治之下。1999 年 12 月 20 日我國政府對澳門恢復行使主權，最主要的就是恢復行使對澳門的管治權。中央對澳門具有全面管治權是 1999 年 12 月 20 日我國對澳門恢復行使主權的必然含義。因此，中央對澳門具有全面管治權是無可置疑的。

接着講一下中央全面管治權與澳門特別行政區高度自治權的關係。

2014 年 "一國兩制" 白皮書使用中央全面管治權這個概念後，引起了各方面的熱烈討論，大部分人贊同，但也有質疑者、反對者。我很仔細地看了這些質疑或者反對的觀點，除了極少數人根本就不接受中央管治權外，大多數人是擔心講中央全面管治權會影響到特別行政區的高度自治權。之所以有這種擔心，原因主要在於沒有弄清楚中央全面管治權與特別行政區高度自治權的關係。那麼，這兩者的關係是怎樣的呢？簡單來說，中央對澳門具有全面管治權是全國人大授權特別行政區實行高度自治的基礎，它們之間是源與流、本與末的關係，否定了中央全面管治權，特別行政區的高度自治權就成了無源之水、無本之木。

如果深入進行分析，中央對澳門具有全面管治權，講的主要是主權層面的問題，而授予澳門特別行政區高度自治權，講的主要是主權行使層面的問題。主權和主權行使是既互相聯繫又有所區別的概念。任何國家對其領土擁有主權，當然具有對其領土的管治權，至於這種管治權怎麼行使，是一國國家主權範圍內的事務，現代國家都通過憲法和法律加以規定。我國對澳門擁有主權，當然對澳門具有全面管治權，怎麼對澳門行使主權、管治權呢？"一國兩制"方針政策和基本法作出了明確的規定，最簡單的說法，就是一些權力由中央直接行使，一些權力授權澳門特別行政區行使，前者稱為中央的直接權力，後者稱為澳門特別行政區高度自治權。由於授權是行使主權、管治權的一種形式，中央授權澳門特別行政區實行高度自治，在任何情況下都不減損國家的主權，不減損中央的全面管治權。對於這個問題，可以這樣形象地理解：1999 年 12 月 20 日凌晨中葡兩國政府在澳門舉行了澳門政權交接儀式，在五星紅旗升起的時刻，中國政府正式對澳門恢復行使主權，我想任何人都會承認在這一時刻，中央對澳門具有全面管治權。與此同時，澳門基本法開始實施，授予澳門特別行政區高度自治權。由此可以看出，中央對澳門具有全面管治權和澳門特別行政區享有高度自治權是並行不悖的。正確的理解只能是中央對澳門特別行政區的授權，是國家對澳門行使主權、中央對澳門行使全面管治權的方式，而不是放棄或者失去全面管治權。一個公司的董事會授權總經理管理公司的一些事務，你能說董事會失去對公司的管理權嗎？不能。中央對澳門特別行政區的授權，也是同樣的道理。明白這個道理，才能認識到"一國兩制"實踐中，中央對澳門的全面管治權與澳門特別行政區的高度自治權是內在一致的，在任何時候都不能把它們對立起來，更不能以高度自治權對抗中央的全面管治權。

我理解，黨的十九大報告提出必須把維護中央對香港、澳門的全面管治權和保障特別行政區的高度自治權有機結合起來，主要講的就是這個道理。同時，十九大報告強調的還不是簡單的權力問題，而是維護國家主權、堅持一個國家原則的本質要求。"一國兩制"中的"一國"，不是抽象的，指的是中華人民共和國。這個國家是一個主權實體，有領土、有人民、有政府，由中央政府代表人民行使國家管治權力。堅持一個國家原則就必須維護中央的全面管治權，忽略甚至否定這一點，就背離一個國家原則。從這個意義上來講，十九大報告的提法具有很強的針對性和重要的實踐指導意義。

最後講一下怎麼更好地把維護中央全面管治權和保障澳門特別行政區高度自治權有機結合起來。

"一國兩制"是國家的一項長期國策，十九大報告把堅持"一國兩制"和推進祖國統一確定為堅持和發展中國特色社會主義的基本方略之一，充分表明了中央堅定不移貫徹落實"一國兩制"的決心和信心。澳門回歸祖國後，全面貫徹落實"一國兩制"方針政策和基本法，在中央的堅強領導下，行政長官和特區行政、立法、司法機構依法履行職責，社會各界同心協力，創造了澳門發展奇跡，充分說明了"一國兩制"是保持澳門長期繁榮穩定的最佳制度。

澳門社會具有光榮的愛國傳統，回歸祖國後，在促進和維護澳門繁榮穩定的同時，堅決維護國家的主權、安全和發展利益，樹立了正確處理"一國兩制"下中央與特別行政區關係的典範。我們都為此感到自豪，但不能就此止步。要認識到社會在不斷發展變化，怎麼在這種發展變化中使澳門與祖國內地越走越近，而不是漸行漸遠，始終是"一國兩制"實踐中帶有方向性的問題。而把握這個問題的關鍵，就是要按照十九大報告提出的要求，把維護中央全面管治權和保障澳門特別行政區高度自治權有機結合起來，確保"一國兩制"方針不會變、不動搖，確保"一國兩制"實踐不走樣、不變形。

習近平主席去年7月1日在香港發表的重要講話提出，"在落實憲法和基本法確定的憲制秩序時，要把中央依法行使權力和特別行政區履行主體責任有機結合起來"。我體會，習近平主席提出，特別行政區要履行好主體責任，是把維護中央全面管治權和保障澳門特別行政區高度自治權有機結合起來的核心要義。為什麼這樣說呢？這是因為按照"一國兩制"方針和基本法的規定,中央在行使對澳門特別行政區全面管治權時,把十分廣泛的權力授予澳門特別行政區,這種權力包括社會、政治、經濟等方面的權力,也包括在澳門特別行政區維護國家安全的權力。而且這種授權還有一個重要特點,也可以說有一個不同於中央對內地地方實施管治的特徵,就是對於授權澳門特別行政區高度自治範圍內的事務,中央不直接行使有關權力。比如說,廣東省有權在一些領域制定地方性法規,全國人大及其常委會同樣可以在這些領域制定全國性法律並在廣東省實施;而基本法授予澳門特別行政區在高度自治範圍內制定法律的權力,全國人大及其常委會在這些領域制定的全國性法律,就不在澳門特別行政區實施。因此,在"一國兩制"下,要實現澳門的良好管治,中央要按照基本法的規定行使好權力,履行憲制責任,同樣重要的是,澳門特別行政區依法行使好高度自治權,履行好主體責任。比如說,在澳門開展憲法和基本法宣傳教育,樹立國家觀念和意識,誰應當承擔主體責任?當然是澳門特別行政區;又比如說,澳門要實現經濟適度多元化,更好地保障和改善民生,誰應當承擔主體責任?當然也是澳門特別行政區;再比如說,要在澳門特別行政區維護國家主權、安全和發展利益,誰應當承擔主體責任?當然還是澳門特別行政區。這樣講的道理就是,在這些領域基本法授予澳門特別行政區高度自治權,中央可以對這些領域提出要求,但貫徹落實要靠澳門特別行政區。任何權力都意味着責任,澳門特別行政區依法享有廣泛的權力,應當承擔其相應的責任,這是把維護中央對澳門全面管治權和保障澳門特別行政區高度自治權有機結合起來的一條基本要求,這也是習近平主席提出"特別行政區履行主體責任"的意義所在。

這次研討會提出了維護中央管治權與確保特別行政區高度自治權有機結合、澳門融入國家發展大局與確保澳門長期繁榮穩定、築牢愛國愛澳社會政治基礎與培養"澳人治澳"人才等三個議題,這些都是關係到澳門未來發展的重大問題,希望今天的研討會有積極的成果。

學習憲法及憲法修正案
樹立憲法觀念和意識

2018 年 4 月 20 日在香港特區政府總部"2018 年國家事務系列講座"上的演講。

今年 3 月 11 日，第十三屆全國人大第一次會議通過了第五個憲法修正案。不久接到林鄭月娥特首的邀請，要我來跟大家就憲法和憲法修正案進行交流，我深感榮幸。這次通過的憲法修正案，是適應中國特色社會主義進入新時代的重要憲法發展，我參加了憲法修正案草案的研究工作，能夠有機會與大家進行交流，是一件很愉快的事情。雖然我常到全國各地作憲法講座，但是，到香港來專題講憲法還是第一次。要把憲法及憲法修正案內容講透徹，不僅要從制憲修憲的背景講起，還要結合憲法與基本法的關係，能不能在一個半小時內把這麼大的一個課題講清楚，讓大家聽明白，心中沒有把握。因此，林鄭特首給我佈置任務後，我認認真真地做了作業。我今天來交作業，作業做得怎麼樣，請林鄭特首和在座各位評判，批評指正。

一、我國憲法的核心要義和基本特徵

在準備這次講座時，我想到著名歷史學家錢穆在《國史大綱》一書的前面寫下的四句話。這四句話的頭兩句是"一、當信任何一國之國民，尤其是自稱知識在水平綫以上之國民，對其本國已往歷史，應該略有所知。二、所謂對其本國已往歷史略有所知者，尤必附隨一種對其本國已往歷史之溫情與敬意。”把這兩句話略作修改，用在學習憲法上，大體上也是貼切的。這就是當今任何國家的國民，尤其是公職人員，對本國憲法，都要有最基本的認知，繼而深入地理解和把握；對本國憲法，都要懷有溫情與敬意，繼而牢固樹立尊重憲法、維護憲法、遵守憲法的意識和觀念。憲法是國家最高法律規範，是國家生活的基本準則，是法治體系的核心。香港回歸祖國已經 21 年，相信在座的各位政府官員對我國憲法已經有了相當程度的認識，我在這裏着重講一下我國憲法的核心要義和基本特徵，期待對各位認識、理解和把握我國憲法，能夠有所幫助。

在座許多人有在外國讀書的經歷，相信對西方國家的憲法和憲法制度有比較深入的認識。這是好事，因為有比較才有鑒別，有外國憲法的知識，可以更好地理解和把握我國自己的憲法。那麼，我國憲法的核心要義和基本特徵是什麼呢？對此，憲法序言最後一段的第一句話提供了基本答案。這句話是：“本憲法以法律的形式確認了中國各族人民奮鬥的成果，規定了國家的根本制度和根本任務，是國家的根本法，具有最高的法律效力。”從比較憲法的角度，這句話可以從三個層面來解讀：第一個層面，任何國家的憲法都是國家根本法、都具有最高法律效力，在這一點上，我國憲法與其他國家憲法沒有區別。第二個層面，任何國家的憲法都規定國家的根本制度，我國憲法也一樣。但我國憲法規定的國家根本制度是社會主義制度，而且實行的是中國特色社會主義，這與外國憲法規定的國家根本制度有着重大的區別。第三個層面，我認為是最重要的，其他國家憲法尤其西方國家憲法通常不規定國家的根本任務，我國憲法不僅規定了國家根本任務，而且從內在邏輯上講，我國的國家根本制度是由這個根本任務決定的，從而形成了我國憲法與其他國家憲法的重大分野。因此，我國憲法的核心要義是規定了國家的根本任務，為完成這一根本任務，確立社會主義制度為國家根本制度，而且實行的是中國特色社會主義。我國憲法把國家根本任務與根本制度緊密聯繫在一起，從而具有鮮明的中國特色。這種特色源於我國的歷史、國情和實踐中產生的理論，有着自己的歷史邏輯、實踐邏輯和理論邏輯。

一是，我國憲法承載着近代以來中國各族人民的歷史使命，是一部凝聚全國各族人民力量，為實現中華民族偉大復興而奮鬥的憲法。

在人類數千年文明史中，我們今天所講的憲法的歷史只有 300 多年的時間，是近代在西方國家產生的。我國在 2000 多年前的古代文獻中，雖然有 "憲法" 這個詞語，但出現近代意義上的憲法則是更晚近的事情，只有 100 多年的歷史。我國現行憲法從 1954 年算起有 64 年歷史，從 1982 年進行重大修訂並重新頒佈算起，只有 36 年歷史。近代中國產生憲法，有着深刻的歷史背景。深入學習、理解和把握我國憲法，要以近代以來中國各族人民的歷史使命為基本出發點。

這個歷史使命是什麼呢？2011 年我在北京會見兩岸四地青少年 "辛亥革命百週年" 體驗考察團時，與他們一起回顧了近代以來我國人民受到西方列強侵略、封建專制統治的雙重壓迫，國家四分五裂、人民飢寒交迫的悲痛歷史，講到這種歷史背景下凝聚起來的實現中華民族偉大復興的共同理想，講到無數仁人志士為實現這一理想，改變國家和民族的命運，拯救人民於水火而進行的探索和奮鬥歷程。我當時這樣講：實現中華民族偉大復興的理想，可以概括為二十個字，這就是 "爭取民族獨立、人民解放，實現國家富強、人民富裕。" 近代以來，在我們國家 960 萬平方公里的土地上，中國人民進行的波瀾壯闊的革命和建設，包括辛亥革命，也包括今天的改革開放，都是緊緊圍繞着這二十個字的主題。這二十個字是近代以來中華民族和中國人民所承擔的歷史使命，是一百多年來一代又一代人為之不懈奮鬥的理想、奮鬥的目標。我當時還說，"以新中國成立為標誌，我國各族人民經過艱苦奮鬥，實現了民族獨立、人民解放，開始了實現國家富強、人民富裕的偉大征程。從 1949 年算起，我們已經為這項歷史任務奮鬥了 62 年，取得了舉世矚目的成就。大家這次到內地來，相信已經親身感受到。但要實現中華民族偉大復興這一宏偉目標，還需要包括在座各位同學在內的一代代人的努力。從這一點上來講，我們儘管有年齡的差距，但都是實現國家富強、人民富裕這一歷史使命的承擔者。" 我國憲法承載着實現中華民族偉大復興的歷史使命。憲法序言最後一段所講的 "確認了中國各族人民奮鬥的成果"，最主要的是確認了近代以來中國人民為國家獨立、民族解放和民主自由，為建立新中國而不懈奮鬥的成果；所講的 "國家的根本制度"，就是社會主義制度；所講的 "國家的根本任務"，就是在實現民族獨立、人民解放之後，不僅要牢牢維護這一成果，而且要以實現國家富強、人民富裕作為主要奮鬥目標，這就是憲法規定的 "把我國建設成為富強民主文明和諧美麗的社會主義現代化強國，實現中華民族偉大復興"。

我國憲法規定的國家根本任務，不僅體現在憲法序言之中，也體現在憲法的許多具體規定之中。比如說，憲法第 5 條第一款規定，"中華人民共和國實行依法治國，建設社會主義法治國家。" 第 14 條第四款規定，"國家建立健全同經濟發展水平相適應的社會保障制度。" 第 19 條第一款規定，"國家發展社會主義的教育事業，提高全國人民的科學文化水平。" 第 20 條規定，"國家發展自然科學和社會科學事業，普及科學和技術知識，獎勵科學研究成果和技術發明創造。" 第 24 條第一款規定，"國家通過普及理想教育、道德教育、文化教育、紀律和法制教育，通過在城鄉不同範圍的群眾中制定和執行各種守則、公約，加強社會主義精神文明的建設。" 第 26 條第一款規定，"國家保護和改善生活環境和生態環境，防治污染和其他公害。" 等等。這些憲法條文有什麼特點呢？就是明確國家管理社會政治經濟等各領域事務遵循的原則、途徑和要達至的目標。我國憲法的這種特點，使全國人民無論從事什麼工作，都能夠從憲法中看到發展方向和奮鬥目標，從而把各族人民的力量凝聚起來，為共同的理想和目標而奮鬥。因此，我們可以說，我國憲法是一部向前看的憲法，是一部行進中的憲法，是一部充滿理想，為國家和民族帶來光明前途的憲法。

　　我國憲法的這種特質，決定了要理解和把握憲法規定，必須以憲法的實踐為基本依據。形象來說，就是要一手拿着憲法文本，一手拿着國家建設與發展的成績單，兩者相互對照，才能看到一部行進中的憲法、一部活的憲法，才能真正領會憲法的含義，看到憲法的作用。用這種方法來學習憲法，大家就可以看到，憲法規定的國家建設和發展目標，都在穩步實現，每一個憲法條文都熠熠生輝，充滿活力。新中國成立 60多年尤其是改革開放 40 年來，我們國家在憲法規範下，政治始終保持穩定，經濟持續快速發展；建設了完整的國民經濟體系，建立了規模龐大的醫療衛生體系、教育體系、社會保障體系，人民的生活水平、健康水平、教育水平、社會保障水平不斷提高；我們已經成為世界第二大經濟體、第一大工業國、第一大貨物貿易國、第一大外匯儲備國。改革開放 40 年來，按照可比價格計算，我國國內生產總值年均增長約 9.5%，以美元計算，中國對外貿易年均增長 14.5%。中國人民的生活從短缺走向充裕、從貧困走向小康，聯合國現行標準下的 7 億多貧困人口成功脫貧，佔同期全球減貧人口總數的 70% 以上。國家建設取得巨大成就，相應的國際地位和影響力日益提高，今天中國人走到哪裏，都能感受到做一個中國人的自豪。用這種方法來學習憲法，我們就可以看到我國憲法對完成國家根本任務發揮着四種作用，即規範作用、引領作用、推進作用和保障作用，我們才能避免簡單地與西方國家對比，不因為我們某些方面發展水平存在差距而感到氣餒，而是更加激起我們奮發自強；不因為我們某些方面事業發展不盡如人意而加以指責，而是竭盡全力地加以改進完善。實踐已經證明，我國憲法是一部體現人民共同意志、推進國家發展進步、保證人民創造幸福生活、保障中華民族實現偉大復興的好憲法。

　　黨的十九大報告指出，"保持香港、澳門長期繁榮穩定，實現祖國完全統一，是實現中華民族偉大復興的必然要求。" 講到我國憲法承載着近代以來中國各族人民的歷史使命，恢復對香港行使主權、保持香港長期繁榮穩定是這一歷史使命的重要組成部分。按照憲法的規定，我們實現了以和平方式收回香港、推進祖國統一大業的目標，並且在這個過程中保持了香港繁榮穩定，保障了廣大香港居民的基本權利和自由，"一國兩制"方針政策充分顯示了強大的生命力，也就是說，我們在完成近代以來中國各族人民的歷史使命過程中，對香港問題的處理，同樣交出了靚麗的成績單，這當然有在座各位作出的貢獻。講到這裏，我不能不講一下"港獨"問題。近幾年，香港出現了"港獨"和各種激進勢力，我深感痛心。明白近代以來中國各族人民的奮鬥歷史，就會明白"港獨"這種行為根本上違背全體中國人民的共同意志，違反憲法，是絕對不能容許的。香港的有些朋友認為，"港獨"成不了事，不要太緊張。是的，"港獨"永遠不會得逞。中國人民在近代內憂外患下都沒有喪失過維護國家統一的決心和意志，在已經日益強大起來的今天，還能讓"港獨"得逞嗎？決不可能。還有些人認為，宣揚"港獨"是言論自由。圖謀、煽動分裂國家是言論自由嗎？世界上沒有這種理論。"港獨"問題不在於是否會成為現實，也不是言論自由的問題，它是民族感情問題，也是憲法問題。幾千年來中國人民維護國家統一的意志從來都不可挑戰，這是"港獨"已經引起極大公憤的原因所在。如果容忍"港獨"勢力存在並發展，最終將危及"一國兩制"事業，最終將損害香港所有人的利益。因此，在"港獨"問題上做開明紳士是不行的。我特別讚賞香港特別行政區政府旗幟鮮明地反對"港獨"，這既是對國家、民族負責，也是對香港、對在香港生活的所有人負責的態度。

二是，我國憲法確立和堅持中國特色社會主義道路，是一部體現全國各族人民共識，建設中國特色社會主義的憲法。

西方發達國家的人口大約佔世界人口的五分之一，這些國家實現現代化大約用了 300 年的時間，我們國家人口也佔世界人口大約五分之一，從 1949 年算起，我們要用 100 年的時間，也就是到本世紀中葉，把我們國家從一窮二白建設成為一個現代化強國，實現人民的共同富裕，實現中華民族偉大復興。要完成這個歷史任務，就決定了我們國家的建設和發展，必須走自己的路，西方國家的發展經驗可以參考，但他們的發展模式無法解決我們國家的建設和發展問題，無法實現我們的奮鬥目標。我國各族人民在中國共產黨的領導下，經過長時間的艱苦探索，形成了只有社會主義才能救中國的基本共識，開闢了適合我國國情的發展道路，這就是中國特色社會主義道路；形成了一套完整的治國理論，這就是中國特色社會主義理論；創立了有中國特色的國家制度，這就是中國特色社會主義制度。我國憲法全面體現了這條道路、這種理論和這套制度，把社會主義原則全面融入國家的各項基本制度之中，既有歷史傳承，又有創新，這是我國憲法又一個重要特色。

我國憲法確立的國家制度包括哪些主要內容呢？用最概括的語言來講，主要包括以下八個方面：（一）在國家結構形式上，堅持了單一制原則；（二）在國體上，確立了人民在國家的主體地位；（三）在政體上，確立了人民代表大會制度；（四）在基本經濟制度上，確立了公有制為主體的基本經濟制度；（五）在立法制度上，確立了既統一、又分層次的立法制度；（六）在政黨制度上，確立了中國共產黨領導的多黨合作和政治協商制度；（七）在行政區域制度上，在設立省、直轄市之外，設立自治區和特別行政區，實行民族區域自治制度和特別行政區制度；（八）在基層治理上，確立了基層群眾自治制度。當然，我國憲法規定的國家制度，還有其他重要的內容，比如說，國家主席制度、總理負責制制度、監察制度、審判制度、檢察制度、國防制度、外交制度、人權保障制度，還有香港社會十分關心的法律解釋制度，等等，我認為，作為基礎，對我國憲法規定的國家制度的認識，可以從以上八個方面入手。

我國憲法規定的每一項制度要展開來講，都是一篇大文章。在這裏我只想講一點，就是這些制度都有深刻的歷史根源，都是解決當代中國問題需要，都是近代以來經過長期探索而形成的。比如說，特別行政區制度是我國行政區域制度的重要內容，是為了實現祖國和平統一的需要，解決怎麼保持香港、澳門還有將來的台灣的繁榮穩定問題。這一點，我相信大家已經有切身體會。又比如說，憲法第六條第二款規定，"國家在社會主義初級階段，堅持公有制為主體、多種所有制經濟共同發展的基本經濟制度，堅持按勞分配為主體、多種分配方式並存的分配制度。"西方經濟學家對我國憲法確立的以公有制為主體的基本經濟制度有很多批評，就是生活在香港的人，也可能對我們國家為什麼要堅持公有制為主體有不理解的地方。那麼，為什麼要堅持以公有制為主體呢？答案就是實現人民利益的需要。其道理就是，如果不實行公有制而實行私有制，必然使資源集中到社會的少數人手中。我們國家這麼大，人口這麼多，不要說現在的 13.9 億多人口，1949 年就已經有 5 億人口，資源集中到少數人手中，其他人怎麼生活？人民起來革命，就是要實現 "耕者有其田"，實現富裕，你搞一種經濟體制，使資源集中在少數人手中，人民就不答應。因此，公有制就成為必然的選擇。近代中國革命，推翻君主制，建立共和制，首先是國民黨發起的。當時人民是支持國民黨的，但後來為什麼人民又起來反對國民黨？其中一個重要原因就是國民黨搞私有制，革命成功了，當權者謀求自己成為佔有資源的少數人，人民地位沒有改變。我們的人民正是看到這一點，所以才追隨中國共產黨，選擇社會主義。因此，我們堅持公有制為主體，是人民的選擇，是保護人民利益的需要，是實現人民共同富裕的基礎。當然，我國在實行公有制過程中也走過一些彎路，曾經一度全面實行生產資料公有制，不允許任何私營經濟存在。實踐證明，這不適合我國國情，不利於發展社會生產力，因此，在社會主義初級階段，必須實行以公有制為主體、多種所有制經濟共同發展的基本經濟制度。這種基本經濟制度確保了我國經濟發展既充滿活力，又保持穩定，提高了抵禦各種風險和挑戰的能力。這裏我舉一個例子：2008 年國際金融風暴發生後，在 1.3 億農民工中，有 2000 萬人因金融危機失業，僅珠三角地區就有 250 萬人失業。這要是發生在西方國家，很可能會產生社會動蕩。大家在香港都看到，這上千萬工人回家了，沒有產生重大社會政治問題。為什麼呢？因為這些農民工在家鄉還有承包地，回到家鄉有基本的生活保障。這就是農村土地集體所有制的重要保障作用，而農村土地集體所有制也正是公有制的一種基本形式。

學習和把握我國憲法，必須牢記憲法確立的國家根本制度和各方面制度，是近代以來中國各族人民經過長期探索形成的，這些制度繼承了幾千年以來的治國經驗，又切合世情國情，為實現國家根本任務提供了有力的制度保障。維護憲法、尊重憲法、遵守憲法，最根本的也是維護、尊重、遵守憲法規定的國家根本制度和各方面制度。

三是，我國憲法隨着中國特色社會主義實踐的發展而發展，是一部反映人民的實踐經驗，把國家各項事業不斷推向前進的憲法。

我國是一個歷史悠久、深受傳統影響的國家，要通過具有根本性的社會變革，實現國家現代化，是一項艱巨的歷史任務。經過長期的探索，我們找到了正確的道路，但不是也不可能一勞永逸。中國特色社會主義是在實踐中不斷總結經驗，不斷發展的。比如說，1982 年黨的十二大提出建設有中國特色社會主義時，主要提兩個方面的建設，即物質文明和精神文明建設，在後來的黨代表大會上，又先後提出了政治文明建設、社會文明建設，到了 2012 年黨的十八大，在這四個建設的基礎上，又加上生態文明建設，從而形成了中國特色社會主義建設的總體佈局。又比如說，在法治建設方面，改革開放之初，提出了建設社會主義民主和法制，到了 1997 年黨的十五大，提出依法治國，建設社會主義法治國家；2014 年黨的十八屆四中全會通過了《關於全面推進依法治國若干重大問題的決定》，確立了建設中國特色社會主義法治體系，建設社會主義法治國家的總目標。我國的發展戰略大目標始終如一，從來沒有也不能有絲毫的動搖。圍繞這個大目標，在不同的歷史時期，根據國家建設和發展情況，制定相應的戰略措施和工作重點，在這個層面不斷與時俱進，穩中求進，既有目標的堅定性，又有實施步驟和策略的時代性，我們國家的事業就是這樣一步一步地推向前進。講中國特色，這也是一個重要方面。

我國現行憲法是 1982 年憲法。與中國特色社會主義建設進程相適應，1982 年憲法公佈施行至今，1988 年、1993 年、1999 年和 2004 年先後四次對憲法的個別條款和部分內容作出必要的修改，形成 31 條憲法修正案。如果把上述憲法修改與改革開放進程相對照，可以看出，每一次憲法修改，都對國家建設與發展發揮巨大的推動作用，提供了強大的動力和憲法保障。從某種意義上講，我們國家發展到今天，是中國特色社會主義不斷與時俱進的結果，也是國家憲法不斷與時俱進的結果。

2004 年憲法修改以來，我們國家的各項事業又有了許多重大發展變化，特別是黨的十八大以來，國家事業取得了歷史性成就、發生了歷史性變革，中國特色社會主義進入新時代。在這種歷史背景下，2018 年 3 月對憲法進行了第五次修改。這次憲法修改的最重要意義在於，它為實現 2020 年全面建成小康社會、到本世紀中葉建成富強民主文明和諧美麗的社會主義現代化強國提供有力的憲法保障。

我國憲法隨着國家事業的發展不斷與時俱進，這是我國憲法的又一個重要特色。由憲法及時確認我國各族人民建設中國特色社會主義的偉大成就和寶貴經驗，以更好地發揮憲法的規範、引領、推動、保障作用，這是我國憲法的強大優勢所在。

二、憲法修正案的主要內容和深遠影響

這次憲法修正案共有 21 條（其中 11 條與設立監察委員會有關），充分反映了 2004 年憲法修改之後，特別是十八大以來黨和人民在實踐中取得的重大理論創新、實踐創新、制度創新成果。概括這次憲法修正

案的內容，主要是在兩個方面實現了與時俱進：一是，確立習近平新時代中國特色社會主義思想在國家政治和社會生活中的指導地位；二是完善了國家制度和體制。

這次憲法修改從哪些方面完善了國家制度和體制呢？主要有以下幾個方面：第一，明確規定中國共產黨領導是中國特色社會主義最本質的特徵。這是從社會主義本質屬性的高度確定黨在國家中的領導地位，目的是把黨的領導貫徹落實到國家政治生活和社會生活的各個領域，確保中國特色社會主義事業始終沿着正確軌道向前推進。第二，修改國家主席任職方面的有關規定。修改國家主席"連續任職不得超過兩屆"的規定，使國家主席的任職規定與黨的總書記、黨的中央軍委主席、國家中央軍委主席的任職規定保持一致，符合我國國情，是保證黨和國家長治久安的制度設計。這次憲法修改把這一制度設計以憲法形式確立下來，完善了黨和國家領導制度，目的是更好地發揮中國特色社會主義政治優勢和制度優勢。第三，增加設區的市制定地方性法規的規定。這是完善中國特色社會主義立法體制的重要舉措，是對我國地方立法實踐探索與成功經驗的憲法確認。第四，賦予監察委員會憲法地位，健全黨和國家監督體系。深化國家監察體制改革是黨中央作出的事關全局的重大政治體制改革。改革的目標是，整合反腐敗資源力量，加強黨對反腐敗工作的集中統一領導，構建集中統一、權威高效的國家監察體系，實現對所有行使公權力的公職人員監察全覆蓋。這次憲法修改增加有關監察委員會的各項規定，為設立監察委員會提供了根本依據。第五，建立憲法宣誓制度。國家工作人員就職時進行憲法宣誓，目的是促使國家工作人員樹立憲法意識、恪守憲法原則、弘揚憲法精神、履行憲法使命，也有利於彰顯憲法權威，激勵和教育國家工作人員忠於憲法、遵守憲法、維護憲法。此外，這次憲法修改還將"全國人大法律委員會"更名為"全國人大憲法和法律委員會"，加強對憲法實施的監督。

下面我着重講一下這次憲法修改的重點和亮點，這就是確立習近平新時代中國特色社會主義思想在國家政治和社會生活中的指導地位。習近平新時代中國特色社會主義思想的內容十分豐富，十九大報告把這一思想概括為"八個明確"和"十四個堅持"，前者是指導思想層面的，後者是行動綱領層面的，這兩個方面相輔相成，構成完整的理論。這次憲法修正案通過後，全國上下對把習近平新時代中國特色社會主義思想寫入憲法而歡欣鼓舞，為什麼大家會這麼興奮？這就要求我們弄清楚這一思想是什麼，由於時間關係，我們一起來看一下"八個明確"講些什麼。

（一）堅持和發展中國特色社會主義的總任務是：實現社會主義現代化和中華民族偉大復興，在 2020 年全面建成小康社會的基礎上，分兩步走在本世紀中葉建成富強民主文明和諧美麗的社會主義現代化強國。這個兩步走是：第一步，從 2020 年到 2035 年，在全面建成小康社會的基礎上，再奮鬥 15 年，基本實現社會主義現代化；第二步，從 2035 年到本世紀中葉，在基本實現現代化的基礎上，再奮鬥 15 年，把我國建成富強民主文明和諧美麗的社會主義現代化強國。

（二）新時代我國社會主要矛盾是：人民日益增長的美好生活需要和不平衡不充分的發展之間的矛盾。隨着我國十幾億人溫飽問題的解決，我們的人民不僅對物質文化生活提出了更高的要求，而且在民主、法治、公平、正義、安全、環境等方面的要求日益增長。現在，我國社會生產力水平總體上顯著提高，社會生產能力在很多方面進入世界前列，更加突出的問題是，上述這些要求和不平衡不充分的發展之間的矛盾。怎麼滿足人民日益增長的美好生活需要？這一思想明確要求，要在繼續推動發展的基礎上，着力解決好發展不平衡不充分問題，更好滿足人民在經濟、政治、文化、社會、生態等方面日益增長的需要，更好推動人的全面發展、社會全面進步。用形象的話來說，以前我們國家建設主要解決的是"有沒有"的問題，現在要解決"好不好"的問題。

（三）中國特色社會主義事業的總體佈局是"五位一體"，戰略佈局是"四個全面"，強調增強道路自信、理論自信、制度自信、文化自信。"五位一體"是指物質文明、政治文明、精神文明、社會文明、生態文明一體建設，協調發展；"四個全面"是指全面建成小康、全面改革開放、全面依法治國、全面從嚴治黨。"五位一體"稱為總體佈局，講的是中國特色社會主義現代化的內涵和外延，它說明我們進行的現代化，是全面、完整的現代化，而不是局限於某些領域、跛腳鴨式的現代化。"四個全面"稱為戰略佈局，作為開展"五位一體"現代化建設的戰略抓手。

（四）全面深化改革總目標是完善和發展中國特色社會主義制度，推進國家治理體系和治理能力現代化。我們國家的改革開放是從"摸着石頭過河"開始的，以往也提出過改革目標，但大多是從具體領域提出的。習近平新時代中國特色社會主義思想提出了全面改革的總目標，這是一個帶有開創性、突破性的頂層設計。我國社會經濟治理中出現的種種問題，不是基本制度的問題，而是治理體系不完善、治理能力不高造成的。香港人士對內地發生的有些事情經常感到不解，還有人恨鐵不成鋼，提出嚴厲批評。對於香港人士批評的問題，在很多情況下我也是感同身受。問題在於原因是什麼？這些事情的發生，有一個很重要的原因就在於國家治理體系還不完善，我們一些幹部的能力跟不上時代的要求，治理能力不高。因此，我們改革的總目標必須聚焦在完善國家治理體系、提高國家治理能力上。

（五）全面推進依法治國總目標是建設中國特色社會主義法治體系，建設社會主義法治國家。我國現行法律有 263 部，行政法規 753 部、地方性法規 1.2 萬多部，都是改革開放之後制定的。從立法角度來講，在不到 40 年的時間內，我們國家建立了比較完備的法律體系，這是十分不容易的。香港是一個法治社會，大家知道，立法不容易，但法治不只是立法，其他方面的建設更加不容易。因此，黨的十八屆四中全會首次提出全面依法治國的總目標是建設中國特色社會主義法治體系，建設社會主義法治國家。法治體系包括五個體系的建設：一是完備的法律規範體系，二是高效的法治實施體系，三是嚴密的法治監督體系，四是有力的法治保障體系，五是完善的黨內法規體系。法治體系建設是進行法治國家建設的總抓手。只有這五個方面的建設協調推進，才能實現法治國家建設的目標，才能滿足人民對法治的期待，為中國特色社會主義事業發展興盛提供有力的法治保障。

（六）新時代的強軍目標是建設一支聽黨指揮、能打勝仗、作風優良的人民軍隊，把人民軍隊建設成為世界一流的軍隊。這是實現"兩個一百年"奮鬥目標、實現中華民族偉大復興的戰略支撐。強軍思想是習近平新時代中國特色社會主義思想的重要組成部分。去年7月30日習近平主席在內蒙古自治區的朱日和基地舉行沙場閱兵，紀念建軍90週年，今年4月12日，習近平主席又在南海檢閱海軍部隊，全國人民都極為振奮。因為在中國近代史上，"落後就要捱打"給中國人的感受太深了。汲取歷史教訓，我們必須建設好與國家發展、與奮鬥目標相匹配的國防軍事力量。

（七）中國特色大國外交要推動構建新型國際關係，推動構建人類命運共同體。習近平主席曾經指出，當今時代，沒有哪個國家能夠獨自應對人類面臨的各種挑戰，也沒有哪個國家能夠退回到自我封閉的孤島。為解決當今世界發展的諸多問題，應對人類社會發展的共同挑戰，習近平主席提出推動"構建人類命運共同體"等一系列重要思想，呼籲各國人民同心協力建設一個持久和平、普遍安全、共同繁榮、開放包容、清潔美麗的世界，建設相互尊重、公平正義、合作共贏的新型國際關係，匯聚了世界各國人民嚮往和平、發展、繁榮的最大公約數，是中國人為解決人類問題貢獻的中國智慧和中國方案。

（八）中國特色社會主義最本質特徵是中國共產黨領導，中國特色社會主義制度的最大優勢是中國共產黨領導，黨是最高政治領導力量，提出新時代黨的建設的總要求，突出政治建設在黨的建設中的重要地位。中國共產黨是中國革命、建設、改革的最高政治領導力量，怎麼堅持中國共產黨領導？這一思想提出，"打鐵還需自身硬"，必須加強黨的建設，確保黨始終全心全意為人民服務，而且有能力服好務。

講憲法和憲法修正案，為什麼要用這麼多時間講習近平新時代中國特色社會主義思想呢？這是因為要深入理解和把握我國憲法，是不能脫離中國特色社會主義的指導思想的。習近平新時代中國特色社會主義思想是現在和今後相當長歷史時期內的國家事業的指導思想，是我國憲法最鮮活的內容。講這部分內容，我還有一個想法，就是可能有些香港人士一聽到中國特色社會主義這幾個字，就退避三舍，我想如果能靜下來好好聽一下習近平新時代中國特色社會主義思想所包含的內容，或許會有所感悟。作為一名中國人，站在中國人民的立場，這一思想的哪一條不是反映人民的心聲呢？有哪一條不好接受呢？我看沒有。深入學習這一思想，有助於更好地理解我國憲法是如何凝聚起全國各族人民的力量，為實現中華民族偉大復興而奮鬥，有助於更好地理解這次憲法修改，尤其是習近平新時代中國特色社會主義思想入憲所具有的重大現實意義和長遠的歷史意義。

順便說一下，黨的十九大召開後，全世界的智庫都在關注、研究習近平新時代中國特色社會主義思想。2014 年《習近平談治國理政》第一卷在全球發行，截止到 2017 年 8 月共發行了 600 多萬冊，2017 年 11 月發行的第二卷，到 2018 年 2 月就發行了 1300 多萬冊。我們作為中國人，更應當認真地學習這一思想。當然，有些外國人研究習近平新時代中國特色社會主義思想是不懷好意的。我們不能忽視持反華觀點的人和勢力，不能忽視他們利用香港、澳門來牽制、遏制中國發展的圖謀。實際上，香港和澳門已經成為我們與這種勢力進行鬥爭的前沿陣地。守好香港的陣地，維護國家發展利益，是香港特別行政區政府和所有官員的重要責任。從這個角度來講，我們也要很好地學習習近平新時代中國特色社會主義思想，因為只有真正知道國家民族的利益所在，才能有政治敏感性，才能真正維護好這個利益。

三、憲法對基本法實施的規範作用

習近平主席去年 7 月 1 日在香港發表的重要講話指出，"回歸完成了香港憲制秩序的巨大轉變，中華人民共和國憲法和香港特別行政區基本法共同構成香港特別行政區的憲制基礎。憲法是國家根本大法，是全國各族人民共同意志的體現，是特別行政區制度的法律淵源。"他還指出，"回歸祖國懷抱的香港已經融入中華民族偉大復興的壯闊征程。作為直轄於中央政府的一個特別行政區，香港從回歸之日起，重新納入國家治理體系。中央政府依照憲法和香港特別行政區基本法對香港實行管治，與之相適應的特別行政區制度和體制得以確立。"習近平主席深刻地指出了香港特別行政區的憲制基礎，明確了憲法和基本法的關係。深入學習憲法，才能真正地理解和貫徹落實好基本法，才能更好地解決"一國兩制"方針和基本法實施中遇到的法律問題。那麼，從"一國兩制"和基本法實施情況出發，我們在學習憲法時，我想是不是要着重把握以下兩點。

第一，深入學習和領會憲法確立的單一制原則，明確我們國家是單一制國家，香港特別行政區是單一制國家的地方行政區域。

香港回歸祖國以後，社會上出現的許多爭議，都涉及中央與香港特別行政區的關係，涉及中央的權力問題。從 1999 年全國人大常委會第一次解釋基本法，到後來政制發展問題的處理，再到 2014 年"一國兩制"白皮書提出的中央全面管治權，都是如此。怎麼正確理解"一國兩制"下中央的權力？這就要講到憲法確立的單一制原則，明確我們國家是單一制國家，香港特別行政區是單一制國家的地方行政區域。

講我國單一制的歷史淵源和主要內容之前，我想在這裏插一段去年 11 月習主席夫婦陪同特朗普夫婦參觀故宮時的一段對話。當時特朗普問：中國的歷史可以追溯到 5000 年或者更早，所以你們有 5000 年歷史？習主席回答：有文字的歷史是 3000 年。特朗普說：我想最古老的文化是埃及文化，有 8000 年歷史。習主席說：對。埃及更古老一些。但文化沒有斷過流的，始終傳承下來的只有中國。特朗普問：所以這就是你們原來的文化？習主席回答：對。我們這些人也是原來的人。黑頭髮，黃皮膚，傳承下來，我們叫龍的傳人。習主席在這段對話中特別強調"傳承"，那麼，在國家制度方面，我國憲法對歷史最大的傳承是什麼？就是單一制。簡單來說，在我國有文字記載的歷史中，國家體制有兩次重大轉變：第一次重大轉變發生在 2239 年前，也就是公元前 221 年建立的秦王朝，這次國家體制的轉變可以概括為從分封制轉變為中央集權制，到漢朝這種國家體制穩定下來；第二次重大轉變發生在 107 年前，也就是 1911 年的辛亥革命，這次國家體制的轉變可以概括為從君主制轉變為共和制，經過 38 年，到了 1949 年中華人民共和國成立，共和制才真正穩定下來。第二次重大轉變對原有國家體制的繼承，最主要的就是單一制原則。我國的單一制原則，是在秦王朝形成的，在歷史上稱為"大一統"，"中央集權、郡縣制"，用今天的話來說，就是堅持中國是一個統一的國家，中央政府對國家全部領域擁有管治權，為了國家管治的需要，全國劃分為不同的行政區域實施治理。這種國家體制從秦王朝開始就一直如此，今天完全傳承下來。我國憲法序言第 11 段第一句規定，"中華人民共和國是全國各族人民共同締造的統一的多民族國家"，強調和維護國家統一。第三條第四款規定，"中央和地方的國家機構職權的劃分，遵循在中央的統一領導下，充分發揮地方的主動性、積極性的原則"；第八十九條第（四）項規定，國務院即中央政府"統一領導全國地方各級國家行政機關的工作，規定中央和省、自治區、直轄市的國家行政機關的職權的具體劃分"，強調和維護中央統一領導。第三十條規定，全國分為省、自治區、直轄市；第三十一條第一句規定，"國家在必要時得設立特別行政區"，強調和維護國家劃分為不同行政區域實施管治的原則。這些都是單一制原則的憲法表述。

　　憲法確立的單一制原則，在基本法中有重要的體現。基本法第 1 條規定，"香港特別行政區是中華人民共和國不可分離的部分"，體現的就是單一制原則，因為單一制國家的任何領土都是不可分離的。基本法第 2 條規定，"全國人民代表大會授權香港特別行政區依照本法的規定實行高度自治，享有行政管理權、立法權、獨立的司法權和終審權。"體現的也是單一制原則，因為單一制國家的中央政府對國家全部領域具有管治權，地方行政區域的權力只能來源於中央的授權。基本法第 12 條規定，"香港特別行政區是中華人民共和國的一個享有高度自治權的地方行政區域，直轄於中央人民政府。"體現的還是單一制原則，因為單一制國家都劃分為不同行政區域實施管治，任何行政區域都是地方行政區域。基本法這樣的條文還有很多，包括行政長官和各位主要官員要由中央人民政府任命，行政長官要對中央人民政府負責，都是單一制原則的要求。可以這樣說，特別行政區制度的設計，遵循的一條重要憲法原則，就是單一制原則。理解單一制原則，香港社會爭論的許多問題也就有了答案。比如說，2014 年以來，香港社會一直在討論中央全面管治權問題，從單一制原則出發，這個問題很好理解。前不久我在澳門講中央全面管治權與澳門特別行政區高度自治權的關係，我說中央全面管治權這個概念，是經得起嚴格推敲的，當時講了三條理據，其中一條就是單一制原則。我當時是這樣講的：從我國國家體制來講，我國是單一制國家，根據憲法產生的中央政府代表全國各族人民行使管理國家的權力。澳門是國家不可分離的部分，澳門特別行政區直轄於中央人民政府，中央對澳門具有全面的管治權。這個說法也適用於香港。

　　因此，我國憲法確立的單一制原則，既是維護國家統一的基本原則，也是處理中央和地方權力關係的基本原則。深刻理解我國是一個單一制國家，深刻理解憲法堅持的單一制原則，是正確理解基本法關於中央與香港特別行政區關係的不二法門。

第二，深入學習和領會憲法確立的國家根本制度，明確中國共產黨領導是中國特色社會主義最本質特徵，香港特別行政區是社會主義國家之中的一個實行資本主義的地方行政區域。

在"一國兩制"和基本法實踐中，除了中央權力問題外，還有什麼問題容易引起爭議？恐怕就是國家實行的社會主義制度，特別是中國共產黨的領導。我國憲法第一條第二款規定，"社會主義制度是中華人民共和國的根本制度。中國共產黨領導是中國特色社會主義最本質的特徵。禁止任何組織或者個人破壞社會主義制度。" 1987 年 4 月鄧小平會見香港基本法起草委員會委員時就明確指出，"我們堅持社會主義制度，堅持四項基本原則，是老早就確定了的，寫在憲法上的。我們對香港、澳門、台灣的政策，也是在國家主體堅持四項基本原則的基礎上制定的。""要保持香港五十年繁榮和穩定，五十年以後也繁榮和穩定，就要保持中國共產黨領導下的社會主義制度。"他還說，"'一國兩制'也要講兩個方面。一方面，社會主義國家裏允許一些特殊地區搞資本主義，不是搞一段時間，而是搞幾十年、成百年。另一方面，也要確定整個國家的主體是社會主義。"因此，香港特別行政區是社會主義國家之中的一個實行資本主義的地方行政區域。國家實行社會主義制度與個別地方實行資本主義制度的主次關係不能顛倒，中央堅定不移地貫徹落實"一國兩制"方針，不會改變香港實行的資本主義制度，同時，也不能允許有人利用香港謀求改變國家實行的社會主義制度。這個問題在制定"一國兩制"和基本法過程中就已經十分明確，講得清清楚楚。

有些人認為，既然香港不實行社會主義制度，保持原有的資本主義制度和生活方式，就不能要求香港特別行政區維護憲法規定的社會主義制度。如果這種觀點是正確的，那麼內地不實行資本主義制度，是否可以不維護香港實行資本主義制度呢？顯然是不行的。為什麼？因為國家主體實行社會主義制度是憲法規定的，香港特別行政區實行資本主義制度也是憲法規定的，從維護憲法出發，內地既要維護內地的社會主義制度，也要維護香港特別行政區實行的資本主義制度。反之也一樣。這裏要強調一點，特別行政區實行資本主義制度有一條重要的法律界限，即特別行政區可以實行資本主義制度，條件是必須維護國家主體實行社會主義制度，而且有利於國家主體社會主義的發展。香港回歸後，有一些人在香港公開反對國家主體實行的社會主義制度，是不符合基本法的，因為這違反憲法的規定，根據憲法制定的基本法，不可能賦予任何人反對憲法規定的國家根本制度的權利。

在這裏，我還要再講一下中國共產黨領導問題。在上個月召開的第十三屆全國人民代表大會第一次會議閉幕會上，習近平主席明確要求，"一切國家機關工作人員，無論身居多高的職位，都必須牢記我們的共和國是中華人民共和國，始終要把人民放在心中最高的位置，始終全心全意為人民服務，始終為人民的利益和幸福而努力工作。"這段話鮮明地體現了中國共產黨的宗旨和本色。我們的人民擁護和支持中國共產黨，就是擁護和支持由一個全心全意為人民服務、而不謀求自身利益的政黨來領導人民建設國家，謀求幸福。香港雖然實行資本主義制度，但香港居民作為中華民族的一分子，這樣的一個政黨值不值得支持呢？撇開所有意識形態成見，我相信答案是肯定的。當然，所有香港居民同全國各族人民一樣，也有權利監督中國共產黨是不是忠實履行其誓言，中國共產黨始終歡迎人民群眾的監督。正因為中國共產黨領導是歷史的選擇、人民的選擇，我國憲法序言明文規定了中國共產黨的領導，這次憲法修正案在此基礎上又增加了"中國共產黨領導是中國特色社會主義最本質的特徵"的規定，進一步確立了中國共產黨的領導地位。因此，中國共產黨領導同樣是憲法制度，尊重憲法、維護憲法、遵守憲法，必然要求尊重、維護、遵守中國共產黨的領導。

在座的各位都是政府高級公務員，學習憲法還有一個重要作用，就是解決為香港服務和為國家服務的關係問題，增強工作的自豪感和成就感。上個世紀九十年代我參與香港回歸工作後，與香港各界人士有比較多的接觸，老實講，當時有一些人是抱着為香港服務、而不是為國家服務心態來參與香港回歸工作的。畢竟香港回歸祖國是巨大的歷史轉變，當時有一些人的思想一時轉不過彎，用這種心態工作，是可以理解的，這總比不願意參加到香港回歸工作中來要好。今天可以明確地說，這種想法無論對國家、對香港還是對個人，都是有害無益的。道理很簡單，香港是中國的一部分，"一國兩制"方針和基本法是根據憲法制定的，為香港服務就是為國家服務，貫徹執行基本法就是貫徹落實憲法，為推進"一國兩制"事業而工作，就是投入中國特色社會主義建設，這中間不可能分開。實際上，在座的各位公務員，都是既為香港工作，也為國家工作，問題只在於是否意識到這一點。意識到了，就會感到自己的工作已經融入實現國家現代化、中華民族偉大復興之中，國家的發展進步、人民的生活改善也有自己的一份貢獻，從而感到自豪和榮耀。

女士們、先生們：

最後，用 2012 年 10 月我在紀念現行憲法頒佈 30 週年座談會上講過的一段話作為今天講座的結語："如果把這 30 年來在我們國家土地上發生的一切比喻為宏偉的畫卷，這幅畫卷就是伴隨着憲法的施行而展開的，這當中，'一國兩制'偉大構想成功付諸實施，是濃墨重彩的一筆。說它濃墨重彩，是因為香港和澳門保持原有的資本主義制度，卻成為建設中國特色社會主義宏偉畫卷的一個精彩局部。社會主義與資本主義是如此不同，是什麼使它們共存於統一的國家之中，使這幅畫卷成為一個整體？靠的就是憲法的調整。""憲法是'一國兩制'的根本保障。從法律上來講，香港和澳門實行不同於內地的制度和政策，建基於憲法的規定；香港基本法和澳門基本法的法律地位和法律效力，來源於憲法的規定；'一國兩制'和基本法的實施，受制於憲法的規定。通過這三個方面，憲法不僅在內地，而且在香港和澳門，都發揮國家最高法律規範的作用。"

在紀念許崇德教授九十誕辰
學術研討會上的發言

2019 年 1 月 5 日在中國人民大學法學院。

　　許崇德教授是我十分崇敬的老一輩憲法學家，我對他懷有深厚的感情。香港基本法、澳門基本法都是憲法類法律，許崇德教授不僅參與了香港基本法、澳門基本法的起草工作，還參與了成立香港特別行政區、澳門特別行政區的籌備工作，而且更重要的是，他留下了豐富的基本法著述，稱他是基本法理論的奠基者之一，實至名歸，恰如其分。許崇德教授主編的《港澳基本法教程》等，是有關基本法的權威著作。我曾經說過，這些著作有一個特點，就是作者親身參與了基本法起草工作，通過介紹基本法的起草過程來論述基本法的各項規定，而且是在基本法剛完成時所寫的著作，是歷史的真實記錄，具有權威性和公信力。這些著作講清楚了基本法的規定是怎麼來的，當時考慮了些什麼，對於探求基本法規定的立法原意，具有不可替代的作用，其重要性不會因為時間的推移而減弱，同時也為我們今天開展基本法理論研究奠定了堅實的基礎。許崇德教授對基本法作出了不可磨滅的歷史性貢獻，值得我們永遠紀念。許崇德教授被黨中央、國務院授予改革先鋒稱號，被頒授改革先鋒獎章，並獲評“中國特色社會主義法律體系建設的積極推動者”，是眾望所歸，令我無比激動和欣慰。

　　我認識許老師 20 多年，真正熟悉還是 1995 年成立香港特別行政區籌備委員會之後，當時我們兩人都是籌委會委員，從那時起，在基本法研究中，我就一直受到他的教誨。2007 年按照中央的指示要求，我牽頭成立了一個基本法研究領導小組，推動內地專家學者開展基本法理論研究，許崇德教授是這個小組的成員，對研究工作提出過許多重要的意見和建議。特別是，在 2011 年 4 月 15 日、6 月 17 日兩次領導小組會議上，許崇德教授對我們正在進行的基本法教材編寫工作提出意見。他指出：基本法教材編寫可以先擬出各章的骨架內容，再逐步展開。在教材編寫過程中，要採取有力措施加強對教材編寫人員的培訓。對於教材編寫大綱，他指出：要突出行政主導，把"行政長官"作為獨立一章，把"兩個產生辦法"拆開，行政長官的產生辦法放在"行政長官"一章，立法會的產生辦法放在"立法制度"一章。第 3 章和第 4 章要避免產生中央權力和特區高度自治權是分權的印象，中央權力是完整的，要把"不干預"和"有所為"完整地提出來，要認真分析香港特別行政區的法律體系與中國特色社會主義法律體系的關係等。後來教材編寫的實踐證明，許老的這些重要意見建議對準確把握基本法的精神，提高教材編寫質量是至關重要的。現在教材還在按照許老師的指導意見編寫。基本法研究領導小組有一項工作，是對研究項目結項評審，我們多次勞煩許崇德教授作為專家對課題結項報告進行評審，剛開始時工作人員很忐忑，擔心許老這麼大牌的教授不會做這些細碎工作。但許老總是"來者不拒"，極其認真負責，對結項報告逐字逐句進行修改，細緻到修改錯別字、修改寫錯了的人名，最後工工整整地手寫評審意見書。同意結項的，寫出同意的理據，並提出需要進一步研究的問題；不同意結項的，寫出不同意的理由，並指出需要修改補充的內容。他此時已經 80 多歲。在領導小組會議上，許崇德教授一直呼籲推進基本法研究學科化。他提出"要培養基本法研究人才，必須把'一國兩制'和基本法列入教育部課程目錄，至少要列入選修課。'一國兩制'是馬克思主義中國化，希望港澳基本法委與教育部協商，列入大學課程目錄，有課才能有教師隊伍，才能有編制，有學生，才能可持續開展研究"。2017 年，全國人大常委會港澳基本法委在中山大學以粵港澳發展研究院為依託，設立港澳基本法研究基地。2018 年，中山大學將港澳基本法研究列入法學二級學科，設立了港澳基本法研究博士點。許崇德教授的願望成為了現實。

在我從事港澳工作近 20 年的時間裏，一直把許老的著作放在手邊，隨時查閱，他在世的時候，還不時當面向他請教問題。印象最深的是 2004 年 4 月全國人大常委會第二次釋法，是對香港基本法附件一第 7 條、附件二第 3 條進行解釋，這兩條是關於行政長官產生辦法和立法會產生辦法的修改程序的規定。香港基本法規定了回歸頭十年也就是 1997 年至 2007 年行政長官和立法會兩個產生辦法，同時在附件一第 7 條、附件二第 3 條規定，2007 年以後 “如需修改”，需經立法會三分之二多數通過，行政長官同意，長官產生辦法報全國人大常委會批准，立法會產生辦法報全國人大常委會備案。2003 年下半年，香港反對派搶奪基本法的話語權，把這個規定解釋成行政長官和立法會兩個產生辦法修改的啟動權在特區，因為立法會在特區、長官也在特區，中央最後才有角色，前面沒有中央的事。這樣就把兩個產生辦法修改的啟動權、主導權弄到反對派的手裏。他們提出要求 2007 年、2008 年雙普選，長官要普選、立法會要普選，煽動市民天天遊行示威，形成了一股很強大的勢力，對香港穩定造成了非常大的衝擊。只有通過全國人大常委會的釋法，把 “如需修改” 的啟動權，即誰認為需要修改解釋明確，才能平息紛爭。因為 “如需修改” 這句話沒有主語，當時就這個問題請教了蕭蔚雲、許崇德兩位教授，他們是基本法的起草者，最清楚當時的立法原意。他們指出是中央認為需要修改。因為單一制下，地方的政治體制是中央決定的，兩個產生辦法是政治體制的重要組成部分，它的修改也必須由中央決定。據此，最後把 “如需修改” 解釋成，第一步行政長官向全國人大常委會提出報告，第二步由人大常委會決定改還是不改，如果同意修改，第三步才到特區立法會三分之二多數通過，第四步行政長官同意，第五步報人大常委會批准或者備案。這樣通過"五步曲"程序，就把兩個產生辦法修改的啟動權、主導權拿到了中央手中。釋法後我到香港去召開座談會，反對派堅持改不改是特區的事，不是中央的。我說你可以有不同理解，但現在人大常委會作了解釋，這就是最終的最權威的解釋，他們無話可說。通過這次釋法使得香港的政制發展問題進入了基本法規定的軌道，平息了社會的紛爭，維護了香港的繁榮穩定。這次釋法的意義在哪裏？它不僅僅是管一次的，而是管長遠的。因為基本法的解釋和基本法條文具有同等法律效力，它是基本法條文的延伸。香港政制發展，五年搞一次，這個"五步曲"的規矩立下來了，今後每次政改都要按照這個法定程序進行，這樣中央對香港的政制發展自始至終都掌握了主導權。現在"五步曲"已經深入香港社會人心，後來的幾次政改都是按此程序進行的，獲得了香港社會各方面的接受和認同，有力地維護了香港長遠的繁榮穩定，確保了"一國兩制"方針不會變、不動搖，"一國兩制"實踐不變形、不走樣。這次釋法，蕭老師、許老師功不可沒。

大約十幾天前，韓大元教授邀請我出席今天的會議並叮嚀，您是許老師的好朋友，又是基本法研究的同事，希望出席。我立即回覆，"一定出席並發言。"但說我是許老師研究基本法的同事實不敢當，在基本法研究領域我始終認為自己是許老師的學生。記得 2004 年我參加北京大學舉辦慶賀蕭蔚雲教授八十壽誕座談會，當時我說，今天許多人說他們是蕭蔚雲教授的開門弟子、入門弟子，或者是關門弟子，我沒有這個榮幸，我算什麼呢？我說就算個"旁門弟子"吧。今天我同樣用這句話來定位我作為弟子與許老師的關係，並用這句話來表達我對許老師的崇高敬意和深切緬懷。

去年 6 月，我在這裏參加"王叔文、蕭蔚雲、許崇德與基本法理論的奠基與發展"學術研討會，當時我講了這樣一段話："任何理論都不是從天而降，不是從石頭縫裏蹦出來的，就是孫悟空，也是前有因、後有果，也是有傳承的。理論研究最注重傳承，沒有傳承就沒有理論。以王叔文、蕭蔚雲、許崇德為代表的老一輩憲法學家是基本法理論的開創者、奠基者，他們關於基本法的著述，為過去二十多年'一國兩制'實踐和基本法實施提供了強有力的理論支撐。我們都是他們的衣鉢傳人。要推進基本法理論研究，就要深入地了解前人的研究是從哪裏開始的，已經做了些什麼，不僅要知道他們作出了哪些論述，而且還要理解他們為什麼這樣論述。在此基礎上，才談得上創新、發展。"今天，我們在這裏召開紀念許崇德教授九十誕辰學術研討會，向已經故去的基本法理論開創者致敬，向已經取得的基本法理論研究成果學習，在傳承中發展，在發展中創新，我們的基本法研究工作才能有堅實的基礎，才能走得更遠、更好。

在深圳大學港澳基本法研究中心
成立十週年座談會上的講話

2019 年 10 月 11 日。

時間過得真快，轉眼十年過去了。十年前在這裏掛牌成立研究中心的情景還歷歷在目。這次受邀參加研究中心成立十週年座談會，見到許多新老朋友，感到非常高興！剛才進門看到一張照片，記錄了十年前許崇德老師和我一起為中心揭牌的瞬間。許老師是中心第一屆學術委員會主任，不幸前幾年去世了，他為中心的學術研究進行過深入指導，花了很多心血，我想今天中心的工作取得這麼多成績，也是對他老人家的告慰。

現在回想起來，其實從香港回歸，基本法的實踐一開始，我們就意識到，要保持"一國兩制"、"港人治港"、"澳人治澳"、高度自治長期穩定不變，需要有強有力的理論支持。正如基本法的起草不全是起草委員會在工作，而是依靠了包括港澳居民在內的全社會力量一樣，基本法的研究也需要依靠全社會力量。因此，我們港澳基本法委員會早在 2004 年就提出，要整合、推動社會力量開展基本法研究。當時，我們走訪考察了國內幾所院校。之所以最終選擇深圳大學作為基本法研究基地，不僅是因為它有毗鄰港澳的地緣優勢以及有一批熱衷基本法的學者，更重要的是，我們從深圳大學的身上看到了一股朝氣蓬勃的幹勁，這就是"開拓創新"、"務實高效"的深圳精神。這正是我們提振基本法研究工作所需要的精氣神。

記得 2009 年 7 月 11 日，在學術委員會第一次全體會議上，我代表主管單位向剛剛成立的研究中心提出了四點希望：一是搭建內地與港澳法律界開展交流的新平台；二是建成內地較大規模的基本法研究資料庫；三是實現基本法教學、科研和人才培養的有機結合；四是對其他地區的基本法研究工作起到示範作用。說是四點希望，其實是提出了四項任務。十年來，你們沒有辜負大家的期望，從無到有幹出了一番新天地，在理論研究、學術交流、人才培養、政策諮詢、資料收集等各方面，拿出了一份優異的成績單，特別令我印象深刻的是，在一些重大問題、在一些關鍵的時間節點上，你們勇於在第一綫發出強有力的聲音，發揮了獨特的重要作用。作為研究中心成立和發展過程的見證人，我由衷地感到高興！作為參與者，我本人也很有成就感！

　　隨着我國法學研究的蓬勃發展，基本法研究這個曾經的“冷門”，現在已經成為一個法學界、政治學界等各方面學者關注的方向，從冷門成為熱門，從單一學科走向綜合研究，正在不斷產生高質量的學術成果。今天在座不少是研究“一國兩制”和基本法問題的專家，是這門學科的領頭人。目前，“一國兩制”偉大實踐已步入“五十年不變”的中期，進入到港澳融入國家發展大局的新階段，這給大家的研究工作提出了更高的要求。藉今天這個場合，講幾點個人想法與大家共勉：

　　一是堅信“一國兩制”一定能夠取得成功。“一國兩制”是中國特色社會主義的一個偉大創舉，對於國家、香港、澳門以及外國投資者來說，是最好的制度安排。不可能還有比“一國兩制”更好的辦法。一個對所有人都有利的制度安排，不應當、也沒有理由不能獲得成功。我們這些從事“一國兩制”事業和基本法研究的人，應當有這份信心和底氣。

　　二是堅信法治能夠凝聚最廣泛的人心。“一國兩制”實踐必須也只能是建基於法治的基礎之上。逾越了法律的底綫，偏離了法治的方向，“一國兩制”不可能獲得成功。即使內地與港澳的意識形態、社會制度有所不同，但在維護法治這一點上，大家是有共同語言的。我們做基本法研究，就是要高舉法治的旗幟，致力於維護憲法和基本法確立的特別行政區憲制秩序，以法服人，當好護法的使者。

三是堅信我們能夠研究出一套讓內地、香港、澳門三地都能接受的基本法理論。這是我一直以來的一個心願。"一國兩制"和基本法理論研究必須基於實踐、面向實踐、致力於解決實踐中遇到的問題，而理論要起到指導實踐作用，就必須面向未來，必須體系化、系統化。法理就是講道理，最終目的是要使人接受。希望大家努力把基本法蘊含的道理講好、講透，用各種可行的方式，講到港澳同胞心裏去，這樣基本法就被注入了生命力，就能在"一國兩制"事業中發揮更大的作用。

最後，我再次呼籲一個問題，就是要繼續大力推動、整合社會力量開展基本法研究。學術界對於基本法和港澳問題的研究，在上世紀80年代中英談判開始到澳門回歸期間，曾經達到了一個高峰。但即使在那個時候，從事基本法研究的隊伍、力量還是很薄弱的。除了參與基本法起草的法律專家外，屈指可數。回歸後的一段時間馬放南山，力量更加萎縮。大約從2004年開始，在我們港澳基本法委員會的推動下，基本法研究逐步恢復並呈現出欣欣向榮的局面。但總的來講，基本法研究的社會力量還是不夠強大。記得2009年，深圳大學港澳基本法研究中心成立時，在全國比較活躍的研究骨幹，也就只有60多位，其中的許多同志今天都來了。大約從2010年開始，基本法研究專題化的廣度和深度都得到了很大的拓展。現在看法學類的學術雜誌，很多基本法研究的論文，都在注釋中說明這是基本法委員會資助的課題研究成果，這是很令人欣慰的。基本法的學科建設也取得了很大的成果，雖然要成為一個獨立的部門法學科還面臨一些問題，但現在已經有不少大學設立了基本法的碩士點、博士點，本科教育中開設基本法課程的也越來越多。在大學和科研院所中，成立專門的基本法研究中心、港澳問題研究中心等專門研究機構的，也越來越多。港澳研究、基本法研究的專業學術刊物從無到有，湧現出一大批學術專著以及以書代刊的論文集等。在國家的重視下，在眾多學者的積極參與下，基本法研究已經走上了健康發展的軌道。習近平總書記指出，一代人有一代人的使命。基本法研究的未來、基本法理論體系的形成，很大程度上要依靠社會力量包括今天在座的專家學者的努力。我期待更多的專家學者特別是年輕學者都來加入基本法研究的隊伍，貢獻自己的力量。希望深圳大學在這方面也能起到帶頭示範作用。

祝願深圳大學港澳基本法研究中心今後的工作更上一層樓！在"一國兩制"和基本法研究中取得更多的建樹！

·

澳門特色 "一國兩制" 成功實踐的
經驗和啟示

2019 年 11 月 8 日在澳門基本法推廣協會的演講。

大約一個月前，崔世昌先生向我發出一個邀請，要我利用這次到澳門大學接受榮譽法學博士的機會，到澳門基本法推廣協會作一次演講，我愉快地接受了這個邀請。一是在澳門特別行政區成立 20 週年大喜日子即將到來之際，我很高興有這樣一個機會，提前向在座的朋友，並通過你們向澳門各界人士表示熱烈的祝賀；二是澳門基本法推廣協會剛剛完成了換屆，作為協會及其前身澳門基本法協進會的老朋友，我也應當來向協會道喜，對 26 年來協進會和協會接續工作，為宣傳推廣澳門基本法作出傑出貢獻表達我的崇高敬意；三是澳門基本法推廣協會舉辦的活動，總是 "群賢畢至，少長咸集"，能夠在這樣的場合同新老朋友見面，特別是與多年不見的老朋友相見，也是一件令我十分高興的事情。

在準備今天的演講時，我頭腦裏首先想起的是，今年 9 月 11 日習近平主席會見候任行政長官賀一誠時講的一段話，這段話裏第一次提出了 "具有澳門特色的 '一國兩制'" 這個概念，引起了廣泛的注意。這段完整的話是這樣講的："今年是澳門回歸祖國 20 週年。20 年來，在何厚鏵、崔世安兩位行政長官帶領下，澳門特別行政區政府團結社會各界人士，全面準確理解和貫徹 '一國兩制' 方針，堅定維護憲法和基本法權威，傳承愛國愛澳的核心價值觀，促進澳門經濟快速增長、民生持續改善、社會穩定和諧，向世界展示了具有澳門特色的 '一國兩制' 成功實踐。事實證明，'一國兩制'是完全行得通、辦得到、得人心的！"我體會，習主席的這段話，高度凝練地指出了"一國兩制"在澳門實踐的成功所在、特色所在，它不僅是過去 20 年經驗的總結，而且為"一國兩制"在澳門實踐行穩致遠提供了重要指引。因此，我借用習主席講話中"向世界展示了具有澳門特色的'一國兩制'成功實踐"這句話，把今天的演講題目定為"澳門特色'一國兩制'成功實踐的經驗和啟示"。我要講的內容，也是我在學習領會習主席這段講話時的所思所想，在這裏與大家進行交流，講得不正確的地方，請在座的各位朋友批評指正。

一、"一國兩制"成功實踐必備的三大要素

從上個世紀八十年代初"一國兩制"方針提出到現在，"一國兩制"偉大實踐取得了舉世公認的成功，這是各種因素共同作用的結果，在澳門的成功，當然包括在座的各位所作出的貢獻。我認為，之所以能夠成功，最根本的有三大要素：一是"一國兩制"方針政策是正確的，二是中央政府和澳門居民有着堅定不移貫徹落實"一國兩制"的意志，三是澳門人展示出治理好澳門的智慧和能力。

"一國兩制"要取得成功，第一個必備要素當然是這一方針政策必須是正確的。1984 年 12 月鄧小平在會見到北京簽署中英聯合聲明的撒切爾夫人時，講了一段很著名的話。他說，"我們提出這個構想時，人們都覺得這是個新語言，是前人未曾說過的。也有人懷疑這個主張能否行得通，這就要拿事實來回答。現在看來是行得通的，至少中國人堅信是行得通的。因為這兩年的談判已經證明這一點。這個構想在解決香港問題上起了不說是決定性的作用，也是最重要的作用。再過十三年，再過五十年，會更加證明'一國兩制'是行得通的。"現在離鄧公講這段話已經過去了三十五年，在中央政府和包括澳門同胞在內的全國人民共

同努力下，我們已經用事實證明了鄧小平當年的論斷，證明了"一國兩制"方針政策的正確性。習近平主席在十九大報告中作出了這樣的結論："香港、澳門回歸祖國以來，'一國兩制'實踐取得舉世公認的成功。事實證明，'一國兩制'是解決歷史遺留的香港、澳門問題的最佳方案，也是香港、澳門回歸後保持繁榮穩定的最佳方案。"

中央政府和澳門居民有着堅定不移地貫徹落實"一國兩制"的意志，是第二個必備要素。最樸實的道理是，再正確的方針政策，如果缺乏堅決貫徹落實的意志，也不會取得成功。"徒法不能以自行"。中央貫徹落實"一國兩制"方針的立場堅定不移，中央領導人和重要文件一再對此作出明確的宣示。就在上個月慶祝中華人民共和國成立70週年大會上，習近平主席在天安門城樓上發表了一篇氣勢磅礴的重要講話，其中就有這樣一段："前進的征程上，我們要堅持'和平統一、一國兩制'的方針，保持香港、澳門長期繁榮穩定，推動海峽兩岸關係和平發展，團結全體中華兒女，繼續為實現祖國完全統一而奮鬥"，充分展示了中央貫徹落實"一國兩制"的堅定意志；廣大澳門居民也都堅決擁護"一國兩制"方針，擁護中央政府對澳門的基本方針政策，擁護國家憲法和澳門基本法，同樣展示了貫徹落實"一國兩制"的堅定意志。中央和澳門居民的堅定意志結合到一起，形成全面貫徹落實"一國兩制"的強大力量，確保"一國兩制"方針不會變、不動搖，確保"一國兩制"實踐不走樣、不變形。

澳門人民展示出治理好澳門的智慧和能力，是第三個必備要素。以前這個提法是澳門人完全具有治理好澳門的智慧和能力，這次改了幾個字，因為我這裏講的是成功的必備要素，你具有治理好澳門的智慧和能力，但不使出來，這還不行，要"展示出來"，才能算數。"一國兩制"方針和基本法授予澳門特別行政區廣泛的權力，實行"澳人治澳"、高度自治，澳門人是否能夠充分發揮智慧和能力，把澳門治理好，就成為"一國兩制"成功的必備要素之一。澳門回歸祖國後取得的巨大發展成就，離不開中央政府和內地各地方的大力支持，但最根本還是靠廣大澳門居民砥礪奮鬥。我們很高興地看到，在何厚鏵和崔世安兩位行政長官的帶領下，澳門特別行政區政府團結帶領全體澳門居民以高度自覺的主人翁精神，建設澳門、發展澳門，從而在這片土地上創造了發展奇跡，使古老的澳門煥發出無限的生機，充分展示了澳門人治理好澳門的智慧和能力。

我今天這篇演講的中心是“澳門特色”，講“一國兩制”成功實踐的三大必備要素，目的是要落到“澳門特色”上。那麼，在上述三大要素中，從哪裏來找習近平主席所講的“澳門特色”？我認為，只能從澳門人展示出治理好澳門的智慧和能力這個要素中來找。因為前兩個要素不好說具有澳門特色。因此，“一國兩制”成功實踐的澳門特色，只能產生於“一國兩制”的貫徹落實過程中，體現在澳門人展示出治理好澳門的智慧和能力上。這種智慧和能力有哪些最重要的表現呢？或者說，在澳門“一國兩制”實踐的成功經驗中有哪些是澳門特有的或者澳門做得比較好的？這就進入我今天演講的第二部分。

二、“一國兩制”在澳門成功實踐的重要經驗

“一國兩制”是一項長期的事業，它的成功有賴於所有參與者共同努力，有賴於在不同的歷史時期克服不同的困難和挑戰。因此，澳門“一國兩制”成功實踐經驗必然是多角度、多層面的，而且任何經驗都彌足珍貴，具有重要的啟示意義。因為一項偉大事業取得成功，就像一台長演不衰的經典歌劇一樣，它不是某一場演出的成功，而是每一場演出的成功，不只是樂隊、演出人員的成功，而是所有參與者的成功，哪怕是準備道具、燈光的幕後人員，都是不可或缺的，都作出了不可替代的貢獻，所有參與人員都有獨到而寶貴的經驗。那麼，對“一國兩制”在澳門的成功實踐已經或者將會總結出來的重要經驗中，有哪些經驗最

體現澳門特色呢？以我個人的認識，主要有下面四條重要經驗：

（一）不斷鞏固愛國愛澳的社會政治基礎。"一國兩制"是偉大的社會政治實踐，必然與特定的社會政治基礎相聯繫。就像樹木要長得又高又茂盛，必須有肥沃的土壤和充足的水分一樣，"一國兩制"要取得成功，必須有廣泛而牢固的愛國愛澳社會政治基礎。上個世紀九十年代我在參與籌備成立澳門特別行政區的工作中，親身感受到澳門社會光榮的愛國主義傳統、澳門人的家國情懷。特別令我難以忘懷的是，1999年12月19日下午，我第一次進入澳門，看到滿街的五星紅旗，每部出租車上都掛着五星紅旗，我感動得流出了眼淚。當時我就想，如果用鄧小平先生提出的愛國者標準來衡量，廣大澳門居民都符合這個標準，因為他們都尊重自己的民族，誠心誠意擁護祖國恢復行使對澳門的主權，不僅不做損害澳門繁榮穩定的事情，而且對澳門回歸後實現社會穩定、經濟發展充滿信心和期待。澳門特別行政區就是在這樣的社會政治基礎上，開始了"一國兩制"偉大航程。特別令人高興的是，在澳門回歸祖國後，特區政府和社會各界人士始終不忘鞏固和發展愛國愛澳社會政治基礎。其中，給我留下深刻印象的有三點：

一是，特區政府和社會各界人士從澳門特別行政區成立之日起，始終高舉愛國主義偉大旗幟，高度重視在全社會牢固樹立國家民族觀念，從家庭、學校到社區，深入而廣泛地開展愛國愛澳教育。比如說我從報紙上看到，今年七月中下旬特區政府組織了"新時代同心行——澳門青少年學習參訪團"，有500名青年學生參加，兵分五路，崔世安行政長官親自帶領一路，幾位司長各帶一路，到內地5個省市參觀訪問，既參觀大工程、大項目，也到貧困地區了解國家脫貧攻堅戰，深入地開展認識祖國活動。我舉這個例子，是想說，從何厚鏵出任行政長官開始，到崔世安擔任行政長官，都高度重視愛國教育，活動豐富多彩，20年如一日，始終堅持不懈，這是十分難能可貴的。今年六一國際兒童節前夕，濠江中學附屬英才學校的小學生給習近平主席寫了一封感人至深的信，就是這種愛國教育成效的重要體現。去年 5 月，我應邀到澳門作憲法講座，其中一場是七個青年社團發起的專門為教師學生舉辦的，為了不影響教學，講座安排在晚上 7 點開始，那天在狂風暴雨的情況下，到場一千多人，他們熱情高漲，每人手捧一本鮮紅的憲法文本放在胸前，從講台看下去，是一片紅色的海洋，令人印象深刻，十分感動，至今難忘。正是在特區政府和社會各界人士的不懈努力下，今天的澳門，愛國愛澳的核心價值觀薪火相傳，新生代和老一輩一樣，都以自己是中國人為榮，挺起中華民族的脊樑，成為愛國愛澳的中堅力量。

二是，特區政府和社會各界人士始終堅持"一國"原則，尊重和維護中央的權力，正確處理特別行政區與中央的關係，在涉及國家的主權、安全和發展利益的關鍵問題上，絕不妥協、絕不退縮，不僅按照基本法第 23 條的規定成功進行了維護國家安全立法，而且率先在澳門舉行國家安全教育展，培養樹立維護國家安全的觀念和意識。特別值得提起的是，澳門特別行政區堅定維護中央全面管治權，堅決抵制外國勢力的干預，既維護了國家的主權和尊嚴，也維護了"澳人治澳"的民主權利。

三是，特區政府和社會各界人士始終把建設好澳門與實現中華民族偉大復興的奮鬥目標緊密聯繫在一起，在珍惜澳門特別行政區實行的制度的同時，堅定維護國家主體實行的社會主義制度，對我國各族人民選擇的正確發展道路充滿感情，對我們國家取得的發展成就無比自豪。

總之，澳門回歸祖國後，愛國愛澳的社會政治基礎更加鞏固、更加牢靠了。它在確保"一國兩制"實踐行穩致遠方面正在並且將會發揮重要作用，我相信今天在座的各位朋友已經看得更加清楚。因此，不斷鞏固和發展愛國愛澳的社會政治基礎，是澳門"一國兩制"成功實踐的一條重要經驗。

（二）堅決維護澳門特別行政區憲制秩序。澳門回歸祖國，中國政府對澳門恢復行使主權，意味着古老的澳門經歷數百年滄桑歷程，重新納入國家治理體系。它從葡萄牙管轄下的特殊地區，轉變為中華人民共和國的一個特別行政區，在保持原有的資本主義制度和生活方式不變的同時，憲制秩序發生了根本轉變。澳門特別行政區新憲制秩序，就是"一國兩制"、"澳人治澳"、高度自治的政治秩序，由憲法和基本法作出了明確的規定。堅決維護、主動適應這種新憲制秩序，是"一國兩制"成功實踐的必然要求，也是重要標誌。在澳門回歸祖國 20 週年的今天，回顧新憲制秩序的確立過程，如果打個分的話，我認為可以打滿分。這個打分依據在哪裏呢？可以講許多依據，但下面兩點就足以打出這個滿分：

一是，從澳門回歸之日起，廣大澳門居民以國家和澳門主人翁的高度自覺，堅決維護憲法和基本法確立的新憲制秩序並主動適應憲制秩序的歷史轉變，切實做到三個有機統一，即把堅持"一國"原則和尊重"兩制"差異、維護中央權力和保障特別行政區高度自治權、發揮祖國內地堅強後盾作用和提高澳門自身競爭力有機地統一起來，從而開闢了澳門嶄新的發展局面。

二是，正確處理中央與特別行政區關係，堅決維護基本法規定的政治體制。新憲制秩序最主要有兩個層面，一是中央與澳門特別行政區的關係，二是澳門特別行政區的政治體制。在澳門特別行政區新憲制秩序確立過程中，確實創造了一項紀錄，這就是 20 年來，特區政府和社會各界人士堅決維護憲法和基本法的權威，嚴守"一國兩制"的原則底綫，沒有發生過有關中央與特別行政區關係的憲制爭議，更沒有發生過公然挑戰中央權力的情況，行政、立法和司法機關嚴格依法履行職責，以行政為主導的政治體制有效運作。當然，澳門社會對基本法的規定也有許多理性的討論，這不僅是正常的，而且通過理性討論最終達成社會共識，也是新憲制秩序確立的必然過程。因此，我們可以斷言，堅決維護澳門特別行政區憲制秩序，是澳門"一國兩制"成功實踐又一條重要經驗，同樣具有澳門特色。

（三）堅定不移地維護澳門社會的穩定和諧。澳門在長期的發展歷程中，居住在這裏的中國人淳樸善良，守望相助，自強不息，形成了和諧的社會關係。澳門回歸祖國後，在經濟高速發展過程中，保持社會和諧，維護社會穩定，始終是廣大澳門居民的最大共識，而且良好的社會關係得到很好的延續。我居住的北京，在四合院和平房時代，鄰里關係十分密切，現在居民都住進了高樓大廈，許多人住在一棟大樓裏，可能終生都沒有交往。我相信澳門也有這種現象，因為這是現代"城市病"，難有例外。但我們又可以看到，澳門社會人與人之間總是保持着密切關係，來到這裏，能感受到這是一個有溫度的社會。這當中有什麼秘訣呢？我想，各種社團可能發揮了重要的作用，因為社團之間你中有我，我中有你，大家住在一棟大樓裏可能難得說上一句話，但在參加社團活動中，可能一天就要見幾次面，這就拉近了人與人之間的距離。此外，特區政府和各類社會服務機構在社區提供了許多公共活動場所，為建立和諧社區關係、和諧社會關係提供了重要的條件，可能也發揮了重要作用。但我認為最根本的還是澳門人發自內心，並且身體力行地追求社會和諧，立場鮮明地維護社會穩定。我們可以看到，廣大澳門居民是非分明，整個澳門社會正氣澎湃，對各種可能危害社會和諧穩定的事情，始終保持着高度的警覺，為了維護社會穩定和諧，每個人都勇於站出來抵制各種破壞活動，同樣為了維護社會穩定和諧，每個人都願意放下心中成見、協商共贏。曾經有內地朋友問我，為什麼"一國兩制"在澳門實行得那麼順利？我回答說，因為澳門人很聰明，不搞內訌，有事商量着來，和氣發大財。這是朋友之間聊天，當然不是嚴肅的說法，但實實在在的是，當社會和諧穩定與經濟發展繁榮的辯證法，對某些人來說還只是書本上道理的時候，在澳門已經成為指導社會政治行為的基本準則。因此，堅定不移維護澳門社會的和諧穩定，是澳門"一國兩制"成功實踐的重要經驗，廣大澳門居民身體力行，賦予它澳門特色。

　　（四）聚精會神發展經濟改善民生。"一國兩制"在澳門的成功實踐，深刻地闡釋了發展是硬道理，民生是最大的政治。在這裏我想起了一件歷史往事，在上個世紀八十年代中期制定對澳門基本方針政策過程中，中央有關部門深入聽取了澳門各界人士的意見。在聽到的各種意見中，有一條很強烈，就是要求澳門回歸祖國後把發展放在首位，因此，在中葡聯合聲明第一段中有一個"有利於澳門的經濟發展和社會穩定"的提法，在這個提法中經濟發展是放在社會穩定前面的。到了起草澳門基本法時，從社會穩定與經濟發展的辯證關係出發，基本法序言第二段才把這個提法改為"有利於澳門的社會穩定和經濟發展"。這件往事充分說明，澳門社會各界人士深刻認識到，要根本改善澳門民生，必須靠發展，因此，發展理念是一早就在澳門社會牢固樹立的。這也解釋了澳門回歸後有這麼大的發展變化，這種發展變化絕不是偶然的，而是澳門過渡時期就積累起來的強烈發展願望所結出的豐碩果實。講到回歸後澳門的經濟發展、民生改善，通常都會講一系列數字，我想在今後的一段時間裏，這些數字還要不斷變化，今天，我就不講了，我只想指出的是，在澳門回歸初期謀劃經濟發展時，主要就是為了解決民生問題，具有明確的民生導向。這些年來，特區政府財政支出始終把改善民生放在優先位置，現在澳門實現了 15 年免費教育，建立了雙重社會保障制度，全體澳門居民都享有基本免費的醫療服務，所有老人都能享受到養老金，各項社會事業蓬勃發展，就是這種導向的體現。歸根結底，中央決定在澳門實行"一國兩制"方針政策，賦予澳門高度自治權，實行"澳人治澳"，就是為了確保澳門居民能夠過上更好的日子，為國家現代化建設作出更大貢獻。澳門特別行政區不忘初心，始終把民生改善作為澳門經濟發展的根本目的，這同樣是"一國兩制"成功實踐的澳門特色。

講"一國兩制"成功實踐的澳門特色，還可以講若干條，但我今天只講這四條，我再歸納一下，這就是一不斷鞏固愛國愛澳的社會政治基礎，二堅決維護澳門特別行政區憲制秩序，三堅定不移地維護澳門社會穩定和諧，四聚精會神發展經濟改善民生。我認為這四條帶有根本性，不容我們犯顛覆性錯誤。這四條看似簡單，道理也很淺顯，但事不經過不知難，能夠 20 年如一日加以貫徹執行，這就是智慧和能力的表現，而且是大智慧，大能力。"一國兩制"在澳門成功實踐，澳門人展示的智慧和能力，能給未來帶來什麼啟示呢？這就進入我今天演講的第三部分。談啟示，就不能就澳門談澳門，而要放在更廣闊的場景來講。

三、具有澳門特色"一國兩制"成功實踐的重要啟示

　　這次來之前，我認真地學習了習近平主席今年給澳門人士的兩封回信，真切感受到習近平主席對澳門的深切關愛和殷切期待。我也認真地閱讀了澳門小朋友和老人家給習近平主席寫的兩封信。這兩封信雖然出自"一老一小"之手，但有幾點是共同的：一是對習主席充滿深情，對國家充滿深情；二是對國家 70 年和澳門 20 年發展成就無比自豪，對作為中國人無比自豪；三是對國家和澳門的發展滿懷信心，對國家和澳門的美好明天滿懷信心。總之一句話，把澳門與國家緊密聯繫在一起。雖然寫這兩封信的小朋友和老人家是隔代人，但他們的心聲是如此的一致，這就是澳門的力量，也是我們國家的力量。放眼中華民族偉大復興的壯闊征程和偉大願景，回顧"一國兩制"在澳門的成功實踐，有以下幾點重要啟示：

　　第一，"一國兩制"的成功不是偶然的，體現了中華民族必將實現偉大復興的歷史必然。記得 2011 年我在北京會見來自兩岸四地的八百位青少年組成的"辛亥革命百週年體驗考察團"，給他們作了一場"辛亥革命與民族復興"的演講，我從天安門廣場上的人民英雄紀念碑碑文講起，說到我國各族人民近代以來不懈奮鬥的目標，歸結到底就是一句話，實現中華民族偉大復興，如果展開講，是四句話十六個字，即：民族獨立、人民解放，國家富強、人民幸福"。我國各族人民一百多年來在九百六十萬平方公里土地上開展的波瀾壯闊的鬥爭，新中國成立之後

特別是改革開放以來取得的輝煌業績，就是這四句話十六個字展開的畫卷。正如今年國慶節，習近平主席發表的重要講話指出，全國各族人民經過 70 年的艱苦奮鬥，"今天，社會主義中國巍然屹立在世界的東方，沒有任何力量能夠撼動我們偉大祖國的地位，沒有任何力量能夠阻擋中國人民和中華民族的前進步伐。" 我國各族人民能夠把一個一窮二白的國家在 70 年的時間建設成為一個繁榮富強的國家，最根本的就是在中國共產黨的領導下，走出了中國特色社會主義道路。我國政府對澳門恢復行使主權，設立澳門特別行政區，實行 "一國兩制"、"澳人治澳"、高度自治，並取得舉世公認的成功，是近代以來我國各族人民追求中華民族偉大復興歷史進程的重要組成部分。我國政府對歷史遺留的澳門問題的處理和解決，與國家改革開放是同步進行的，"一國兩制" 是中國特色社會主義的重要組成部分，是新時代堅持和發展中國特色社會主義的基本方略。因此，"一國兩制" 的成功不是偶然的，它同近代以來我國各族人民在革命、建設和改革進程中所取得的成功一樣，具有歷史必然性。我們必須從中華民族偉大復興的歷史進程，站在國家發展大局的高度，深入領會中央決定在澳門實行 "一國兩制" 的出發點和落腳點，正確認識 "一國兩制"，不斷增強 "一國兩制" 的制度自信。只有這樣，才能確保 "一國兩制" 在澳門的實踐行穩致遠，不斷取得新的成就。

第二，要牢固樹立主體意識，深刻認識到 "一國兩制" 偉大事業只能靠自己來實現。我前面講到憲制秩序的歷史性轉變，記得多年前我在澳門的一次演講中還講了一個歷史性轉變，這就是澳門居民的身份和地位的歷史性轉變。澳門回歸祖國後，廣大澳門居民全面享有國家公民的地位和權利，真正成為國家的主人、澳門的主人。我在這裏講的主體意識，就是主人翁意識，特別是國家意識、中國人意識。為什麼要強調主體意識，至少有三個理由：首先，這是 "一國兩制" 和澳門基本法規定的特別行政區制度的一個重要基礎。為什麼在澳門可以實行 "一國兩制"、"澳人治澳"、高度自治？就是因為我國是一個人民共和國，國家的一切權力屬於人民。澳門居民是中國人民的一部分，享有管理國家當然包括澳門的權利，這是中央可以依法授予澳門居民依法組成政權機構，實行"澳人治澳"、高度自治的基本依據。換句話說，中央是以廣大澳門居民都是中國人，而且是堅定愛國者為基礎作出授權的，我們作為澳門人就要牢固樹立主體意識，做一個真正的中國人。其次，只有牢固樹立主體意識，才能正確理解並落實好"一國兩制"和基本法。"一國兩制"是中國政府制定的基本方針政策，澳門基本法是全國人民代表大會制定的基本法律，體現的是中國人民的根本意志，只有以中國人的身份、站在國家的立場，才能正確理解和貫徹落實"一國兩制"和基本法。再次，"一國兩制"和基本法的根本宗旨是維護國家的主權、安全和發展利益，保持澳門長期繁榮穩定，為澳門居民在回歸祖國後過上更好的日子提供法律和制度的保障。要靠誰來實現這種宗旨和目的，使澳門居民過上更好的日子？只能靠中國人自己，靠生活在澳門的中國人努力奮鬥。因此，主體意識是關係到"一國兩制"實踐的方向問題、成敗問題。我很高興看到，在澳門這片中國土地上，所有人都以自己是中國人為榮，都以自己能夠為國家、為澳門作出擔當奉獻為榮。我曾經看到澳門媒體上有這樣一個口號，"愛國愛澳就是愛自己"，我認為十分正確，既簡潔，又深刻，我對發明這個口號的人甘拜下風，我講了那麼多，人家一句話就講清楚了。這充分說明澳門居民是有很強的主體意識的。"一國兩制"偉大事業只能掌握在我們自己手中，靠我們自己來實現，弄清楚自己是誰這個問題，十分重要。實際上，我前面總結的具有澳門特色"一國兩制"成功實踐的重要經驗，也只有很強的主體意識才能實現。

第三，積極融入國家發展大局，澳門必將實現更好的發展。去年11月習近平主席會見香港澳門各界慶祝國家改革開放40週年訪問團時指出，中國特色社會主義進入新時代，"一國兩制"偉大實踐也進入新時代。過去20年，澳門特別行政區實現了回歸祖國後的第一階段發展，取得的成就很大，這給予我們信心，但我們不能自滿。我很高興看到，澳門特區政府和社會各界人士在成功面前沒有止步，展示了更大的抱負，正在努力實現澳門經濟適度多元化。如果說過去 20 年博彩業發展推動了澳門的深刻變化，那麼，未來澳門要實現持續穩定發展，為新一代澳門人提供更好實現人生抱負的舞台，就必須實現經濟適度多元化，而實現的路徑已經十分明確，就是融入國家發展大局。因為祖國內地始終是澳門發展的堅強後盾，今後的發展也離不開這個後盾。中央對推動澳門經濟適度多元化發展高度重視，先後出台一系列政策，包括推進澳門"一中心"、"一平台"、"一基地"建設，進行粵港澳大灣區建設以及泛珠三角區域合作等，還劃給澳門 85 平方公里海域，明確開發橫琴島的初心就是為澳門實現經濟適度多元化提供支持等。習近平主席為推進澳門經濟適度多元化作出許多重要指示，在 10 年時間內四次到橫琴考察、指導工作。以澳門這樣一個只有 60 多萬人口的城市來說，中央制定了這麼多的專項政策，充分說明了習主席和中央對澳門的重視，對澳門同胞的關心和愛護。我相信第五任行政長官賀一誠就職後，一定會繼續團結帶領澳門各界人士，積極融入國家發展大局，用好國家為澳門作出的定位和相應政策，開闢澳門經濟適度多元發展新局面，創造澳門更加輝煌的未來，繼續向世界展示具有澳門特色的"一國兩制"的成功實踐！

　　我今天就講這麼多，謝謝大家。

關於中央全面管治權和澳門特別行政區高度自治權的關係

2019 年 11 月 9 日上午在澳門大學法學院的演講。

記得在澳門回歸 15 週年之際，2014 年 5 月 9 日我在剛剛啟用的澳門大學新校區大禮堂發表了一次演講，成為第一位在這個講壇發表演講的人。當時我講了一段與澳門大學的緣分，對澳門大學的特殊感情。這個緣分的起因是 2008 年中央同意澳門大學在橫琴島設立新校區後，要由全國人大常委會作出授權決定，我當時擔任全國人大常委會副秘書長、澳門基本法委員會主任，所以，由我負責有關法律問題的研究處理工作。可以說，從澳門大學新校區的選址、奠基、建設到開學正式啟用，我參與了全過程，曾經六次來到這個地方。能夠見證這裏從一片農地變成充滿活力的大學校園，見證澳門大學這一段重要的發展歷程，我深感榮幸。更加榮幸的是，我與澳門大學的這段緣分、這份感情還在延續，因為在澳門回歸 20 週年之際，今天下午我將被授予澳門大學榮譽法學博士，從而成為澳門大學的一員。你們以後在介紹我的時候，可以不再需要用"嘉賓"的稱呼了，因為我來到這裏，已經不再是客人。我想告訴各位同學，作為"澳大人"的感覺真好，看到你們的青春風采，看到校園的朝氣蓬勃，我的心也年輕了！

2014 年在這裏發表演講時，我說有機會在澳門大學講壇發表演講是一種很高的榮譽。這句話對任何人都適用，永遠不過時，而且會成為越來越高的一種榮譽。對我來說，今天在這裏作這次講座，我把它看作是宋永華校長按照大學章程給我佈置的第一項作業。那麼，講些什麼好呢？今年是澳門回歸祖國 20 週年，我長期從事 "一國兩制" 方針政策和基本法的研究實施工作，就講一講這方面的課題吧。上次我在這裏講了 "中國憲法與澳門基本法的關係"，今天就沿着這個思路再講一個關係，"中央全面管治權和澳門特別行政區高度自治權的關係"。

釐清各種社會現象、各種權力之間的關係，是社會科學特別是法學研究的主要內容。雖然我不可能像教授們一樣，作出高深的理論闡述，但長期的法律實務工作告訴我，無論社會現象或各種權力關係如何複雜，背後的道理總是樸實的，而樸實的道理，是能夠以樸實的語言來表達的。我用這句話給自己鋪一個台階，因為下面大家將要聽到的，不會是高深的理論，只是一些樸實的道理。

現在進入正題。我想從三個方面講中央全面管治權和澳門特別行政區高度自治權的關係，即中央全面管治權的提出及其含義，特別行政區高度自治權和授權問題，最後回答幾個對中央全面管治權的疑問。

一、中央全面管治權的提出及其含義

2014 年 6 月國務院新聞辦發表的《"一國兩制" 在香港特別行政區的實踐》白皮書提出，"憲法和香港基本法規定的特別行政區制度是國家對某些區域採取的特殊管理制度。在這一制度下，中央擁有對香港特別行政區的全面管治權，既包括中央直接行使的權力，也包括授權香港特別行政區依法實行高度自治。對於香港特別行政區的高度自治權，中央具有監督的權力。" 這是首次在國家的正式文件中使用 "全面管治權" 的概念。在此之後，中央文件和國家領導人的講話多次闡述了同樣的觀點。比如，十九大報告對十八大以後的工作進行總結時，關於港澳台工作有這樣一段話："全面準確貫徹 '一國兩制' 方針，牢牢掌握憲法和基本法賦予的中央對香港、澳門全面管治權，深化內地和港澳地區交流合作，保持香港、澳門繁榮穩定。"在闡述"堅持'一國兩制'和推進祖國統一"基本方略時，作了這樣的闡述："保持香港、澳門長期繁榮穩定，實現祖國完全統一，是實現中華民族偉大復興的必然要求。必須把維護中央對香港、澳門特別行政區全面管治權和保障特別行政區高度自治權有機結合起來，確保'一國兩制'方針不會變、不動搖，確保'一國兩制'實踐不變形、不走樣。"

對於中央全面管治權這個概念，從它提出那一天開始，就有些人感到不理解，並提出各種疑問。這些疑問集中起來就是一句話，不是說特別行政區實行高度自治嗎，中央怎麼還有全面管治權。實際上，在我的公開講話中，2010 年就開始講中央全面管治權，只不過沒有引起太多的討論，當時中央正式文件還沒有使用這個概念。為什麼我要講這個問題呢？這是因為我認為"中央全面管治權"這個概念是完全正確的，而且只有使用這個概念，才能把"一國兩制"下中央與特別行政區的權力關係講清楚。

首先，雖然中央全面管治權這個概念是新的，但同樣的意思，已經體現在中葡聯合聲明之中。中葡關於澳門問題的聯合聲明第一條規定，"中華人民共和國政府和葡萄牙共和國政府聲明：澳門地區（包括澳門半島、氹仔島和路環島，以下稱澳門）是中國領土，中華人民共和國政府將於 1999 年 12 月 20 日對澳門恢復行使主權。"在這裏，我們不需要深入地回顧歷史上澳門問題的形成過程，只需要注意到這樣兩點就可以：一是，我國政府和人民歷來認為澳門是中國領土，只是由於歷史的原因曾經長期處於葡萄牙的管治之下，中國政府主張在適當時機通過和平談判收回澳門。二是，上個世紀七十年代葡萄牙革命後，葡萄牙政府已經承認澳門是中國領土，1976 年葡國憲法規定澳門是葡萄牙管轄下的特殊地區。澳門是中國領土，其含義就是中國政府對澳門擁有主權，只是由於歷史原因，澳門處於葡萄牙的管治之下，從而產生了主權和管治權在事實上的分離。中葡聯合聲明第三條關於過渡時期的規定，也反映了這種狀態。這一條規定，"自本聯合聲明生效之日起至 1999 年 12 月 19 日止的過渡時期內，葡萄牙共和國政府負責澳門的行政管理。葡萄牙共和國政府將繼續促進澳門的經濟發展和保持其社會穩定，對此，中華人民共和國政府將給予合作。" 這一條主要說什麼呢？就是在澳門過渡時期內，仍然由葡萄牙政府對澳門行使管治權。因此，1999 年 12 月 20 日我國政府 "對澳門恢復行使主權"，最實質的內容就是對澳門恢復行使管治權。在中葡關於澳門問題談判之前，關於主權與管治權問題就有一場很有名的爭論，那是在中英關於香港問題談判期間，英國政府提出了所謂的以 "主權" 換 "治權" 的主張，也就是名義上承認中國對香港的主權，但英國保留對香港的管治權。中國政府堅決反對，認為 "治權" 是主權的最核心內容，沒有 "治權"，主權就是空的。中國政府明確提出，中國政府 1997 年對香港恢復行使主權，是恢復行使包括治權在內的完整主權。由此可以看出，雖然香港和澳門的歷史有所不同，英國政府和葡萄牙政府在香港、澳門問題上的立場也有差別，但無論是中國政府，還是英國政府或葡萄牙政府都很明確，中國政府對這兩個地方 "恢復行使主權"，最本質的是恢復行使對這兩個地方的管治權。因此，中葡聯合聲明中 "對澳門恢復行使主權"，最基本的含義是中國政府對澳門恢復行使全面管治權，這一點是毫無疑義的。

其次，從國家主權內涵分析，我國政府對澳門擁有主權，必然具有全面管治權。主權，也稱為國家主權，是指一個國家所固有的獨立自主地處理對內對外事務的權力。主權作為國家的固有權利，主要有三個方面的權利：對內的最高權、對外的獨立權和防止侵略的自衛權。所謂對內最高權，是指國家最高統治權，國內的中央和地方機關都必須服從國家的管轄，在一國之內國家享有屬人和屬地的優先管轄權；所謂對外獨立權，是指按照國際法原則，國家在國際關係中獨立自主地、不受外來干涉地處理國內外一切事務的權利；所謂自衛權，是指國家為了防止外來侵略進行國防建設，在國家遭到外來侵略和武力攻擊時，進行單獨或者集體自衛的權利。我國政府對澳門恢復行使主權，就是全面恢復行使以上三方面的權利，這也是全面管治權的基本內涵。因此，中央對澳門具有全面的管治權，是中國對澳門擁有主權、1999 年 12 月 20 日對澳門恢復行使主權的必然含義。這裏的道理並不深奧，邏輯也很清楚。

第三，根據我國的國家體制，中央對國家全部領域具有全面管治權，澳門特別行政區也不例外。我國是一個單一制國家，中央政府對國家全部領域具有全面管治權。澳門特別行政區作為直轄於中央政府的地方行政區域，儘管實行 "一國兩制"、"澳人治澳"、高度自治，但中央政府仍然對澳門具有全面管治權。我國憲法第 31 條規定，"國家在必要時得設立特別行政區。在特別行政區內實行的制度，按照具體情況由全國人民代表大會以法律規定。" 為什麼在特別行政區實行的制度可以由全國人民代表大會以法律規定？就是因為中央對國家全部領域包括特別行政區具有全面管治權，這是我國憲法確立的國家制度的一項基本原則。這項基本原則具有深厚的歷史根源。也可以這樣說，那種認為既然特別行政區實行高度自治，中央對特別行政區就沒有全面管治權的觀點，只有中世紀歐洲的分封制下是這樣，而我國自從形成單一制國家之後，就不是這樣。我們今天看歐洲地圖，看到有許多國家，這是中世紀歐洲採用分封制帶來的結果。當時歐洲的帝國君主不斷地進行 "裂土封侯"，把領土分封出去，各封建領主建立自己的公國。雖然這些公國需要對帝國君主效忠，但帝國對這些公國不再具有全面管治權。這造成了公國林立的局面，經過歷史演變，形成了當今的歐洲各國。在我國歷史上，周朝也是實行分封制，後來形成春秋戰國、諸強爭霸的局面。秦王朝統一中國後，建立了中央集權、郡縣制的國家基本制度，強調中央政權對國家全部領域的管治權。正是這種強大的政治文化和制度力量，確保了中國始終是一個統一的多民族國家。因此，必須維護中央對國家全部領域具有全面管治權，是我們的先人總結並長期實踐的重要治國經驗，已經成為維護國家統一的重要原則。

順便說一下我研究中央全面管治權這個概念的心路歷程。大約十年前，我在讀有關"一國兩制"和基本法的學術文章時，發現有關中央權力的闡述，大都只看基本法的條文，總結起來有十幾項，比如，國防權、外交權、行政長官和主要官員的任命權、對特別行政區立法機關制定的法律的備案審查權、決定全國性法律在特別行政區實施的權力、在特定條件下宣佈特別行政區進入緊急狀態的權力、向行政長官發出指令的權力、決定特別行政區政制發展的權力、基本法的解釋權和修改權，等等。這些當然都是中央的權力，我也曾經這樣講過，但總覺得缺少點什麼，問題出在哪裏呢？就出在只見樹木，不見森林，只看見基本法條文而忽略了基本法本身。跳出基本法來看基本法，我們就會看到，澳門回歸中國後，中央對澳門具有的最大權力，正在於制定對澳門的基本方針政策和基本法，這種權力是先於基本法存在的。從法律上講，這種權力來源於憲法，來源於國家主權，如果用一個概念來概括，就是中央對澳門具有全面管治權。如果中央沒有這種全面管治權，怎麼能夠制定對澳門的基本方針政策和基本法呢？

二、特別行政區高度自治權與授權問題

我國政府對澳門恢復行使主權後，中央對澳門具有全面管治權，同時，按照"一國兩制"方針政策，要使得澳門特別行政區享有高度自治權。怎麼做到這一點呢？在基本法關於澳門特別行政區制度的設計中，建造了一座法律橋樑，把中央對澳門具有全面管治權與澳門特別行政區享有高度自治權連接起來，這座法律橋樑有個名稱，叫作"授權"。

澳門基本法第 1 條規定，"澳門特別行政區是中華人民共和國不可分離的部分。"緊接着第 2 條規定，"中華人民共和國全國人民代表大會授權澳門特別行政區依照本法的規定實行高度自治，享有行政管理權、立法權、獨立的司法權和終審權。" 基本法第 1 條體現了我國的單

一制原則，因為單一制國家之中，地方行政區域是根據國家管理需要由中央決定設立的，都是國家不可分離的部分。第 2 條體現了單一制國家的中央與地方行政區域的權力關係是授權關係。可以說，整部基本法關於特別行政區高度自治權的規定，都是全國人大對澳門特別行政區的授權。澳門特別行政區高度自治權不是澳門固有的，而是中央授予的。從這個角度講，基本法是一部授權法。

澳門基本法授予澳門特別行政區的高度自治權十分廣泛，在這裏不可能逐一列舉這些高度自治權，但我們可以從以下幾個角度來認識這種高度自治權。

一是，從管治權的角度。前面我們講過，我國政府對澳門恢復行使主權，就是恢復行使對內最高權、對外獨立權和防衛權三個方面的管治權。在基本法規定中，防衛權表述為防務，基本法規定，"中央人民政府負責管理澳門特別行政區的防務。" 可以看出，在國防事務方面，中央沒有向特別行政區授權。對外獨立權主要體現為外交權，基本法規定，"中央人民政府負責管理與澳門特別行政區有關的外交事務"，同時規定，"中央人民政府授權澳門特別行政區依照本法自行處理有關的對外事務。" 可以看出，在外交權屬於中央的原則下，基本法向澳門特別行政區作出了有限度的授權。對內最高權主要是處理國家內部事務的權力，基本法授予澳門特別行政區的高度自治權，主要集中在這個領域。在維護中央統一領導的原則下，對於澳門的本地事務，基本法將能夠授予澳門特別行政區的權力，都授予了澳門特別行政區。

二是，從權力配置的角度。按照基本法的規定，中央在行使對澳門全面管治權時，有些權力由中央國家權力機關行使，比如說，國防權、任命權等；有些方面的權力由中央國家機關和澳門特別行政區共同行使，比如說，修改行政長官和立法會產生辦法的權力等；而凡是不涉及中央或內地事務的澳門本地事務，都由澳門特別行政區自行管理。

三是，從行政立法司法權的角度。按照基本法的規定，凡是屬於澳門特別行政區高度自治範圍內的事務，澳門特別行政區都有行政管理權和立法權；即使是中央負責管理的事務，如果有關全國性法律在澳門特別行政區實施，澳門特別行政區也可以進行本地立法。澳門特別行政區享有獨立的司法權和終審權。澳門特別行政區法院除繼續保持澳門原有法律制度和原則對法院審判權的限制外，對澳門特別行政區所有的案件均有審判權。

四是，從授權機制的角度。基本法在明確授予澳門特別行政區高度自治權的同時，還創設了一個機制，可以對澳門特別行政區作進一步授權。這個機制就是基本法第 20 條的規定，條文是這樣的："澳門特別行政區可享有全國人民代表大會、全國人民代表大會常務委員會或中央人民政府授予的其他權力。"為什麼需要這個機制呢？這是因為按照基本法第 2 條規定，澳門特別行政區必須"依照本法的規定"實行高度自治。這就提出一個問題，如果將來澳門特別行政區需要一些基本法沒有明文授予的權力，怎麼辦？那就只能修改基本法，增加這方面的權力。但大家知道，基本法是憲制性法律，必須保持穩定，不能輕易修改。怎麼才能在不修改基本法的情況下，對澳門特別行政區作出新的授權呢？基本法第 20 條的規定就起到這樣的作用。比如，我們現在的澳門大學校園在珠海的橫琴島，本來不屬於澳門特別行政區的管轄範圍。2009年全國人大常委會通過一個授權決定，授權澳門特別行政區依照澳門法律對澳門大學橫琴校區實施管轄。這樣，當澳門特別行政區行使這種管轄權時，就是行使基本法第 20 條規定的"其他權力"，從而符合基本法第 2 條"依照本法的規定"實行高度自治的要求。從這個規定我們可以看出，澳門基本法對澳門特別行政區的授權規定考慮到各種情況，形成了一套完整的授權體系。

澳門基本法授權澳門特別行政區實行高度自治，是建立在授權理論基礎上的。在政治學和法學理論上，無論是聯邦制國家的聯邦與其成員邦的關係，還是單一制國家的中央與地方行政區域的關係，本質上都是權力關係，但這種權力關係的性質是不同的。普遍的觀點認為，聯邦制國家中，聯邦與其成員邦之間是分權關係；單一制國家中，中央與地方行政區域是授權關係。"分權"和"授權"這兩個概念雖然只有一字之差，但有着本質區別，其中最重要的有兩點：一是"分權"是平等主體之間的，而"授權"是上下級主體之間的。講到這裏，需要特別指出，那種認為中央與特別行政區之間是分權關係的觀點，有些是不了解"分權"的含義，有些是有政治目的的，就是主張特別行政區與中央是平等主體，這實質上是把特別行政區視為獨立或半獨立的政治實體。二是"分權"制度之下的權力之間具有對抗性，一方的權力可以對抗另一方的權力，而"授權"制度之下的權力是非對抗性的，因為中央全面管治權是特別行政區權力的母體，特別行政區的權力不能對抗中央的權力。明白這個區別，才能真正明白為什麼我們要強調授權而不是分權，中央對澳門全面管治權與澳門特別行政區高度自治權之間的法律橋樑只能是授權而不是分權。有關中央授權特別行政區的授權理論的內容十分豐富，這當中最基本的有三點：

第一，授權是以中央對澳門具有全面管治權為前提的。中央要授予澳門特別行政區高度自治權，前提是中央對澳門具有全面的管治權。我們都知道，授權主體進行授權，必須具備兩個條件，一是必須具備作出授權的權限，二是必須擁有所要授出的權力。在我國憲法制度下，只有全國人民代表大會才具備上述兩個條件。因此，基本法第 2 條的主語是"全國人民代表大會"，這個主語極其重要、不可省略。憲法規定，全國人民代表大會是最高國家權力機關，憲法還規定，全國人民代表大會"決定特別行政區的設立及其制度"和以法律規定"在特別行政區實行的制度"。因此，我國政府對澳門恢復行使主權之後，中央如何行使對澳門的全面管治權，要由全國人民代表大會來決定。與此相適應，澳門特別行政區接受全國人民代表大會通過基本法作出的授權，也必須承認憲法，承認全國人民代表大會的地位，承認中央對澳門具有全面管治權。因此，授權制度很好地維護了國家的主權，維護了中央的管治權，同時也為澳門特別行政區享有高度自治權提供了堅實的基礎。

第二，**授權必須明確界定授予的權力範圍**。有授權就有權力範圍，就有權力規限。澳門基本法第 2 條規定中"依照本法的規定"這七個字，界定了高度自治權的範圍，它表明特別行政區沒有超出基本法的高度自治權。就基本法授權條文來說，一方面是對澳門特別行政區作出授權，另一方面也對這些授權進行規限，即在授予權力的同時，規限了權力的邊界。比如說，基本法規定，"澳門特別行政區保持財政獨立。澳門特別行政區財政收入全部由澳門特別行政區自行支配，不上繳中央人民政府。"同時，基本法也規定，"澳門特別行政區的財政預算以量入為出為原則，力求收支平衡，避免赤字，並與本地生產總值的增長率相適應。"此外基本法還規定了澳門是自由港、實行低稅政策等。由此可以看出，基本法在賦予澳門特別行政區獨立財政權的同時，也對這種權力的行使作出了限制，它既不能實行高稅制、徵收關稅，也不能大搞赤字預算。需要特別指出的是，經常有人講，中央與特別行政區的權力有模糊地帶，這種觀點的背後是分權理論，即所謂"剩餘權力"。而按照授權理論，中央與特別行政區的權力是沒有模糊地帶的，沒有"剩餘權力"，因為凡是沒有明確授予特別行政區的權力，都保留在中央手中。

第三，**授權必須有權力監督機制作為保障**。有授權就有監督。按照公法上的授權理論，授權者對被授權者的權力行使，具有監督的權力。世界上從來不存在不受監督的授權。基本法雖然沒有出現監督這兩個字，但通過具體條文規定了權力的監督制度。這種監督既包括特別行政區內部的監督，也包括中央的監督。澳門特別行政區內部的監督最主要的體現是行政、立法和司法之間的權力制約。中央的監督是全面的，必須依照基本法的規定進行。基本法從三個方面作出規定：一是，特別行政區行政長官要就基本法的實施對中央負責；二是，立法會制定的法律，要報全國人大常委會備案，全國人大常委會依照法定程序和法定條件，可以發回報備的法律，發回的法律立即失效；三是，全國人大常委會對基本法有全面和最終的解釋權，特別行政區法院如果對基本法的規定作出錯誤解釋，全國人大常委會可以作出新的解釋加以糾正等。

基本法規定的授權制度是十分嚴密的制度，既有一般性的規定，也考慮到各種特殊情況。正是這種授權制度確保了特別行政區依法享有廣泛的高度自治權，但始終不是一個獨立或半獨立的政治實體。在授權制度下，中央的權力和特別行政區的高度自治權是統一的，而不是相互對抗的。當然，任何權力之間都必然有一定的張力，這是權力制約的基礎和要求，但這種張力必須通過協商的辦法、以法治的手段在基本法規定的軌道上解決。對於基本法創設的這套授權制度的重大政治和法律意義，澳門基本法委員會原副主任李成俊先生有一段深刻的論述。他說，"如果沒有授權，就沒有'一國兩制'，'授權'這個概念十分重要。綜觀世界上許多地方，為了給地方更大權力，就搞'聯邦'，搞'邦聯'，最後導致國家四分五裂。蘇聯、南斯拉夫解體就是例子。基本法創設的'授權'概念，首先肯定了中央對澳門具有完整的管治權，維護了國家統一，同時由中央授權澳門實行高度自治，確保了'一國兩制'得以實行，充分體現了我國人民的政治智慧，保障了國家的長治久安。"對李成俊先生的這段見解，我深以為然。

三、關於中央全面管治權的三點答疑和結論

2014 年中央全面管治權這個概念正式出現後，就不斷有人試圖挑戰這個概念，挑戰中央全面管治權。時至今日，這種觀點仍經常在港澳報刊上看到。下面我就其中三個比較典型的觀點進行回答。

第一種觀點是反對中央全面管治權這個提法。我認真研究了這種觀點。持這種觀點的人，有的也不是全面否定中央的管治權，而是認為，"一國兩制"下中央對特別行政區只有部分管治權。對這種觀點，我不

想再從理論上論證其錯誤在何處,因為前面都說過了。我們可以換一種方式來說說這個問題:1999 年 12 月 20 日我國政府收回澳門,對澳門恢復行使主權,而且我們一直都十分明確,對澳門恢復行使主權,是恢復行使包括治權在內的完整主權。那麼,1999 年 12 月 20 日凌晨在澳門舉行政權交接儀式,在這一刻,中央對澳門具有全面管治權應當是毫無疑義的吧?如果說這一刻中央都沒有全面管治權,那不等於沒有完全收回澳門嗎?這無論如何是講不通的。如果收回澳門的這一刻中央有全面管治權,那後來怎麼變成了中央只有部分管治權呢,還有部分管治權哪裏去了?我國人民經過長期不懈的努力,終於收回澳門,是誰把部分管治權弄丟了呢?我看誰也沒法交代這個問題。因此,認為中央對澳門只有部分管治權,是說不通的。正確的觀點應當而且只能是,我國對澳門恢復行使主權,按照憲法規定產生的中央政府代表全國人民行使對澳門的全面管治權,作為行使管治權的一種形式,中央決定設立澳門特別行政區,並授權特別行政區依照基本法實行高度自治。這是 "一國兩制" 下,中央與特別行政區權力關係的基本邏輯。中央授權特別行政區依法實行高度自治,是以我國政府對澳門擁有主權、具有全面管治權為前提的,作出這種授權之後,沒有也不會喪失這種主權權利、這種全面管治權。

第二種觀點是擔心中央對特別行政區具有全面管治權,會削弱特別行政區的高度自治權。這種擔心是沒有弄清楚中央對特別行政區全面管治權與特別行政區高度自治權的關係。深入分析這種關係,正確的理解應當是,中央對澳門具有全面管治權,講的主要是主權層面的問題,而授予澳門特別行政區高度自治權,講的主要是主權行使層面的問題。主權和主權的行使既是互相聯繫又有所區別的概念。任何國家對其領土擁有主權,當然具有對其領土的管治權,至於這種管治權怎麼行使,是一國國家主權範圍內的事務,現代國家都通過憲法和法律加以規定。我國對澳門擁有主權,當然對澳門具有全面管治權,怎麼對澳門行使主權、管治權呢？"一國兩制"方針政策和基本法作出了明確的規定，最簡單的說法，就是一些權力由中央直接行使，一些權力授權澳門特別行政區行使，前者稱為中央直接權力，後者稱為澳門特別行政區高度自治權。由於授權是行使主權、管治權的一種形式，中央授權澳門特別行政區高度自治，在任何情況下都不減損國家主權，不減損中央的全面管治權，同時也不減損澳門特別行政區的高度自治權。由此可以看出，中央對澳門具有全面管治權和澳門特別行政區享有高度自治權是並行不悖的；是內在一致的，是源與流、本與末的關係，兩者沒有矛盾。

第三種觀點是擔心講中央全面管治權，會導致中央什麼權力都可以行使，甚至可以直接處理高度自治範圍內的事務。對這種擔心也是完全不必要的。因為遵循國家的法治原則，中央要按照憲法和基本法的規定辦事。按照憲法制定的基本法授予澳門特別行政區的高度自治權，中央不再行使。在這一點上，基本法對特別行政區的授權，與國家法律對內地各省、自治區和直轄市的授權是不同的。比如說，內地各省、自治區和直轄市可以對某一領域的事務制定地方性法規，但中央仍然可以對同一領域的事務制定全國性法律，一旦地方性法規與全國性法律相抵觸，地方性法規就會失效。而在基本法授權特別行政區高度自治範圍內，特別行政區享有立法權，中央不在這些領域對特別行政區立法，中央對這些領域制定的全國性法律也不在特別行政區實施。

通過以上研究分析，我們可以就今天的課題作一個簡單的歸納：

第一，1999 年 12 月 20 日我國政府對澳門恢復行使主權，本質上是恢復行使對澳門的管治權。在我國單一制國家體制下，中央對國家全部領域具有全面管治權，是一項重要的憲法原則。

第二，中央在行使對澳門的管治權時，制定了"一國兩制"基本方針政策和澳門基本法，規定某些權力由中央國家機關直接行使，某些權力由中央國家機關和澳門特別行政區共同行使，把不涉及中央和內地的澳門特別行政區內部事務，全部授權澳門特別行政區自行管理。澳門特別行政區享有高度自治權是中央行使全面管治權的結果。

第三，在我國單一制國家體制下，中央和特別行政區的權力關係是授權與被授權的關係，基本法創設一套嚴謹的授權體系，確保澳門特別行政區享有高度自治權，同時又在任何情況下不會成為一個獨立或半獨立的政治實體，以維護國家的主權、統一和領土完整。

第四，中央全面管治權與特別行政區高度自治權的關係，是源與流、本與末的關係，兩者沒有矛盾。無論在理論上還是實踐中，都不能把兩者對立起來，更不能以高度自治權對抗中央的管治權。

最後，我想說的是，有權力就有責任，強調中央對澳門具有全面管治權，實際上也是強調中央對保持澳門長期繁榮穩定的責任。澳門回歸祖國後，中央的重要文件、中央領導人在重大場合闡述國家的大政方針時，總要提到"一國兩制"，提到保持澳門的繁榮穩定，就是因為澳門特別行政區是直轄於中央政府的地方行政區域，中央制定了對澳門的基本方針政策和基本法，對澳門的繁榮穩定負有責任。

我今天在這裏講中央全面管治權和澳門特別行政區高度自治權的關係，是一場純粹的學術交流活動，主要是想講清楚這兩者之間的法理。回顧澳門基本法實施 20 年來的情況，澳門特別行政區政府和社會各界人士對中央全面管治權和高度自治權關係的認識，從一開始就是正確的，具體表現為澳門特別行政區尊重並且維護中央的權力，尊重並維護中央政府的領導。所以，20 年來在澳門沒有發生過有關中央與特別行政區關係的憲制爭議，更沒有公然挑戰中央權力的情況。這充分說明澳門社會有很強的國家觀念、憲法觀念，說明澳門的學術界，當然包括我們的澳門大學，宣傳和推介"一國兩制"和基本法的工作做得好，真正做到了把維護中央對澳門的全面管治權與保持特別行政區的高度自治權有機結合起來，向世界展示了具有澳門特色的"一國兩制"成功實踐。

我今天就講這麼多，謝謝大家！

頒授澳門大學榮譽法學博士典禮上的感言

2019 年 11 月 9 日下午在澳門大學榮譽學位及高等學位頒授典禮上的講話。

尊敬的林金城主席、宋永華校長，澳大各位領導、各位老師、各位同學，各位來賓：

大家下午好！

剛才劉羨冰女士的講話代表了我們四位共同的心聲，謝謝劉老師。本來我可以不再講話，但作為唯一從內地來的人，還是想佔用幾分鐘，講一講我與澳門大學的緣分，對澳門大學的特殊感情。今天上午我在澳門大學法學院的講座上已經講了一遍，宋校長聽到了這段講話，但我想在座的許多人沒有聽到。我和澳大的這個緣分的起因是，2008 年中央同意澳門大學在橫琴島設立新校區，需要由全國人大常委會作出授權決定，我當時擔任全國人大常委會副秘書長、澳門基本法委員會主任，所以由我負責研究處理與授權決定有關的法律問題。可以說，從澳門大學新校區的選址、設計、奠基、建設到開學正式啟用，我參與了全過程，曾經六次來到這個地方，親眼見證了這裏從一片農地變成充滿活力的大學校園，親身經歷了澳門大學這一段重要的發展歷程。也許是這個原因，在澳門回歸 15 週年之際，2014 年 5 月 9 日你們邀請我在首次啟用的澳門大學新校區大禮堂發表了一次演講，於是我成為第一位在這個講壇發表演講的人，我深感榮幸。

更加榮幸的是，我與澳門大學的這段緣分、這份感情還在延續。今天，在澳門回歸 20 週年之際，你們授予我澳門大學榮譽法學博士，從而使我成為澳門大學的一員。今天上午我對同學們說，你們以後在介紹我的時候，可以不再需要用"嘉賓"的稱呼了，因為我來到這裏，已經不再是客人。而且我告訴同學們，作為"澳大人"的感覺真好，看到你們的青春風采，看到校園的朝氣蓬勃，我的心也年輕了！

與此同時，我也要向大家袒露心跡，你們授予我澳門大學榮譽法學博士，我是十分忐忑不安的，自認為很不夠格，因為我不是法律科班出身，我的本科是外語，學的是西班牙語，是在 1964 年到 1967 年在古巴哈瓦那大學文學系學的，學的是唐·吉訶德，回國後起初在外事部門從事翻譯工作，對於法律我屬於半路出家。我是 1983 年到全國人大才開始參與法律工作的，到 2018 年退休，整整 35 年。我的那點法律知識是到全國人大工作後逐漸學習積累的，先是在法制工作委員會從事立法工作，後來到基本法委員會從事基本法研究實施工作，最後到法律委員會從事法律案的統一審議工作，一路走來，從事的主要是法律實務工作，對法學理論的研究實在差得很遠，所以授我榮譽法學博士實在有些愧不敢當。我只能把你們授予我這個榮譽當作是對我的鼓勵和鞭策，當作是對內地所有從事法律工作的同仁們的褒獎，衷心地感謝你們！同時，我還要藉這個機會感謝我的太太盧紅生一路走來對我工作的支持和照顧，她今天也來到現場，和我的女兒欣欣、女婿李松、外孫小虎子、外孫女小龍女以及幾位專程從內地和香港來的朋友，一起見證這個榮幸的時刻。再次謝謝大家。

附：

籲港以"法的精神"凝聚新共識
化解部分港人對中共心結

喬曉陽：開展治亂反思　校準憲制認知

本文是《香港文匯報》"慶祝中國共產黨成立 100 週年特別報道"特稿，
刊登於 2021 年 6 月 21 日。

　　今年適逢中國共產黨成立 100 週年，實現祖國統一是中國共產黨
肩負的歷史使命。落實"一國兩制"和基本法的重要參與者、全國人大
常委會香港基本法委員會原主任喬曉陽近日接受香港文匯報獨家訪問時
表示，正值香港步入由亂到治的新階段，香港社會應總結得失，開展治
亂反思，在憲制要義上重新校準認知坐標，從"法的精神"層面返本歸
真凝聚新共識，化解部分港人對中國共產黨的負面心結，確保"一國兩
制"事業在香港特區行穩致遠。

　　中國共產黨開創的"一國兩制"是史無前例的偉大事業。起草於
上世紀八十年代的香港基本法，被鄧小平譽為"一個具有創造性的傑
作"。喬曉陽說，香港回歸祖國以來，全國人大及其常委會陸續通過決
定、釋法、修訂附件等方式，回應和解決"一國兩制"實踐中不斷出現
的變化和問題，對基本法的認知也由此呈現出不斷豐富和深化的過程。

　　全國人大推出香港國安立法、完善香港選舉制度等組合重拳，從法
律制度層面彌補了香港維護國家安全的漏洞，確保了"愛國者治港"和
行政主導的重要原則，香港從此步入由亂到治的新階段。喬曉陽指出，

中央出手撥亂反正，為香港全面準確落實基本法開啟了“潮平兩岸闊”的新航道，而“一國兩制”在香港能否行穩致遠，取決於香港社會各界如何重新起航。

喬曉陽認為，香港為長期亂局付出昂貴學費後，應好好珍惜這堂治亂大課提供的反思機會，接受一次返本歸真的觀念洗禮，特別是就“一國兩制”和基本法的法理要義重新校準認知坐標。

比如，在憲法和基本法的關係中，他重申，憲法和基本法一起構成香港特別行政區的憲制法律基礎。憲法是“母法”，基本法是“子法”。基本法界限在哪裏，要放在憲法規定的框架中來理解和執行；就“一國”和“兩制”關係而言，他提醒，國家實行社會主義制度與香港實行資本主義制度的主次關係不能顛倒，中央不會改變香港實行的資本主義制度，同時也不能允許有人利用香港謀求改變國家實行的社會主義制度。

中央對港具全面管治權

作為提出中央全面管治權概念的第一人，喬曉陽再次強調，我國是單一制國家，中央對香港特區在內的全國所有地方都具有全面管治權。中央對香港具有的最大權力，正在於制定對香港的基本方針政策和基本法，規定在香港實行的制度和政策。這種權力是先於基本法存在的。從法律上講，它來源於憲法，來源於國家主權，如果用一個概念來概括，就是中央對香港具有全面管治權。中央透過基本法授權香港特區，並非分權關係，特區權力不能對抗中央權力。中央兩度出手大破大立，正是全面管治權的應有之義。

基於種種原因，一些香港人不喜歡共產黨，中國共產黨的領導在香港時常引起爭議。喬曉陽指出，就法理而言，中國共產黨領導是一項憲法制度。我國憲法規定，“中國共產黨領導是中國特色社會主義最本質的特徵。”從百年史實看，中國共產黨領導中國人民推翻了“三座大山"，締造了新中國，推行改革開放，令經濟騰飛、社會進步和人民生活改善，國際地位大幅提升，實現了中國人由"站起來"、"富起來"到"強起來"的巨變。

沒中共就沒有"一國兩制"

中國共產黨是"一國兩制"和基本法的創建者，回歸後香港繁榮穩定的維護者。每當香港政治、經濟、社會、民生遭遇困境時，中國共產黨都是劍及履及，全力支持香港特區的獨特性以及香港同胞的福祉。喬曉陽認為，"一國兩制"是中國共產黨的"版權所有"、"獨家經營"，沒有中國共產黨就沒有"一國兩制"，中國共產黨沒有辜負香港，應該得到香港市民們法理上的尊重、理智上的理解、情感上的信任和行動上的擁護。

這位法律權威表示，憲法和基本法是充滿活力的頂層設計，"一國兩制"是高度交互式的制度安排。中央與香港的政治互信至關重要，國家主權、安全和發展利益在特區越有保障，香港高度自治的空間就越大。"這就好比'撐杆跳'，只有'一國'的支撐點堅實無虞，'兩制'之杆的彈性才有充分發揮空間，香港的繁榮穩定才有可能飛躍理想的高度。"

多管齊下　加強國民教育

今年是香港回歸祖國 24 年，但人心回歸工作仍任重道遠。喬曉陽在專訪中認為，提升香港人的國家認同，需要多管齊下。港人應逐步接受和適應憲制秩序的大變革，特區政府應加強年輕人的國民教育，而內地應加快現代化建設，令香港同胞以中國人為榮。

部分香港人熱愛祖國的大好河山，也有民族和文化歸屬感，卻對國家缺乏政治和法律認同。喬曉陽指出，中國對香港恢復行使主權，是香港本地的一場憲制性大變革，憲法和香港基本法取代了以前的英國不成文憲法和《英皇制誥》、《皇室訓令》，成為香港特區共同的憲制基礎。人們對一場歷史大變革的認識通常需要較長的適應過程，希望香港居民能夠加快接受和適應"一國兩制"這場大變革。

需加快現代化　增內地吸引力

同時，香港特區政府和公共機構應通過制度安排加強國民教育，提升年輕人對國家歷史和國情的了解和認同，引導香港居民接受國家的管治權威，維護國家主權、安全和利益，尊重國家的代表標誌，融入國家現代化建設進程，共同為中華民族偉大復興作貢獻。

喬曉陽認為，促使香港人對國家的認同，內地也要做好自己的事情，加快推進現代化建設，不斷完善民主法治，提高社會文明程度。把國家建設好，增強內地對香港的吸引力、向心力、說服力，讓香港同胞以中國人為榮。與此同時，深度促進兩地的交流合作、自然融合，為人心回歸創造互動平台。

治港不搞"清一色"　反對派有參與空間

隨着香港國安立法，完善香港選舉制度的先後完成，反對派何去何從備受關注。喬曉陽在專訪中認為，香港的良政和善治，需要德才兼備的建制力量，也需要理性、溫和、成熟的忠誠反對派，這是實行資本主義制度的應有之義。憲法和基本法始終為他們保留着政治參與空間。

曾與香港反對派多次"過招"的喬曉陽對香港文匯報表示，香港回歸以來，無論是中央政府還是特區政府，都是以最大的政治包容來對待反對派的。只要反對派採取理性、務實態度，中央始終願意跟反對派溝通。香港 2012 年政改方案能夠獲立法會通過，使香港民主政治向前邁出一步，就是典型例子。近些年來，反對派部分人走上激進和極端路綫，選擇與反中亂港分子為伍，與境外反華勢力勾連，走到憲制秩序的對立面，自己拆掉了中央與其溝通的橋樑和基礎。

在喬曉陽看來，中央出手撥亂反正，並非以反對派陣營為打擊對象，並非要封閉反對派的政治發展空間。事實上，中央多次闡明，堅持"愛國者治港"，絕不是搞"清一色"，香港是多元化社會，反對派在政治上有參與空間。

放棄對抗立場　管治隊伍門仍開

不過他提醒，反對派應作出選擇：是做憲制秩序和中央權力的挑戰者，損害國家主權、安全和發展利益；還是在憲制秩序下做特區良政善治的參與者和持份者；監督政府，完善治理，改進民生，督促"一國兩制"的落實。否則，邏輯上就無法自洽，思維上難免分裂，行動上處處矛盾，後果上可能面臨法律風險。

"我曾經說過，哪一天反對派放棄與中央頑固對抗的立場，回到愛國愛港的立場上，並以實際行動證明不做損害國家和香港利益的事情，加入香港管治隊伍的大門還是打開的。到那時，憲法和基本法不僅不是他們參政的障礙而是法治的保障。這句話相信今後依然適用。"喬曉陽補充道。

溝通無秘訣　真誠重中重

喬曉陽從事港澳工作近 30 年，為"一國兩制"事業奔走忙碌，溝通風範深得人望，被港澳媒體尊稱為"喬老爺"。平易通達、幽默風趣、深入淺出……在全國人大位於北京西交民巷的辦公室裏，已卸任的"喬老爺"向香港文匯報記者聊起港事港人，娓娓道來，風采依舊。

香港回歸以來，人大多次釋法和決定，喬曉陽每每赴港釋疑解惑，不辱使命贏得認同。即便是與反對派"過招"，喬曉陽循循善誘，亦是戰績不俗。

"設身處地了解對方立場，聽取意見，是開啟溝通的第一步。"喬曉陽告訴香港文匯報記者。2004 年全國人大常委會否決香港 2007/08 年雙普選，在香港引起不少反對聲。喬曉陽頂着壓力赴港與各界人士對話，他當時在開場白中說道："我這次來是來講道理的，我認為絕大多數香港人也是講道理的，包括要求 2007/08 年雙普選的大多數人在內也是講道理的。"喬曉陽入理入情的講話引發全場共鳴，掌聲雷動。

富同理心人情味　更捍衛底綫

在喬曉陽的溝通詞彙中，既富有同理心和人情味，更不乏捍衛底綫的硬氣表達。2018 年 4 月，他在一次香港演講中說："中國人民在近代內憂外患下都沒有喪失過維護國家統一的決心和意志，在已經日益強大起來的今天，還能讓'港獨'得逞嗎？絕不可能！"針對宣揚"港獨"是言論自由的說法，喬曉陽反問道："圖謀、煽動分裂國家是言論自由？世界上沒有這種理論。在'港獨'問題上做開明紳士是不行的！"2020 年 11 月在香港一次演講中，他解釋中央出手治理香港亂局時強調，"一忍再忍，忍無可忍，不能再忍，再忍要犯歷史性錯誤！"

柔與剛，情與法，這些看似對立的兩端在喬曉陽這裏實現了某種統一。喬曉陽是開國將軍喬信明的後代，做過老一輩革命家陳丕顯的秘書，紅色基因的傳承賦予了家國襟抱。年輕時留學、當兵、種地、做工的基層經歷，培養了民本情懷。堅守終極目標的原則性，為原則而適當變通的靈活性，被喬曉陽融會貫通。

被問及溝通的成功秘訣，"喬老爺"笑着說："哪有什麼秘訣，惟有'真誠'二字，只要為國家好，為民族好，為香港好！"

後記

　　本書收錄自 1997 年至 2019 年，我就研究實施香港、澳門兩部基本法的有關講話、演講、致辭、答問、論述共計 55 篇文章，其中大部分是公開發表過的。出版此書的建議，最初是十多年前一些香港、澳門法律界的朋友提出的，我在職期間一直未曾動手，以後友人又不斷催促，我始終下不了決心，自認為我的那些講話、文章遠達不到"論"的水準，偏偏出版方把此書定名為"論基本法"，是我惶恐，改成"講基本法"吧，似乎又差了點意思，實在找不到一個合適的詞，只好勉為其難同意這個書名。

　　本書編排完全以時間先後為序，這樣脈絡比較清楚，可以反映這 20 多年間在研究實施基本法時遇到的重大法律問題及其來龍去脈和我對這些問題的思考，同時，也從一個側面展現這 20 多年我從事港澳工作及基本法研究的概貌。希望此書能對從事這方面工作的人士有點參考，對關心港澳的人士了解這段歷史有點幫助，對我自己來說，就算是一份工作總結彙報吧。

　　本書有些重要講話、演講的初稿都是在與我的同事們研究討論的基礎上形成的，在此我要特別感謝張榮順、陳斯喜同志的付出，還要感謝中國民主法制出版社劉海濤、陳偲同志的支持，特別感謝出版社的編輯，他們對本書每一處的時間、地點、人物、事件以及每一個法律條款和引文都作了準確無誤的核對。

喬曉陽

2020 年 4 月於北京

責任編輯	蘇健偉	
裝幀設計	道　轍	
書籍排版	楊　錄	
書籍校對	栗鐵英	

書　　名	**喬曉陽論基本法**
著　　者	喬曉陽
出　　版	三聯書店（香港）有限公司
	香港北角英皇道 499 號北角工業大廈 20 樓
	Joint Publishing (H.K.) Co., Ltd.
	20/F., North Point Industrial Building,
	499 King's Road, North Point, Hong Kong
香港發行	香港聯合書刊物流有限公司
	香港新界荃灣德士古道 220–248 號 16 樓
印　　刷	美雅印刷製本有限公司
	香港九龍觀塘榮業街 6 號 4 樓 A 室
版　　次	2022 年 9 月香港第一版第一次印刷
規　　格	16 開（170 × 240 mm）530 面
國際書號	ISBN 978-962-04-5081-5

© 2022 Joint Publishing (H.K.) Co., Ltd.

Published & Printed in Hong Kong